大学赤本シリーズ

322

中央大学

5学部共通選抜

法・経済・商・文・総合政策学部

教学社

は　し　が　き

おかげさまで，大学入試の「赤本」は，今年で創刊 70 周年を迎えました。

これまで，入試問題や資料をご提供いただいた大学関係者各位，掲載許可をいただいた著作権者の皆様，各科目の解答や対策の執筆にあたられた先生方，そして，赤本を使用してくださったすべての読者の皆様に，厚く御礼を申し上げます。

以下に，創刊初期の「赤本」のはしがきを引用します。これからも引き続き，受験生の目標の達成や，夢の実現を応援してまいります。

本書を活用して，入試本番では持てる力を存分に発揮されることを心より願っています。

編者しるす

＊　＊　＊

学問の塔にあこがれのまなざしをもって，それぞれの志望する大学の門をたたかんとしている受験生諸君！　人間として生まれてきた私たちは，自己の欲するままに，美しく，強く，そして何よりも人間らしく生きることをねがっている。しかし，一朝一夕にして，この純粋なのぞみが達せられることはない。私たちの行く手には，絶えずさまざまな試練がまちかまえている。この試練を克服していくところに，私たちのねがう真に人間的な世界がはじめて開かれてくるのである。

人生最初の最大の試練として，諸君の眼前に大学入試がある。この大学入試は，精神的にも身体的にも，大きな苦痛を感ぜしめるであろう。あるスポーツに熟達するには，たゆみなき，はげしい練習を積み重ねることが必要であるように，私たちは，計画的・持続的な努力を払うことによって，この試練を克服し，次の一歩を踏みだすことができる。厳しい試練を経たのちに，はじめて満足すべき成果を獲得できるのである。

本書は最近の入学試験の問題に，それぞれ解答を付し，さらに問題をふかく分析することによって，その大学独特の傾向や対策をさぐろうとした。本書を一般の参考書とあわせて使用し，まとはずれのない，効果的な受験勉強をされるよう期待したい。

（昭和 35 年版「赤本」はしがきより）

挑む人の、いちばんの味方

赤本創刊70周年

1954年に大学入試の過去問題集を刊行してから70年。赤本は大学に入りたいと思う受験生を応援しつづけてきました。これからも，苦しいとき落ち込むときにそばで支える存在でいたいと思います。

そして，勉強をすること，自分で道を決めること，努力が実ること，これらの喜びを読者の皆さんが感じることができるよう，伴走をつづけます。

そもそも赤本とは…

受験生のための大学入試の過去問題集！

70年の歴史を誇る赤本は，500点を超える刊行点数で全都道府県の370大学以上を網羅しており，過去問の代名詞として受験生の必須アイテムとなっています。

…………… なぜ受験に過去問が必要なのか？ ……………

大学入試は大学によって問題形式や頻出分野が大きく異なるからです。

赤本の掲載内容

傾向と対策

これまでの出題内容から，問題の「**傾向**」を分析し，来年度の入試に向けて具体的な「**対策**」の方法を紹介しています。

問題編・解答編

- 年度ごとに問題とその解答を掲載しています。
- 「**問題編**」ではその年度の試験概要を確認したうえで，実際に出題された過去問に取り組むことができます。
- 「**解答編**」には高校・予備校の先生方による解答が載っています。

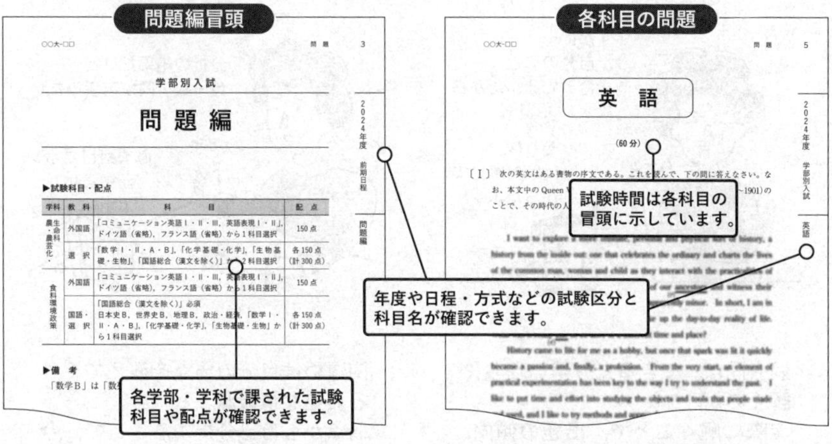

他にも，大学の基本情報や，先輩受験生の合格体験記，在学生からのメッセージなどが載っていることがあります。

掲載内容について

著作権上の理由やその他編集上の都合により問題や解答の一部を割愛している場合があります。
なお，指定校推薦入試，社会人入試，編入学試験，帰国生入試などの特別入試，英語以外の外国語科目，商業・工業科目は，原則として掲載しておりません。また試験科目は変更される場合がありますので，あらかじめご了承ください。

受験勉強は

過去問に始まり，

STEP 1

なにはともあれ

まずは解いてみる

しずかに…
今，自分の心と
向き合ってるんだから
ムーン
それは
問題を解いて
からだホン!

過去問は，**できるだけ早いうちに解く**のがオススメ！
実際に解くことで，**出題の傾向，問題のレベル，今の自分の実力**がつかめます。

STEP 2

じっくり具体的に

弱点を分析する

分析の結果だけど
英・数・国が苦手みたい
スリー
必須科目だホン
頑張るホン

間違いは自分の弱点を教えてくれる**貴重な情報源**。
弱点から自己分析することで，**今の自分に足りない力や苦手な分野**が見えてくるはず！

合格者があかす 赤本の使い方

傾向と対策を熟読

(Fさん／国立大合格)

大学の出題傾向を調べるために，赤本に載っている「傾向と対策」を熟読しました。

繰り返し解く

(Tさん／国立大合格)

１周目は問題のレベル確認，２周目は苦手や頻出分野の確認に，３周目は合格点を目指して，と過去問は繰り返し解くことが大切です。

過去問に終わる。

STEP 3

志望校にあわせて

苦手分野の重点対策

明日からはみんなで頑張るよ！
参考書も！ 問題集も！
よろしくね！
呼んだ？
なにを!?
どこから!?
グッ
グッ

参考書や問題集を活用して，苦手分野の**重点対策**をしていきます。**過去問を指針**に，合格へ向けた具体的な学習計画を立てましょう！

STEP 1▶2▶3

サイクルが大事!

実践を繰り返す

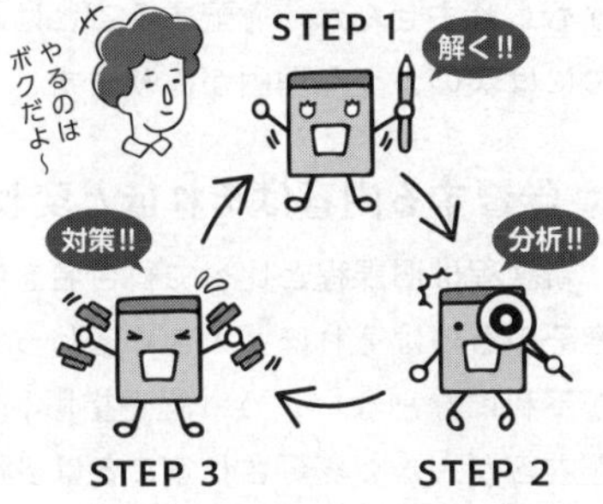
やるのは
ボクだよ～
STEP 1
解く!!
分析!!
STEP 2
対策!!
STEP 3

STEP 1〜3を繰り返し，実力アップにつなげましょう！
出題形式に慣れることや，**時間配分を考えること**も大切です。

目標点を決める

（Yさん／私立大合格）

赤本によっては合格者最低点が載っているので，それを見て目標点を決めるのもよいです。

時間配分を確認

（Kさん／私立大学合格）

赤本は時間配分や解く順番を決めるために使いました。

添削してもらう

（Sさん／私立大学合格）

記述式の問題は先生に添削してもらうことで自分の弱点に気づけると思います。

新課程入試 Q&A

2022年度から新しい学習指導要領（新課程）での授業が始まり，2025年度の入試は，新課程に基づいて行われる最初の入試となります。ここでは，赤本での新課程入試の対策について，よくある疑問にお答えします。

Q1. 赤本は新課程入試の対策に使えますか？

A. もちろん使えます！

旧課程入試の過去問が新課程入試の対策に役に立つのか疑問に思う人もいるかもしれませんが，心配することはありません。旧課程入試の過去問が役立つのには次のような理由があります。

● 学習する内容はそれほど変わらない

新課程は旧課程と比べて科目名を中心とした変更はありますが，学習する内容そのものはそれほど大きく変わっていません。また，多くの大学で，既卒生が不利にならないよう「経過措置」がとられます（Q３参照）。したがって，出題内容が大きく変更されることは少ないとみられます。

● 大学ごとに出題の特徴がある

これまでに課程が変わったときも，各大学の出題の特徴は大きく変わらないことがほとんどでした。入試問題は各大学のアドミッション・ポリシーに沿って出題されており，過去問にはその特徴がよく表れています。過去問を研究してその大学に特有の傾向をつかめば，最適な対策をとることができます。

出題の特徴の例	・英作文問題の出題の有無 ・論述問題の出題（字数制限の有無や長さ） ・計算過程の記述の有無

新課程入試の対策も，赤本で過去問に取り組むところから始めましょう。

Q2. 赤本を使う上での注意点はありますか？

A. 志望大学の入試科目を確認しましょう。

過去問を解く前に，過去の出題科目（問題編冒頭の表）と 2025 年度の募集要項とを比べて，課される内容に変更がないかを確認しましょう。ポイントは以下のとおりです。科目名が変わっていても，実際は旧課程の内容とほとんど同様のものもあります。

英語・国語	科目名は変更されているが，実質的には変更なし。 ▶▶ **ただし，リスニングや古文・漢文の有無は要確認。**
地歴	科目名が変更され，「歴史総合」「地理総合」が新設。 ▶▶ **新設科目の有無に注意。ただし，「経過措置」（Q3参照）により内容は大きく変わらないことも多い。**
公民	「現代社会」が廃止され，「公共」が新設。 ▶▶ **「公共」は実質的には「現代社会」と大きく変わらない。**
数学	科目が再編され，「数学 C」が新設。 ▶▶ **「数学」全体としての内容は大きく変わらないが，出題科目と単元の変更に注意。**
理科	科目名も学習内容も大きな変更なし。

数学については，科目名だけでなく，どの単元が含まれているかも確認が必要です。例えば，出題科目が次のように変わったとします。

旧課程	「数学Ⅰ・数学Ⅱ・数学 A・数学 B（数列・ベクトル）」
新課程	「数学Ⅰ・数学Ⅱ・数学 A・**数学 B（数列）・数学 C（ベクトル）**」

この場合，新課程では「数学C」が増えていますが，単元は「ベクトル」のみのため，実質的には旧課程とほぼ同じであり，過去問をそのまま役立てることができます。

Q3. 「経過措置」とは何ですか？

A. 既卒の旧課程履修者への対応です。

多くの大学では，既卒の旧課程履修者が不利にならないように，出題において「経過措置」が実施されます。措置の有無や内容は大学によって異なるので，募集要項や大学のウェブサイトなどで確認しておきましょう。

○旧課程履修者への経過措置の例

- 旧課程履修者にも配慮した出題を行う。
- 新・旧課程の共通の範囲から出題する。
- 新課程と旧課程の共通の内容を出題し，共通範囲のみでの出題が困難な場合は，旧課程の範囲からの問題を用意し，選択解答とする。

例えば，地歴の出題科目が次のように変わったとします。

旧課程	「日本史 B」「世界史 B」から１科目選択
新課程	「**歴史総合**，日本史探究」「**歴史総合**，世界史探究」から１科目選択※ ※旧課程履修者に不利益が生じることのないように配慮する。

「歴史総合」は新課程で新設された科目で，旧課程履修者には見慣れないものですが，上記のような経過措置がとられた場合，新課程入試でも旧課程と同様の学習内容で受験することができます。

要チェックだホン

新課程の情報は WEB もチェック！
より詳しい解説が赤本ウェブサイトで見られます。
https://akahon.net/shinkatei/

科目名が変更される教科・科目

	旧課程	新課程
国語	国語総合 国語表現 現代文A 現代文B 古典A 古典B	現代の国語 言語文化 論理国語 文学国語 国語表現 古典探究
地歴	日本史A 日本史B 世界史A 世界史B 地理A 地理B	歴史総合 日本史探究 世界史探究 地理総合 地理探究
公民	現代社会 倫理 政治・経済	公共 倫理 政治・経済
数学	数学Ⅰ 数学Ⅱ 数学Ⅲ 数学A 数学B 数学活用	数学Ⅰ 数学Ⅱ 数学Ⅲ 数学A 数学B 数学C
外国語	コミュニケーション英語基礎 コミュニケーション英語Ⅰ コミュニケーション英語Ⅱ コミュニケーション英語Ⅲ 英語表現Ⅰ 英語表現Ⅱ 英語会話	英語コミュニケーションⅠ 英語コミュニケーションⅡ 英語コミュニケーションⅢ 論理・表現Ⅰ 論理・表現Ⅱ 論理・表現Ⅲ
情報	社会と情報 情報の科学	情報Ⅰ 情報Ⅱ

目　次

2022 年度
問題と解答

● 6 学部共通選抜

最新年度の解答用紙は，赤本オンラインに掲載しています。
https://akahon.net/kkm/chuo/index.html

※掲載内容は，予告なしに変更・中止する場合があります。

掲載内容についてのお断り

2025 年度入試より，現行の 6 学部共通選抜では国際経営学部の募集が停止となります。それに伴い，名称が 2024 年度までの 6 学部共通選抜から 5 学部共通選抜に変更される予定です。

UNIVERSITY GUIDE

大学情報

基本情報

沿革

1885（明治 18）	英吉利法律学校創設
1889（明治 22）	東京法学院と改称
1903（明治 36）	東京法学院大学と改称
1905（明治 38）	中央大学と改称，経済学科開設
1909（明治 42）	商業学科開設
1920（大正　9）	大学令による中央大学認可
1926（大正 15）	神田錦町から神田駿河台へ移転
1948（昭和 23）	通信教育部開設
1949（昭和 24）	新制大学発足，法・経済・商・工学部開設
1951（昭和 26）	文学部開設
1962（昭和 37）	工学部を理工学部に改組
1978（昭和 53）	多摩キャンパス開校
1993（平成　5）	総合政策学部開設
2000（平成 12）	市ヶ谷キャンパス開校
2004（平成 16）	市ヶ谷キャンパスに法務研究科（ロースクール）開設

2008（平成 20）	後楽園キャンパスに戦略経営研究科（ビジネススクール）開設
2010（平成 22）	市ヶ谷田町キャンパス開校
2019（平成 31）	国際経営学部と国際情報学部開設
2023（令和　5）	茗荷谷キャンパス開校

ブランドマーク

このブランドマークは，箱根駅伝で広く知られた朱色の「C」マークと，伝統ある独自書体の「中央大学」を組み合わせたものとなっています。2007 年度，このブランドマークに，新たに「行動する知性。」というユニバーシティメッセージを付加しました。建学の精神に基づく実学教育を通じて涵養された知性をもとに社会に貢献できる人材，という本学の人材養成像を示しています。

中央大学

学部・学科の構成

大　学

●**法学部**　茗荷谷キャンパス

法律学科（法曹コース，公共法務コース，企業コース）

国際企業関係法学科

政治学科（公共政策コース，地域創造コース，国際政治コース，メディア政治コース）

●**経済学部**　多摩キャンパス

経済学科（経済総合クラスター，ヒューマンエコノミークラスター）

経済情報システム学科（企業経済クラスター，経済情報クラスター）

国際経済学科（貿易・国際金融クラスター，経済開発クラスター）

公共・環境経済学科（公共クラスター，環境クラスター）

●**商学部**　多摩キャンパス

経営学科

会計学科

国際マーケティング学科

金融学科

※商学部では，各学科に「フレックス・コース」と「フレックス *Plus 1*・コース」という2つのコースが設けられている。なお，フリーメジャー（学科自由選択）・コースの合格者は，入学手続時に商学部のいずれかの学科のフレックス・コースに所属し，2年次進級時に改めて学科・コースを選択（変更）できる。

●**理工学部**　後楽園キャンパス

数学科

物理学科

都市環境学科（環境クリエーターコース，都市プランナーコース）

精密機械工学科

電気電子情報通信工学科

応用化学科

ビジネスデータサイエンス学科

情報工学科

生命科学科

人間総合理工学科

●**文学部**　多摩キャンパス

人文社会学科（国文学専攻，英語文学文化専攻，ドイツ語文学文化専攻，フランス語文学文化専攻〈語学文学文化コース，美術史美術館コース〉，中国言語文化専攻，日本史学専攻，東洋史学専攻，西洋史学専攻，哲学専攻，社会学専攻，社会情報学専攻〈情報コミュニケーションコース，図書館情報学コース〉，教育学専攻，心理学専攻，学びのパスポートプログラム〈社会文化系，スポーツ文化系〉）

●**総合政策学部**　多摩キャンパス

政策科学科

国際政策文化学科

●**国際経営学部**　多摩キャンパス

国際経営学科

●**国際情報学部**　市ヶ谷田町キャンパス

国際情報学科

（備考）クラスター，コース等に分属する年次はそれぞれで異なる。

大学院

法学研究科 / 経済学研究科 / 商学研究科 / 理工学研究科 / 文学研究科 / 総合政策研究科 / 国際情報研究科 / 法科大学院（ロースクール）/ 戦略経営研究科（ビジネススクール）

大学所在地

茗荷谷キャンパス

多摩キャンパス

後楽園キャンパス

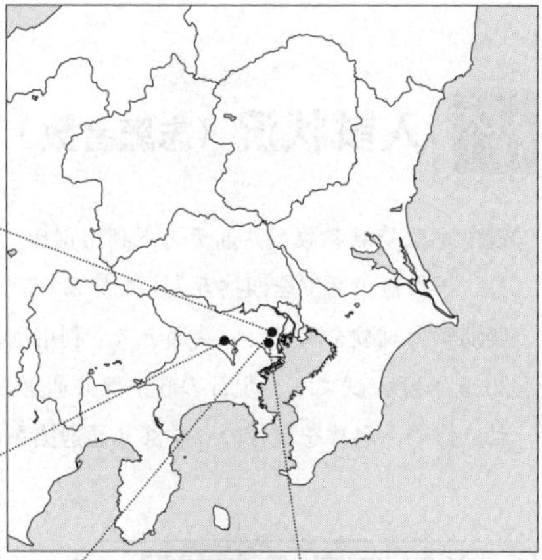

市ヶ谷田町キャンパス

茗荷谷キャンパス　〒112-8631　東京都文京区大塚 1-4-1
多摩キャンパス　〒192-0393　東京都八王子市東中野 742-1
後楽園キャンパス　〒112-8551　東京都文京区春日 1-13-27
市ヶ谷田町キャンパス　〒162-8478　東京都新宿区市谷田町 1-18

入試データ

入試状況（志願者数・競争率など）

○競争率は受験者数（共通テスト利用選抜〈単独方式〉は志願者数）÷合格者数で算出し，小数点第２位を四捨五入している。
○個別学力試験を課さない共通テスト利用選抜〈単独方式〉は１カ年分のみの掲載。
○2025 年度入試より，現行の６学部共通選抜では国際経営学部の募集を停止する。それに伴い，名称を現行の６学部共通選抜から５学部共通選抜に変更する。

2024 年度 入試状況

●６学部共通選抜

<table>
<tr><th colspan="3">区　分</th><th>募集人員</th><th>志願者数</th><th>受験者数</th><th>合格者数</th><th>競争率</th></tr>
<tr><td rowspan="6">法</td><td rowspan="3">4教科型</td><td>法律</td><td>20</td><td>308</td><td>293</td><td>106</td><td rowspan="3">2.5</td></tr>
<tr><td>国際企業関係法</td><td>5</td><td>10</td><td>10</td><td>3</td></tr>
<tr><td>政治</td><td>5</td><td>67</td><td>67</td><td>42</td></tr>
<tr><td rowspan="3">3教科型</td><td>法律</td><td>36</td><td>1,185</td><td>1,115</td><td>153</td><td rowspan="3">5.8</td></tr>
<tr><td>国際企業関係法</td><td>10</td><td>147</td><td>141</td><td>33</td></tr>
<tr><td>政治</td><td>20</td><td>403</td><td>391</td><td>98</td></tr>
<tr><td rowspan="4">経済</td><td colspan="2">経済</td><td>60</td><td>1,031</td><td>986</td><td>215</td><td>4.6</td></tr>
<tr><td colspan="2">経済情報システム</td><td>5</td><td>101</td><td>100</td><td>11</td><td>9.1</td></tr>
<tr><td colspan="2">国際経済</td><td>10</td><td>176</td><td>169</td><td>25</td><td>6.8</td></tr>
<tr><td colspan="2">公共・環境経済</td><td>5</td><td>118</td><td>115</td><td>16</td><td>7.2</td></tr>
<tr><td>商</td><td colspan="2">フリーメジャー</td><td>70</td><td>1,206</td><td>1,146</td><td>287</td><td>4.0</td></tr>
</table>

（表つづく）

区分			募集人員	志願者数	受験者数	合格者数	競争率
文	人文社会	国文学	7	151	145	41	3.7
		英語文学文化	7	237	226	70	
		ドイツ語文学文化	3	90	85	30	
		フランス語文学文化	3	105	99	38	
		中国言語文化	3	62	62	19	
		日本史学	3	120	114	28	
		東洋史学	4	50	46	16	
		西洋史学	4	129	124	30	
		哲学	3	93	91	22	
		社会学	3	184	172	36	
		社会情報学	3	89	87	27	
		教育学	3	101	95	20	
		心理学	3	168	162	31	
		学びのパスポートプログラム	2	37	35	8	
総合政策	政策科		25	427	404	111	3.0
	国際政策文化		25	323	306	128	
国際経営	4 教科型		10	32	31	12	2.6
	3 教科型		20	283	269	60	4.5
計			377	7,433	7,086	1,716	—

（備考）

- 法学部，文学部及び総合政策学部の志願者数・受験者数は，第1志望の学科・専攻（プログラム）で算出している。
- 法学部，文学部及び総合政策学部は志望順位制のため，学科・専攻（プログラム）ごとの倍率は算出していない。

●学部別選抜〈一般方式〉

区分				募集人員	志願者数	受験者数	合格者数	競争率
法	4教科型	法律		60	638	595	228	2.6
		国際企業関係法		5	47	43	17	2.5
		政治		20	126	116	60	1.9
	3教科型	法律		269	2,689	2,533	606	4.2
		国際企業関係法		60	527	496	155	3.2
		政治		128	1,152	1,089	326	3.3
経済	I(2/14)	経済		135	2,055	1,893	314	5.0
		経済情報システム		79	606	556	156	
		公共・環境経済		60	777	720	164	
	II(2/15)	経済		90	1,293	1,158	151	4.7
		国際経済		113	1,135	1,033	319	
商	A(2/11)	会計	フレックス	115	1,087	1,035	289	3.4
			フレックスPlus 1	40	267	263	66	
		国際マーケティング	フレックス	120	1,159	1,103	356	
			フレックスPlus 1	20	151	145	38	
	B(2/13)	経営	フレックス	130	1,632	1,539	296	4.8
			フレックスPlus 1	20	347	327	48	
		金融	フレックス	40	743	697	187	
			フレックスPlus 1	15	82	75	20	
理工	数			32	817	702	205	3.4
	物理			33	920	785	226	3.5
	都市環境			45	796	680	155	4.4
	精密機械工			80	1,365	1,147	303	3.8
	電気電子情報通信工			65	1,166	969	257	3.8
	応用化			78	1,351	1,111	290	3.8
	ビジネスデータサイエンス			65	758	660	178	3.7
	情報工			66	1,683	1,424	267	5.3
	生命科			43	481	419	167	2.5
	人間総合理工			32	234	195	58	3.4
文	人文社会	国文学		29	459	441	130	3.4
		英語文学文化		77	487	464	210	2.2
		ドイツ語文学文化		22	123	115	50	2.3
		フランス語文学文化		34	264	250	114	2.2
		中国言語文化		23	162	154	66	2.3
		日本史学		43	450	438	165	2.7

（表つづく）

区分			募集人員	志願者数	受験者数	合格者数	競争率
文	人文社会	東洋史学	25	152	146	56	2.6
		西洋史学	25	254	242	76	3.2
		哲学	36	322	307	110	2.8
		社会学	47	443	423	166	2.5
		社会情報学	43	187	182	70	2.6
		教育学	32	301	295	98	3.0
		心理学	41	416	393	112	3.5
		学びのパスポートプログラム	10	66	59	14	4.2
総合政策	政策科		30	955	854	118	6.8
	国際政策文化		30	806	709	113	
国際経営			70	1,171	1,106	324	3.4
国際情報			60	1,052	992	181	5.5
計			2,735	34,154	31,078	8,075	−

（備考）

- 経済学部，商学部及び総合政策学部の志願者数・受験者数は，第１志望の学科（コース）で算出している。
- 経済学部，商学部及び総合政策学部は志望順位制のため，学科ごとの倍率は算出していない。

●学部別選抜〈英語外部試験利用方式〉

区分			募集人員	志願者数	受験者数	合格者数	競争率
経済	I (2/14)	経済	13	432	409	88	4.2
		経済情報システム	8	119	109	11	
		公共・環境経済	7	334	320	100	
	II (2/15)	経済	9	409	369	86	4.5
		国際経済	13	439	401	87	
理工		数	3	2	2	0	—
		物理	2	14	12	7	1.7
		都市環境	2	25	20	11	1.8
		精密機械工	2	16	12	6	2.0
		電気電子情報通信工	2	24	17	10	1.7
		応用化	2	27	20	9	2.2
		ビジネスデータサイエンス	2	16	14	6	2.3
		情報工	2	7	6	2	3.0
		生命科	2	10	8	5	1.6
		人間総合理工	5	9	7	5	1.4
文	人文社会	国文学	若干名	13	13	5	2.6
		英語文学文化		31	30	13	2.3
		ドイツ語文学文化		11	11	8	1.4
		フランス語文学文化		23	21	9	2.3
		中国言語文化		9	9	4	2.3
		日本史学		12	12	5	2.4
		東洋史学		12	12	5	2.4
		西洋史学		21	17	7	2.4
		哲学		21	21	8	2.6
		社会学		35	32	12	2.7
		社会情報学		12	12	4	3.0
		教育学		12	12	3	4.0
		心理学		34	33	6	5.5
		学びのパスポートプログラム		9	8	3	2.7
総合政策		政策科	5	68	56	26	2.3
		国際政策文化	5	128	107	45	
国際経営			20	640	616	228	2.7
国際情報			5	147	136	25	5.4
計			109	3,121	2,884	849	—

（備考）
- 経済学部及び総合政策学部の志願者数・受験者数は，第１志望の学科で算出している。
- 経済学部及び総合政策学部は志望順位制のため，学科ごとの倍率は算出していない。

●学部別選抜〈大学入学共通テスト併用方式〉

区分			募集人員	志願者数	受験者数	合格者数	競争率
法	法律		52	630	552	231	2.4
	国際企業関係法		13	80	67	22	3.0
	政治		26	238	213	102	2.1
経済	Ⅰ（2/14）	経済	9	153	131	16	3.8
		経済情報システム	7	53	43	15	
		公共・環境経済	6	26	22	21	
	Ⅱ（2/15）	経済	6	69	59	7	4.1
		国際経済	12	21	18	12	
商	フリーメジャー	A	10	163	150	50	3.0
		B	10	123	110	37	3.0
理工	数		13	219	198	55	3.6
	物理		10	248	228	60	3.8
	都市環境		9	252	228	48	4.8
	精密機械工		20	271	252	65	3.9
	電気電子情報通信工		20	310	294	67	4.4
	応用化		25	352	314	110	2.9
	ビジネスデータサイエンス		13	255	231	54	4.3
	情報工		13	314	286	47	6.1
	生命科		10	239	217	90	2.4
	人間総合理工		12	109	101	35	2.9
総合政策	政策科		15	95	74	28	2.2
	国際政策文化		15	126	96	50	
国際経営			10	94	70	23	3.0
国際情報			10	210	196	55	3.6
計			346	4,650	4,150	1,300	—

（備考）

- 経済学部及び総合政策学部の志願者数・受験者数は，第 1 志望の学科で算出している。
- 商学部フリーメジャー・コースは，学部別選抜 A（2/11 実施）・学部別選抜 B（2/13 実施）それぞれ 10 名の募集。
- 経済学部及び総合政策学部は志望順位制のため，学科ごとの倍率は算出していない。

●大学入学共通テスト利用選抜〈単独方式〉

区分				募集人員	志願者数	合格者数	競争率
法	前期選考	5教科型	法律	115	1,566	1,103	1.4
			国際企業関係法	19	256	182	1.4
			政治	52	392	262	1.5
		3教科型	法律	24	1,279	411	3.1
			国際企業関係法	6	610	187	3.3
			政治	12	533	203	2.6
	後期選考		法律	6	68	13	5.2
			国際企業関係法	3	29	5	5.8
			政治	6	61	8	7.6
経済	前期選考	4教科型	経済	16	380	118	3.0
			経済情報システム	7	52	19	
			国際経済	11	41	16	
			公共・環境経済	6	27	11	
		3教科型	経済	8	367	37	6.8
			経済情報システム	4	57	15	
			国際経済	5	72	21	
			公共・環境経済	3	38	6	
	後期選考		経済	5	104	5	10.2
			経済情報システム	5	35	5	
			国際経済	5	45	5	
			公共・環境経済	5	20	5	
商	前期選考	4教科型	経営 フレックス	14	298	138	2.0
			会計 フレックス	14	198	111	
			国際マーケティング フレックス	14	79	57	
			金融 フレックス	8	73	26	
		3教科型	経営 フレックス	12	701	144	4.2
			会計 フレックス	12	309	78	
			国際マーケティング フレックス	12	278	91	
			金融 フレックス	4	99	20	
	後期選考		経営 フレックス	4	48	4	8.7
			会計 フレックス	4	40	4	
			国際マーケティング フレックス	4	30	4	
			金融 フレックス	4	21	4	

（表つづく）

区分					募集人員	志願者数	合格者数	競争率
理工		前期選考		物理	5	389	87	4.5
				都市環境	9	347	57	6.1
				精密機械工	8	405	111	3.6
				電気電子情報通信工	10	328	73	4.5
				応用化	10	476	129	3.7
				ビジネスデータサイエンス	13	317	64	5.0
				情報工	7	425	58	7.3
				生命科	5	215	68	3.2
				人間総合理工	8	135	39	3.5
文	人文社会	前期選考	4教科型	専攻フリー	40	692	290	2.4
			3教科型	国文学	11	203	74	2.7
				英語文学文化	11	272	99	2.7
				ドイツ語文学文化	6	73	32	2.3
				フランス語文学文化	5	100	40	2.5
				中国言語文化	6	75	30	2.5
				日本史学	5	137	35	3.9
				東洋史学	6	91	41	2.2
				西洋史学	6	148	47	3.1
				哲学	5	138	50	2.8
				社会学	5	197	63	3.1
				社会情報学	3	69	19	3.6
				教育学	3	120	38	3.2
				心理学	3	132	26	5.1
				学びのパスポートプログラム	2	37	11	3.4
		後期選考		国文学	若干名	18	3	6.0
				英語文学文化		12	1	12.0
				ドイツ語文学文化		19	5	3.8
				フランス語文学文化		9	2	4.5
				中国言語文化		9	0	—
				日本史学		4	0	—
				東洋史学		6	2	3.0
				西洋史学		9	1	9.0
				哲学		7	2	3.5
				社会学		11	3	3.7
				社会情報学		6	0	—
				教育学		10	2	5.0
				心理学		10	2	5.0
				学びのパスポートプログラム		4	0	—

（表つづく）

区分			募集人員	志願者数	合格者数	競争率
総合政策	前期選考	政策科	24	423	118	2.9
		国際政策文化	25	445	180	
	後期選考	政策科	5	56	9	5.2
		国際政策文化	5	38	9	
国際経営	前期選考	4教科型	7	160	69	2.3
		3教科型	17	933	231	4.0
	後期選考	4教科型	3	29	3	9.7
		3教科型	3	68	2	34.0
国際情報	前期選考	4教科型	10	106	42	2.5
		3教科型	10	392	136	2.9
	後期選考		5	124	24	5.2
計			755	16,414	5,716	—

(備考)

- 経済学部，商学部及び総合政策学部の志願者数は，第1志望の学科（コース）で算出している。
- 経済学部，商学部及び総合政策学部は志望順位制のため，学科ごとの倍率は算出していない。

2023年度 入試状況

●6学部共通選抜

区分			募集人員	志願者数	受験者数	合格者数	競争率
法	4教科型	法律	20	363	340	118	2.5
		国際企業関係法	5	9	9	3	
		政治	5	86	82	53	
	3教科型	法律	36	1,311	1,241	156	5.5
		国際企業関係法	10	122	119	47	
		政治	20	364	348	107	
経済		経済	60	989	945	238	4.0
		経済情報システム	5	111	103	21	4.9
		国際経済	10	250	239	44	5.4
		公共・環境経済	5	117	113	15	7.5
商		フリーメジャー	70	1,268	1,215	302	4.0
文	人文社会	国文学	7	176	164	41	4.2
		英語文学文化	7	185	175	65	
		ドイツ語文学文化	3	90	85	29	
		フランス語文学文化	3	251	245	45	
		中国言語文化	3	100	97	27	
		日本史学	3	123	116	19	
		東洋史学	4	58	49	16	
		西洋史学	4	107	101	27	
		哲学	3	82	74	26	
		社会学	3	251	241	46	
		社会情報学	3	111	107	31	
		教育学	3	101	97	24	
		心理学	3	208	203	26	
		学びのパスポートプログラム	2	53	52	6	
総合政策		政策科	25	372	363	101	3.0
		国際政策文化	25	295	281	116	
国際経営	4	教科型	10	44	41	14	2.9
	3	教科型	20	314	296	60	4.9
計			377	7,911	7,541	1,823	—

（備考）•法学部，文学部及び総合政策学部の志願者数・受験者数は，第1志望の学科・専攻（プログラム）で算出している。

•法学部，文学部及び総合政策学部は志望順位制のため，学科・専攻（プログラム）ごとの倍率は算出していない。

•新型コロナウイルス感染症等対応のための特別措置を実施し，上表以外に，経済学部2名，文学部2名の合格者を出した。

●学部別選抜〈一般方式〉

区分				募集人員	志願者数	受験者数	合格者数	競争率
法	4教科型	法律		60	647	596	241	2.5
		国際企業関係法		5	42	39	16	2.4
		政治		20	107	98	46	2.1
	3教科型	法律		269	2,786	2,628	608	4.3
		国際企業関係法		60	541	517	139	3.7
		政治		128	920	871	318	2.7
経済	I（2/14）	経済		135	2,386	2,204	263	5.9
		経済情報システム		79	386	350	178	
		公共・環境経済		60	1,196	1,123	180	
	II（2/15）	経済		90	1,336	1,185	148	5.4
		国際経済		113	1,387	1,266	309	
商	A（2/11）	会計	フレックス	115	1,023	972	280	3.4
			フレックス *Plus 1*	40	241	231	64	
		国際マーケティング	フレックス	120	1,214	1,157	360	
			フレックス *Plus 1*	20	160	150	43	
	B（2/13）	経営	フレックス	130	2,137	2,002	377	4.6
			フレックス *Plus 1*	20	360	334	52	
		金融	フレックス	40	672	631	213	
			フレックス *Plus 1*	15	100	95	24	
理工	数			32	769	648	216	3.0
	物理			33	856	728	237	3.1
	都市環境			45	848	677	169	4.0
	精密機械工			80	1,350	1,142	374	3.1
	電気電子情報通信工			65	952	771	260	3.0
	応用化			78	1,389	1,128	297	3.8
	ビジネスデータサイエンス			65	772	659	175	3.8
	情報工			65	1,815	1,541	301	5.1
	生命科			43	527	440	117	3.8
	人間総合理工			32	337	288	54	5.3
文	人文社会	国文学		29	503	485	125	3.9
		英語文学文化		77	588	564	240	2.4
		ドイツ語文学文化		22	183	177	61	2.9
		フランス語文学文化		34	528	510	127	4.0
		中国言語文化		23	238	226	80	2.8
		日本史学		43	519	499	155	3.2

（表つづく）

区分			募集人員	志願者数	受験者数	合格者数	競争率
文	人文社会	東洋史学	25	158	147	53	2.8
		西洋史学	25	309	299	90	3.3
		哲学	36	229	219	93	2.4
		社会学	47	564	539	178	3.0
		社会情報学	43	219	208	70	3.0
		教育学	32	310	304	88	3.5
		心理学	41	610	579	107	5.4
		学びのパスポートプログラム	10	76	71	11	6.5
総合政策	政策科		30	881	775	113	6.2
	国際政策文化		30	885	765	134	
国際経営			70	1,172	1,102	319	3.5
国際情報			60	985	918	183	5.0
計			2,734	36,213	32,858	8,286	—

（備考）
- 経済学部，商学部及び総合政策学部の志願者数・受験者数は，第１志望の学科（コース）で算出している。
- 経済学部，商学部及び総合政策学部は志望順位制のため，学科ごとの倍率は算出していない。
- 新型コロナウイルス感染症等対応のための特別措置を実施し，上表以外に，法学部１名，経済学部１名，総合政策学部１名，国際経営学部１名の合格者を出した。

●学部別選抜〈英語外部試験利用方式〉

区分			募集人員	志願者数	受験者数	合格者数	競争率
経済	Ⅰ(2/14)	経済	13	505	465	42	6.1
		経済情報システム	8	134	127	12	
		公共・環境経済	7	370	352	100	
	Ⅱ(2/15)	経済	9	368	338	70	4.8
		国際経済	13	643	582	123	
理工		数	3	1	1	0	―
		物理	2	2	1	1	1.0
		都市環境	2	11	7	4	1.8
		精密機械工	2	17	12	6	2.0
		電気電子情報通信工	2	15	12	10	1.2
		応用化	2	32	19	7	2.7
		ビジネスデータサイエンス	2	12	12	5	2.4
		情報工	2	5	3	2	1.5
		生命科	2	20	17	4	4.3
		人間総合理工	5	13	9	5	1.8
文	人文社会	国文学	若干名	15	14	3	4.7
		英語文学文化		52	49	16	3.1
		ドイツ語文学文化		18	18	4	4.5
		フランス語文学文化		44	43	13	3.3
		中国言語文化		20	18	7	2.6
		日本史学		22	22	8	2.8
		東洋史学		12	12	5	2.4
		西洋史学		20	19	7	2.7
		哲学		19	18	6	3.0
		社会学		53	49	14	3.5
		社会情報学		17	16	3	5.3
		教育学		19	19	6	3.2
		心理学		39	37	8	4.6
総合政策		政策科	5	50	37	13	2.9
		国際政策文化	5	129	98	34	
国際経営			20	635	615	198	3.1
国際情報			5	141	139	17	8.2
計			109	3,453	3,180	753	―

(備考)• 経済学部及び総合政策学部の志願者数・受験者数は，第1志望の学科で算出している。
• 経済学部及び総合政策学部は志望順位制のため，学科ごとの倍率は算出していない。
• 新型コロナウイルス感染症等対応のための特別措置を実施し，上表以外に，総合政策学部１名の合格者を出した。

- 文学部人文社会学科の学びのパスポートプログラムは，学部別選抜〈英語外部試験利用方式〉での募集は行っていない（2024 年度より募集が実施される）。

●学部別選抜〈大学入学共通テスト併用方式〉

区分			募集人員	志願者数	受験者数	合格者数	競争率
法		法律	52	528	469	206	2.3
		国際企業関係法	13	102	90	30	3.0
		政治	26	147	128	85	1.5
経済	I (2/14)	経済	9	104	82	17	3.0
		経済情報システム	7	30	22	12	
		公共・環境経済	6	20	17	12	
	II (2/15)	経済	6	56	35	7	3.6
		国際経済	12	42	33	12	
商	フリーメジャー	A	10	134	123	35	3.5
		B	10	134	119	40	3.0
理工		数	13	210	194	65	3.0
		物理	10	233	216	78	2.8
		都市環境	9	198	175	62	2.8
		精密機械工	20	242	221	66	3.3
		電気電子情報通信工	20	208	187	58	3.2
		応用化	25	341	324	115	2.8
		ビジネスデータサイエンス	13	310	288	78	3.7
		情報工	13	380	339	58	5.8
		生命科	10	234	217	66	3.3
		人間総合理工	12	141	132	26	5.1
総合政策		政策科	15	98	72	25	2.3
		国際政策文化	15	223	180	84	
国際経営			10	104	86	20	4.3
国際情報			10	198	182	53	3.4
計			346	4,417	3,931	1,310	—

(備考)• 経済学部及び総合政策学部の志願者数・受験者数は，第１志望の学科で算出している。
• 経済学部及び総合政策学部は志望順位制のため，学科ごとの倍率は算出していない。
• 商学部フリーメジャー・コースは，学部別選抜Ａ（2/11 実施）・学部別選抜Ｂ（2/13 実施）それぞれ 10 名の募集。
• 新型コロナウイルス感染症等対応のための特別措置を実施し，上表以外に，理工学部３名の合格者を出した。

2022 年度 入試状況

● 6 学部共通選抜

区分			募集人員	志願者数	受験者数	合格者数	競争率
法	4教科型	法律	20	359	334	116	2.5
		国際企業関係法	5	17	17	3	
		政治	5	63	59	44	
	3教科型	法律	36	1,210	1,139	139	5.8
		国際企業関係法	10	140	135	40	
		政治	20	305	288	89	
経済	経済		60	937	887	199	4.5
	経済情報システム		5	101	97	21	4.6
	国際経済		10	132	124	25	5.0
	公共・環境経済		5	109	103	19	5.4
商	フリーメジャー		70	1,179	1,115	282	4.0
文	人文社会	国文学	7	127	123	40	3.1
		英語文学文化	7	170	164	55	
		ドイツ語文学文化	3	79	71	27	
		フランス語文学文化	3	96	93	44	
		中国言語文化	3	75	71	36	
		日本史学	3	142	137	26	
		東洋史学	4	59	57	15	
		西洋史学	4	102	93	35	
		哲学	3	113	105	33	
		社会学	3	114	107	57	
		社会情報学	3	111	108	19	
		教育学	3	83	76	26	
		心理学	3	166	157	37	
		学びのパスポートプログラム	2	78	75	10	
総合政策	政策科		25	311	299	84	3.1
	国際政策文化		25	232	227	85	
国際経営	4教科型		10	29	29	10	2.9
	3教科型		20	277	258	53	4.9
計			377	6,916	6,548	1,669	—

（備考）• 法学部，文学部及び総合政策学部の志願者数・受験者数は，第１志望の学科・専攻（プログラム）で算出している。

• 法学部，文学部及び総合政策学部は志望順位制のため，学科・専攻（プログラム）ごとの倍率は算出していない。

• 新型コロナウイルス感染症等対応のための特別措置を実施し，上表以外に，文学部２名，総合政策学部１名の合格者を出した。

●学部別選抜〈一般方式〉

区分				募集人員	志願者数	受験者数	合格者数	競争率
法	4教科型	法律		60	631	576	218	2.6
		国際企業関係法		5	58	54	24	2.3
		政治		20	118	110	52	2.1
	3教科型	法律		269	2,515	2,368	638	3.7
		国際企業関係法		60	410	388	167	2.3
		政治		128	739	694	261	2.7
経済	I（2/14）	経済		149	2,198	2,026	293	4.5
		経済情報システム		86	565	512	110	
		公共・環境経済		67	1,074	996	378	
	II（2/15）	経済		99	1,375	1,230	141	4.7
		国際経済		126	1,562	1,446	424	
商	A（2/11）	会計	フレックス	115	1,134	1,078	297	3.5
			フレックス *Plus 1*	40	296	280	69	
		国際マーケティング	フレックス	120	1,182	1,126	357	
			フレックス *Plus 1*	20	157	152	41	
	B（2/13）	経営	フレックス	130	1,491	1,365	295	4.1
			フレックス *Plus 1*	20	346	312	59	
		金融	フレックス	40	886	824	255	
			フレックス *Plus 1*	15	83	76	18	
理工	数			32	693	621	277	2.2
	物理			33	752	663	275	2.4
	都市環境			45	650	561	196	2.9
	精密機械工			80	1,240	1,078	359	3.0
	電気電子情報通信工			65	1,195	1,059	325	3.3
	応用化			78	1,287	1,126	475	2.4
	ビジネスデータサイエンス			65	917	812	202	4.0
	情報工			65	1,460	1,292	330	3.9
	生命科			43	552	488	168	2.9
	人間総合理工			32	494	435	91	4.8
文	人文社会	国文学		29	472	450	161	2.8
		英語文学文化		77	730	692	299	2.3
		ドイツ語文学文化		22	226	217	75	2.9
		フランス語文学文化		34	310	293	139	2.1
		中国言語文化		23	190	179	87	2.1
		日本史学		43	609	585	177	3.3

（表つづく）

区分			募集人員	志願者数	受験者数	合格者数	競争率
文	人文社会	東洋史学	25	213	207	95	2.2
		西洋史学	25	270	258	111	2.3
		哲学	36	309	294	113	2.6
		社会学	47	446	432	210	2.1
		社会情報学	43	298	286	83	3.4
		教育学	32	308	297	127	2.3
		心理学	41	569	540	167	3.2
		学びのパスポートプログラム	10	104	95	22	4.3
総合政策	政策科		30	512	435	115	3.6
	国際政策文化		30	666	548	155	
国際経営			70	1,286	1,221	217	5.6
国際情報			60	1,154	1,084	208	5.2
計			2,784	34,732	31,861	9,356	—

(備考)• 経済学部，商学部及び総合政策学部の志願者数・受験者数は，第１志望の学科（コース）で算出している。

• 経済学部，商学部及び総合政策学部は志望順位制のため，学科ごとの倍率は算出していない。

• 新型コロナウイルス感染症等対応のための特別措置を実施し，上表以外に，法学部１名，経済学部６名，商学部３名，理工学部６名，文学部１名，総合政策学部１名，国際情報学部２名の合格者を出した。

●学部別選抜〈英語外部試験利用方式〉

区分			募集人員	志願者数	受験者数	合格者数	競争率
経済	I（2/14）	経済	5	363	341	45	5.0
		経済情報システム	4	169	157	21	
		公共・環境経済	3	337	314	97	
	II（2/15）	経済	3	305	270	77	2.0
		国際経済	5	459	426	264	
理工	数		3	1	1	0	—
	物理		2	9	6	0	—
	都市環境		2	2	2	1	2.0
	精密機械工		2	15	11	8	1.4
	電気電子情報通信工		2	7	5	4	1.3
	応用化		2	14	11	9	1.2
	ビジネスデータサイエンス		2	13	13	6	2.2
	情報工		2	5	4	1	4.0
	生命科		2	8	7	5	1.4
	人間総合理工		5	8	6	4	1.5
文	人文社会	国文学	若干名	33	29	7	4.1
		英語文学文化		59	59	19	3.1
		ドイツ語文学文化		13	11	5	2.2
		フランス語文学文化		24	24	10	2.4
		中国言語文化		19	19	9	2.1
		日本史学		21	19	6	3.2
		東洋史学		16	15	6	2.5
		西洋史学		18	16	7	2.3
		哲学		22	19	6	3.2
		社会学		32	28	14	2.0
		社会情報学		38	34	6	5.7
		教育学		17	16	5	3.2
		心理学		25	23	8	2.9
総合政策	政策科		5	42	30	12	2.4
	国際政策文化		5	127	90	37	
国際経営			20	729	700	181	3.9
国際情報			5	244	228	14	16.3
計			79	3,194	2,934	894	—

(備考)
- 経済学部及び総合政策学部の志願者数・受験者数は，第1志望の学科で算出している。
- 経済学部及び総合政策学部は志望順位制のため，学科ごとの倍率は算出していない。
- 新型コロナウイルス感染症等対応のための特別措置を実施し，上表以外に，経済学部1名の合格者を出した。

●学部別選抜〈大学入学共通テスト併用方式〉

区分			募集人員	志願者数	受験者数	合格者数	競争率
法		法律	52	557	514	189	2.7
		国際企業関係法	13	97	90	52	1.7
		政治	26	138	132	75	1.8
経済	Ⅰ(2/14)	経済	9	156	141	27	4.0
		経済情報システム	7	50	43	14	
		公共・環境経済	6	86	80	25	
	Ⅱ(2/15)	経済	6	87	69	10	4.7
		国際経済	12	59	52	16	
商		フリーメジャー	20	229	210	55	3.8
理工		数	13	150	137	58	2.4
		物理	10	163	153	55	2.8
		都市環境	9	191	177	62	2.9
		精密機械工	20	282	261	81	3.2
		電気電子情報通信工	20	330	311	94	3.3
		応用化	25	289	268	128	2.1
		ビジネスデータサイエンス	13	313	289	74	3.9
		情報工	13	497	459	93	4.9
		生命科	10	240	219	81	2.7
		人間総合理工	12	224	210	58	3.6
総合政策		政策科	15	103	84	31	2.2
		国際政策文化	15	170	123	64	
国際経営			10	64	58	10	5.8
国際情報			10	289	271	54	5.0
計			346	4,764	4,351	1,406	—

（備考）
- 経済学部及び総合政策学部の志願者数・受験者数は，第１志望の学科で算出している。
- 経済学部及び総合政策学部は志望順位制のため，学科ごとの倍率は算出していない。
- 商学部フリーメジャー・コースは，学部別選抜Ａ（2/11 実施）・学部別選抜Ｂ（2/13 実施）それぞれ 10 名の募集。
- 新型コロナウイルス感染症等対応のための特別措置を実施し，上表以外に，法学部１名，理工学部１名，総合政策学部１名，国際情報学部１名の合格者を出した。

入学試験要項の入手方法

出願には，受験ポータルサイト「UCARO（ウカロ）」への会員登録（無料）が必要です。出願は，Web 出願登録，入学検定料の支払いおよび出願書類の郵送を，出願期間内に全て完了することで成立します。詳細は，大学公式 Web サイトで 11 月中旬に公開予定の入学試験要項を必ず確認してください。紙媒体の入学試験要項や願書は発行しません。

また，「CHUO UNIVERSITY GUIDE BOOK 2025」（大学案内）を 5 月下旬より配付します（無料)。こちらは大学公式 Web サイト内の資料請求フォーム，テレメールから請求できます。

入試に関する問い合わせ先

中央大学　入学センター事務部入試課
https://chuo-admissions.zendesk.com/hc/ja
月～金曜日 9 :00～12:00，13:00～16:00
※土・日・祝日は受付を行っていません。
詳細は大学公式 Web サイトにて確認してください。
https://www.chuo-u.ac.jp/connect/

合格体験記 募集

2025 年春に入学される方を対象に，本大学の「合格体験記」を募集します。お寄せいただいた合格体験記は，編集部で選考の上，小社刊行物やウェブサイト等に掲載いたします。お寄せいただいた方には小社規定の謝礼を進呈いたしますので，ふるってご応募ください。

応募方法

下記 URL または QR コードより応募サイトにアクセスできます。
ウェブフォームに必要事項をご記入の上，ご応募ください。
折り返し執筆要領をメールにてお送りします。
※入学が決まっている一大学のみ応募できます。

☞ http://akahon.net/exp/

応募の締め切り

総合型選抜・学校推薦型選抜 ……… 2025 年 2 月 23 日
私立大学の一般選抜 ……… 2025 年 3 月 10 日
国公立大学の一般選抜 ……… 2025 年 3 月 24 日

受験にまつわる川柳を募集します。
入選者には賞品を進呈！
ふるってご応募ください。

応募方法　http://akahon.net/senryu/　にアクセス！☞

気になること、聞いてみました！

在学生メッセージ

大学ってどんなところ？ 大学生活ってどんな感じ？
ちょっと気になることを，在学生に聞いてみました。

以下の内容は 2020〜2023 年度入学生のアンケート回答に基づくものです。ここで触れられている内容は今後変更となる場合もありますのでご注意ください。

メッセージを書いてくれた先輩 ［法学部］D.S. さん C.K. さん Y.K. さん ［商学部］Y.W. さん
［文学部］阿部龍之介さん ［総合政策学部］R.T. さん

大学生になったと実感！

一番実感したことは様々な人がいるということです。出身地も様々ですし，留学生や浪人生など様々な背景をもった人がいるので，違った価値観や考え方などと日々触れ合っています。高校であったおもしろいノリなどが他の人にはドン引きされることもありました。（D.S. さん／法）

高校生のときと大きく変わったことは，強制されることがないことです。大学生は，授業の課題を出さなくても何も言われません。ただし，その代償は単位を落とすという形で自分に返ってきます。自己責任が増えるというのが大学生と高校生の違いです。（阿部さん／文）

一番初めに実感した出来事は，履修登録です。小学校，中学校，高校とずっと決められた時間割で，自分の学びたいもの，学びたくないものなど関係なく過ごしてきましたが，大学は自分の学びたいものを選んで受けられるので，大学生になったなと感じました。（Y.W. さん／商）

大学生活に必要なもの

パソコンは絶対に用意しましょう。課題はほとんどが web 上での提出です。Word や Excel などは使う頻度がすごく多いです。課題だけでなくオンラインの授業もまだありますし，試験を web 上で行う授業もあります。タブレットだったり，モニターを複数用意しておくと，メモしたり課題をしたりするときや，オンライン授業を受ける上で楽になると思います。モニターが複数あると，オンラインと並行して作業がある授業にはとても役に立ちます。（D.S. さん／法）

自炊をする力です。私自身，一冊のレシピ本を買い，週に 5 回は自炊をしています。料理は勉強と同じでやった分だけ上達し，その上達はとても嬉しいものです。また，大学生になると色々な出費があります。そのため，うまくお金をやりくりしないといけないので，自炊をして，日々の出費を減らすことも大切です。（Y.K. さん／法）

この授業がおもしろい！

国際企業関係法学科では英語が 16 単位必修で，英語の授業が他の学科よりも多いのですが，気に入っている授業は英語のリスニング・スピーキングの授業です。この授業は世界で起こっている社会問題や国際問題などをリサーチして，その内容をプレゼンするというものです。外国人の先生による授業で，帰国子女の学生が多くいるなかでプレゼンディスカッションをしているので，英語力が一番伸びている実感があります。（D.S. さん／法）

「メディアリテラシー」です。インターネットが普及した現在では，マスメディアだけでなく我々も情報発信が容易にできてしまうので，情報を受け取る側だけでなく送る側の視点からもメディアリテラシーを適用していく必要性を学ぶことができます。（R.T. さん／総合政策）

大学の学びで困ったこと＆対処法

高校での学習内容から一気に専門的な内容に発展したことです。私は法学部で憲法や民法などの法律科目を履修していますが，法学の基礎的な知識やニュアンスをまったく知らない状態で授業に臨んでしまったので，最初はついていくのが大変でした。大学の講義は高校の授業とは大きく違って，自分が学びたい学問に詳しい教授の話を聞かせてもらうという感じなので，自分での学習が不可欠になります。特に法学は読む量がすごく多く，法学独特の言い回しにも慣れるのがとても大変で苦労しました。（D.S. さん／法）

4000 字を超えるような文章を書く必要があるということです。大学に入るまで，文章を書くという行為自体をあまりやってこなかったこともあり，言葉の使い方や参考文献の書き方，人が見やすいようなレポートの作成の仕方を習得することに時間がかかりました。（Y.K. さん／法）

高校のときに私立文系コースにいたので，数学はほとんど勉強していないうえに，数学Bなどは学んでもおらず，統計学など，数学が必要となる科目は基礎的なところから理解に苦しむところがありましたが，過去問や，教科書を見て対処しました。（Y.W. さん／商）

部活・サークル活動

大学公認のテニスサークルに所属しています。他大学のテニスサークルや同じ大学の他のテニスサークルと対戦したりすることもあります。合宿もあったりしてとても楽しいです。（R.T. さん／総合政策）

法学会に入っています。一言で言うと，法律に関する弁論を行うサークルです。いわゆる弁論大会のようなものが他校と合同で開催されたり，校内の予選を行ったりと活発に活動しています。（C.K. さん／法）

交友関係は？

大学の規模がそこまで大きくないということもあり，同じ授業を取っている人がちょくちょくいたりして，そういった人たちとよく話をするうちに友達になりました。（R.T. さん／総合政策）

中央大学には国際教育寮があり，私はそこに所属しています。寮生の３分の１から半分くらいは外国人留学生で，留学生と交流できるチャンスがたくさんあります。この寮では，料理などは自分でするのですが友達と一緒にもできますし，シアタールームや会議室があるので一緒に映画を見たり課題をしたりもしています。他学部の学生とも仲良くできますし，先輩とも交友関係を築くことができます。（D.S. さん／法）

いま「これ」を頑張っています

民法の勉強です。模擬裁判をするゼミに入っており，必修の民法の授業に加えてゼミでも民法の勉強をしています。模擬裁判をすることによって法律を実際の裁判でどのように使うのか具体的にイメージすることができ，さらに民法に興味が湧きます。（C.K. さん／法）

自分は公認会計士の資格を取るために中央大学を目指し，入学しました。今は，経理研究所というところに所属し，毎日，大学の授業と会計の勉強を，いわばダブルスクールのような形で，時間を無駄にしないように生活しています。（Y.W. さん／商）

普段の生活で気をつけていることや心掛けていること

家から大学までがとても遠いのと，キャンパスが広大で移動にも時間がかかるので，常に余裕をもって行動するようにしています。決して難度は低くないですが，大学生活以外でも重要なことだと思うので，常に意識するようにしています。(R.T. さん／総合政策)

手洗い・うがいは大事だと思います。しかも，こまめにすることが重要なポイントだと思います。また，季節の変わり目や環境が変わるときには心も体も疲れやすくなってしまうので，なるべく早く寝てしっかりご飯を食べるようにしています。(C.K. さん／法)

健康を維持するために筋トレをしています。まず，一人暮らし用のアパートを借りるときに，4階の部屋を選びました。階段なので，毎日の昇り降りで足腰を鍛えています。また，フライパンも通常より重いものにして，腕を鍛えています。(阿部さん／文)

おススメ・お気に入りスポット

ヒルトップと呼ばれる食堂棟があり，広いのに昼休みは激しく混雑しています。しかし，授業中はものすごく空いていて，自分の空き時間に広い空間で食べる昼ご飯はとても有意義に感じられてお気に入りです。(R.T. さん／総合政策)

FOREST GATEWAY CHUO です。新しくきれいな建物で，コンセント完備の自習スペースも整っています。英語などのグループワークで使えるようなスペースもあり非常に便利です。トイレもとてもきれいです。(C.K. さん／法)

入学してよかった！

多摩キャンパスは，都心の喧騒から離れたところにありますが，落ち着いた環境でキャンパスライフを送ることができます。友達と過ごすにはちょっと物足りない感はありますが，自分１人の時間を大切にする人にとってはとても恵まれている環境だと思います。（R.T. さん／総合政策）

志が高い学生が多いことです。中央大学は弁護士や公認会計士など，難関資格を目指して勉強している学生が多いので，常にそのような人を見て刺激を受けることができます。将来のことを考えている学生も多いですし，そのサポートも大学がしっかり行ってくれるので，志が高くて将来やりたいことが明確に決まっている人には特におすすめです。（D.S. さん／法）

学生が気さくで優しく，司法試験や公務員試験，資格取得などの勉強をしている人が９割方で，真面目な人が多いです。周りの人が司法試験のために勉強している姿に刺激を受け，勉強を頑張ろうという意欲が湧いてきます。（C.K. さん／法）

目標に向かって努力ができる環境が整っていることです。勉強を継続するために必要なこととして，自分の意思以外にも，周りの環境も大切になってくると思います。そのため，自分の掲げた目標を達成できる環境がある大学に入れたことは本当によかったと思います。（Y.K. さん／法）

高校生のときに「これ」をやっておけばよかった

スポーツです。サークルに入ってない人や体育を履修していない人が，運動やスポーツをする機会は大学にはないので，運動不足になりがちです。できれば高校のうちからいろんなスポーツに慣れ親しんで，丈夫な体を作っておけばよかったなと思いました。（R.T. さん／総合政策）

合格体験記

みごと合格を手にした先輩に，入試突破のためのカギを伺いました。入試までの限られた時間を有効に活用するために，ぜひ役立ててください。

（注）ここでの内容は，先輩方が受験された当時のものです。2025 年度入試では当てはまらないこともありますのでご注意ください。

・アドバイスをお寄せいただいた先輩・

Message

A.N. さん　経済学部（経済学科）
学部別選抜（一般方式）2024 年度合格，東京都出身

合格のポイントは過去問の演習です。志望大学の行きたい学部の過去問はもちろんのこと，それ以外の学部のものでも，その大学に合格するために必要な学力と現状の自分との差を知る良い素材になります。また，行きたい学部の問題傾向が変わってしまったときでも，柔軟に対応できる可能性が広がります。

その他の合格大学　中央大（総合政策），法政大（経済）

Message

K.W. さん　商学部（国際マーケティング学科）
6 学部共通選抜 2024 年度合格，東京都出身

志望校に合格するためには赤本は欠かせません。しかし，ある程度の土台なしには過去問演習をしても得られるものが少なくなってしまうので，基礎固めを最優先にすることが合格への近道です。基礎固めの後，私は赤本演習をやりながら抜けてしまっている知識を補い，赤本と愛用の参考書を何度も往復することで合格点が取れるようになりました。

また，たくさん勉強すると思いますが受験中は息抜きが絶対に必要ですし，頑張っている自分を労ってあげてください！　受験は人生という長い本の 1 ページに過ぎませんが，そのページを華やかなものにするべく，この青春を駆け抜けてください。いつでも応援しています！

その他の合格大学　中央大（総合政策），獨協大（経済），神奈川大（経営）

Message

R.T. さん　総合政策学部（政策科学科）
学部別選抜 2023 年度合格，神奈川県出身

過去問をもったいぶって直前期までとっておくことは愚策です。志望校の赤本が刊行されたら，すぐに買って最新年度を解いて，出題傾向をつかむことが一番のポイントです。受験は時間との勝負なので，過去問の傾向から今やるべき勉強を“逆算”してスケジュールを立てると，効率よく知識を定着できると思います。

その他の合格大学　日本大（法・文理〈共通テスト利用〉），専修大（法・商），神奈川大（法）

入試なんでもQ&A

受験生のみなさんからよく寄せられる，
入試に関する疑問・質問に答えていただきました。

Q 「赤本」の効果的な使い方を教えてください。

A 受験を決めた瞬間に過去問を解いて，志望校と自分のレベルの差を見定めるために使いました。最初は解けない問題のほうが多かったので，英語は単語を，国語は漢字や古文単語を，政経は語句を押さえることに注力しました。解ける問題が徐々に多くなってきたら，英語は文法を，国語は問題の解き方を，政経は時系列や語句の説明を理解することに時間をかけました。またいずれの教科も，間違えた問題と同じくらい正解した問題の復習に時間をかけることが効果的であると思います。例えば，国語では何を根拠としてその選択肢を選んだか，つまりは接続詞などの文法要素なのか，文章の構成としてなのか，それとも勘なのかを復習のときに考えることはとても重要です。　(A.N. さん／経済)

A 私は基礎の勉強が一通り終わった9月の序盤に初めて赤本を解きました。このときは力試し程度に解いたのですが，勉強してきたことがうまくアウトプットできなかったことがわかりました。そのため，過去問演習では間違えた問題に対して「なぜ？」や「何が？」といった5W1Hを使って自分がしたミスを深掘りしていきました。また，何度も同じ年度を解いて以前間違えた問題に対して対策を練った後でもう一度同じ問題にアプローチすると，初見の問題でも自分のもっている知識をスムーズにアウトプットできるようになります。　(K.W. さん／商)

Q　1年間の学習スケジュールはどのようなものでしたか？

A　私は浪人生でしたので自由に使える時間が多くありました。それは嬉しい反面，やはり怠けてしまう危険もあります。そのため，4月は塾の自習室や図書館に毎日行くように習慣づけていました。また，家はゆっくりしてもいい場所，外は勉強しかしない場所というふうにメリハリをつけるように意識すると，夏の勉強がとても捗ったのでおすすめします。

時期別には，4～6月は英単語・熟語・古文単語などの暗記系に1日の時間を多く割いて，後で基礎的な分野でつまずかないように保険をかけていました。7～9月は，英語長文や現代文があまり読めていなかったので，参考書の同じ問題を時間をかけて単語レベルにまで絞って何度も読んだりしていました。10月以降は2～3日に1回赤本を解くようにし，解いたらしっかり確認して，勉強してきたなかでの苦手な分野をすぐに潰すようにしていました。12月以降の直前期は英語や国語よりも社会科目が伸びます。私は世界史選択だったので，通史をやりながら抜けている用語を覚えることに1日の勉強の半分を費やし，3科目とも穴がないようにしました。　(K.W. さん／商)

A　英語は，単語をメインに高校3年生の4月から勉強を始めました。ある程度覚えられたら，実力チェックも兼ねて，すかさず読解問題や文法問題に取り組みました。丸一日時間が使える夏休みの間は，ここまでの総決算として問題集をひたすらに繰り返し，基礎固めを徹底しました。秋以降は，さまざまな過去問に当たって身につけてきた実力が通用するかを確認し，直前期は，過去問や共通テストの問題集を実際の試験時間を計って演習することで，形式慣れするようにしました。

(R.T. さん／総合政策)

Q　どのように学習計画を立て，受験勉強を進めていましたか？

A　過去問を解いた時の手応えやフィードバックをもとに，出題傾向に沿った学習計画を立てるようにしました。模試や過去問の結果と向き合い，自分には今何が足りていなくて，どれが重要なのかをノートなどにまとめ，それをもとにして１日のスケジュールを組みました。例えば文法の不定詞ができていなかったら，まず文法のテキストなどでおさらいし，理解できたら問題集を解いてみて，できなかったらもう一度繰り返す，といったことを１日のスケジュールとして組み立てるようにしていました。

（R.T. さん／総合政策）

Q　時間をうまく使うために，どのような工夫をしていましたか？

A　移動時間や寝る前などのスキマ時間には，スマホのアプリを活用していました。英単語，古文単語，一問一答などの参考書をスマホに一元化することで，いちいちカバンから単語帳や一問一答をとって広げる煩わしい所作を省略し，時間を有効に活用できるようにしていました。スマホアプリの利点はそれ以外にも，英単語であればついでに発音も確認できるので，一石二鳥だと思います。　（R.T. さん／総合政策）

Q　中央大学を攻略するうえで特に重要な科目は何ですか？

A　英語です。一部を除いて中央大学の英語は配点が高いうえ，大問ごとに分野が分かれていることもあって対策しやすい教科でもあると思います。長文対策を意識して不完全でも文意がつかめるように基礎的な単語と文法を確認しました。文意をつかめるようになったら過去問演習をして，わからなかった箇所の復習（特に単語）を繰り返しました。他学部の問題もやっておくと問題が不足するという事態に陥らずにすむのでおすすめです。

（A.N. さん／経済）

Q 苦手な科目はどのように克服しましたか？

A 世界史で苦手な範囲がたくさんできて，模試の成績がなかなか上がらず苦しみました。まずは苦手な範囲がどこなのかを模試の大問ごとの得点率やテストの成績が悪い箇所で見定めて紙に書き出しました。そして範囲を１つ決めて，４日間同じ範囲の通史を読み，年号と用語を一問一答などで何度も繰り返し，徹底的にやり込みました。世界史の場合，苦手な範囲が潰れると他の得意な範囲とうまくつながるようになるので，さらに理解が深まります。まずはどこが苦手なのかを明確にしてから，日数をかけて何度も繰り返しやり込むことが大事だと思います。

（K.W. さん／商）

Q 模試の上手な活用法を教えてください。

A 私はマーク式の模試しか受けなかったのですが，１つの模試を通年で受けることをおすすめします。同じ形式でもレベル感が異なりますし，同じ模試だと自分の成長を客観的に見られるからです。どの模試がいいかはよく知っている先生に質問するようにしましょう。１つに決めればほかは受けなくても構わないと思います。夏くらいまでは結果というよりは自分のアウトプットの仕方が正しいかを見るためだからです。そのため必ず模試が終わった後に配られる解答解説を熟読して，自分に足りないものをメモ帳や復習シートなどに書き出してください。

（K.W. さん／商）

Q 併願をする大学を決めるうえで重視したことは何ですか？ また，注意すべき点があれば教えてください。

A 日程については，連続しないように最低でも１日おきに試験のない日ができるように調整しました。さらに第一志望の試験で実力を発揮しきれるように，それより前に受験をしておくと過度な緊張を抑えられると思います。中央大学経済学科は 2 日程を自分の都合に合わせて受けられるので，このような調整をしやすいです。

科目については，勉強する科目が散らばらないように 3 科目か 2 科目で受験可能な大学を選択しました。（A.N. さん／経済）

Q 試験当日の試験場の雰囲気はどのようなものでしたか？緊張のほぐし方，交通事情，注意点等があれば教えてください。

A 会場の下見が可能ならば事前に交通事情や会場までの所要時間を把握しておくと，当日は試験以外で気をとられることが減ると思います。当日の緊張のほぐし方は，何かルーティーン（過去問を解くときに問題構成を思い浮かべ改めて時間配分の確認をする，10 秒間瞑想するなど）を事前に決めておくと効果的だと思います。試験で緊張しない人はいないので，緊張していることを責めることはしないでください。

（A.N. さん／経済）

科目別攻略アドバイス

みごと入試を突破された先輩に，独自の攻略法や
おすすめの参考書・問題集を，科目ごとに紹介していただきました。

英　語

経済学部は英作文や英文和訳などの記述式が一部あり，苦手意識が出てしまう人もいると思います。ですが，内容としては基礎を押さえることで十分解けるので，演習や単語の暗記をおろそかにしないことが大切です。

（A.N. さん／経済）

おすすめ参考書　『大学入試英語長文プラス頻出テーマ 10 トレーニン

グ問題集』(旺文社)
『スーパー講義 英文法・語法 正誤問題』(河合出版)

英語の勉強は，単語学習を受験勉強開始日から試験当日まで1日も休まないことです。暗記で得点できる単語問題や空所補充問題などは，一番確実に救ってくれる要素と言っても過言ではありません。また，長文問題は内容説明問題が基本なので，答えの根拠を見つけ出す作業が必須です。日頃から段落ごとの内容を一言でメモできるように訓練しておくとスムーズに解けます。 (K.W. さん／商)

おすすめ参考書 『システム英単語』(駿台文庫)
『関正生の The Essentials 英語長文 必修英文 100』(旺文社)

過去問で対策することが重要です。特に時間のない直前期では，問題形式に沿った演習をすることで，本番も動揺せずに解くことができます。 (R.T. さん／総合政策)

世界史

中央大学の世界史は問題の難易度が比較的易しめなので，本番ではいかにケアレスミスをしないかが大切です。基本的な用語をしっかりと覚えられるように1冊の参考書を何度もしつこく繰り返して暗記するとよいです。用語の暗記が一通り終わったらすぐに通史と用語の紐付けを試験直前までするのがおすすめです。また，苦手範囲は大変かもしれませんが何度も復習してものにしましょう。社会科目は一番得点が伸びやすい科目だと思うので，努力したぶん必ず報われます。頑張ってください！ (K.W. さん／商)

おすすめ参考書 『詳説世界史』(山川出版社)
『最新世界史図説 タペストリー』(帝国書院)

国　語

現代文は共通テストと出題形式が似ていて，解答も同じようなプロセスで発見できるので，共通テスト用の参考書や過去問も有効だと思います。古文は文法と単語を理解していれば安定して点を取れると思います。

(A.N. さん／経済)

おすすめ参考書 『きめる！共通テスト現代文』(Gakken)

『富井の古典文法をはじめからていねいに』(ナガセ)

『読んで見て聞いて覚える 重要古文単語315』(桐原書店)

中央大学の現代文は課題文が硬派で選択肢も紛らわしいものが多いです。選択肢に惑わされないように，本文を読んだ後にまず問題文をしっかり理解してから選択肢の異なっているところに線を引き，本文と照らし合わせて消去法に持ち込んでいました。初めのうちは時間がかかるかもしれませんが，慣れて身についてしまえば素早くできるようになります。

古文は単語学習が肝心です。いかに古文単語の多義語にある訳を覚えているかが得点率のカギを握るので，単語帳を1冊決めて何周もやり込むのがいいでしょう。また，読解演習が終わったら，文章を音読するとスムーズに訳すコツが早くつかめるようになります。　(K.W. さん／商)

おすすめ参考書 『入試現代文へのアクセス 基本編』『同 発展編』

(ともに河合出版)

書き取り問題は，日頃の学習でできるか否かが如実に現れます。読まなくても解ける問題だからこそ，ここで差をつけられてはいけない，絶対に落とせない問題なのです。　(R.T. さん／総合政策)

おすすめ参考書 『3ランク方式　基礎からのマスター 大学入試漢字TOP2000』(いいずな書店)

TREND & STEPS
傾向と対策

科目ごとに問題の「傾向」を分析し，具体的にどのような「対策」をすればよいか紹介しています。まずは出題内容をまとめた分析表を見て，試験の概要を把握しましょう。

注　意

「傾向と対策」で示している，出題科目・出題範囲・試験時間等については，2024年度までに実施された入試の内容に基づいています。2025年度入試の選抜方法については，各大学が発表する学生募集要項を必ずご確認ください。

来年度の変更点

2025年度入試より，国際経営学部では6学部共通選抜の募集は停止となる。それに伴い，名称が現行の6学部共通選抜から5学部共通選抜に変更される。

	変更前	変更後（2025年度入試以降）
入試方式	6学部共通選抜	**5学部共通選抜**
実施学部	法学部，経済学部，商学部，文学部，総合政策学部，国際経営学部	**法学部，経済学部，商学部，文学部，総合政策学部**

英語

年度	番号	項目	内容
2024 ●	〔1〕	文法・語彙	空所補充
	〔2〕	会話文	空所補充
	〔3〕	読解	誤り指摘
	〔4〕	読解	空所補充
	〔5〕	読解	内容説明，空所補充，同意表現，内容真偽
	〔6〕	読解	空所補充，同意表現，内容説明，内容真偽
2023 ●	〔1〕	文法・語彙	空所補充
	〔2〕	文法・語彙	誤り指摘
	〔3〕	文法・語彙	誤り指摘
	〔4〕	読解	空所補充
	〔5〕	読解	内容説明，空所補充，内容真偽
	〔6〕	読解	空所補充，同意表現，内容説明
2022 ●	〔1〕	文法・語彙	空所補充
	〔2〕	文法・語彙	誤り指摘
	〔3〕	文法・語彙	誤り指摘
	〔4〕	読解	空所補充
	〔5〕	読解	空所補充，英文和訳，内容説明，同意表現
	〔6〕	読解	空所補充，内容説明，同意表現

(注)　●印は全問，◑印は一部マークシート方式採用であることを表す。

読解英文の主題

年度	番号	主題
2024	〔3〕	広告に関する概説
	〔4〕	植物と絶滅した大型動物との共進化
	〔5〕	社会変化に伴う正字法への対応
	〔6〕	キャッシュレス取引の利便性と問題点
2023	〔4〕	インド市場に販路を見いだす京友禅
	〔5〕	食料生産と食料消費が地球環境と人々の健康に与える影響
	〔6〕	海の生物の多様性を守る風力発電建設

2022	〔4〕	プラスチック廃棄物を使って道路を造る
	〔5〕	文化による「許し」の違い
	〔6〕	創造的思考を生み出す「あたため」の期間

傾向　語彙・構文と文法・語法，読解の標準レベルの出題　テンポよく解答できる力が試される！

01 出題形式は？

試験時間は80分，全問マークシート方式である。大問数は6題で，2024年度の配点は2023年度と同じで，〔1〕30点，〔2〕10点，〔3〕15点，〔4〕30点，〔5〕30点，〔6〕35点となっている。ここ数年，文法・語彙，会話文問題全体で40〜55点，読解問題全体で95〜110点の，合わせて150点満点である。設問文はすべて日本語である。

02 出題内容はどうか？

読解力と文法・語彙のバランスを重視した出題内容である。2024年度は，〔2〕が会話文での空所補充問題になり，〔3〕が長文での誤り指摘問題となった。文法・語彙問題は，空所補充形式の基本的問題のほか，文中の誤りの箇所を選択させる問題と，2024年度は出題されなかったが，誤りを含む英文を選択させる問題がある。読解問題については，英文のテーマが多岐にわたっており，文化論，エネルギー問題，環境問題，人間関係，人権，言語，心理，経済など，さまざまな分野の論説が取り上げられている。

03 難易度は？

空所補充による短文の完成問題は，基本的な文法・語彙の知識があれば解答できる標準的なものが多い。誤り指摘問題のうち，誤文を選択する問題は，各英文に間違いがないかどうかを検討する必要があり，困難に感じるかもしれない。読解問題の設問は，いずれも，選択肢に紛らわしいものは少なく標準的なレベルである。長文も読みやすいものが多いが，2024年度〔5〕〔6〕は専門的な内容でやや難しかった。これらを80分で解ききるのにそれほど時間的な余裕はない。文法・語彙問題を手早く処理し，読解問題であわてることのないよう時間配分を考えよう。

対策

01　文法・語彙問題

語彙に関する知識は，英語力の基礎である。市販の単語集だけでなく，教科書を読み，問題集を解くなかで未知の語句に出合ったらこまめに辞書を引き，それらを自分の単語帳に書き込んで，どんどん覚えていくようにしたい。文法・語法の知識も，語彙と同様，英語の学習には必要不可欠な要素である。頻出問題集の類を1冊は徹底的にマスターしよう。問題集演習がひととおり終わったら過去問にあたり，知識を確かなものにしていきたい。間違えた問題にはチェックを付けて何度も見直そう。また，受験生が間違えやすいポイントを完全網羅した総合英文法書『大学入試 すぐわかる英文法』（教学社）などを手元に置いて，調べながら学習すると効果アップにつながるだろう。誤り指摘問題は，どうしても経験がものをいうので，他学部，他大学の誤り指摘問題をできるだけ多く解いて問題慣れしておきたい。

02　読解問題

標準的な読解問題に数多く接して，長い英文を読んで解答することに慣れておくことが大切である。長文を読むにあたっては，あらかじめ各設問にひととおり目を通しておくことで，それぞれに本文中で該当する記述や問題を解く手がかりを見つけやすくなる。これは速読を可能にする方法のひとつであるが，英文の大意を把握するための手助けにもなる。また，各設問を解くために，読まなければならない箇所を効率よく見つけ出す力を身につけるための練習もしておきたい。個々の英文を前から順に読み下しながらスピードよく読み進めて，パラグラフごとに内容を把握していく練習などが効果的だろう。ただし，長文を読み慣れていなかったり，英文構造への理解が不十分なうちは，多読の前に精読の訓練をつむことが得策である。『大学入試 ひと目でわかる英文読解』（教学社）などの英文解釈の参考書を１冊仕上げておくとよいだろう。

中央大「英語」におすすめの参考書

Check!

- ✓『大学入試 すぐわかる英文法』（教学社）
- ✓『大学入試 ひと目でわかる英文読解』（教学社）
- ✓『中央大の英語』（教学社）

日本史

年度	番号	内容	形式
2024 ●	〔1〕	「意見封事十二箇条」－古代～中世の政治 ⊘史料	選択・配列
	〔2〕	幕藩体制の成立	正誤・選択
	〔3〕	幕末の政局・殖産興業	選択・配列
	〔4〕	大正政変と第一次世界大戦	選択
	〔5〕	戦後の総合問題	選択・配列
2023 ●	〔1〕	原始～近世の宗教	選択・配列
	〔2〕	古代～近世の総合問題 ⊘史料	選択・配列
	〔3〕	産業革命と社会労働運動	選択・配列
	〔4〕	第一次世界大戦と政党内閣	選択
	〔5〕	戦後の総合問題	選択・配列
2022 ●	〔1〕	原始～中世の総合問題 ⊘史料	選択・配列
	〔2〕	近世の文化	選択
	〔3〕	近代の対外関係	選択・配列
	〔4〕	近世～近代の総合問題	配列・正誤・選択

（注）●印は全問，◑印は一部マークシート方式採用であることを表す。

傾向 近現代史・正文（誤文）選択・配列問題に注意！

01 出題形式は？

2022年度までは大問4題であったが，2023・2024年度は大問5題となった。全問マークシート方式で，2024年度の配点は〔1〕～〔5〕各20点となっている。試験時間は60分。

なお，2025年度は出題科目が「歴史総合，日本史探究」となるが，旧教育課程の履修者に配慮した内容となる予定である（本書編集時点）。

02 出題内容はどうか？

下線部に関する設問または空所補充を中心に，正文の組み合わせを選ぶ問題や出来事の年代順を問う配列問題などが出題されている。

時代別では，原始・古代，中世，近世，近現代とほぼまんべんなく出題がみられる。近現代史の出題数は，2022年度までは50問中20問であったが，2023・2024年度は50問中30問と増加した。戦後史は2022年度は4問にとどまっていたが，2023・2024年度は10問出題されている。全体的には原始から戦後までの通史的な学習を心がけ，弱点をなくすようにしよう。

分野別では，文化史が2022年度は4割強，2023年度は2割弱，2024年度は1割程度となった。社会経済史は，2022年度は1割弱，2023年度は3割弱，2024年度は1割強の出題となっている。単年度だけをみると分野別出題構成に偏りがみられるが，それ以前の年度に出題数の少なかった分野が順に出題されている。

史料問題は頻出であり，2022〜2024年度は1つの大問で出題された。内容としては高校教科書レベルの知識での解答が可能である。なお，2022年度には『歎異抄』の内容の読み取り問題が，2024年度には「三善清行の意見封事」の読解を要する問題があったが，落ち着いて読めば，標準的な知識で正解は可能であった。中央大学では全学部を通じて史料問題が1，2題程度は出題されているので，史料問題対策は重要である。

03 難易度は？

例年，詳細な知識を問う問題がみられる。2022年度は特徴ある墳丘墓が所在する県名，唄浄瑠璃ではない芸能，2023年度は配列問題でGATT 11条国への移行時期，2024年度は赤道以北の南洋諸島に属する島々の名称などが問われた。しかし，大多数の設問は，教科書の脚注まで学習することでほぼ対処できる標準的な内容なので，これらを取りこぼすことなく確実に得点できる実力を養成する必要がある。また2024年度はa，b，cの3文についてそれぞれの正誤を問う問題が復活した。時間配分に関しても，難問の検討に時間をかけすぎないように注意し，標準レベルの問題から手早く解答していくことが大切である。

対策

01 用語集を併用した教科書学習を最優先に

何よりも教科書の精読が肝要である。本文のみならず，脚注，史料やコラムにも目を通しておこう。教科書中のコラムには，特定の視点からの通史的な歴史の断面や，ある出来事に関する深い理解を助ける記事があり，テーマ史対策の一助になる。さらにグラフや地図・視覚資料などとその解説にも目を通して，教科書学習の徹底をはかろう。また，教科書の理解を深めるためにも，用語集を併用した学習を心がけたい。『日本史用語集』（山川出版社）で，難解な歴史用語や重要な人物の略歴などもおさえておこう。知識を確認するために，『山川一問一答 日本史』（山川出版社）なども活用したい。

02 史料問題対策は必須

史料問題は頻出であるだけに，教科書に載っている史料はおさえたうえで，『詳説 日本史史料集』（山川出版社）などの史料集を併用して学習しよう。史料集では解説を熟読し，出典名や筆者について意識して学習しておくと，問題解法の手がかりとなることが多い。史料は読み慣れることで，初見のものにも対応できる読解力が培われるので，根気よく取り組みたい。

03 近現代史学習の徹底

2023・2024年度のように近現代史の出題が多い年度もある。細部にわたる年代や知識を問う問題，教科書水準を超える正文（誤文）選択問題も散見されるので，十分な対策をしたい。内閣ごとの施策・事件の整理や，事件相互の因果関係に注意して，正確に時系列で覚える努力をしよう。また，過去に出題された，円の為替相場の推移，高校進学率，交通事故死者数，戦時における国民のエネルギー摂取量といった，社会の状況を示す数値に関する設問に対応できるように，教科書に加えて図説資料集なども併用して，多角的に社会・経済のあり方をとらえる学習を心がけよう。さらに，現代史の学習には，『詳説 政治・経済研究』（山川出版社）などの「政治・経済」の参考書や資料集は説明が詳しく，理解を深める一助となるので，積極的に活用したい。

04 過去問の研究を

2022年度〔3〕の〔B〕は昭和戦前期の出題で，この時代は過去にも繰り返し出題されているので，過去問には丁寧に取り組んでおきたい。また，中央大学では全学部で出題形式や出題の視点に共通性や類似性がみられる。文系学部の過去問にも広くあたっておくことが，実戦力を培うには最も有効である。

世界史

年度	番号	内　容	形　式
2024 ●	〔1〕	フランス革命　⊘史料	選　択
	〔2〕	古代ギリシアの歴史　⊘視覚資料	選　択
	〔3〕	製紙法とアジアの文字　⊘視覚資料・地図	選　択
	〔4〕	ナチスの台頭	選　択
2023 ●	〔1〕	古代～現代における地中海世界・西アジア　⊘史料・地図	選　択
	〔2〕	古代～近現代の中国国制史　⊘視覚資料・地図	選択・正誤
	〔3〕	イスラーム世界の成立と拡大	選択・正誤・配列
	〔4〕	20世紀の欧米	選　択
2022 ●	〔1〕	朝鮮半島と隋・唐	選　択
	〔2〕	近世東ヨーロッパ史	選　択
	〔3〕	西アジア・アフリカの民族運動	選　択
	〔4〕	第二次世界大戦後のアジア	選　択

（注）●印は全問，◐印は一部マークシート方式採用であることを表す。

傾向　史料・地図・視覚資料を用いた出題も 現代史に注意

01　出題形式は？

大問数は4題である。全問マークシート方式で，解答個数は50個前後。2024年度の配点は，〔1〕24点，〔2〕28点，〔3〕24点，〔4〕24点となっている。試験時間は60分。

主に語句選択，正文（誤文）選択問題が出題されている。2023年度には，2つの文章の正誤を判断させる正誤問題，年代順を判断させる配列問題も出題されたが，2024年度は出題されなかった。史料・地図・視覚資料を用いた出題は，2023年度から2年連続となった。地図問題は2年連続で国の領域が問われ，都市の位置や戦いの場所は問われなかった。

なお，2025年度は出題科目が「歴史総合，世界史探究」となるが，旧教育課程の履修者に配慮した内容となる予定である（本書編集時点）。

02 出題内容はどうか？

地域別では，大問のテーマとしては欧米地域とアジア地域はほぼ半々で出題されているが，欧米地域を対象とする大問のなかで中国史が問われるなど幅広い地域を出題しようとする意図が感じられる。近年は，中国史を含む東アジアからの大問とヨーロッパからの大問が必出となっている。また，2022年度にはアフリカからも出題があった。

時代別では，古代から現代までそれほど偏ることなく出題がみられる。2022～2024年度は〔4〕が現代史の大問であった。

分野別では，政治史を中心としながらも，文化史や経済史に関する設問も年度によっては多くみられる。

03 難易度は？

2023年度以降は出題傾向に変化が生じ，史料・地図・視覚資料を用いた出題がみられたため，これまでよりやや難化した。特に2023年度〔1〕の史料読解問題や〔3〕のイスラーム暦に関する問題，2024年度〔2〕のクレタ文明に関する視覚資料問題は難度が高かった。問題は教科書の内容をもとに作成されているが，2年連続で史料読解問題や計算を必要とする問題が出題されており，思考力や応用力をみる試験に変化しつつあるので注意が必要である。

対策

01 教科書の学習が基本

学習の基本は教科書である。教科書を中心に，授業で使用したノート・プリントなどを有効に利用し，基礎をしっかり身につけることが大切である。流れの中で，教科書レベルの用語を定着させるためには，『世界史探究マスター問題集』（山川出版社）のような文章穴埋め式の問題集を利用するのが有効である。

02 用語集・図説の活用

教科書を中心としながら，歴史的事項を確認し，より深く理解を深めるために，『世界史用語集』（山川出版社）などの用語集を必ず併用したい。特に正文（誤文）選択問題や語句選択問題では，出来事や法律の内容などについて，用語集の説明文レベルの知識が要求される設問もあるので，しっかりと熟読して知識を深めよう。

また，教科書や図説などにある歴史地図を見て，地域や都市の位置，戦いの行われた場所，時代による国家の領域の変遷などを確認しておこう。さらに，建築様式や美術関連の写真も確実におさえておきたい。

03 各国史・テーマ史の学習

各国史や地域史に関しては，教科書や図説の年表などを利用して，日頃から地域ごとの縦の流れを理解するように努めたい。『新版 各国別世界史ノート』（山川出版社）などのサブノートや『体系世界史』（教学社）などの問題集を利用すれば各国史・地域史のかなりの部分をカバーできるだろう。

テーマ史に関しては，各時代や各地域の似通った制度や出来事を横断的・縦断的にまとめて学習すると効果的である。

04 文化史の学習

中央大学のほかの入試の過去問を見ても文化史の比重が大きい場合があるので，決しておろそかにせず，しっかり学習しておくべきである。

05 各学部・学科の問題研究

中央大学らしい独特の切り口の問題や正文（誤文）選択問題に慣れるためにも，中央大学のほかの入試の過去問にもあたるとよい。地図や視覚資料を使用した出題は他学部・他学科でもみられるので，本シリーズを利用して過去問を研究し，問題形式に慣れるとともに，知識を深めておこう。

政治・経済

2025年度は「政治・経済」に代えて「公共，政治・経済」が課されるが，旧教育課程の履修者に配慮した内容となる予定である（本書編集時点）。

年度	番号	内　容	形　式
2024 ●	〔1〕	基本的人権，新しい人権	選択・配列
	〔2〕	経済成長，景気循環　✓図	選　択
	〔3〕	戦後国際政治　✓地図	選択・配列
	〔4〕	戦後国際経済，地域的経済統合　✓グラフ	選　択
2023 ●	〔1〕	国家　✓史料	選　択
	〔2〕	戦後日本経済史	選択・配列
	〔3〕	地方自治	選　択
	〔4〕	経済総合	選択・配列
2022 ●	〔1〕	行政国家，新しい人権	選　択
	〔2〕	市場機構，企業の経済活動　✓図・表	選択・計算・正誤
	〔3〕	国際社会，日本の領土問題　✓地図	選　択
	〔4〕	国際経済，環境問題，エネルギー問題　✓視覚資料・統計表	選択・計算

（注）●印は全問，◑印は一部マークシート方式採用であることを表す。

傾向　基礎的知識と正確な理解が求められる 時事問題も出題

01　出題形式は？

例年，大問数は4題，解答個数は40個前後で，すべてマークシート方式である。配点は各大問25点で，試験時間は60分。

02 出題内容はどうか？

政治・経済・国際の各分野からバランスよく出題されている。現代的課題や時事問題も出題されており，その時々に話題となった問題も出題されている。本文中の下線部についての語句選択や正文（誤文）選択，本文や設問文中の空所補充のほか，計算法などが出題されることもあり，バリエーションに富んだものとなっている。2022年度は文の正誤の組み合わせを選ぶ問題が，2023・2024年度には配列問題が出題された。

03 難易度は？

2023・2024年度はやや難しい問題が散見されるが，複数年度にわたってみると標準的な難易度の問題が多い。マークシート方式ではあるが，解答個数が多いので，迅速かつ正確な判断力や思考力を養っておく必要がある。試験時間は60分なので，大問1題を15分で解くイメージで取り組もう。

対策

01 基礎的事項を確実に習得する

教科書の記述を超えた内容も一部出題されている。2022年度〔4〕，2023年度〔4〕，2024年度〔4〕では国際経済，2024年度〔3〕では国際政治が取り上げられ，中でも国際社会に関する現代的課題に及ぶ問題は，苦手とする受験生も多いだろうが，教科書・資料集の内容がしっかりと学習できていれば，消去法なども用いて正解を導くことは十分可能な内容である。そのため，まずは教科書を中心とした学習により，基礎的事項を徹底的に確認しておくことが必要となる。また，2024年度〔3〕などのように，「世界史」の内容も一部出題されているので，地理歴史の学習にも十分に取り組んでおきたい。

02 用語集を活用した学習を

難しい用語については，用語集を活用した学習を望みたい。用語集については，『用語集 政治・経済』（清水書院）をすすめる。自分で理解しているつもりの事柄であっても，総まとめとして用語集を活用して再確認しておくことが，解答の際に大きな助けとなる。

03 資料集を中心とした時事問題対策を

時事問題について，具体的な内容を説明した教科書は少ないが，単に目先の事件や出来事だけを追うのではなく，その背景についても深く学習しておくべきである。そのためには，『最新図説政経』（浜島書店）などの，最新のデータを盛り込みながら歴史的背景についても説明している資料集を活用しよう。また，詳細な知識が必要となる問題に対応するためにも，新聞に目を通し，『現代用語の基礎知識』（自由国民社）などの時事用語集や，ときにはインターネットも活用した学習が望ましいことは言うまでもない。

数　学

年度	番号	項　目	内　容
2024 ●	〔1〕	図形と計量	正弦定理・余弦定理
	〔2〕	確　率	袋からカードを取り出すときの確率，条件付き確率
	〔3〕	数　列	等差数列の和，整数部分の決定
	〔4〕	微・積分法	放物線とその法線で囲まれた部分の面積
2023 ●	〔1〕	図形と計量	正弦定理，$\cos\frac{\pi}{5}$の値
	〔2〕	確　率	袋から玉を取り出すときの確率，条件付き確率
	〔3〕	ベクトル	分点の位置ベクトル
	〔4〕	微・積分法	3次関数の極値，3次関数のグラフと接線で囲まれた部分の面積
2022 ●	〔1〕	図形と計量	三角形の外接円，正弦定理・余弦定理
	〔2〕	確　率	袋から玉を取り出すときの確率
	〔3〕	数列，2次関数	等差数列により定められる数列
	〔4〕	微・積分法	放物線と直線で囲まれた部分の面積の最小値

（注）●印は全問，◑印は一部マークシート方式採用であることを表す。

出題範囲の変更

2025年度入試より，数学は新教育課程での実施となります。詳細については，大学から発表される募集要項等で必ずご確認ください（以下は本書編集時点の情報）。

2024年度（旧教育課程）	2025年度（新教育課程）
数学Ⅰ・Ⅱ・A・B（数列，ベクトル）	数学Ⅰ・Ⅱ・A（図形の性質，場合の数と確率）・B（数列）・C（ベクトル）

傾向 基本・標準レベルの出題

01 出題形式は？

大問4題の出題で，試験時間は60分。2022年度以降は全問マークシート方式である。2024年度の配点は，〔1〕20点，〔2〕20点，〔3〕30点，〔4〕30点となっている。

02 出題内容はどうか？

出題範囲から幅広く出題されているが，近年は図形と方程式，確率，数列，微・積分法などが頻出となっている。また，複数分野の融合問題が出題されることもある。

03 難易度は？

教科書の本文の説明は当然のこととして，例題から章末問題までをしっかり理解していれば十分に対応できる。すべてが基本問題・標準問題のレベルである。試験時間と大問数を考慮すると，1題あたり15分で解くことになるが，〔1〕にはあまり時間をかけられないので，時間配分を意識した練習をしておこう。

対策

01 基礎力の充実

教科書を中心として，まず基本的な学力を身につけること。例題，節末問題，章末問題は完璧に解けるようにしたうえで，標準的な入試問題集，例えば『1対1対応の演習』シリーズ（東京出版）などを1冊仕上げるとよい。

02 マークシート方式対策

マークシート方式の問題では，流れを理解できれば，問題文から解法の糸口が見つかることも多い一方で，うまく流れに乗れないと時間を費やしてしまうことになる。同形式の問題に取り組んで特徴に慣れておくことが大切である。過去問および標準的なマーク式の問題集などを用いて，時間を計って取り組んでおきたい。

03 確実な計算力を

基本的な問題であるだけに，計算ミスや題意の取り違えは大きな痛手となる。確実な題意の把握と正確な計算力は数学の基本でもある。日頃から，計算を速く正確に行えるよう心がけて，学習しておきたい。

国 語

年度	番号	種 類	類別	内 容	出 典
2024 ●	〔1〕	現代文	評論	書き取り，内容説明，空所補充，主旨	「現代メディア哲学」 山口裕之
	〔2〕	現代文	随筆	内容説明，主旨	「それぞれのかなしみ」 若松英輔
	〔3〕	古 文	物語	口語訳，人物指摘，内容説明，和歌解釈	「堤中納言物語」
2023 ●	〔1〕	現代文	評論	書き取り，空所補充，内容説明，内容真偽	「都市のかなしみ」 鈴木博之
	〔2〕	現代文	評論	内容説明，主旨	「人と人との間」 木村敏
	〔3〕	古 文	物語	語意，口語訳，人物指摘，内容説明，文法，内容真偽	「とりかへばや物語」
2022 ●	〔1〕	現代文	評論	書き取り，内容説明，空所補充，内容真偽	「わかりやすいはわかりにくい？」 鷲田清一
	〔2〕	現代文	随筆	内容説明，空所補充，内容真偽	「批評」 小林秀雄
	〔3〕	古 文	歌論	口語訳，文法，内容説明，空所補充	「古来風体抄」 藤原俊成

（注） ●印は全問，◑印は一部マークシート方式採用であることを表す。

傾向 現代文は本文の趣旨の正確な把握が必要 古文は 2022 年度以降難化

01 出題形式は？

現代文２題，古文１題の計３題の出題で，試験時間は 60 分。全問マークシート方式で，配点は，大問順に 50 点・20 点・30 点である。

02 出題内容はどうか？

現代文は，〔１〕が哲学的，社会科学系，〔２〕が文学的，人文科学系の評論または随筆が出題される傾向にある。設問は，書き取り，内容説明，空所補充などオーソドックスであるが，問い方に工夫がみられる。また，本文の趣旨をふまえた内容真偽の設問が特徴的である。

古文は，例年，物語系の文章の出題が多く，設問は文法，語意，口語訳，内容説明が中心。古典文法はもちろん，古典常識や文学史の知識も正答率に影響する出題がなされている。また，和歌の表現技巧をふまえた問題や，本文全体の趣旨について問う問題も出題されている。

03 難易度は？

2022年度以降は特に古文が難化した。現代文の読解量が比較的多いことも考えると，全体的にスピーディーな処理が求められる。読み取りやすい出題文から先に解き始め，難問を解く時間を残すといった工夫が必要である。

対策

01 現代文

評論中心の出題なので，論理的文章の読解力の養成が基本である。評論文の問題は，以下のような読み方と解き方の基本をおさえておきたい。

(1)　言い換え・対比関係・定義づけ，命題・因果関係・具体と抽象の関係の整理を通じて，文章構造を分析し，本文の主題と主張を把握する。

(2)　選択問題では上記文章構造の理解を基礎とし，選択肢の比較検討をして，設問で問われていることに最も適合するものを選ぶ。

(3)　評論用語の知識が有用であることが多いので，日頃から評論文における頻出語の意味を調べながら学習する。

用語については『読み解くための現代文単語［評論・小説］』（文英堂）などで学習するのもよいだろう。

練習問題としては，中央大学の過去問が最適である。また，標準レベルからやや上級の問題を集めた『体系現代文』（教学社），『大学入試 全レベ

ル問題集 現代文〈4 私大上位レベル〉』（旺文社）などが有効である。文章としては，最近話題の社会問題や文化事象を取り上げたものが出題されることが多いので，普段から新聞の文化欄・社会欄，さらに社会科学・人文科学関係の新書類・ブックレット類を読んでおきたい。

02 古　文

まず，古典文法に習熟すること。口語訳の問題においても，しっかりとした文法力が要求されている。敬語も丁寧に理解して主語の把握に努めるとよい。次に，基本古語は250語程度おさえること。その際には，語の原義をおさえ，文脈に応じて適切な訳語をあてる練習を心がけると力がつくだろう。

読解においては，文学史上の位置づけを確認しながら，平安王朝文学を中心に幅広い作品に接しておこう。物語が出題されやすいとはいえ，日記や歌論なども演習に有効である。文化的背景を踏まえ，人物関係と心情の変化を常に意識した読解練習が必要である。和歌についての出題も多いので，『大学入試 知らなきゃ解けない古文常識・和歌』（教学社）などを利用して和歌の表現技巧をおさえ，読解中には和歌も丁寧に解釈していく姿勢を身につけたい。

中央大「国語」におすすめの参考書　Check!

- ✓『読み解くための現代文単語［評論・小説］』（文英堂）
- ✓『体系現代文』（教学社）
- ✓『大学入試 全レベル問題集 現代文〈4 私大上位レベル〉』（旺文社）
- ✓『大学入試 知らなきゃ解けない古文常識・和歌』（教学社）

2024年度

問題と解答

6 学部共通選抜

問題編

▶試験科目・配点

学　部		教　科	科　目		配　点
法・国際経営	4教科型	外国語	コミュニケーション英語Ⅰ・Ⅱ・Ⅲ，英語表現Ⅰ・Ⅱ		150点
		地歴・公民	日本史B，世界史B，政治・経済から１科目選択		100点
		数　学	数学Ⅰ・Ⅱ・A・B		100点
		国　語	国語総合（漢文を除く）		100点
	3教科型	外国語	コミュニケーション英語Ⅰ・Ⅱ・Ⅲ，英語表現Ⅰ・Ⅱ		150点
		地歴・公民または数　学	日本史B，世界史B，政治・経済，「数学Ⅰ・Ⅱ・A・B」から１科目選択		100点
		国　語	国語総合（漢文を除く）		100点
経　済		外国語	コミュニケーション英語Ⅰ・Ⅱ・Ⅲ，英語表現Ⅰ・Ⅱ	高得点の３教科３科目（３教科のみ受験でも可）	各100点
		地歴・公民	日本史B，世界史B，政治・経済から１科目選択		
		数　学	数学Ⅰ・Ⅱ・A・B		
		国　語	国語総合（漢文を除く）		
商・文・総合政策		外国語	コミュニケーション英語Ⅰ・Ⅱ・Ⅲ，英語表現Ⅰ・Ⅱ		150点
		地歴・公民または数　学	日本史B，世界史B，政治・経済，「数学Ⅰ・Ⅱ・A・B」から１科目選択		100点
		国　語	国語総合（漢文を除く）		100点

▶**備　考**

- 「数学Ｂ」は「数列，ベクトル」から出題する。
- 法学部国際企業関係法学科・国際経営学部の「外国語」は150点を200点に換算する。
- 経済学部の「外国語」は150点を100点に換算する。
- 文学部日本史学専攻，心理学専攻，学びのパスポートプログラムの「外国語」は150点を100点に換算する。
- 文学部国文学専攻の「国語」は100点を150点に換算する。
- 法学部３教科型・商学部・文学部・総合政策学部・国際経営学部３教科型で，「地理歴史・公民」と「数学」の両方を受験した場合は，高得点の教科の得点を合否判定に使用する。
- 経済学部で４教科４科目受験した場合は，高得点の３教科３科目の合計得点で合否判定を行う。

英　語

（80分）

（注）満点が150点となる配点表示になっていますが，法学部国際企業関係法学科および国際経営学部の満点は200点，経済学部各学科および文学部日本史学専攻，心理学専攻，学びのパスポートプログラムの満点は100点となります。

I

次の1～15の英文の空所に入れるのに最も適切な語（句）を，それぞれ(a)～(d)から1つ選び，その記号をマークしなさい。(30点)

1．I bought a large vase (　1　) I can put the flowers I got from my sister.

(a) at which　(b) by which　(c) in which　(d) which

2．(　2　) you need more information, the central library has a collection of books, magazines, and newspaper.

(a) Do　(b) Should　(c) Will　(d) Would

3．My interest in watching movies developed into a desire (　3　) a film myself.

(a) in making　(b) make　(c) making　(d) to make

4．No worries. You (　4　) let me know what time you will get to the station just before you leave home that day.

(a) had better　(b) have only to　(c) must have　(d) ought to have

5．My baby sister always talks to her doll as if it (　5　) what she says.

(a) can understand　(b) understand

(c) understood　(d) will understand

6. I'm sure that there are so many things (6) worth cannot be measured in terms of money.

(a) what　(b) where　(c) which　(d) whose

7. I used to take my little brother swimming (7) the lake in summer.

(a) in　(b) on　(c) to　(d) with

8. All my friends are looking forward to the summer holidays and (8).

(a) am I so　(b) I am so　(c) so am I　(d) so I am

9. (9), I couldn't eat so many Japanese foods such as raw fish and natto, but now I can eat and like almost everything.

(a) At first　(b) First

(c) Firstly　(d) For the first time

10. Those who committed the crime should be (10) for what they did.

(a) penetrated　(b) prosecuted　(c) protected　(d) protested

11. Out of the mouth comes (11).

(a) evil　(b) spirits　(c) talking　(d) word

12. I will invite him for dinner (12) the nice present he gave me because I want to show my gratitude.

(a) at the cost of　(b) for want of

(c) in return for　(d) in terms of

13. I'm not really good at receiving a (13), especially regarding my appearance such as "good-looking".

(a) compassion　(b) complaint　(c) complement　(d) compliment

14. I need to look for a job with (14) payment to support my family.

(a) adequate　(b) disgraceful　(c) offensive　(d) scarce

15. I had been in (15) because of my guilt about hurting her by calling her names.

(a) addiction　(b) anguish　(c) arrogance　(d) assault

Ⅱ 次の会話文を読み，(1)～(5)の空所に入れるのに最も適切なものを，それぞれ(a)～(d)から1つ選び，その記号をマークしなさい。(10点)

Kevin: Hey Mom, can you drive me to the station? [(1)]. I'm supposed to meet Matt and Shannon there in 15 minutes.

Mother: Really, Kevin? Again? This is the third time you've asked me this week. [(2)].

Kevin: I was just really busy and lost track of the time. I promise to walk or take my bike next time.

Mother: [(3)], but here I am giving you another ride.

Kevin: You're right. I'm totally to blame for not leaving with plenty of time to get there on my own. How can I make it up to you?

Mother: [(4)]. Can you get some on your way home? I need them to make a cake for your sister's birthday tomorrow.

Kevin: Actually, I'll be coming back kind of late tonight. [(5)]. But I can go as soon as it opens at 9 a.m. tomorrow.

Mother: Alright, that's fine. Just don't forget. Anyway, we had better get going or you'll be late.

(1) (a) I'm pretty exhausted　(b) I don't feel like taking the train
(c) I can't remember the way　(d) I'm running a bit late

(2) (a) You should just stay home
(b) You need better time management

(c) Be ready to leave in 20 minutes

(d) Stop going to see them so often

(3) (a) That's what you said last time

(b) This will be the last time

(c) You should ask your father this time

(d) You said you would get your bike fixed

(4) (a) We need eggs and milk

(b) I want supplies to decorate the house

(c) There are no cans of soda left

(d) I forgot to buy a few presents

(5) (a) The trains won't be running

(b) I'll be too tired to go shopping

(c) The store will already be closed

(d) I definitely won't remember that

Ⅲ　次の1～5の英文の下線部(a)～(d)には，文法・語法の誤りを含むものが，それぞれ1つあります。その記号をマークしなさい。(15点)

1．Advertising is a $\underset{\text{(a)}}{\underline{\text{form of communication}}}$ that tries to promote or sell a product, service, or idea. There are several varieties, $\underset{\text{(b)}}{\underline{\text{included printed advertisements}}}$ in newspapers and magazines, radio and television ads, banners found on websites and search engines, and social media posts. The goal of advertising is to persuade people to either take action or change their minds about something. $\underset{\text{(c)}}{\underline{\text{When it comes to advertising}}}$, the more popular a program or website is, $\underset{\text{(d)}}{\underline{\text{the more money}}}$ it costs to run an ad on it.

2．The history of advertising goes back thousands of years, to ancient civilizations that used signs and symbols to show off their products. Over time, advertising has grown and become more $\underset{\text{(a)}}{\underline{\text{complex}}}$, often making $\underset{\text{(b)}}{\underline{\text{full use of}}}$ new technologies and media channels. One of the biggest changes in advertising in recent years has been the rise of digital advertising. $\underset{\text{(c)}}{\underline{\text{With the spread}}}$ of the internet and social media, people can now be reached more easily and in more targeted ways $\underset{\text{(d)}}{\underline{\text{than never before}}}$.

3．Advertising relies on a number of different $\underset{\text{(a)}}{\underline{\text{technique}}}$ to capture people's attention and affect their behavior. These may include using memorable slogans, eye-catching graphics, celebrity appearances, and appeals to $\underset{\text{(b)}}{\underline{\text{people's emotions}}}$. Companies also use various tools and strategies to reach specific audiences, $\underset{\text{(c)}}{\underline{\text{such as those}}}$ of a certain age, gender, or race. This is why we often see advertisements online that seem to $\underset{\text{(d)}}{\underline{\text{have been made}}}$ just for us.

4．Advertising can be a powerful tool for businesses to promote $\underset{\text{(a)}}{\underline{\text{themselves and their products}}}$, but it can also be controversial. Some people argue that advertising can be deceptive $\underset{\text{(b)}}{\underline{\text{or even}}}$ harmful. Others say that it is a necessary part of our economy because it helps to drive consumer purchases, create jobs, and $\underset{\text{(c)}}{\underline{\text{encouraging growth}}}$. Despite the controversies, advertising has become part of our daily lives since it is difficult to go anywhere or do anything (d) without encountering some form of advertising.

5. Another recent trend in advertising is the increasing emphasis (a) on storytelling. Many brands now use advertising campaigns (b) to tell compelling stories that connect with their audience on an emotional level. In addition to promoting products and services, stories in advertising can also be used to raise awareness in (c) important social and environmental issues. Many charities and groups supporting social movements use this to educate people and motivate them to take action (d).

Ⅳ 次の英文を読み，空所(1)～(10)に入れるのに最も適切な語（句）を，それぞれ(a)～(d)から１つ選び，その記号をマークしなさい。＊の付いた語（句）には注があります。（30点）

Why does the avocado have such giant seeds? The avocado evolved together with a giant animal that lived in South America a long time ago. These included animals like the giant sloths*, which were herbivores* that could be almost as big as elephants. These animals were (1) to eat an avocado whole. The well-protected seed withstood its journey through the intestines* of the giant sloth, and was soon properly planted in a fertile heap of manure*. "The avocado is one of the clearest 'footprints' left by extinct megafauna*," says Klaus Høiland, professor emeritus* at the University of Oslo.

Høiland says that huge animals, such as mammoths and giant sloths and armadillos, were found on most continents. They helped to shape the environment around them. They (2) the landscape, and evolved partnerships with the species around them. Large avocado fruits with nutritious pulp* became perfect mouthfuls for huge herbivores. In turn, the animals helped to spread the avocado seeds far and wide. And the avocado was (3) the only species that made mega-fruits for mega-mouths.

The thorny honey locust* also evolved in partnership with large animals, now extinct. The tree belongs to the pea flower family, and makes seeds in pods, just like sugar peas or beans. But the pods of the thorny honey locust can be up to half-a-meter long, precisely adapted to huge herbivores. But consider the feature that has given the tree part of its name. (4) spines protrude* from the thorn tree trunk, powerful enough to protect the rest of the tree from the giant animals that once came to eat the pods.

There are other examples as well. The Kentucky coffeetree is a clear candidate, with its heavy pods. Not to mention the handball-sized cannonballs that weigh the branches of Maclura pomifera, or osage orange, as the tree is called where it grows in the eastern United States. (5), these giant fruits were breakfast and dinner for several-ton vegetarians. But then something happened.

No one knows for sure how it happened. In the land of avocados in South America, the giant sloth was probably prey for huge predators that migrated from the north. And there is much to suggest that a certain two-legged creature with weapons and an unusually large brain also played a significant role. At least there is no doubt about the result: The giants fell. About 12,000 years ago, the giant sloth died out, (6) most other huge herbivores. But what happened to the plants that had specially adapted to these animals?

"Many probably died out," Høiland said. When these plants' big partners stopped coming, there was no other creature able to scatter the giant seeds. Other species are still waiting for a helpful creature to come. Like the Kentucky coffeetree and osage orange. Every year, these plants make tons of fruit that eventually fall to the ground and rot. No one is particularly interested in (7) them. The fruits don't taste good and are full of annoying milky sap* or substances that are toxic to today's animals.

Still other plants have entered into new partnerships—with us. "The avocado has nutritious fruits that were also interesting to people. They were (8)," says Høiland. The same probably applies to other large fruits such as papaya and cherimoya. And maybe, maybe this is also true of a tree that was abandoned even longer ago: the ginkgo*.

Millions of years ago, various species of ginkgo, also called maidenhair trees, grew all over the world. These trees make seeds with a fruit-like seed coat. They look like plums. But they don't smell like plums. "Ginkgo seeds smell like vomit and toe jam. It's possible to imagine they were adapted to reptiles, such as dinosaurs," says Høiland. It's at least clear that conditions for ginkgo trees (9) after the dinosaurs became extinct. From the end of the Cretaceous* to the present day, every species but one became extinct. And the last species was actually in the process of disappearing. Its last stronghold was a small area in eastern China. But then a hairless two-legged animal also took an interest in the tree. Monks started cultivating the ginkgo and today humans have once again spread the species all over the world, including Europe.

The ginkgo is even planted in Norway, and is found in the Botanical Garden in Oslo, among other locations. But otherwise, few ginkgo trees can even produce fruits here, says Høiland. "We haven't had a climate that allows large fruits to grow. Our megafauna, like mammoths, bison and woolly rhinos, were typically grazing animals, not fruit eaters," Høiland said. Nevertheless, there is likely also biological (10) from Norway's large extinct animals, the professor believes.

*sloth ナマケモノ *herbivore 草食動物 *intestine 腸
*manure 肥料 *megafauna 大型動物相 *professor emeritus 名誉教授
*pulp 果肉 *locust ニセアカシア *protrude 突き出る *sap 樹液
*ginkgo イチョウ *Cretaceous 白亜紀

1. (a) as large (b) large enough
(c) not so large (d) too large

2. (a) altered (b) interrupted (c) restored (d) sustained

3. (a) at all (b) above all (c) by no means (d) nonetheless

4. (a) Dedicated (b) Enormous (c) Subtle (d) Vulnerable

5. (a) At present (b) For an instant
 (c) Once upon a time (d) Since then

6. (a) according to (b) along with (c) apart from (d) except for

7. (a) eating (b) collecting (c) observing (d) picking

8. (a) genetically modified (b) growing wildly
 (c) left behind (d) taken care of

9. (a) improved (b) strengthened
 (c) vanished (d) worsened

10. (a) appearance (b) evidence (c) preference (d) similarity

V 次の英文を読み，あとの設問に答えなさい。* の付いた語には注があります。

(30点)

A linguistic perspective is especially important when working with young people. Anyone born after 1991 (when the World Wide Web arrived) inhabits a world where the screen is central and traditional paper text is marginal. These 'natives' of the Internet have to learn to cope with an online orthographic* diversity that is much greater than anything older people ever experienced on the printed page.

Faced with a bewildering array of orthographic choices, they have to develop the confidence to make the right decisions for the written tasks they need to complete. The role of the teacher of spelling will be as important as it ever was, therefore, but (1) the nature of the task will change. It will no longer be just a question of teaching learners to spell a word correctly but of showing them how to choose the appropriate spelling to suit the demands of the situation.

They will also need to be taught about social attitudes. Learners have to appreciate that they are living in a world which has both conservative and radical views about spelling, and that attitudes and expectations are deeply held. There are employers who will (2) a job application simply because of the way it is spelled or because it uses an abbreviation* felt to be inappropriate (such as *I hope I get the job:)*—a real example). These people exist in the same world as those who celebrate spelling idiosyncrasies* and use them because of the effects they convey.

The task facing (3a) is thus to make an informed and confident choice. And the task facing (3b) is to understand and explain what is happening, so that the right advice can be given and the right choices made. A period of rapid transition, such as we are living through at the moment, inevitably makes both tasks more (4).

Clearly, we need to develop new techniques of spelling management, and I make some suggestions in the appendices*. Doing nothing—that is, staying with traditional teaching models—is not an option. The Internet and globalization are not going to go away. English will continue to change, as it always has, but more (5) than it has for some time because of the way the Internet hastens the spread of innovation. Once, a new usage would have taken decades before it became noticed by the whole of the English-speaking community. Today, a linguistic novelty can be around the world in a matter of seconds. Spelling is not free from these processes of change. (6): because it is always in front of our eyes, in every word and sentence that we write, we are likely to encounter orthographic novelty more often than innovations in vocabulary, grammar or punctuation.

Nor is staying with (7)traditional attitudes towards spelling an option. We—everyone, not just teachers—need to change the way we think about it. We have to stop viewing it in solely negative terms—as a daunting* barrier, as a hostile mountain, as an apparently perpetual process of rote* learning—and start thinking of it as a voyage of exploration.

The story of the English writing system is so (8)intriguing, and the histories behind individual words so fascinating, that anyone who dares to treat spelling as an adventure will find the journey rewarding. It is a skill whose acquisition requires serious application, of course, but that does not need to be at the expense of enjoyment. Approached in the right way, spelling can be fun.

*orthographic　正字法の　*abbreviation　省略形　*idiosyncrasy　特異性
*appendix　付録（複数形：appendices）　*daunting　気力をくじくような
*rote　繰り返しによる暗記

1．どのような立場の人物がこの文章を書いたと思われるか，最も適切なものを(a)～(d)から１つ選び，その記号をマークしなさい。

(a)　企業の採用担当者
(b)　言語を研究する人
(c)　1991年以降に生まれた人
(d)　保守的な学校教師

2．下線部(1)の内容に当てはまらないものを(a)～(d)から１つ選び，その記号をマークしなさい。

(a)　社会的態度に関わることを教える
(b)　社会には様々な価値観を持つ人がいることを理解させる
(c)　正しいスペリング以外は使わないように教える
(d)　状況に応じた適切な表現の選び方を教示する

3．空所（　2　）に入れるのに最も適切なものを(a)～(d)から１つ選び，その記号をマークしなさい。

(a)　accept　　(b)　disagree　　(c)　receive　　(d)　reject

4．空所（　3a　）—（　3b　）に入れるのに最も適切な語句の組み合わせを(a)～(d)から１つ選び，その記号をマークしなさい。

(a)　the employee — the employer　　(b)　the infant — the parent
(c)　the learner — the teacher　　(d)　the young — the elderly

出典追記：Spell It Out : The singular story of English spelling by David Crystal, Profile Books

5．空所（　4　）に入れるのに最も適切なものを(a)～(d)から１つ選び，その記号をマークしなさい。

(a) challenging (b) disregarded
(c) incredible (d) straightforward

6．空所（　5　）に入れるのに最も適切なものを(a)～(d)から１つ選び，その記号をマークしなさい。

(a) carelessly (b) gradually (c) rapidly (d) steadily

7．空所（　6　）に入れるのに最も適切なものを(a)～(d)から１つ選び，その記号をマークしなさい。

(a) For example (b) In other words
(c) In short (d) On the contrary

8．下線部(7)の内容と異なっているものを(a)～(d)から１つ選び，その記号をマークしなさい。

(a) 新たな旅に出るようなものと捉えること
(b) ただ大変な作業であると見なすこと
(c) 丸暗記すべきものであると考えること
(d) 険しい山に登るようなものだと思うこと

9．下線部(8)の語の意味として最も適切なものを(a)～(d)から１つ選び，その記号をマークしなさい。

(a) complex
(b) exhausting
(c) perplexing
(d) stimulating

10．この英語の本文の内容と一致しているものを(a)～(d)から１つ選び，その記号をマークしなさい。

(a) 1991 年以降に生まれた人たちは，それ以前に生まれた人たちよりも正しいスペリングを学習する機会が少ない。

(b) 今日ではインターネットを通して新しい語彙やスペリングが世界に広まっているが，それは今後も続く。

(c) 多様なスペリングが出現している昨今，自信を持って正しいスペリングを書くことがより重要になっている。

(d) スペリングの歴史的背景について知識のない一般人は，新しいスペリングの出現を嫌がっている。

Ⅵ 次の英文を読み，あとの設問に答えなさい。* の付いた語には注があります。

(35点)

A cashless society is one in which cash, in the form of physical banknotes and coins, is not accepted in any financial transaction. (1), people and businesses transfer money to one another digitally—via credit or debit cards, electronic money transfers, cryptocurrency*, or online and mobile payment services, such as PayPal and Apple Pay. Although no existing society is cashless, many economists believe that consumer preferences, competitive pressures on businesses, profit seeking by banks, and (2) designed to facilitate cashless transactions will soon lead to at least a few cashless societies.

There are various measures of cashlessness, yielding different rankings of countries along a "cashless continuum*," but most experts agree that Sweden is now closest to (3). Cash is now used in less than 15 percent of transactions in that country, and the value of cash <u>in circulation</u>(ア) has declined significantly in the 21st century, now representing about 1 percent of GDP. Swedish retailers and restaurants are now permitted (4) merely by posting a sign, and more than half of all Swedish bank branches no longer handle cash. To facilitate the transition to cashlessness, central banks in some countries have introduced government-backed digital currencies to replace or complement banknotes and coins.

(イ)<u>Proponents of a cashless society</u> argue that digital transactions are more convenient for both customers and businesses and that cashlessness would cut down on many criminal activities. They also maintain that the trend toward cashlessness (5), given the increasing digitization of economies and consumers' growing preference for conducting daily business with mobile devices. The trend has been propelled, however, by banks that have intentionally made cash transactions less convenient for their customers (e.g., by closing branches and removing ATMs) to encourage the use of digital services that are more profitable. The global coronavirus pandemic that began in 2020 also (6) to an increase in touchless and cashless transactions.

But there are potential drawbacks(ウ) to a cashless society. First, it would largely exclude "unbanked" (mostly poor) persons, who do not use or cannot obtain a bank account. Second, it could invite serious breaches of privacy, because few purchases and sales would be anonymous. Third, even minor technological glitches* could block access to funds, and systemic failures due to (7) or massive hacking could make all purchases and payments impossible. Fourth, during a severe economic crisis threatening the solvency* of major banks, depositors would be unable to rescue their money by withdrawing it in cash. Nor could depositors prevent troubled banks from taking a portion of their deposits in "bail-in" scenarios(エ), under which the institution's shareholders and creditors, including depositors, are held responsible for its debts (in the U.S., up to $250,000 of each deposit (8) from such seizures). Finally, ordinary depositors would not be able to protect themselves from negative interest rates, which central banks in some countries (e.g., Japan) have imposed to combat recession or deflation after cuts in positive interest rates to near zero have failed. Negative interest rates permit private banks (9) what amounts to a fee for holding their money, thus encouraging them to spend and invest. Indeed, some economists consider that to be an argument (10) of a cashless society, as it would make painfully deep negative interest rates workable because they could not be avoided through cash withdrawals.

*cryptocurrency 暗号通貨 *continuum 連続体 *glitch 故障
*solvency 支払い能力

出典追記：What Is a Cashless Society and How Does It Work?, Britannica by Brian Duignan, Encyclopaedia Britannica Inc

1．空所(1)～(10)に入れるのに最も適切なものを，それぞれ(a)～(j)から1つ選び，その記号をマークしなさい。(a)～(j)は1回ずつしか選べません。また，文頭に位置する語も小文字になっています。

(a) contributed heavily
(b) government policies
(c) in favor
(d) instead
(e) is unstoppable
(f) natural disasters
(g) the cashless ideal
(h) to charge depositors
(i) to refuse cash payments
(j) would be protected

2．下線部(ア)の意味に最も近いものを(a)～(d)から1つ選び，その記号をマークしなさい。

(a) actively participating in a social life
(b) moving around in a circle temporarily
(c) serving as a medium of exchange
(d) within the same distance from the center

3．下線部(イ)の意味に最も近いものを(a)～(d)から1つ選び，その記号をマークしなさい。

(a) people who disagree with a cashless society
(b) people who live by making society cashless
(c) people who receive a blow from a cashless society
(d) people who support a cashless society

4．下線部(ウ)に当てはまらないものを(a)～(d)から1つ選び，その記号をマークしなさい。

(a) Bank depositors would be affected by the rising interest rates.

(b) It would be difficult to protect privacy with cashless payment.

(c) Payments would be suspended if anything happens to the system.

(d) People who are too poor to have a bank account would be in trouble.

5．下線部(エ)の意味に最も近いものを(a)～(d)から1つ選び，その記号をマークしなさい。

(a) No shareholders, creditors, or depositors are informed of the institution's losses.

(b) Shareholders, creditors, and depositors of the failing institution take losses.

(c) The institution makes up for the losses of shareholders, creditors, and depositors.

(d) The institution seeks financial help from the government or other institutions.

6．この英文の内容と一致しているものを(a)～(d)から1つ選び，その記号をマークしなさい。

(a) Digital currencies backed by the government have been introduced to local banks in some countries.

(b) Banks in Sweden no longer handle cash as less than 1 percent of transactions are done in cash.

(c) Digital transactions are inconvenient for businesses because they increase criminal activities.

(d) There is no cashless country that doesn't accept any banknotes or coins yet.

日本史

（60 分）

I　次の文章〔A〕〔B〕と史料〔C〕（原文から仮名づかい，句読点を加える等適宜修正している）について，下記の設問に答えなさい。（20 点）

〔A〕

日本列島では，6世紀①になると政権を構成する地方豪族の反抗や政権を支える大臣や大連のあいだに対立が生じ，587 年には大連であった物部守屋が滅ぼされ，さらには［　1　］天皇が暗殺されるなどの事件もおこった。

6世紀末になると，推古天皇のもとで厩戸王と大臣の蘇我馬子が②大きな力を持って政権の力を高めようとした。

問1　下線部①について，これ以前の時期の日本列島のようすに関する説明として正しいものをすべて選び，その記号をマークしなさい。なお，適切な選択肢がない場合には，eをマークしなさい。

a　青森県の三内丸山遺跡では，水田の跡が見つかり，稲作が本州のほぼ北端まで広まっていたことが明らかになった。

b　縄文時代の人びとは，岩石・樹木などあらゆる自然物や自然現象に霊威が存在すると考えていたと推定されている。

c　島根県の荒神谷遺跡では，数十点の銅剣・銅矛とともに，300 点以上の銅鐸が一つの穴から発見された。

d　シカの骨などを焼いてできるひび割れから吉凶を占う太占や，災いを免れるために熱湯に手をつける禊という風習が古墳時代に行われたことが知られている。

e　a～dのなかに適切な選択肢はない。

問2　文中の空欄［1］にあてはまる天皇を一人選び，その記号をマークしなさい。

a　継体

b　崇峻

c　敏達

d　欽明

e　孝徳

問3　下線部②について，この3名とはかかわりのないものをすべて選び，その記号をマークしなさい。なお，適切な選択肢がない場合には，eをマークしなさい。

a　大臣・大連を廃止した。

b　冠位十二階の制を導入した。

c　法隆寺・飛鳥寺を建立した。

d　『天皇記』・『国記』を編纂した。

e　a～dのなかに適切な選択肢はない。

〔B〕

鎌倉幕府③の成立当初は，御家人たちを従え，「鎌倉殿」とよばれた源頼朝が幕政を主導した。その頼朝が没すると，鎌倉幕府は危機に直面した。その状況で頼朝の後を継いだ頼家の独裁は，頼朝の妻であり，頼家の母である政子によって抑えられ，北条時政④ら有力御家人の合議によって訴訟の裁決が行われることになった。その後，頼朝の血統が絶えると，後鳥羽上皇は討幕をもくろみ，その結果，承久の乱⑤がおこった。

問4　下線部③に関連する記述として正しいものをすべて選び，その記号をマークしなさい。なお，適切な選択肢がない場合には，eをマークしなさい。

a　後に政所となる公文所の初代長官には大江広元が就任した。

b　初期の鎌倉幕府の機構では問注所が訴訟を担当した。その初代長官は三善康信であった。

c　蒙古襲来の後，鎌倉幕府は鎮西奉行を廃止して九州探題を置き，北条氏の一族を派遣して九州の支配を進めた。

d　鎌倉幕府は，後嵯峨上皇のときに，院評定衆を置くことを求めた。

e　a～dのなかに適切な選択肢はない。

問5　下線部④について，北条氏は，伊豆の在庁官人の出身である。その後，北条氏は他の有力御家人などを排除しつつ，代々の執権を出して鎌倉幕府の政務に大きな影響力を持った。北条氏によって排除された以下の人物を滅ぼされた順に並びかえたとき，古い順から3番目にあたるものを一つ選び，その記号をマークしなさい。

a　三浦泰村

b　畠山重忠

c　平頼綱

d　和田義盛

e　比企能員

問6　下線部⑤について，この戦いがおこる前に，ある僧侶が後鳥羽上皇の倒幕計画をいさめる目的も含んで著した書物を一つ選び，その記号をマークしなさい。

a　『玉葉』

b　『山家集』

c　『愚管抄』

d　『方丈記』

e　『吾妻鏡』

〔C〕

臣，去《い》にし寛平《かんぴょう》五年⑥に備中介《びっちゅうのすけ》⑦に任ず。かの国の下道郡《しもつみちのこおり》に，邇磨郷《にまのさと》あり。ここにかの国の風土記《ふどき》を見るに，皇極《こうぎょく》天皇の六年に，大唐の将軍蘇定方《そていほう》，［　2　］の軍《いくさ》を率い［　3　］を伐つ。［　3　］使を遣《つか》わして救わんことを乞う。天皇筑紫《つくし》に行幸したまいて，将《まさ》に救《すくい》の兵を出さんとす。（中略）天皇詔《みことのり》を下し，試みにこの郷の軍士を徴《め》したまう。即ち勝兵《しょうへい》二万人を得たり。天皇大に悦《よろこ》びて，この邑《むら》を名《なづ》けて二万郷《にまごう》と曰《のたま》う。後に改めて邇磨郷と曰《い》う。（中略）（三善）清行《きよゆき》任に到りて，またこの郷の戸口《ここう》を閲《けみ》せしに，老丁《ろうてい》二人，正丁《せいてい》四人，中男《ちゅうなん》三人ありしのみ。去にし延喜《えんぎ》十一年に，かの国の介藤原公利《きみとし》，任満ちて都に帰りたりき。清行問う，「邇磨郡の戸口当今幾何《いくばく》ぞ」と。公利答えて云く，「一人もあることなし」と。（中略）一郷をもてこれを推《お》すに，天下の虚耗《きょこう》，掌《たなごころ》を指《さ》して知るべし。

問7　下線部⑥について，この年に年代が最も近いできごとを一つ選び，その記号をマークしなさい。

a　桓武天皇が都を平安京に移した。

b　大海人皇子と大友皇子が皇位をめぐって争った。

c　中大兄皇子と中臣鎌足らが蘇我蝦夷・入鹿父子を滅ぼした。

d　皇太子恒貞親王の廃位を企てたとして，伴健岑・橘逸勢が流罪となった。

e　遣唐大使に任命されていた菅原道真の建議により，遣唐使の派遣が中止された。

問8　下線部⑦について，備中国と陸地で接しない国をすべて選び，その記号をマークしなさい。

a　石見国

b　周防国

c　伯耆国

d　美作国

e　播磨国

問9　空欄［2］と［3］にあてはまる語句として正しい組み合わせを一つ選び，その記号をマークしなさい。

a　［2］加羅　［3］百済

b　［2］百済　［3］加羅

c　［2］新羅　［3］百済

d　［2］百済　［3］新羅

e　［2］新羅　［3］加羅

f　［2］加羅　［3］新羅

問10　この史料から直接読み取れることとして正しいものをすべて選び，その記号をマークしなさい。なお，適切な選択肢がない場合には，eをマークしなさい。

a　『備中国風土記』には，白村江の戦いに関連する記述があると推測される。

b　皇極天皇は下道郡での徴兵には失敗したが，邇磨郷では，多くの兵士を得ることができた。

c　三善清行が備中に赴任していたときには戸口調査を行わなかった。

d　三善清行が調査を行ったとき，ある戸は老年の男性ばかりで構成されていた。

e　a～dのなかに適切な選択肢はない。

Ⅱ　次の文章を読んで，下記の設問に答えなさい。(20点)

関ヶ原の戦い①で勝利をおさめた徳川家康は，1603年に征夷大将軍②の宣下を受け，江戸に幕府を開いた。1604年には大名に国ごとの国絵図・郷帳③の作成を命じ，将軍が全国の土地の掌握者であることを示した。

家康は1605年に将軍職を子の徳川秀忠に譲り，将軍職が徳川氏の世襲であることを示した。しかし，大坂城には豊臣秀吉の子である豊臣秀頼がおり，一大名にとどまらない権威を保っていた。家康は秀頼が方広寺に奉納した鐘の銘文が家康を呪詛し，豊臣家の繁栄を願うものであるとの言いがかりをつけた。このことがきっかけの一つとなって大坂の役が起こり，1615年，家康はついに豊臣氏を滅ぼした。大坂の役をもって戦国時代以来の戦乱が終わった。これを［　1　］という。

大坂の役の直後，幕府は一国一城令や武家諸法度④を制定して大名への統制を強めた。また，1613年に出した公家衆法度に続いて禁中並公家諸法度を制定して公家や朝廷に対する統制も強めていった⑤。秀忠は，1620年に娘の和子を後水尾天皇のもとに入内させた。後水尾天皇は紫衣事件⑥をきっかけに，幕府の同意を求めずに譲位した。

家康や秀忠の時代は側近たちが幕府の行政を担っていたが，幕府の職制⑦は秀忠の子である徳川家光のころにほぼ整備された。また，地方組織としては京都所司代が重要で，朝廷や西国大名を監視させた。

幕府の財政基盤を支えていたのは直轄領からの年貢⑧と鉱山からの収入であった。また，幕府は貨幣の鋳造権を独占し，全国の主要な都市を直轄地とすること⑨で商工業者を統制した。

問1　下線部①に関する次の説明のうち，正しいものにはイ，誤っているものにはロをマークしなさい。

a　西軍を率いた石田三成は，五大老のひとりであった上杉景勝を盟主として挙兵した。

b　関ヶ原の戦いの後，西軍の諸大名に対して，領地の没収である減封や領地削減である改易が行われた。

c　関ヶ原の戦いの後，東軍の大名らに対しても国替が行われた。

問2　下線部②に関する次の説明のうち，正しいものにはイ，誤っているものにはロをマークしなさい。

a　征夷大将軍とは，元々は蝦夷を討伐するための臨時の将軍を意味していた。

b　源頼朝の任命以降，征夷大将軍は武士の統率者の地位を示す官職となっていった。

c　源実朝が暗殺された後，鎌倉幕府は直ちに皇族から親王を征夷大将軍として迎え入れた。

問3　下線部③に関する次の説明のうち，正しいものにはイ，誤っているものにはロをマークしなさい。

a　国絵図の作成は，徳川家康以前に豊臣秀吉が全国の大名に命じていた。

b　徳川幕府は1604年以後も国絵図の作成を全国の大名に命じた。

c　郷帳とは，一村ごとの人口を郡単位で記載し，これを一国単位でまとめた人口統計である。

問4　文中の空欄 [1] に入るもっとも適切な語を次の中から一つ選び，その記号をマークしなさい。

a　元和偃武

b　国家安康

c　君臣豊楽

d　天下布武

問5　下線部④に関する次の説明のうち，正しいものにはイ，誤っているものにはロをマークしなさい。

a　徳川家康が将軍のときに出された武家諸法度は，建武式目や分国法をもとに作成されたものである。

b　徳川秀忠が将軍のときに出された武家諸法度は，大名が幕府の許可なしに居城の修理をすることを禁止した。

c 徳川家光が将軍のときに出された武家諸法度は，大名に参勤交代を義務づける規定を置いた。

問6 下線部⑤に関する次の説明のうち，正しいものにはイ，誤っているものにはロをマークしなさい。

a 公家の中から武家伝奏を選び，幕府と朝廷の連絡に当たらせた。

b 公家の務めとして，家業と宮中を昼夜警備する禁裏小番を命じた。

c 武家への官位授与については，江戸時代を通じて幕府の許可を経ることなく朝廷が行うことができた。

問7 下線部⑥に関する次の説明のうち，正しいものにはイ，誤っているものにはロをマークしなさい。

a 幕府は，後水尾天皇が幕府の許可なしに与えた紫衣を無効とした。

b 幕府の対応に抗議した崇伝が処罰された。

c 後水尾天皇の譲位を受けて明正天皇が即位した。

問8 下線部⑦に関する次の説明のうち，正しいものにはイ，誤っているものにはロをマークしなさい。

a 老中が幕府の政務全体を統轄するようになった。

b 若年寄は，老中を補佐し，旗本を監督した。

c 大名を監察する大目付，旗本・御家人を監察する目付が置かれた。

問9 下線部⑧に関する次の説明のうち，正しいものにはイ，誤っているものにはロをマークしなさい。

a 本百姓の負担としては，田畑と屋敷地を基準にかけられる年貢（本途物成）が中心で，このほかに山野河海の利用や副業にかけられる小物成があった。

b 町人には田畑がないため年貢として米をおさめる義務は課せられなかったが，そのかわりに高掛物と呼ばれる税が課せられた。

c 農民が貨幣経済に巻き込まれず，安定した年貢収入を確保するため，土地の売買を禁じる分地制限令が出された。

問10　下線部⑨に関して，幕府の直轄地ではない都市を次の中から一つ選び，その記号をマークしなさい。

a　堺

b　奈良

c　京都

d　江戸

e　水戸

Ⅲ　次の〔A〕〔B〕の文章を読んで，下記の設問に答えなさい。(20点)

〔A〕

1858年，幕府の大老井伊直弼は，勅許を得られないまま日米修好通商条約①に調印し，開港を好まない孝明天皇の怒りを招いた。また，幕府の違勅調印に対する非難が高まり，尊王論や攘夷論の主張が盛んとなった。江戸城桜田門外で暗殺された井伊直弼のあとに幕政の中心を担った老中の安藤信正は，朝廷と幕府の融和をはかる公武合体の方針をとり，孝明天皇の妹和宮を将軍徳川（　ア　）の妻に迎えた。しかし，このことは尊王攘夷論者から非難され，1862年，安藤は江戸城坂下門外で水戸藩を脱藩した浪士たちに襲われて負傷し，老中を退いた。このような中，幕府は，薩摩藩による要求を機に幕政の改革を行った②。

尊王攘夷派の中心となっていた長州藩は，1864年，禁門の変で敗れるとともに第1次長州征討において幕府から攻撃を受け，一旦は幕府に対して恭順・謝罪の態度を示したものの，高杉晋作や桂小五郎らが藩の主導権を保守派から奪い，藩論を倒幕へと転換させた。また長州藩は，薩英戦争の経験から開明政策に転じていた薩摩藩と軍事同盟の密約を結んだ。そして，1866年，公武合体を支持する孝明天皇が急死すると，同盟を結んでいた薩長両藩らは武力倒幕の準備を進めた。これに対して15代将軍となった徳川慶喜は，1867年に大政奉還の上表を朝廷に提出し，朝廷はこれを受理した。しかし，武力倒幕を目指す薩長両藩は，武力を背景に朝廷でクーデタを決行し，王政復古の大号令を発して新政府を樹立③した。その日の夜，京都御所において開かれた小御所会議では，徳川慶喜に内大臣の辞退と領地の一部返納を命じることが決定され，これに反発した徳川慶喜や徳川側を支援する会津・桑名藩などの勢力は新政府と④

対決することとなった。

問１　下線部①について，日米修好通商条約に関する以下の記述のうち，最も適当なものを次のａ～ｅから一つ選び，その記号をマークしなさい。

ａ　開港地には外国人の居留地が設置され，一般外国人の日本国内の自由な旅行が認められた。

ｂ　日本に滞在する外国人の裁判は，幕府の奉行所において行われることになった。

ｃ　神奈川・長崎・新潟・兵庫・仙台が開港されることになった。

ｄ　関税については，日本側に税率を自主的に決定する権利が認められた。

ｅ　民間の通商は自由貿易が認められた。

問２　空欄（　ア　）に当てはまる人物名として，最も適当なものを次のａ～ｅから一つ選び，その記号をマークしなさい。

ａ　家慶

ｂ　家定

ｃ　家茂

ｄ　家斉

ｅ　家治

問３　下線部②について，京都の治安維持にあたる役職として新設された京都守護職に任じられた人物として，最も適当なものを次のａ～ｅから一つ選び，その記号をマークしなさい。

ａ　松平定敬

ｂ　島津久光

ｃ　松平慶永

ｄ　徳川斉昭

ｅ　松平容保

問４　下線部③について，王政復古の大号令に伴って樹立された新政府に関する以下の記述のうち，**誤っているもの**を次のａ～ｅから一つ選び，その記号をマークしなさい。

a　摂政・関白の役職が復活した。

b　幕府及び将軍が廃止され，天皇の下で国政を評議する機構が設けられた。

c　総裁には有栖川宮熾仁親王が任じられ，政務の総轄を担った。

d　参与には主に有力諸藩を代表する藩士らが任じられ，雄藩連合の形をとった。

e　議定には皇族・公卿のほか，薩摩・土佐・越前などの藩主または前藩主が任じられた。

問5　下線部④について，新政府と旧幕府勢力間で繰り広げられた戊辰戦争にかかわる以下の出来事ア～オが起こった順に正しく配列したものを次のａ～ｅから一つ選び，その記号をマークしなさい。

ア　会津戦争

イ　江戸城無血開城

ウ　奥羽越列藩同盟結成

エ　鳥羽・伏見の戦い

オ　箱館戦争

a　ウ→エ→イ→ア→オ

b　ウ→イ→エ→オ→ア

c　エ→ウ→ア→オ→イ

d　エ→ウ→オ→イ→ア

e　エ→イ→ウ→ア→オ

〔B〕

明治政府は，欧米諸国に追いつき富国強兵を実現するため，近代産業の育成政策を積極的に行った。政府は旧幕府や諸藩の鉱山・工場を官営とするとともに，外国人技師⑤を招いて官営工場⑥を設立・経営して先進技術の導入・普及などをはかった。

また政府は，1869年に東京―横浜間で電信を実用化させるとともに，1871年には飛脚にかわる官営の郵便事業を開始させた。さらに，1872年には新橋と横浜の間に鉄道を敷設し，その後主要都市間にも敷設していった。こうした殖産興業政策は，1870年に設置された工部省⑦が中心となって担い，鉄道・鉱山などを所管した。また，1873年に新たに設置された（　イ　）は軽工業や農牧業を担い，1877年に第1回内国勧業博覧会を主催するなど，殖産興業政策を推進した。

こうした近代化政策を進めるうえでは多額の費用を必要としたため，政府にとって財政の安定は重要な課題となった。政府は国家財政の基盤を固めるために，統一的な近代的土地制度・租税制度を確立する必要があった。1871 年，政府は田畑の勝手作りを認め，翌年には田畑永代売買禁止令を解き，年貢負担者に地券を交付して土地の所有権を認めた。ついで 1873 年，地租改正条例を定めて地租改正⑧に着手した。これにより，近世以来の村請制が解体するとともに，財政の基盤が定まった。

問 6　下線部⑤について，1872 年，群馬県富岡に開設された富岡製糸場において指導にあたったフランス人技師として，最も適当なものを次の a ～ e から一つ選び，その記号をマークしなさい。

a　ケプロン

b　モレル

c　ロエスレル

d　ヴェルニー

e　ブリューナ

問 7　下線部⑥について，官営工場とその払下げ先の組み合わせとして，最も適当なものを次の a ～ e から一つ選び，その記号をマークしなさい。

a　阿仁銅山―川崎，富岡製糸場―三菱，兵庫造船所―浅野，長崎造船所―三井

b　阿仁銅山―古河，富岡製糸場―三井，兵庫造船所―川崎，長崎造船所―三菱

c　阿仁銅山―浅野，富岡製糸場―川崎，兵庫造船所―三菱，長崎造船所―古河

d　阿仁銅山―三菱，富岡製糸場―古河，兵庫造船所―川崎，長崎造船所―浅野

e　阿仁銅山―三井，富岡製糸場―浅野，兵庫造船所―古河，長崎造船所―川崎

問 8　下線部⑦について，1873 年に初代工部卿に就任した人物として，最も適当なものを次の a ～ e から一つ選び，その記号をマークしなさい。

a　伊藤博文

b　大久保利通

c　大隈重信

d　山県有朋

e　渋沢栄一

問9　空欄（　イ　）に当てはまる官庁名として，最も適当なものを次のａ～ｅから一つ選び，その記号をマークしなさい。

a　文部省

b　農商務省

c　民部省

d　内務省

e　開拓使

問10　下線部⑧について，地租改正に関する以下の記述のうち，**誤っているもの**を次のａ～ｅから一つ選び，その記号をマークしなさい。

a　課税基準が従来の収穫高から地価に変更された。

b　税は従来，現物によって徴収されていたが，貨幣で徴収されることとなった。

c　地券を交付された土地所有者が地租負担者とされた。

d　税率を地価の３％としたうえで豊凶に応じて税率を変更することで運用した。

e　地主・自作農の土地所有権が確立して地租の金納が行われることで，農村への商品経済の浸透が進んだ。

Ⅳ　次の文章を読んで，下記の設問に答えなさい。(20点)

大正天皇が即位した1912年，第2次西園寺内閣は陸軍が要求した師団の増設を拒否した。すると，陸軍大臣は天皇に辞表を提出し，陸軍から後任を得られなかった西園寺内閣は総辞職した①。元老会議は桂太郎を後継首相としたが，激しい批判が起こった②。さらに，桂太郎が政府批判を抑えようとした動きを，尾崎行雄は「(ア)を以て胸壁と為し，(イ)を以て弾丸に代へて政敵を倒さんとするもの③」として弾劾した。その結果，第3次桂太郎内閣はわずか53日で総辞職した。

桂の辞職をうけて首相となったのは，山本権兵衛④であった。山本権兵衛が退陣後，元老は閥族批判をかわすため，大隈重信を首相に起用した。1914年に成立した第2次大隈内閣は，加藤高明を外相に任じ，第一次世界大戦⑤に参戦した。1918年には第一次世界大戦の休戦協定が結ばれ，1919年にはパリで講和会議が開かれ，日本も代表団を派遣した⑥。対独講和のヴェルサイユ条約で日本は，(　ウ　)省のドイツ権益の継承と赤道以北の旧ドイツ領南洋諸島⑦の委任統治権を得た。

この時期は大正デモクラシーの風潮のもとで，多様な学問⑧や芸術が発達した。例えば，柳田国男は民間伝承の調査・研究を通じて，無名の民衆「(　エ　)」の生活史を明らかにする民俗学を確立した。

問1　下線部①に関して，この件と最も関係がある制度や慣行として，正しいものを一つ選び，その記号をマークしなさい。

a　宮中府中の別

b　緊急勅令

c　憲政の常道

d　統帥権干犯

e　軍部大臣現役武官制

問2　下線部②に関して，当時，彼が首相就任まで就いていた役職が批判の理由となったが，その役職名として正しいものを二つ選び，その記号をマークしなさい。

a　宮内大臣

b　侍従長

c　枢密顧問官

d　内務大臣

e　内大臣

問３　下線部③に関して，（ア）と（イ）の組み合わせとして，正しいものを一つ選び，その記号をマークしなさい。

a　（ア）玉座　（イ）勅諭

b　（ア）玉座　（イ）詔勅

c　（ア）神器　（イ）勅令

d　（ア）神器　（イ）勅諭

e　（ア）玉璽　（イ）詔勅

f　（ア）玉璽　（イ）勅令

問４　下線部④に関して，彼の経歴や首相として行った政策として，正しいものを全て選び，その記号をマークしなさい。

a　薩摩出身の海軍軍人であった。

b　立憲改進党を与党とした。

c　軍部大臣現役武官制を改正して予備役の元帥・大将にまで資格を広げた。

d　文官任用令を改正して政党員が高級官僚となる道を開いた。

e　陸軍をきっかけにした汚職事件によって退陣に追い込まれた。

問５　下線部⑤に関して，第一次世界大戦を「大正新時代の天佑」と述べた人物を一人選び，その記号をマークしなさい。

a　山県有朋

b　寺内正毅

c　田中義一

d　松方正義

e　井上馨

問６　下線部⑥に関して，パリ講和会議に派遣された日本の全権として，正しい人物を二人選び，その記号をマークしなさい。

a　加藤友三郎

b　加藤高明

c　西園寺公望

d　幣原喜重郎

e　牧野伸顕

問7　空欄（　ウ　）に当てはまる語句として，最も適当なものを一つ選び，その記号をマークしなさい。

a　青島

b　山東

c　福建

d　江蘇

e　浙江

問8　下線部⑦に関して，統治権を得た地域として，正しいものを二つ選び，その記号をマークしなさい。

a　ナウル島

b　パラオ諸島

c　サイパン島

d　グアム島

e　ビスマルク諸島

問9　下線部⑧に関して，和辻哲郎が著した作品として，正しいものを二つ選び，その記号をマークしなさい。

a　『古寺巡礼』

b　『風土』

c　『善の研究』

d　『日本の思想』

e　『大菩薩峠』

問10　空欄（　エ　）に当てはまる語句として，最も適当なものを一つ選び，その記号をマークしなさい。

a　平民

b　庶民

c　常民

d　人民

e　臣民

V　次の文章を読んで，下記の設問に答えなさい。(20 点)

第二次世界大戦の終結後，日本は新たな道を歩むこと①になった。日本は，それまでの制度や仕組みを排した社会体制に移行②し，新たな憲法も制定された③。国際社会においても，世界と新たな関係④を築くことになった。その過程では，戦争に対する総括と新たな時代における日本の方向性を決める議論や活動が行われていた。特に1951年に締結された日米安全保障条約⑤は，日本の国防や国際社会における立場を決める重要事項であった。

経済面では（　A　）が所得倍増計画により国民生活の向上やさらなる経済成長を目指した。その成果もあり，日本は奇跡的ともいえる復興を遂げた。1964年にはその象徴ともいえる二つの出来事があった⑥。戦後の国際社会において日本人の活躍も見られ⑦，日本の世界における地位も飛躍的に向上した。しかしながら，日本を取り巻く世界情勢は複雑化し，日本は国際的役割も担うことになった⑧。また，環境問題に対する取り組み⑨も重要になっている。

問1　下線部①に関して，1945年8月に連合国軍最高司令官総司令部（ＧＨＱ）のマッカーサー最高司令官が来日した時の日本の総理大臣として，正しいものを下のａ～ｅから一つ選び，その記号をマークしなさい。

a　東条英機

b　鈴木貫太郎

c　東久邇宮稔彦

d　吉田茂

e　石橋湛山

問2　下線部②に関して，ＧＨＱは1945年に五大改革の指令を日本政府に示したが，その内容として，正しいものを下のａ～ｅから一つ選び，その記号をマークしなさい。

ａ　旧支配地域への謝罪，天皇の人間宣言，日本の非軍事化，新憲法の準備委員会の設立，神仏習合の禁止

ｂ　家父長制の廃止，男女平等の推進，政党設立の奨励，選挙制度の改革，農業の活性化と発展

ｃ　象徴天皇制の廃止，共産主義の取り締まり，文化財保護，平和主義の実現，警察予備隊の設立

ｄ　男女平等政策，大学教育の推奨，貴族階級の廃止，戦争犯罪人の逮捕，象徴天皇制に根差した国体の維持

ｅ　女性参政権の付与，労働組合結成の奨励，教育制度の改革，秘密警察の廃止，経済機構の民主化

問3　下線部③に関して，その説明として正しいものを下のａ～ｅから一つ選び，その記号をマークしなさい。

ａ　日本国憲法は1946年5月3日に公布され1946年11月3日に施行された。

ｂ　日本国憲法は1946年11月3日に公布され1947年5月3日に施行された。

ｃ　日本国憲法は1946年2月11日に公布され1946年5月3日に施行された。

ｄ　日本国憲法は1947年5月3日に公布され1951年2月11日に施行された。

ｅ　日本国憲法は1948年5月3日に公布され1952年4月28日に施行された。

問4　下線部④に関して，日本と韓国，中国，ロシアとの外交上の出来事で年代順に正しく配列したものを下のａ～ｅから一つ選び，その記号をマークしなさい。

ａ　日ソ共同宣言発表➡日中共同声明発表➡日韓基本条約調印

ｂ　日韓基本条約調印➡日ソ共同宣言発表➡日中共同声明発表

ｃ　日ソ共同宣言発表➡日韓基本条約調印➡日中共同声明発表

ｄ　日中共同声明発表➡日ソ共同宣言発表➡日韓基本条約調印

ｅ　日韓基本条約調印➡日中共同声明発表➡日ソ共同宣言発表

問5　下線部⑤に関して，日米安全保障条約が締結された時の総理大臣と，この条約

と同時に調印された協定・条約の組み合わせとして，正しいものを下のａ～ｅから一つ選び，その記号をマークしなさい。

a　吉田茂—サンフランシスコ平和条約

b　鳩山一郎—日米行政協定

c　佐藤栄作—沖縄返還協定

d　池田勇人—部分的核実験禁止条約

e　三木武夫—核兵器拡散防止条約

問６　下線部⑥に関して，日本の経済復興を象徴する1964年の出来事の組み合わせとして，正しいものを下のａ～ｅから一つ選び，その記号をマークしなさい。

a　日本万国博覧会の開催—青函トンネルの開通

b　東京オリンピックの開催—東海道新幹線の開通

c　沖縄海洋博の開催—新東京国際空港の開港

d　札幌オリンピックの開催—テレビ放送の開始

e　東京サミット（先進国首脳会議）の開催—瀬戸大橋の開通

問７　下線部⑦に関して，日本人のノーベル賞受賞者として，正しいものを下のａ～ｅからすべて選び，その記号をマークしなさい。

a　湯川秀樹

b　朝永振一郎

c　高木貞治

d　川端康成

e　黒澤明

問８　下線部⑧に関して，1992年にＰＫＯ協力法が成立したが，その最初の派遣先となったアジアの国として，正しいものを下のａ～ｅから一つ選び，その記号をマークしなさい。

a　フィリピン

b　東ティモール

c　ミャンマー

d　カンボジア

e　ラオス

問9　下線部⑨に関して，地球温暖化の防止を目的として1997年に環境に関する議定書が採択されたが，その会議が行われた都市として，正しいものを下のａ～ｅから一つ選び，その記号をマークしなさい。

a　広島

b　パリ

c　ワシントン

d　ロンドン

e　京都

問10　空欄Ａに当てはまる人物が首相在任時に起こった出来事として，正しいものを下のａ～ｅからすべて選び，その記号をマークしなさい。

a　神武景気がはじまった。

b　いざなぎ景気がはじまった。

c　ＬＴ貿易の取り決めを結んだ。

d　ＩＭＦ８条国に移行した。

e　ＧＡＴＴに加盟した。

世界史

（60 分）

I　次の文章を読んで，下記の設問に答えなさい。（24 点）

市民革命は，封建社会から近代資本主義社会への移行期に起こった革命である。市民革命の市民とはブルジョワジーの訳語で，この革命はブルジョワ革命とも言われる。欧米で発生したものが典型的であるが，その中でも最も後世に影響を与えたのがフランス革命である。

ユグノー戦争①を終結させたアンリ 4 世から始まるブルボン朝では，第一身分と第二身分が多くの土地と官職を独占し，免税などの様々な特権を保持していた。一方で，総人口の（　A　）％以上を占めていた第三身分は，国家に 20 分の 1 税，教会に 10 分の 1 税などの重税が課せられ，加えて多くの経済的・政治的束縛を受けていた。こうしたアンシャン・レジームの矛盾が革命を醸成していった。同時に，フランスの財政はルイ 14 世の晩年以降，窮乏が始まり，次の曾孫のルイ 15 世時代には宮廷の奢侈や七年戦争②の敗北等によって国家財政は破産へ向かった。次の孫のルイ 16 世の即位以後，アメリカ独立戦争への参戦で財政はさらに悪化し，破綻に瀕していた。ルイ 16 世は，テュルゴーやネッケルに財政改革を命じたが，大きく改善されることはなかった。財政改革のための平等課税要求は，貴族や高等法院の抵抗に直面し，ルイ 16 世は，1789 年 5 月に彼らの要求する三部会を 174 年ぶりに開かざるをえなくなった。会議は議決方法をめぐって紛糾し，第三身分と一部の特権階級によって，新たに国民議会が設立され，憲法を制定するまで解散しないことを誓った。ルイ 16 世も一旦これを認め，議会は憲法起草にとりかかったが，国王は一転，武力で議会を弾圧しようとした。国民議会は早くも危機的状態に陥ったが，結果的にこれを救ったのがパリの民衆であった。7 月 14 日に彼らが絶対主義のシンボルであったバスティーユ（　B　）を占領すると，全土に動乱が波及した。これを鎮めるため，国民議会は封建的特権の廃止を宣言し，ラ・ファイエットらは，人権宣言で近代市民社会の原理と革命の方向を示した。10 月，パリ民衆はヴェルサイユへ行進し，ルイ 16 世に宣言を認めさせてパリへ連行したが，王政は維持された。しかし1791年6月，立憲王政の立場で両サイドの橋渡し的存在であった（　C　）の死によって，国王一家は動揺し，事態は急転換していくことになった。

1791年憲法α)が制定され，国民議会は解散した。新しい立法議会では，国王との妥協を求めるフイヤン派と議会権力の強化を主張するジロンド派が対立した。翌年，政権を握ったジロンド派は1791年の（　D　）に対抗する形で，オーストリアそしてプロイセンに宣戦したが，連戦連敗した。有効な手立てが打てない立法議会に対し，民衆はテュイルリー宮殿に乱入・占拠して王を幽閉。この動きによって，存在意義を失った立法議会は9月に解散し，新たに国民公会が召集された。国民公会は冒頭，王政の廃止を宣言し，共和政を樹立した。ロベスピエールらの山岳派はジロンド派をおさえ，国王裁判を開始し有罪判決を下して1793年1月，国王を処刑した。王の処刑後，イギリス首相（　E　）は列国と第1回対仏大同盟を結び，フランスに宣戦した。王党派が指導する農民反乱がロワール川下流などで発生，内外の危機の中で山岳派はジロンド派を追放し，独裁体制に入った。山岳派は議会外でも革命遂行の立場から反革命運動を弾圧し，また国内の結束強化のために主権在民等を定めた1793年憲法を採択した。さらに国有財産の分割売却で多くの小自作農を生み，共和（革命）暦を制定した。この後，当面の危機が去ると，山岳派内で路線対立が勃発。ロベスピエールは公安委員会委員長に就任して以来，恐怖政治を展開していたが，公安委員会の存在を危うくする存在となってきたエベール派，続いてダントン派を弾圧・撲滅した。処刑数は4万前後に至り，この内，裁判を伴ったのは半分にも満たなかった。恐怖政治は，人々を不安にさせ，特に，土地を得た自作農や自由を求める商工業市民は革命の激化を恐れて保守化し，山岳派から離れていった。

1794年7月27日，ロベスピエールらは国民公会の反対派議員たちによって捕らえられ，翌日断頭台で処刑された。山岳派の没落後，穏健な共和主義者が中心になった国民公会は，制限選挙を復活させた新しい1795年憲法で，上下二院制の立法府と5人の総裁からなる行政府を成立させた。王党派はルイ18世を擁立し政府を揺さぶり，一方，急進左派の（　F　）が指導する一派は私有財産の否定を唱えて政府転覆をくわだてたが，事前に発覚し失敗した。政情の不安定さが，武力による独裁者出現の格好の環境となった。1799年，イタリア遠征でオーストリアに連戦連勝し国民的英雄となっていた軍人ナポレオン・ボナパルトがシェイエスらと手を組み（　G　）のクーデタによって総裁政府を打倒し，統領政府を樹立した。そして強大な権力を持つ第一統領となったナポレオン・ボナパルトは「革命は終わった」と高らかに宣言するのであった。

【設問1】 空欄（　A　）～（　G　）について，以下の問に答えなさい。

問1　（　A　）に入るのに最も適切な数値を以下のa～dより一つ選びなさい。

a　60

b　70

c　80

d　90

問2　（　B　）に入るのに最も適切な語句を以下のa～dより一つ選びなさい。

a　牢獄

b　修道院

c　公文書館

d　廃兵院

問3　（　C　）に入るのに最も適切な人名を以下のa～dより一つ選びなさい。

a　カトリーヌ・ド・メディシス

b　ルソー

c　ミラボー

d　ブリッソ

問4　（　D　）に入るのに最も適切な宣言名を以下のa～dより一つ選びなさい。

a　ウィーン宣言

b　ピルニッツ宣言

c　ポツダム宣言

d　バルフォア宣言

問5　（　E　）に入るのに最も適切な人名を以下のa～dより一つ選びなさい。

a　小ピット

b　ウォルポール

c　リカード

d　グラッドストン

問６　（　Ｆ　）に入るのに最も適切な人名を以下のａ～ｄより一つ選びなさい。

a　マラー

b　タレーラン

c　サン・シモン

d　バブーフ

問７　（　Ｇ　）に入るのに最も適切な語句を以下のａ～ｄより一つ選びなさい。

a　ブリュメール18日

b　テルミドール９日

c　ヴァンデー

d　８月10日

【設問２】　下線部①～②に関する以下の問に答えなさい。

問１　下線部①について。ユグノー戦争とほぼ同時期の人物の組み合わせとして正しいものを以下のａ～ｄより一つ選びなさい。

a　豊臣秀吉　　アルタン・ハン

b　徳川家光　　エセン・ハン

c　豊臣秀吉　　テムジン

d　徳川家光　　モンケ・ハン

問２　下線部②について。フランスは七年戦争において，これまでの一貫した基本的対外政策であった打倒ハプスブルク家を大転換し，ハプスブルク家と手を組んで戦うが，これを何というか，正しいものを以下のａ～ｄより一つ選びなさい。

a　正統主義

b　コンコルダート

c　外交革命

d　コンキスタドール

【設問3】 下線部α）について。次の文章はフランス革命期の無名の一市民が書いた日記の一部である。下線部(1)〜(3)に関する以下の問に答えなさい。

9月14日水曜日

気温25度。東の風。快晴。暑い

(1)＜憲法＞

昨日，1791年9月13日火曜日，司法大臣が守衛を前後に従え，威儀を正して国民議会に到着した。手に円形帽をもち，長衣を着ていた。議長の前に進みでて，国王が議会にあてた書翰（書簡）を手わたした。議長がまずこの書翰を確認し，議場で読みあげたあと，手紙は王の直筆であり，王の署名があると述べた。

王は議会に対し，9月3日土曜日に議会から送られた憲法を検討した結果，これを受諾し施行する旨を宣言した。そして，明9月14日正午に，憲法が起草された議事堂に臨幸し，すでに書翰で受諾を宣言しているにもかかわらず，議会と全国民の前でもう一度これをくり返すと告げた。

(2)王は全国民に対し，許しと忘却を乞うた。王の書翰が非常に感動的だったので，一般民衆も議員も拍手しながら，嬉し涙を流した。ただ貴族階級だけは一言も発しなかった。

王の書翰の評判はパリじゅうに広まり，誰もが歓喜に酔い，国王万歳と叫んだ。飾燈がかかげられ，王に挨拶するために60人の議員が王宮に派遣された。

王の書翰が読みあげられたあと，ラ・ファイエット氏が演説をした。「諸君，私には王のお気持ちがわかりすぎるほどわかります。私は，王の（　H　）に関係して告発され，逮補されたすべての人の起訴免除と，また，革命のためにおかしたあらゆる犯罪の刑の免除，通行証の廃止，国内の往来自由の法案を，明日，議会に上程することを提案します」。国民議会は即刻この提案を法令として布告した。

（中略）

王は零時半に国民議会に着き，フイヤン派修道院まで進み，中庭で馬車を降りて，議場まで歩いた。王の馬車には護衛隊長ド・コセが同乗していた。王が議場にはいると，全員起立して迎え，王は議長席に着いた。トゥレ氏が王の隣りにひかえ，諸大臣はその後方のすこし下の段にならんだ。王妃，王太子，王女はこれより前に到着していて，議長席後方の特別席についた。全員が起立するなかを，王は用意された玉座にのぼって，こう言った。「諸君，私は憲法を受諾したことを厳かに宣言するためにここへ参りました。昨日，このことを申しましたが，ここでもう一度くり返します。憲法を施行し，維持するために私に委任された全権限を行使することを誓約します」。議員一同，歓喜して国王万歳と叫び，拍手した。いく人かは感涙を抑えることができなかった。ここで国王は着席し，議員もこれにならった。

（中略）

式は拍手喝采のうちに終わり，並みいる人々は深い喜びにつつまれ，チュイルリー（テュイルリー）宮は人でいっぱいになった。王は国民議会議員全員に送られて，おびただしい民衆の喝采をあびながら歩いてお帰りになった。

王が宮殿に帰る直前に，国民議会はアヴィニョン(3)伯爵領がフランスに併合されたと布告したばかりだった。ただちに，アヴィニョンの人たちにフランス国民になったことを告げる急使が発った。王は賠償について教皇と話し合うことになろう。いまやフランス国内に外国の王に所属する国土はひとかけらもなくなったのである。フランスは全部フランスのものである。

（以下，省略）

『フランス革命下の一市民の日記』（中公文庫）125 頁～129 頁より

問１　下線部(1)について。この日記に記されている憲法はどのような憲法か，その説明として最も適切な文章を以下のａ～ｄより一つ選びなさい。

ａ　この憲法は，外交や徴税権など政府の権限を強める一方で，中央政府が強くなりすぎぬよう三権分立を強化し，改正の際は，本文を変更せずに修正条項が加えられる。

ｂ　この憲法による政体は立憲君主政で，国王は「フランスの王」から「フランス人の王」へと変わり，王権は，憲法と法の支配のもとに置かれたが，国王は行政権を持っていた。

ｃ　この憲法はジャコバン憲法と言われ，国民主権を理念とし一院制の議会に権力を集中させ，三権分立性は弱いが，人民投票で圧倒的支持で承認された。

ｄ　この憲法はフランス史上初の共和政憲法であったが，議会を最高権力とすることへのブルジョワジーの危惧から三権分立体制を採用し，行政権は政府が持ち，議会は制限選挙による二院制とされた。

問２　下線部(2)の「王は全国民に対し，許しと忘却を乞うた」事件が日記中のラファイエットによる演説の（　H　）に入るが，最も適切なものを以下のａ～ｄより一つ選びなさい。

ａ　球戯場の誓い

ｂ　血の日曜日事件

ｃ　ヴァレンヌ逃亡事件

ｄ　パリ・コミューン

問３　下線部(3)について。14世紀のアヴィニョンに関する文章として**誤っているもの**を以下のａ～ｄより一つ選びなさい。

ａ　フィリップ４世は，ローマ教皇ボニファティウス８世を捕え，その後，教皇庁はローマからアヴィニョンに移された。

ｂ　フィリップ４世は，アルビジョワ派討伐のため，アヴィニョンを中心に国王軍を南フランスに侵攻させた。

ｃ　約70年間，教皇庁がアヴィニョンに置かれた出来事を古代のバビロン捕囚になぞらえて教皇のバビロン捕囚と呼ぶ。

ｄ　教皇庁がアヴィニョンからローマに戻され，イタリア人教皇が選出されると，フランス側が別の対立教皇を立て，アヴィニョンにも教皇庁が置かれローマ教会が分裂した。

Ⅱ　次の文章を読んで，下記の設問に答えなさい。(28点)

A　東地中海沿岸でオリエントの影響を受けて発展した青銅器①文明は，エーゲ文明と総称される。

エーゲ文明はまず前20世紀ごろからクレタ島で繁栄した②。クノッソスには大規模な宮殿が建設され，王は宗教的権威を背景に権力を握り，海上交易で富を得て，その影響力はクレタ島以外の地域にまでおよんでいた。

バルカン半島では少し遅れて前16世紀ごろ，他の地より移住してきた人々がクレタにならいミケーネやティリンスなどに王国を形成しはじめた。彼らは前15世紀にはクレタ王国に侵入して，これを支配するようになり，その勢力は小アジアにまでおよんだ。しかしこれらのミケーネ文明③の諸王国も前12世紀ごろには滅亡し，その後この地域では暗黒時代と称される混乱が400年ほどつづくことになる。この間に人口は減少し，文化も衰退し，人々は定住地をもとめて移住を繰り返した。

B　前8世紀になると，ギリシアではポリス④と呼ばれる共同体がうまれた。これによってようやく暗黒時代は終焉をむかえることになる。その結果，ギリシアの社会は安定し，その文明は成熟へと向かいはじめた⑤。このころには人口も増加して，ギリシア人の活動領域は地中海や黒海沿岸にまで広がり，各地に植民市⑥が築かれた。

ポリスのなかでも代表的なものはスパルタとアテネ⑦だった。スパルタは先住民を征服することによって建設されたポリスである。征服された先住民は農耕労働を強制され，貢納の義務を負わされた。こうして農業生産を確保する一方で，スパルタ市民のあいだでは平等化が進められた。そしてスパルタ市民の誰もが少年のころから厳しい軍事教練を受け，平等に戦士となるように育成された。こうしたスパルタ固有の軍国主義的な体制は（　A　）の制と呼ばれる。

このように農業を中心とし強大な陸軍を保有していたスパルタと対照的なポリスがアテネだった。アテネは集住によって建設されたポリスであり，海軍力を背景に海上貿易に力をそそいだ。アテネは前8世紀ごろ，王政から貴族政に移行し，その後，貴族と平民の対立が長くつづいたが，いくつもの改革⑧をへて，民主政を確立していった。前5世紀以降には，このアテネが古代ギリシアの文化的中心地となった。なかでも演劇は重要視され，祝祭にあたっては，三大悲劇詩人と呼ばれるアイスキュロス，ソフォクレス，（　B　）の作品などが上演された。

C　⑨アケメネス朝ペルシアに対して⑩イオニア地方のギリシア人植民地が反乱を起こしたことをきっかけにして，ペルシア戦争が始まる。ペルシア軍は3回にわたってギリシアに侵攻するが，前479年（　C　）の戦いでアテネ・スパルタ連合軍がペルシア軍を撃破したことによって，ギリシア側の勝利が決定的なものとなった。戦争が終結すると，ペルシアの報復に備えて，多くのポリスはアテネを中心にしてデロス同盟をむすんだ。アテネはペリクレスの指導のもとで民主政を完成させ，海軍力と経済力を背景にデロス同盟の実権を握り，「アテネ帝国」と称されるような繁栄の時期をむかえた。これにたいしてスパルタはペロポネソス同盟をむすんで対抗し，これら二つの同盟は前431年，長期にわたる⑪ペロポネソス戦争に突入する。

【設問1】　空欄（　A　）～（　C　）について，以下の問に答えなさい。

問1　（　A　）に入るのに最も適切な語句を以下のa～dより一つ選びなさい。

a　オストラコン

b　コロナトゥス

c　ドラコン

d　リュクルゴス

問2　（　B　）に入るのに最も適切な人名を以下のa～dより一つ選びなさい。

a　アリストファネス

b　エウリピデス

c　プラクシテレス

d　ヘシオドス

問3　（　C　）に入るのに最も適切な語句を以下のa～dより一つ選びなさい。

a　アルベラ

b　カイロネイア

c　ザマ

d　プラタイア

【設問2】　下線部①～⑪に関する以下の問に答えなさい。

問1　下線部①について。青銅器に関する文章として**誤っているもの**を以下のa～dより一つ選びなさい。

a　インダス文明では前1800年ごろから青銅器が使用されはじめた。

b　内陸アジアでは前9～8世紀ごろ青銅製の馬具や武器を用いる騎馬遊牧民が現れた。

c　中国の戦国時代には青銅貨幣が使用されていた。

d　インカ帝国では青銅器は用いられたが鉄器は使用されなかった。

問2　下線部②について。クレタ文明の作品として**誤っているもの**を以下のａ～ｄより一つ選びなさい。

a

b

c

d

ｄは著作権の都合上，類似の写真と差し替えています。
ユニフォトプレス提供

問3　下線部③について。ミケーネ文明に関する文章として正しいものを以下のａ～ｄより一つ選びなさい。

a　宮殿には城壁がないのがこの文明の特徴である。

b　この文明を築いた民族の系統は現在のところ不明である。

c　この文明には奴隷は存在しなかった。

d　農村から貢納物を取り立てた。

問4　下線部④について。ポリスに関する文章として正しいものを以下のa～dより一つ選びなさい。

a　ポリスは肥沃な農地を中心に人々が集住をはじめたことによってうまれた。

b　ポリスの中心にはアゴラと称される神殿があった。

c　黒海沿岸に建設されたポリスは政治的独立を認められなかった。

d　バルカン半島内陸部にはポリスがつくられない地域もあった。

問5　下線部⑤について。それぞれのポリスを発展させながらもギリシア人たちは同一の民族という意識をたもちつづける。ギリシア全体に共通する記述として正しいものを以下のa～dより一つ選びなさい。

a　ホメロスの二つの叙情詩『イリアス』と『オデュッセイア』はギリシア人の民族意識の形成に寄与した。

b　ミケーネ文明の文字を改良してギリシア文字がつくられた。

c　各ポリスは重要事項を決定する際，デルフォイのアポロン神殿の神託を参考にした。

d　小アジアの王国メディアでつくられた硬貨がギリシアにも広がった。

問6　下線部⑥について。ギリシア人が小アジアに建設した植民市はどれか。以下のa～dより一つ選びなさい。

a　ネアポリス

b　ビザンティオン

c　マッサリア

d　ミレトス

問7　下線部⑦について。都市国家スパルタと都市国家アテネを建設した人々の名称の組み合わせとして正しいものを以下のa～dより一つ選びなさい。

a　スパルタ：アイオリス人　　アテネ：エトルリア人

b　スパルタ：イオニア人　　アテネ：ドーリア人

c　スパルタ：エトルリア人　　アテネ：アイオリス人

d　スパルタ：ドーリア人　アテネ：イオニア人

問8　下線部⑧について。改革の試みのひとつであるソロンの改革について述べた文章として正しいものを以下のa～dより一つ選びなさい。

a　血縁的な4部族制を廃止し，市民をデーモスに登録させた。

b　財産に応じて市民の参政権を定めた。

c　市民権法を定め，アテネ市民になる資格を明確にした。

d　従来の慣習法を成文化し貴族の権限を弱めた。

問9　下線部⑨について。アケメネス朝ペルシアに関する文章として正しいものを以下のa～dより一つ選びなさい。

a　シャープール1世はゾロアスター教を国教に定めた。

b　サトラップと呼ばれる監察官を地方に派遣し，行政の監視と情報収集にあたらせた。

c　征服した民族に対して，移住を強制し，重税を課すという過酷な支配をおこなった。

d　ペルシア語以外に，アッシリア語，アラム語も公用語として用いられた。

問10　下線部⑩について。イオニア地方は哲学の祖と呼ばれるタレスが活躍した地方である。マケドニアに征服される以前のギリシアの哲学について述べた文章として正しいものを以下のa～dより一つ選びなさい。

a　イオニア地方で活躍したアリストテレスは，万物の根源を原子であるとみなした。

b　エピクロスは公共の生活よりも内面生活を重んじ，精神的快楽を求めるべきであると説いた。

c　プラトンは民主政ではなく，少数の哲人による統治こそ理想的な国家だと主張した。

d　プロタゴラスは「万物の尺度は人間である」と主張して，真理の絶対性を唱えた。

問11　下線部⑪について。ペロポネソス戦争およびその後のギリシア世界について述べた文章として正しいものを以下のａ～ｄより一つ選びなさい。

ａ　トゥキディデスは彼自身も参戦し戦争の記録を残した。

ｂ　ペリクレスはアテネの衆愚政治を終わらせた。

ｃ　スパルタはペルシアの干渉を退けて戦争に勝利した。

ｄ　戦争後スパルタの覇権はマケドニアに征服されるまでつづいた。

Ⅲ　製紙法とアジアの文字に関する以下のⅰ）～ⅱ）の文章を読んで，下記の設問に答えなさい。(24点)

ⅰ）次の切手は，かつて紙の発明者とされた，後漢①中期の宦官（　Ａ　）と紙の製造の様子を描いたものである。彼の時代以前に遺跡より銅鏡の植物繊維由来の包装紙が出土したため，今日では，試行錯誤しながらいろいろな方法で紙が作られていた中で，製紙法を改良した人物とされる。（　Ａ　）は，樹皮，麻のボロきれ，魚網など多様な材料から繊維を抽出して，すいて紙を作りだした。これを105年に時の皇帝，和帝に献上した。これを機に，使いやすい実用的な紙が多く作られるようになったといわれている。安帝が即位すると，（　Ａ　）はかつて帝の祖母を陥れたことへの罰を恐れて服毒自殺した。この頃の後漢は，実権を握った豪族や宦官，官僚が内紛を起こし，幼少の皇帝が続くなど政治的混乱期であった。184年には黄巾の乱②という大農民反乱も発生した。

製紙技術は国外になかなか流出しなかったが，150年頃になると中央アジアまで技術の移転が行われていた。751年，タラス河畔で中国軍とイスラーム帝国軍が激突し③，中国軍が大敗。捕虜のなかに製紙技術をもつ中国人がいたため，その技術はイスラーム世界で習得されて移転を始め，順次西に工場が建てられるようになった。一般には，8世紀末にはバグダードで，10世紀にはエジプト④のカイロを中心に製紙工場が多く建てられたとされる。

11世紀にアフリカ北岸沿いで広まった製紙技術は，8世紀からイベリア半島に侵入していた⑤イスラーム勢力によってスペインのバレンシア地方に伝えられ，12世紀，当地に工場が建設されたのが，ヨーロッパにおける製紙工場の始まりといわれる。13世紀にイタリア，14世紀にフランスやドイツ，15世紀にイギリス，16世紀にオランダなどに順次製紙工場が建設された。1690年には北米へと渡り，製紙工場は（　B　）に建設されるに至った。

【設問1】　空欄（　A　）～（　B　）について。以下の問に答えなさい。

問1　（　A　）に入るのに最も適切な人名を以下のａ～ｄより一つ選びなさい。

ａ　昭明太子

ｂ　老子

ｃ　林彪

ｄ　蔡倫

問2　（　B　）に入る地は，1787年憲法制定議会が開かれ，1790年から1800年までアメリカ合衆国の首都であった所だが，正しい地名を以下のａ～ｄより一つ選びなさい。

ａ　ボストン

ｂ　フィラデルフィア

ｃ　ニューヨーク

ｄ　ヨークタウン

【設問2】　下線部①～⑤に関する以下の問に答えなさい。

問1　下線部①について。後漢の最大版図を示している地図として最も適切なものを以下のａ～ｄより一つ選びなさい。

a

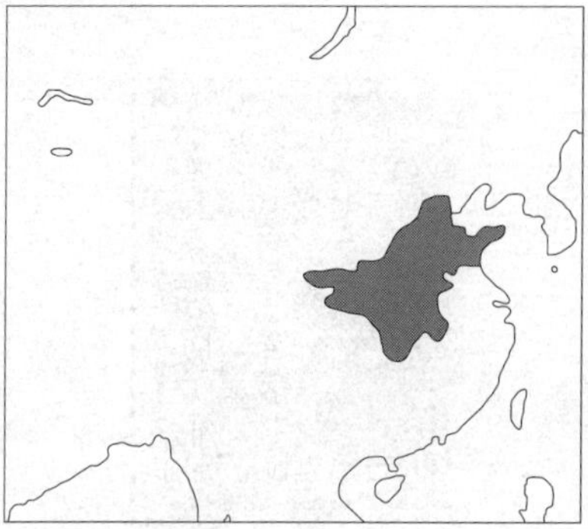

b

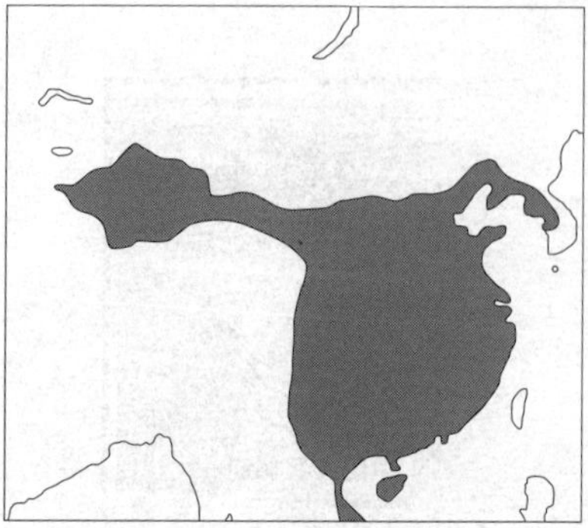

c

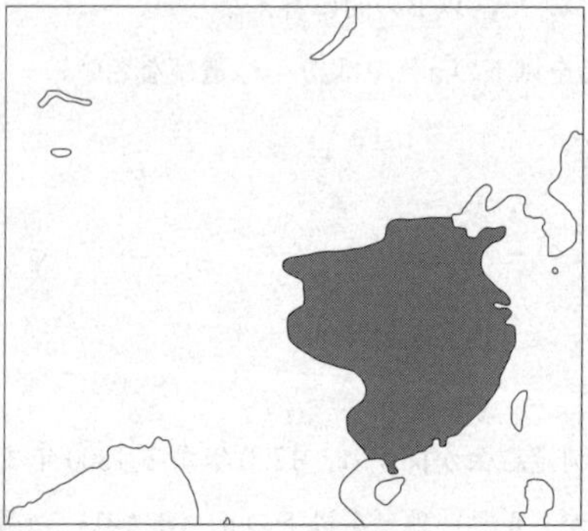

d

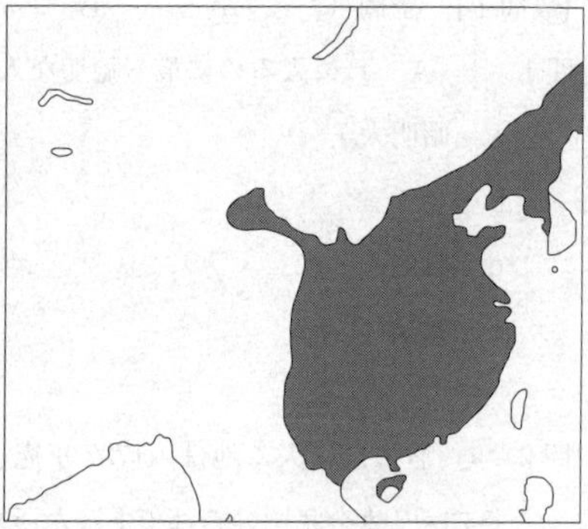

問2　下線部②について。黄巾の乱について述べた文章として**誤っているもの**を以下のａ～ｄより一つ選びなさい。

ａ　この反乱に加わった農民は，信奉する神を象徴する黄色の頭巾をかぶった。

ｂ　この反乱は，太平道の創始者であった張角が率いた。

ｃ　この反乱は，塩の密売商人の挙兵から始まり長安まで占領したが，節度使によって鎮圧された。

ｄ　この反乱は，各地に飛び火し，各地の豪族の自立を促し，王朝滅亡の契機となった。

問3　下線部③について。この戦いを行った中国とイスラーム帝国の王朝名の組み合わせとして正しいものを以下のａ～ｄより一つ選びなさい。

a　唐　　アッバース朝

b　唐　　ウマイヤ朝

c　宋　　ウマイヤ朝

d　宋　　アッバース朝

問4　下線部④について。969年からここを支配していたファーティマ朝に関する文章として**誤っているもの**を以下のa～dより一つ選びなさい。

a　この王朝は北アフリカとエジプトを支配下においたイスラーム王朝である。

b　もともとこの王朝はスンナ（スンニー）派の一分派がチュニジアに建国した王朝である。

c　預言者ムハンマドの娘ファーティマの子孫だと歴代カリフが称したことが，この王朝名の由来とされる。

d　12世紀後半，この王朝は宰相サラーフ・アッディーン（サラディン）によって滅亡した。

問5　下線部⑤について。711年イスラーム勢力がイベリア半島にあった王国を滅ぼしているが，この王国名として正しいものを以下のa～dより一つ選びなさい。

a　東ゴート王国

b　ランゴバルド王国

c　ブルグンド王国

d　西ゴート王国

ⅱ）中国は，東アジア世界では中心的な存在であり続け，周辺諸国は中国から様々な影響を受けながら，自国の文化を育んだ。中国で誕生した漢字は文字を持たなかった周辺諸国に伝播し，原形で使用されたり，ベトナムの（　C　），日本の仮名文字のように多様な形で使用された。そのため⑥中国，朝鮮，日本，ベトナムなどの地域を漢字文化圏と称することもある。一方，⑦女真文字，⑧西夏文字などは，漢字のみならず，西方から流入した文字などの影響も受けながら作成され，「擬似漢字」と呼ばれるような独自の文字となった。さらに漢字そのものは，中国においても時代とともに変化を続けた。（　D　）代に用いられ，漢字の起源とされる甲骨文字にはじまり，篆書，隷書や草書，楷書，行書などといった字体の変遷を経て，現代中国の簡略化された漢字にいたるまでに，長い歴史がある。

【設問1】 空欄（　C　）～（　D　）について。以下の問に答えなさい。

問1 （　C　）に入るのに最も適切な文字名を以下のａ～ｄより一つ選びなさい。

ａ　チュノム

ｂ　アラム

ｃ　キリル

ｄ　ソグド

問2 （　D　）に入るのに最も適切な王朝名を以下のａ～ｄより一つ選びなさい。

ａ　秦

ｂ　東周

ｃ　西周

ｄ　殷（商）

【設問2】 下線部⑥～⑧に関する以下の問に答えなさい。

問1　下線部⑥について。これらの諸地域について述べた文章として**誤っているもの**を以下のａ～ｄより一つ選びなさい。

ａ　中国では前漢が陳勝・呉広の乱をきっかけに滅んだ。

ｂ　朝鮮では武帝により衛氏朝鮮が滅ぼされた。

ｃ　日本は白村江の戦いに敗れて朝鮮半島から撤退した。

ｄ　ベトナム北部には唐代に都護府がおかれた。

問2　下線部⑦について。女真文字を作成した征服王朝である金に関する文章として**誤っているもの**を以下のａ～ｄより一つ選びなさい。

ａ　この王朝は，ツングース系女真人が中国東北地方に建国した王朝である。

ｂ　この王朝は，靖康の変で北宋を滅ぼして華北を支配した。

ｃ　この王朝では，女真人には猛安・謀克制，漢人に州県制の二重統治体制がとられた。

ｄ　この王朝は，浄瑠璃『国姓爺合戦』で知られる鄭成功によって滅ぼされた。

問3　下線部⑧について。西夏文字をつくらせたとされる西夏の建国者として正しいものを以下のａ～ｄより一つ選びなさい。

ａ　完顔阿骨打

ｂ　耶律阿保機

ｃ　李元昊

ｄ　冒頓単于

Ⅳ　次の文章を読んで，下記の設問に答えなさい。(24点)

今から100年前の1924年2月26日，ミュンヘン一揆①の首謀者たちに対する裁判が開始された。ミュンヘン一揆は前年11月にヒトラー率いるナチスが党本部のあるバイエルン州のミュンヘンで起こした武装蜂起事件で，この目的は，州政府の主導権を掌握し，ベルリンに侵攻してヴァイマル（ワイマール）共和国政府②を打倒し，自らの政権を樹立することであった。このクーデターは国防軍と武装警察によって鎮圧された。ヒトラーら首謀者たちは逮捕され，ミュンヘン一揆は失敗に終わった。

4月，ヒトラーは禁錮5年の判決を受けたが，ランツベルク（要塞刑務所）の独房で大量の本を読み，自らの思想を形成していった。ヒトラーの世界観と基本的政策が述べられている（　A　）は，この時に口述筆記されたものであった。後にヒトラーは「ランツベルクは国費による我が大学であった」と述懐している。ナチスは，その活動を禁止されたが，1年足らずでヒトラーが出獄すると，1925年2月に再建された。ヒトラーはミュンヘン一揆での失敗経験から，確実性が読めない武装蜂起という手段ではなく，選挙で議会の多数派となり，権力を掌握するという民主的な方法による路線に転換することになった。この実現のために，ナチスはプロパガンダによって大衆の支持を得ることを目指すようになったのである。しかしながら，ナチスは小さな極右政党から脱却できず，総選挙での得票率は低迷した。この状況を大きく変えたのが，1929年10月24日にウォール街の証券取引所で発生した株価の大暴落であった。これは「（　B　）」と言われ，世界恐慌へとつながった。全米で銀行・企業の倒産が相次ぎ，失業の連鎖反応から急激な不況となり，これが1930年代に資本主義世界全域に波及した。

1920年代のヨーロッパ経済は，相対的に安定していた。この状況は，好景気のアメリカがドイツへ資金を貸し付け，ドイツはこれを基に産業復興し，ドイツからイギリス・フランスは賠償金の支払いを受け，イギリス・フランスは経済的復興を目指し，そしてアメリカはイギリス・フランスから第一次世界大戦の戦債を回収する，いわゆる「金融のメリーゴーラウンド」によってもたらされた。

しかしながら，大恐慌によってアメリカがヨーロッパへの金融支援を打ち切るとヨーロッパ経済の相対的安定は，一気に崩壊した。1932年6月までに，ドイツの失業者は労働人口の3分の1程度とされる約600万人に達した。こうした社会不安の増大を背景に，ヴェルサイユ体制③の打破，反共産主義，ゲルマン民族の優越性と反ユダヤ主義を主張するナチスが国民の支持を拡大していった。

1932年7月，ナチスは総選挙での得票率37.4%を得て第一党となった。同年11月の総選挙でも第一党は維持したものの，得票率は約4.3%下げた。ヒンデンブルク大統領や政界の中心人物たちは，（　C　）の躍進を危惧する一方で，ナチスの党勢が衰え始めたと判断した。彼らはヒトラーを首相とし，利用しようとしていた。1933年1月，ついにヒトラーが首相に任命され，彼が組閣した政権が誕生した。ヒトラーは2月に発生した（　D　）を機に左派勢力を弾圧し，3月の総選挙では得票率43.9%を得て圧勝した。ナチスは，立法権の政府への委譲を定めた（　E　）を他の2党の協力と（　C　）議員の拘束によって成立させた。この後，ナチスは他政党を解散させ，新党の創設も禁止し，ナチスによる一党独裁体制を誕生させた。さらに翌年8月，ヒンデンブルクが死去すると「ドイツ国および国民の国家元首に関する法律」(「ドイツ国家元首法」) に基づきヒトラーは大統領と首相の権限をあわせ持つ独裁的地位を手にし，ドイツ語で一般に指導者を意味する（　F　）と称した。ヒトラーは国家や法の上に立ち，その意思が，最高法規となる存在とされるようになったのである。ヒトラーは民主共和政時代に蓄えられたドイツの生産力や技術をフルに活用し，雇用創出政策の提示・実行で失業者に職を与え，工業を再建して国力の発展をもたらし，国民の広範な支持を得た。ヒトラーは1935年から外交攻勢に出て，再軍備宣言でヴェルサイユ条約を，翌年の（　G　）進駐でロカルノ条約を事実上無効化した。1938年，オーストリアとチェコのズデーテン地方の併合④によって大ドイツを実現した。ヒトラーの目標は第一次世界大戦前の領土回復に留まらず，ヨーロッパの覇権獲得，ドイツの純ゲルマン民族社会への改造，ソ連での領土・資源確保にあった。1939年8月，世界を驚愕させた（　H　）が締結され，その後まもなくドイツは電撃的にポーランド侵攻した。これに対し，イギリス・フランスがドイツに宣戦布告し，第二次世界大戦の開始となった。

【設問1】 空欄（　A　）～（　H　）について以下の問に答えなさい。

問1　（　A　）に入るのに最も適切な書名を以下のａ～ｄより一つ選びなさい。

ａ　『随想録』

ｂ　『西洋の没落』

ｃ　『わが闘争』

ｄ　『ドイツ国民に告ぐ』

問2　（　B　）に入るのに最も適切な語句を以下のａ～ｄより一つ選びなさい。

ａ　ブラックマンデー

ｂ　暗黒の木曜日

ｃ　悲劇の火曜日

ｄ　リーマン・ショック

問3　（　C　）に入るのに最も適切な政党名を以下のａ～ｄより一つ選びなさい。

ａ　共産党

ｂ　社会民主党

ｃ　中央党

ｄ　国家人民党

問4　（　D　）に入るのに最も適切な事件名を以下のａ～ｄより一つ選びなさい。

ａ　水晶の夜

ｂ　ノモンハン事件

ｃ　カップ一揆

ｄ　国会議事堂放火事件

問5　（　E　）に入るのに最も適切な法律名を以下のａ～ｄより一つ選びなさい。

ａ　全権委任法

ｂ　ニュルンベルク法

ｃ　ワグナー法

d　反ユダヤ法

問6　（　F　）に入るのに最も適切な語句を以下のａ～ｄより一つ選びなさい。

a　コンツェルン

b　ヘゲモニー

c　カイザー

d　フューラー

問7　（　G　）に入るのに最も適切な地名を以下のａ～ｄより一つ選びなさい。

a　ルール

b　ザール

c　アルザス

d　ラインラント

問8　（　H　）に入るのに最も適切な条約名を以下のａ～ｄより一つ選びなさい。

a　サン・ジェルマン条約

b　オーストリア国家条約

c　独ソ不可侵条約

d　ドイツ最終規定条約

【設問2】　下線部①～④に関する以下の問に答えなさい。

問1　下線部①に関連して。ミュンヘン一揆はある出来事の例にならったとされるが，その出来事を以下のａ～ｄより一つ選びなさい。

a　ローマ進軍

b　スペイン内戦

c　二・二六事件

d　ボリシェヴィキの武装蜂起

問2　下線部②に関連して。ヴァイマル共和国の憲法について述べた文として**誤っているもの**を以下のａ～ｄより一つ選びなさい。

a　国民主権主義の下で共和政が採用された。

b　首相に非常大権（首相緊急令）が認められていた。

c　人が人らしく生きていく権利（社会権）が盛り込まれた。

d　男女平等の普通選挙権が保障された。

問3　下線部③に関連して。ドイツは1919年のヴェルサイユ条約によって1320億金マルクの賠償が課せられたが，この額は日本円に換算するとどうなるか，1金マルクを金約0.36 g，金相場はロシアのウクライナ侵攻前の2021年1月頃の1 gが約7400円とすると，この時の換算額として最も適切なものを以下のa～dより一つ選びなさい。

a　約3兆円

b　約35兆円

c　約352兆円

d　約3520兆円

問4　下線部④に関連して。1938年のミュンヘン会談でズデーテン地方のドイツへの割譲が承認されたが，この会議に参加したイギリスとフランスの首脳の組み合わせとして正しいものを以下のa～dより一つ選びなさい。

a　イギリス：ウィンストン・チャーチル
　　フランス：シャルル・ド・ゴール

b　イギリス：ネヴィル・チェンバレン
　　フランス：シャルル・ド・ゴール

c　イギリス：ネヴィル・チェンバレン
　　フランス：エドゥアール・ダラディエ

d　イギリス：ウィンストン・チャーチル
　　フランス：エドゥアール・ダラディエ

政治・経済

(60 分)

I　次の文章を読み，問 1 から問 8 の各問に答えなさい。(25 点)

日本国憲法が保障する基本的人権は「人類の多年にわたる自由獲得の努力の成果」であり，「過去幾多の試練に堪へ，現在及び将来の国民に対し，侵すことのできない永久の権利として信託されたものである」と憲法 97 条に明記されている。なかでも自由権はその歴史的展開において最初に確立された。自由権は，精神的自由権・経済的自由権・身体的自由権の三つに分類できるが，精神的自由権の保障を中心に，これまでの人権をめぐる歩みをふりかえろう。

明治前期，憲法の制定や国会の開設を求める自由民権運動がくり広げられるなか，私擬憲法草案がつくられた。［ A ］が起草した『東洋大日本国国憲按《あん》（日本国国憲按）』にはフランス人権宣言や 1793 年憲法草案の抵抗権などの影響が認められ，『五日市憲法草案』には豊富な権利規定がおかれていた。しかし，大日本帝国憲法(1)は，自由民権運動が掲げた「天賦人権論」を斥け，「法律の留保」と称して，臣民の権利を法律の範囲内で認めるにとどまった(2)。

このように臣民の権利は制約されていたが，非政党内閣の打倒や普通選挙の実現を求める運動が高まり，政党内閣が誕生し，1925 年，普通選挙法が成立した。同じ年［ B ］も制定され，「国体」の変革や私有財産制度の否認を目的とした運動・組織はもとより，自由主義者や戦争に疑義を唱える人びとの言論が弾圧されるようになった。1933 年には，京都帝国大学教授で刑法学者の［ C ］に対して，その学説が国家思想の涵養《かんよう》を義務づけた大学令に違反するとして，休職処分が発令された。これに抗議して同僚の法学部教授が辞表を提出し，学生やジャーナリストも反対に立った。しかし，［ C ］の復職は第二次世界大戦後まで実現せず，学問の自由や大学の自治が侵害された。

敗戦に至る時期の言論弾圧をはじめとする精神的自由権の抑圧の歴史に対する反省に立って，日本国憲法では精神的自由権(3)が，思想・良心の自由，信教の自由，表現の自由，学問の自由という形をとって保障されている。信教の自由に関しては，戦前，神道が事実上国教化され，キリスト教や新宗教が弾圧された歴史をふまえ，(4)日本国憲法は，国の宗教活動と，特定の宗教団体に対する公金支出を禁止して，政治と宗教を分離している。内心の思想などを外部に表現し伝達することによって初めて精神的自由権の真価は発揮されるので，憲法21条1項は(5)表現の自由を保障している。また，憲法21条2項は検閲を禁止し，(6)通信の秘密を保障している。これも，明治憲法下で，精神的自由権が著しく抑圧されたことをふまえたものである。

私たちは，このような自由獲得の努力の成果を将来の国民に手渡す責任を負っているといえるだろう。

問1　文中の空欄A～Cにあてはまる，最も適切な語句を，次の選択肢(ア)～(オ)の中からそれぞれ1つ選び，その記号を解答欄にマークしなさい。

A　(ア)　板垣退助　　(イ)　井上毅　　(ウ)　植木枝盛
　　(エ)　千葉卓三郎　　(オ)　中江兆民

B　(ア)　公安条例　　(イ)　国家総動員法　　(ウ)　治安維持法
　　(エ)　治安警察法　　(オ)　保安条例

C　(ア)　大内兵衛　　(イ)　河合栄治郎　　(ウ)　河上肇
　　(エ)　滝川幸辰　　(オ)　美濃部達吉

問2　下線部(1)に関して，大日本帝国憲法下の政治機構の説明として，最も**不適切なもの**を，次の選択肢(ア)～(オ)の中から1つ選び，その記号を解答欄にマークしなさい。

(ア)　神聖にして不可侵とされる天皇が統治権を総攬《そうらん》する地位にあった。

(イ)　枢密院は，重要な国務について審議する，天皇の諮問機関であった。

(ウ)　帝国議会は公選議員からなる衆議院と皇族・華族・勅任議員などからなる貴族院の二院制をとっていた。

(エ)　天皇の行政権・統帥権は帝国議会の協賛を必要とした。

(オ)　内閣総理大臣の地位は他の閣僚と同格であり，同輩中の首席と位置づけられた。

問3　下線部(2)に関して，基本的人権と法律の関係について説明した以下の文中の空欄D～Fにあてはまる語句の組み合わせとして，最も適切なものを，次の選択肢(ア)～(オ)の中から１つ選び，その記号を解答欄にマークしなさい。

近代市民革命期，[D]は人間が生まれながらにもつ権利であり，時代や場所を問わず保障される権利であるという考え方が登場した。民主政治では多数決によって法律が制定されるのが一般的・現実的だが，その法律による決定が基本的人権を侵害するならば，それは「[E]」に反することになる。これは，フランスのトックビルやイギリスのJ．S．ミルが「[F]」と呼んで警鐘をならした問題でもある。

(ア)　D―自然権　　E―法の支配　　F―多数者の専制
(イ)　D―自然権　　E―法の支配　　F―量的快楽主義
(ウ)　D―主権　　E―法治主義　　F―多数者の専制
(エ)　D―主権　　E―法治主義　　F―量的快楽主義
(オ)　D―主権　　E―法の支配　　F―量的快楽主義

問４　下線部(3)に関して，日本国憲法が保障する精神的自由権の侵害が争われた訴訟の説明として，最も**不適切なもの**を，次の選択肢(ア)～(オ)の中から１つ選び，その記号を解答欄にマークしなさい。

(ア)　家永三郎が執筆した日本史の高校教科書が，文部省の検定で不合格または条件付き不合格という処分を受けたことに対し，処分を不当であるとして三次にわたって家永が訴訟を提起したが，1997年，最高裁判所は，教科書のいくつかの記述を削除・修正せよとした検定意見は裁量権の濫用《らんよう》にあたり違法であるとしたものの，教科書検定制度そのものの合憲性を確認した。

(イ)　自衛隊のイラク派遣に反対するビラを防衛庁の職員・家族が居住する集合住宅に投函《とうかん》したことが邸宅侵入罪にあたるか否かが争われた訴訟で，2008年，最高裁判所は，表現の手段としてビラを配布するために管理者の意思に反して官舎に立ち入ることは，居住者の私生活の平穏を侵害するものであるとした。

(ウ)　大学在学中に学生運動に参加したことなどを入社試験の際に隠していたとして，三菱樹脂から本採用を拒否された原告の訴えについて，1973年，最高裁判所は，思想・信条が直ちに事業の遂行に支障をきたすとは考えられず，本採用拒否は許されないとした。

(エ) 東京大学公認の学内団体「劇団ポポロ」の情報収集活動を長期間にわたり行い，演劇発表会に立ち入った警察官に対して学生が暴力を行使したとして起訴されたが，1963 年，最高裁判所は，発表会が真に学問的な研究と発表のためのものではなく，警察官が立ち入ったことは学問の自由と大学の自治を侵害するものではないとした。

(オ) 博多駅周辺で，アメリカの原子力空母の佐世保寄港に反対する学生と衝突した機動隊の警備が過剰であったかを審理するために，裁判所がテレビ放送会社に対して証拠映像の提出を命じたことが報道の自由を侵害するか否かが争われた訴訟で，1969 年，最高裁判所は，報道・取材の自由が公正な裁判の実現という憲法上の要請があるときは，ある程度の制約を受けることのあることも否定できないとした。

問 5 下線部(4)に関して，政治と宗教の分離をめぐる訴訟の説明として，最も適切なものを，次の選択肢(ア)〜(オ)の中から１つ選び，その記号を解答欄にマークしなさい。

(ア) 愛媛県が，靖国神社が挙行した例大祭などに際し玉ぐし料などとして公金を支出したことは，目的効果基準に照らして憲法 20 条 3 項が禁止する宗教的活動にあたるとして，1997 年，最高裁判所は違憲判決を下した。

(イ) 大阪府箕面《みのお》市が，市が購入した土地に忠魂碑を移設・再建し，碑を管理する箕面市戦没者遺族会などに土地を無償貸与し，忠魂碑の前で行われた慰霊祭に市長が参列したことは，目的効果基準に照らして憲法 20 条 3 項が禁止する宗教的活動にあたるとして，1993 年，最高裁判所は違憲判決を下した。

(ウ) 殉職した自衛官について，クリスチャンである遺族の意志に反して，自衛隊山口地方連絡部などが山口県護国神社に合祀を申請したことは，目的効果基準に照らして憲法 20 条 3 項が禁止する宗教的活動にあたるとして，1988 年，最高裁判所は違憲判決を下した。

(エ) 北海道砂川市が，市有地を空知太《そらちぶと》神社の敷地として長期間にわたり無償で貸与し，氏子集団が宗教的活動を行うために提供したことは，目的効果基準に照らして憲法 20 条 3 項が禁止する宗教的活動にあたるとして，2010 年，最高裁判所は違憲判決を下した。

(オ)　三重県津市が，体育館建設にあたり神道方式の起工式（地鎮祭）を行い，その費用を市が支出したことは，目的効果基準に照らして憲法20条3項が禁止する宗教的活動にあたるとして，1977年，最高裁判所は違憲判決を下した。

問6　下線部(5)に関して，表現の自由をめぐる以下の判決を**古い順に並べたとき，4番目**の判決を，次の選択肢(ア)〜(オ)の中から1つ選び，その記号を解答欄にマークしなさい。

(ア)　インターネット上の検索サービスで表示される過去の逮捕歴はプライバシーに属する事実だが，その事実を公表されない法的利益を優越することが明らかではないとし，検索結果削除の可否について最高裁判所として初めての判断を示した。

(イ)　最高裁判所が，D. H. ロレンスの小説『チャタレイ夫人の恋人』の翻訳書を，わいせつ文書と認め，翻訳書の出版は公共の福祉に違反するとした。

(ウ)　東京地方裁判所が，三島由紀夫の小説『宴のあと』が外務大臣経験者で東京都知事選挙に立候補した者のプライバシー権を侵害しているとした。

(エ)　北海道知事選挙への立候補を予定していた者の名誉を侵害しているとして，最高裁判所は『北方ジャーナル』の事前差し止めを認めた。

(オ)　柳美里の小説『石に泳ぐ魚』が，登場人物のモデルとなった者のプライバシー・名誉感情を侵害しているとして，最高裁判所は小説の出版差し止めを認めた。

問7　下線部(5)に関して，表現の自由と放送の自由について説明した以下の文中の空欄G〜Iにあてはまる語句の組み合わせとして，最も適切なものを，次の選択肢(ア)〜(オ)の中から1つ選び，その記号を解答欄にマークしなさい。

マスメディアは「［　G　］」を保障する役割を担っており，電波を使う放送もその一角を占めている。日本では電波の管理方法については電波法が，放送に使う電波については，国民の「［　G　］」に奉仕するものとして，表現の自由を規定した憲法21条のもとに放送法という法律が1950年に制定された。放送法の目的を定めた1条は，放送を規律する原則の一つとして「放送に携わる者の職責を明らかにすることによつて，放送が健全な［　H　］の発達に資するようにすること」とある。また，1988年に放送法が改正され，放送事業者は放送番組の編集にあたり，「　I　に公平であること」などが求められることになった。この定めに違反した番組を放送事業者が放送したことをもって，電波法が定める停波処分の対象となるのかについては，放送の自由や「　G　」との観点から議論が続いている。

(ア)　G—アクセス権　H—自由主義　I—経済的
(イ)　G—アクセス権　H—民主主義　I—社会的
(ウ)　G—知る権利　H—自由主義　I—政治的
(エ)　G—知る権利　H—民主主義　I—社会的
(オ)　G—知る権利　H—民主主義　I—政治的

問8　下線部(6)に関して，通信の秘密について説明した以下の文中の空欄J～Lにあてはまる語句の組み合わせとして，最も適切なものを，次の選択肢(ア)～(オ)の中から1つ選び，その記号を解答欄にマークしなさい。

通信の秘密は，特定の人のあいだのコミュニケーションの秘密という観点から，憲法13条の　J　にもとづくプライバシー権にかかわるという考え方がある一方，表現の自由との関連で通信の自由としてとらえる見解もある。通信の秘密に対する制約は，犯罪捜査において問題になる。憲法35条は　K　手続が令状主義にもとづくと規定し，令状によらない，または違法な令状によって収集された証拠を法廷から排除すべきことは，憲法31条が定める　L　を実現するために必要である。1999年に制定された通信傍受法は通信の傍受を令状にもとづいて行うこととしたが，令状に記載された「傍受すべき通信」に該当するかを判断するための傍受や，令状にもとづく傍受中に他の犯罪に関する傍受を行うことなどが認められており，通信の秘密の侵害や表現の自由を萎縮させるおそれがあると指摘されている。

(ア)　J—基本的人権を確保する権利　K—刑事　L—無罪の推定
(イ)　J—基本的人権を確保する権利　K—民事　L—適正手続
(ウ)　J—幸福追求権　K—刑事　L—無罪の推定

(エ)　J―幸福追求権　K―刑事　L―適正手続

(オ)　J―幸福追求権　K―民事　L―正当な補償

Ⅱ　次の文章を読み，問1から問8の各問に答えなさい。(25点)

国内総生産（GDP）は，一定期間内に国内で新たに生み出された財・サービス(1)の付加価値額の合計であり，一国の経済活動の規模を示す指標である。経済活動とその規模を議論する際には，中長期的な視点からのトレンドの動きと，比較的短期的な視点からの循環的な動きという二つの切り口がある。

経済活動の規模が拡大することを経済成長という。経済成長の速度である経済成長率は，GDPの一定期間の増加率で測定され，名目経済成長率と実質経済成長率がある。(2)実質経済成長率はGDPデフレーターによって物価の変動分を修正した実質GDPから算出される。国民の平均的な生活水準を把握するためには，ある国の一人当たりの経済活動の大きさを示す指標である一人当たりGDPや，所得水準を示す(3)一人当たり国民所得も用いられる。

経済成長の要因は，企業の投資による資本の蓄積，技術革新(4)，労働供給量の増加，教育による労働者の能力の向上などである。これらは生産規模の拡大や生産性の向上につながるため，経済成長がもたらされる。日本は1950年代半ばから1970年代初めにかけて，国際的にもきわめて高い率で成長し，1968年には国民総生産が［　A　］を抜いて資本主義世界で第二位となった。しかし，(5)この間にも四つの好景気だけでなく，二つの不況があった。

経済活動は，ある程度規則的な拡張と収縮を繰り返している。そのような経済の動きを景気変動（景気循環）といい，(6)景気変動は複数の局面に分けられる。景気変動が起こる原因の中でとくに重要なものは，企業の設備投資である。政府や中央銀行は，景気変動の幅をできるだけ小さくして景気の安定をはかろうと，財政政策や金融政策などによって，社会全体の有効需要を管理する政策を展開する。

国や地方公共団体が行う経済活動である財政には，(7)累進課税制度や社会保障制度を採用することにより，景気を安定させる自動安定化装置が備わっている。しかし，景気安定のためには，それだけでは不十分なため，政府は公共投資や増減税を行って［　B　］に有効需要を管理するフィスカル・ポリシーを行う。ただし，今日の財政政策は，景気，物価，国際収支の同時安定をめざして，金融政策や為替政策と一体となったポリシー・ミックスをとることが求められている。

問1　文中の空欄Aと空欄Bにあてはまる，最も適切な語句を，次の選択肢(ア)〜(オ)の中からそれぞれ1つ選び，その記号を解答欄にマークしなさい。

A　(ア)　イギリス　(イ)　イタリア　(ウ)　カナダ
(エ)　西ドイツ　(オ)　フランス

B　(ア)　画一的　(イ)　機械的　(ウ)　硬直的
(エ)　裁量的　(オ)　自動的

問2　下線部(1)に関して，サービスについての記述として，最も**不適切なもの**を，次の選択肢(ア)〜(オ)の中から1つ選び，その記号を解答欄にマークしなさい。

(ア)　教育もサービスである。
(イ)　通常は無償ではない。
(ウ)　市場で取引可能である。
(エ)　貿易することができない。
(オ)　無形である。

問3　下線部(2)に関して，最も**不適切なもの**を，次の選択肢(ア)〜(オ)の中から1つ選び，その記号を解答欄にマークしなさい。

(ア)　基準年以外の年についても，ＧＤＰデフレーターが100になることがある。
(イ)　実質経済成長率が負の値であるとき，名目経済成長率も必ず負である。
(ウ)　実質ＧＤＰにＧＤＰデフレーターをかけると名目ＧＤＰになる。
(エ)　物価が上昇しているとき，名目経済成長率は実質経済成長率を上回る。
(オ)　ＧＤＰデフレーターは物価指数である。

問4　下線部(3)に関して，世界銀行による2015年の一人当たり国民所得にもとづく分類で，「中所得国・上位（Upper middle-income）」に入る国名として，最も**不適切なもの**を，次の選択肢(ア)〜(オ)の中から1つ選び，その記号を解答欄にマークしなさい。

(ア)　トルコ

(イ) パラグアイ

(ウ) フィリピン

(エ) 南アフリカ

(オ) メキシコ

問5　下線部(4)に関して，技術革新と最も関係の強い景気変動の分類についての記述として，最も適切なものを，次の選択肢(ア)～(オ)の中から１つ選び，その記号を解答欄にマークしなさい。

(ア) 技術革新によって総需要が抑制され景気が後退する。

(イ) 建設循環とよばれる。

(ウ) 周期の長さは20年前後である。

(エ) ジュグラーの波ともよばれる。

(オ) ソビエト連邦の経済学者によって発見された。

問6　下線部(5)に関して，最も**不適切なもの**を，次の選択肢(ア)～(オ)の中から１つ選び，その記号を解答欄にマークしなさい。

(ア) いざなぎ景気の間に消費者保護基本法が制定されている。

(イ) いざなぎ景気の間に戦後初の赤字国債が発行されている。

(ウ) 岩戸景気の間に国民所得倍増計画が発表されている。

(エ) 岩戸景気の間に戦前の生産水準を回復している。

(オ) 神武景気の間に発表された経済白書で「もはや『戦後』ではない」と述べられた。

問7　下線部(6)に関する以下の図を参考に，景気変動についての記述として，最も**不適切なもの**を，次の選択肢(ア)～(オ)の中から１つ選び，その記号を解答欄にマークしなさい。

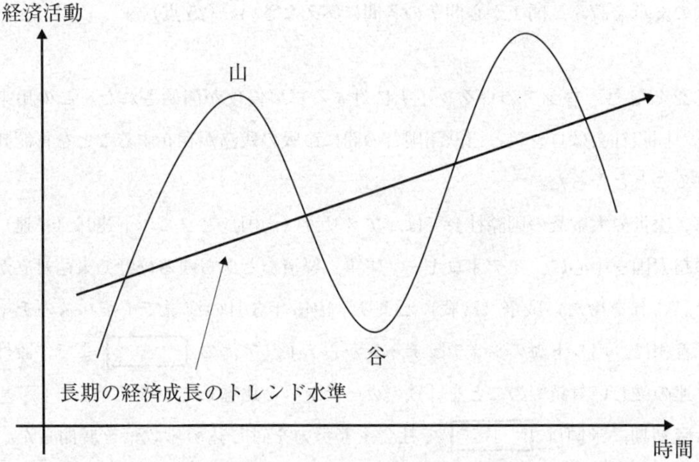

(ア)　回復の次は好況である。

(イ)　好況から不況への急速な景気後退を恐慌という。

(ウ)　好況の次は後退である。

(エ)　谷からトレンドの水準に戻る間が回復である。

(オ)　山からトレンドの水準に戻る間が不況である。

問８　下線部(7)に関して，最も適切なものを，次の選択肢(ア)～(オ)の中から１つ選び，その記号を解答欄にマークしなさい。

(ア)　好況になれば税収が減少し，雇用保険や生活保護の給付が減少して，自動的に有効需要を抑制する。

(イ)　好況になれば税収が増加し，雇用保険や生活保護の給付が減少して，自動的に有効需要を刺激する。

(ウ)　好況になれば税収が増加し，雇用保険や生活保護の給付が減少して，自動的に有効需要を抑制する。

(エ)　好況になれば税収が増加し，雇用保険や生活保護の給付が増加して，自動的に有効需要を抑制する。

(オ)　不況になれば税収が増加し，雇用保険や生活保護の給付が減少して，自動的に有効需要を抑制する。

Ⅲ 次の文章を読み，問１から問７の各問に答えなさい。(25点)

2022年2月，ロシアのウクライナに対する軍事侵攻が開始された。この出来事により，国際社会はロシアと西欧諸国との間に冷戦の残滓《ざんし》が存在することを再認識させられることとなった。

第二次世界大戦後の国際社会では，アメリカ（米国）とソビエト連邦（ソ連）の二つの超大国を中心に，イデオロギー，軍事，経済などあらゆる分野で東西対立が激化した。これを冷たい戦争（冷戦）とよび，1946年3月の演説でイギリスのチャーチル元首相は，バルト海のシュテッティンからアドリア海の［ A ］までに設けられたソ連の厳しい封鎖線のことを「鉄のカーテン」と比喩している。

冷戦初期，米国は［ B ］で社会主義勢力を封じ込める政策を展開した。ヨーロッパの戦後経済復興を支援する計画(1)はその一環である。1949年には，米国と西欧諸国は，軍事的結束を固める組織(2)を設立した。これに対し，東側陣営は経済協力組織として［ C ］を，軍事同盟としてワルシャワ条約機構を設立し，結束を固めた。この対立はヨーロッパのみならず，アジア，アフリカなど全世界の国々を二つの陣営に色分けする形で広がっていった。

冷戦は軍備，とくに核兵器の開発競争を加速させ，世界中に緊張をもたらした。この米ソを中心とした核軍拡に対して，主に科学者と市民による反対運動が進められた(3)。たとえば1955年のラッセル・アインシュタイン宣言は，核兵器廃絶のために科学者が結集することをよびかけたものである。こうした国際的反核運動を背景に，1961年にはジュネーブ軍縮委員会が組織され，1968年には核兵器保有国の増加防止を目的とした［ D ］が国際連合（国連）総会で採択された。1980年代の米ソによるヨーロッパへの核兵器配備の際にも，市民を中心とする大規模な反核運動が巻き起こり，核軍縮(4)や冷戦終結への重要な契機となった。また，核兵器の開発・保有・配備を禁止する非核兵器地帯条約(5)も世界各地で締結された。

冷戦終結後，核兵器保有国の間でも軍縮の機運は高まり，通常兵器についても規制と削減(6)が進められている。しかし，依然として紛争はなくならず，とりわけロシアによるウクライナ侵攻以降，世界では再び軍拡の動きが広がっている。

問１ 文中の空欄Ａ～Ｄにあてはまる，最も適切な語句を，次の選択肢(ア)～(オ)の中からそれぞれ１つ選び，その記号を解答欄にマークしなさい。

A　(ア)　ヴェネツィア　(イ)　ドブロブニク　(ウ)　トリエステ
　(エ)　バーリ　(オ)　マルタ

B　(ア)　コミンフォルム　(イ)　トルーマン・ドクトリン
　(ウ)　ニクソン・ドクトリン　(エ)　マーシャル・プラン　(オ)　モンロー宣言

C　(ア)　COCOM　(イ)　COMECON　(ウ)　CSCE
　(エ)　EEA　(オ)　METO

D　(ア)　IAEA　(イ)　NPT　(ウ)　PTBT
　(エ)　SALT　(オ)　UNCD

問2　下線部(1)に関する支援対象国について，以下の地図を参照し，最も**不適切なもの**を，次の選択肢(ア)〜(オ)の中から1つ選び，その記号を解答欄にマークしなさい。

(ア)　a
(イ)　b
(ウ)　c
(エ)　d
(オ)　e

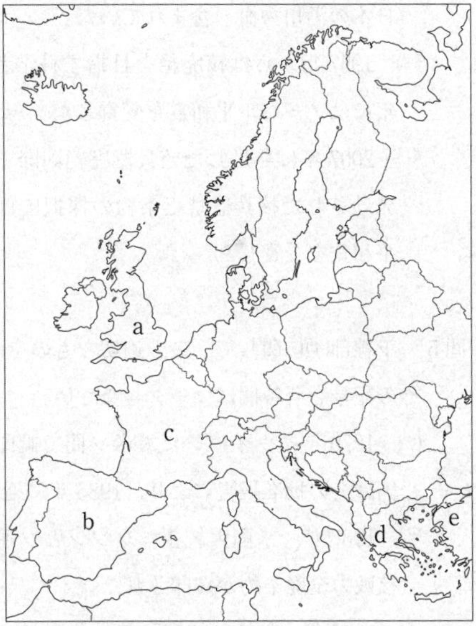

問3　下線部(2)に関して，最も**不適切なもの**を，次の選択肢(ア)〜(オ)の中から1つ選び，その記号を解答欄にマークしなさい。

(ア)　設立当初の加盟国は12か国であり，その中にはカナダも含まれていた。
(イ)　当該組織の本部はベルギーのブリュッセルに置かれている。
(ウ)　1952年の第一次拡大の際に，ギリシャとトルコが加わった。

(エ) フランスは独自の核武装を行い，1966年に当該組織の軍事機構を離脱した。なお，2009年に復帰している。

(オ) 2023年4月には，新たにスウェーデンが加わり，加盟国は31か国となった。

問4 下線部(3)に関して，最も**不適切なもの**を，次の選択肢(ア)～(オ)の中から1つ選び，その記号を解答欄にマークしなさい。

(ア) 核兵器禁止，原子力の国際管理，最初の原爆使用政府を戦争犯罪とする，という三項目を内容としたストックホルム・アピールは，世界中から多くの署名を集めた。

(イ) 1954年に起きた日本の漁船員が米国の水爆実験により被爆・死亡した第五福竜丸事件を契機に，翌年広島で第一回世界平和評議会が開かれた。

(ウ) 1955年のラッセル・アインシュタイン宣言の11名の宣言署名者の中には，日本の湯川秀樹も含まれていた。

(エ) 1957年からは核廃絶を目指す科学者のパグウォッシュ会議が始まり，1995年にはノーベル平和賞を受賞した。

(オ) 2007年に発足した核兵器廃絶国際キャンペーン（ＩＣＡＮ）は，2021年に発効された核兵器禁止条約の採択に貢献したと評価され，2017年にノーベル平和賞を受賞した。

問5 下線部(4)に関して，最も適切なものを，次の選択肢(ア)～(オ)の中から1つ選び，その記号を解答欄にマークしなさい。

(ア) 1979年にウィーンにて米ソ間で調印された第一次戦略兵器制限条約は，米国議会の批准拒否により，1985年に期限切れとなった。

(イ) 1987年，米国大統領ニクソンとソ連書記長ゴルバチョフとの間で，中距離核戦力全廃条約が調印された。

(ウ) 1996年，包括的核実験禁止条約が国連総会にて採択され，日本も1997年に批准したが，条約の発効には原子炉がある44か国の批准が必要であるため，未発効となっている。

(エ) 2009年ウィーンにて，米国のオバマ大統領が核兵器のない世界の平和と安全を追求する決意を明言する演説を行い，同年にはノーベル平和賞を受賞した。

(オ) 2019年2月にロシアが中距離核戦力全廃条約の破棄を米国に通告し，同年

８月に失効した。

問６　下線部(5)に関する以下の条約ａ～ｅを**署名された順に並べた組み合わせ**として，最も適切なものを，次の選択肢(ア)～(オ)の中から１つ選び，その記号を解答欄にマークしなさい。

ａ．セメイ（旧セミパラチンスク）条約
ｂ．トラテロルコ条約
ｃ．バンコク条約
ｄ．ペリンダバ条約
ｅ．ラロトンガ条約

(ア)　ｂ → ｄ → ｃ → ａ → ｅ
(イ)　ｂ → ｅ → ｃ → ｄ → ａ
(ウ)　ｃ → ｄ → ｂ → ａ → ｅ
(エ)　ｅ → ｂ → ｃ → ｄ → ａ
(オ)　ｅ → ｃ → ｄ → ａ → ｂ

問７　下線部(6)に関して，最も**不適切なもの**を，次の選択肢(ア)～(オ)の中から１つ選び，その記号を解答欄にマークしなさい。

(ア)　1975年に発効された生物兵器禁止条約は，1925年のジュネーブ議定書を受けて定められた。
(イ)　1997年に発効された化学兵器禁止条約は，化学兵器の開発，生産，貯蔵及び使用の禁止，並びに廃棄に関する条約であり，この条約に基づいて設立された化学兵器禁止機関は，2013年にノーベル平和賞を受賞している。
(ウ)　1999年に発効されたオタワ条約では，対人地雷の生産，使用，貯蔵などを禁止しており，調印に至るまでにはＮＧＯの運動が重要な役割を果たした。
(エ)　2010年に発効されたオスロ条約では，クラスター爆弾の使用や保有，製造などを禁止している。なお，主要生産・保有国である米国やロシア，中国は条約に加盟していない。
(オ)　2014年に発効された武器貿易条約は，通常兵器や弾薬などの国際的な移譲を規制するものである。日本と米国は批准しているが，ロシア，中国は条約に加盟していない。

Ⅳ　次の文章を読み，問１から問８の各問に答えなさい。(25点)

第二次世界大戦が起こった要因の一つには，1929年の世界恐慌に対応して1930年代に世界各地で発生した［　A　］があると考えられている。それは主に宗主国とその植民地で形成されており，保護関税や外貨取引制限によって貿易と対外直接投資を制約した。しかし，そのような保護主義的な政策は失業者をさらに増大させることになり，結果として経済面のみならず軍事面でも非常に不安定な状況をもたらした。そのため，各国は1944年から1947年までの間に(1)同一ルールの下で世界的に自由貿易を拡大させるシステムの構築を進めた。

一方，欧州や北米（米国，カナダ，メキシコ），中南米，アジアでは，上記よりも小規模な自由貿易圏を創設しようとする［　B　］の動きも活発化した。欧州に焦点を当てると，フランスや西ドイツ（当時），イタリア，(2)ベネルクス三国のいわゆる「小欧州（小さなヨーロッパ）」は，(3)1957年のローマ条約発効を契機に資本・労働・商品・サービスなどの自由な移動を推進させるとともに，上記以外の国々にも地理的な範囲を徐々に拡大させていった。とくに，(4)1980年代後半以降は当該自由貿易圏において経済的にも政治的にも一体性をさらに高めるために各種の合意がなされた。

欧州以外の地域に焦点を当てると，1994年には従来から発効していた米国とカナダとの米加自由貿易協定にメキシコが加わって北米自由貿易協定（ＮＡＦＴＡ，現在はＵＳＭＣＡ）が発足し，また南米では1995年に(5)原加盟国４か国を中心とする南米南部共同市場（ＭＥＲＣＯＳＵＲ）が発足した。アジアでは，1967年に結成された(6)東南アジア諸国連合（ＡＳＥＡＮ）をさらに活性化させるため，1993年にＡＳＥＡＮ自由貿易地域（ＡＦＴＡ）が発足し，2018年には当該地域での関税が原則的に撤廃された。

近年では，自由貿易圏内における国家間の繋がりのみならず，自由貿易圏間の繋がりも緊密になっている。また，日本主導の「環太平洋経済連携協定（ＴＰＰあるいはＣＰＴＰＰ）」や米国主導の「インド太平洋経済枠組み（ＩＰＥＦ）」，アジアを中心とする「地域的な包括的経済連携協定（ＲＣＥＰ）」といった，(7)従来の自由貿易圏よりも広範囲に国々が連携する体制が構築されつつある。

問1　文中の空欄Aと空欄Bにあてはまる最も適切な語句を，次の選択肢(ア)〜(オ)の中からそれぞれ1つ選び，その記号を解答欄にマークしなさい。

A　(ア)　共栄圏　(イ)　協力圏　(ウ)　内部経済
　　(エ)　排他経済　(オ)　ブロック経済

B　(ア)　孤立主義　(イ)　世界主義　(ウ)　全体主義
　　(エ)　相互主義　(オ)　地域主義

問2　下線部(1)に関して，最も**不適切なもの**を，次の選択肢(ア)〜(オ)の中から1つ選び，その記号を解答欄にマークしなさい。

(ア)　ブレトン・ウッズ協定の締結
(イ)　ＧＡＴＴの締結
(ウ)　ＩＢＲＤの設立
(エ)　ＩＭＦの設立
(オ)　ＯＥＣＤの設立

問3　下線部(2)に関して，組み合わせとして，最も適切なものを，次の選択肢(ア)〜(オ)の中から1つ選び，その記号を解答欄にマークしなさい。

(ア)　オランダ，スイス，ベルギー
(イ)　オランダ，スイス，ルクセンブルク
(ウ)　オランダ，ベルギー，ルクセンブルク
(エ)　オランダ，リヒテンシュタイン，ルクセンブルク
(オ)　スイス，スペイン，リヒテンシュタイン

問4　下線部(3)に関して，**その後における変遷の順番**として，最も適切なものを，次の選択肢(ア)〜(オ)の中から1つ選び，その記号を解答欄にマークしなさい。

(ア)　ＥＣ → ＥＥＣ → ＥＣＳＣ
(イ)　ＥＥＣ → ＥＣ → ＥＵ
(ウ)　ＥＥＣ → ＥＣＳＣ → ＥＵ
(エ)　ＥＦＴＡ → ＥＵ → ＥＣ

(オ)　ＥＵ → ＥＦＴＡ → ＥＣ

問５　下線部(4)に関して，最も**不適切なもの**を，次の選択肢(ア)〜(オ)の中から１つ選び，その記号を解答欄にマークしなさい。

(ア)　単一欧州議定書

(イ)　ニース条約

(ウ)　マーストリヒト条約

(エ)　リスボン条約

(オ)　ロメ協定

問６　下線部(5)に関して，組み合わせとして，最も適切なものを，次の選択肢(ア)〜(オ)の中から１つ選び，その記号を解答欄にマークしなさい。

(ア)　アルゼンチン，ウルグアイ，チリ，ペルー

(イ)　アルゼンチン，ウルグアイ，ブラジル，ペルー

(ウ)　アルゼンチン，ウルグアイ，パラグアイ，ブラジル

(エ)　アルゼンチン，ウルグアイ，ベネズエラ，ボリビア

(オ)　アルゼンチン，コロンビア，パラグアイ，ブラジル

問７　下線部(6)に関して，冷戦終結後にＡＳＥＡＮへ加盟した国として，最も適切なものを，次の選択肢(ア)〜(オ)の中から１つ選び，その記号を解答欄にマークしなさい。

(ア)　インドネシア

(イ)　シンガポール

(ウ)　タイ

(エ)　フィリピン

(オ)　ベトナム

問８　下線部(7)に関して，以下の表は日本の貿易額と自由貿易協定（ＦＴＡ）のカバー率を示している（経済産業省『通商白書 2022』を一部修正して作成）。空欄Ｃ〜Ｅにあてはまる，最も適切な組み合わせを，次の選択肢(ア)〜(オ)の中から１つ選び，その記号を解答欄にマークしなさい。

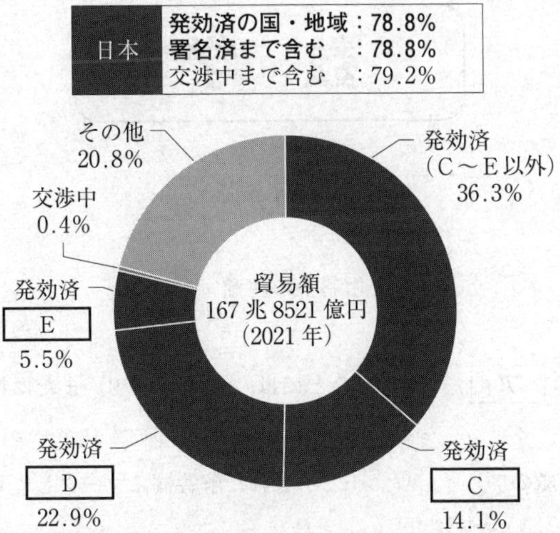

(ア)　C―韓国　　D―米国　　E―中国

(イ)　C―中国　　D―米国　　E―韓国

(ウ)　C―中国　　D―米国　　E―ブラジル

(エ)　C―米国　　D―中国　　E―韓国

(オ)　C―米国　　D―中国　　E―ブラジル

数　学

（60分）

解答上の注意

1．問題の文中の $\boxed{\text{ア}}$，$\boxed{\text{イウ}}$ などには，数字（0～9）または符号（＋，－）が入ります。ア，イ，ウ，…の一つ一つは，これらのいずれか一つに対応します。それらを解答用紙のア，イ，ウ，…で示された解答欄にマークしてください。例えば，$\boxed{\text{アイウ}}$ に -83 と答えたいときは，

ア	⓪	①	②	③	④	⑤	⑥	⑦	⑧	⑨	⊕	●
イ	⓪	①	②	③	④	⑤	⑥	⑦	●	⑨	⊕	⊖
ウ	⓪	①	②	●	④	⑤	⑥	⑦	⑧	⑨	⊕	⊖

としてください。

2．分数形で解答する場合，分数の符号は分子につけ，分母にはつけないでください。

例えば，$\dfrac{\boxed{\text{エオ}}}{\boxed{\text{カ}}}$ に $-\dfrac{4}{5}$ と答えたいときは，$\dfrac{-4}{5}$ としてください。

また，**それ以上約分できない形で答えてください。**例えば，$\dfrac{3}{4}$ と答えるところを，$\dfrac{6}{8}$ のように答えた場合は**不正解**とします。

3．小数の形で解答する場合，指定された桁数の一つ下の桁を四捨五入して答えてください。また，必要に応じて，**指定された桁まで⓪にマークしてください。**例えば，$\boxed{\text{キ}}.\boxed{\text{クケ}}$ に 2.50 と答えるところを，2.5 のように答えた場合は**不正解**とします。

4．根号を含む形で解答する場合，**根号の中に現れる自然数が最小となる形で答えて**

ください。例えば，$\boxed{\text{コ}}\sqrt{\boxed{\text{サ}}}$ に $4\sqrt{2}$ と答えるところを，$2\sqrt{8}$ のように答えた場合は**不正解**とします。

5．根号を含む分数形で解答する場合，例えば，$\dfrac{\boxed{\text{シ}}+\boxed{\text{ス}}\sqrt{\boxed{\text{セ}}}}{\boxed{\text{ソ}}}$ に $\dfrac{3+2\sqrt{2}}{2}$ と答えるところを，$\dfrac{6+4\sqrt{2}}{4}$ や $\dfrac{6+2\sqrt{8}}{4}$ のように答えた場合は**不正解**とします。

I　直線 ℓ 上に異なる3点A，B，Cがあり，$AB=AC=1$ である。また，ℓ 上にない点Oがあり，Oから ℓ に垂線OHを下ろすと $OH=1$ である。$AH=a$ (ただし $a \geqq 1$) とする。(20点)

(1)　$\triangle OAH$ の外接円を C_1 とし，その半径を r_1 とすると

$$r_1=\frac{1}{\boxed{\text{ア}}}\sqrt{a^{\boxed{\text{イ}}}+\boxed{\text{ウ}}}$$

である。

(2)　$\triangle OBC$ の面積は $\boxed{\text{エ}}$ であり，$\angle BOC=\theta$ とすると

$$\sin\theta=\frac{\boxed{\text{オ}}}{\sqrt{a^{\boxed{\text{カ}}}+\boxed{\text{キ}}}}$$

である。また，$\triangle OBC$ の外接円を C_2 とし，その半径を r_2 とすると

$$r_2=\frac{1}{\boxed{\text{ク}}}\sqrt{a^{\boxed{\text{ケ}}}+\boxed{\text{コ}}}$$

である。

(3)　C_2 の面積が C_1 の面積の3倍であるとき，$a=\dfrac{\boxed{\text{サ}}+\sqrt{\boxed{\text{シ}}}}{\boxed{\text{ス}}}$

である。

II　最初，袋の中に数字1が書かれたカード，数字2が書かれたカード，数字3が書かれたカードがそれぞれ2枚ずつ，合計6枚入っている。この袋から2枚のカードを無作為に取り出し，それぞれのカードに書かれた数のうち大きい方を得点とするゲームを行う。ただし2枚のカードに書かれた数が同じときはその数を得点とする。なお，取り出したカードは袋に戻さないものとする。(20点)

(1)　まずAさんが2枚のカードを取り出し，その得点をXとする。

$$X=1 \text{ である確率は } \frac{\boxed{\text{ア}}}{\boxed{\text{イウ}}}, \quad X=2 \text{ である確率は } \frac{\boxed{\text{エ}}}{\boxed{\text{オ}}}$$

である。

(2)　Aさんに続いてBさんが2枚のカードを取り出し，その得点をYとする。

$$X=1 \text{ かつ } Y=2 \text{ である確率は } \frac{\boxed{\text{カ}}}{\boxed{\text{キク}}}$$

$$X=Y=2 \text{ である確率は } \frac{\boxed{\text{ケ}}}{\boxed{\text{コサ}}}$$

である。

(3)　さらに続いてCさんが2枚のカードを取り出し，その得点をZとする。

$$X<Z \text{ かつ } Y<Z \text{ のとき，} X=Y \text{ である条件付き確率は } \frac{\boxed{\text{シ}}}{\boxed{\text{ス}}}$$

である。

III　等差数列 $\{a_n\}$ $(n=1, 2, 3, \cdots)$ があり，$a_3=7$，$a_5=13$ を満たしている。(30点)

(1)　数列 $\{a_n\}$ の初項は $\boxed{\text{ア}}$，公差は $\boxed{\text{イ}}$ であるから

$$\sum_{k=1}^{20} a_k = a_1 + a_2 + \cdots + a_{20} = \boxed{\text{ウエオ}}$$

$$\sum_{k=1}^{20} (-1)^{k-1} a_k = (a_1 - a_2) + (a_3 - a_4) + \cdots + (a_{19} - a_{20}) = -\boxed{\text{カキ}}$$

である。また

$$\sum_{k=1}^{20} (-1)^{k-1} {a_k}^2 = -\boxed{\text{クケコサ}}$$

である。

(2)　$b_k = \dfrac{1}{\sqrt{a_k}+\sqrt{a_{k+1}}}$ とおくと，$b_k = \dfrac{1}{\boxed{\text{シ}}}\left(\sqrt{a_{k+1}}-\sqrt{a_k}\right)$ であるから

$$b_1 + b_2 + \cdots + b_{120} = \boxed{\text{ス}}$$

である。

一方，$\{a_n\}$ は単調に増加する数列であるから

$$\frac{1}{2\sqrt{a_{k+1}}} < b_k < \frac{1}{2\sqrt{a_k}} \quad (k=1, 2, 3, \cdots)$$

が成り立つ。したがって

$$\frac{1}{\sqrt{a_1}} + \frac{1}{\sqrt{a_2}} + \cdots + \frac{1}{\sqrt{a_{120}}} \text{ の整数部分は } \boxed{\text{セソ}}$$

である。

IV　$f(x)=\dfrac{1}{4}x^2$ とする。曲線 $C: y=f(x)$ 上の点 $\mathrm{A}(a, f(a))$ (ただし $a>0$) における C の法線を ℓ_a とし，ℓ_a と C で囲まれた図形の面積を S_a とする。なお，C の法線とは，C 上の点においてその点での接線と垂直に交わる直線のことである。(30点)

(1)　ℓ_a の方程式は

$$y=-\frac{\boxed{\text{ア}}}{a}x+\frac{1}{\boxed{\text{イ}}}a^2+\boxed{\text{ウ}}$$

であり，ℓ_a と C の A 以外の交点の x 座標は

$$x=-a-\frac{\boxed{\text{エ}}}{a}$$

である。また

$$S_a=\frac{1}{\boxed{\text{オ}}}\left(a+\frac{\boxed{\text{カ}}}{a}\right)^3$$

である。

(2)　曲線 C 上の点 $\mathrm{B}(b, f(b))$ における C の法線を ℓ_b とし，ℓ_b と C で囲まれた図形の面積を S_b とする。ただし，$0<a<b$ とする。

ℓ_a と ℓ_b の交点が C 上に存在するとき

$$ab=\boxed{\text{キ}},\quad \frac{S_b}{S_a}=\left(\frac{1}{\boxed{\text{ク}}}+\frac{\boxed{\text{ケ}}}{a^2+\boxed{\text{コ}}}\right)^3$$

であり

a の取り得る値の範囲は　$0<a<\boxed{\text{サ}}\sqrt{\boxed{\text{シ}}}$

$\dfrac{S_b}{S_a}$ の取り得る値の範囲は　$\boxed{\text{ス}}<\dfrac{S_b}{S_a}<\boxed{\text{セ}}$

である。

〔問五〕 傍線(9)「人の御ためいとほしくて」の解釈としてもっとも適当なものを左の中から選び、符号で答えなさい。

A 見る人がいたら二人の間に何かあったと思われる、と姫宮の立場を案じている。
B 見る人が見れば二人に何があったか分かってしまう、と女房の不手際を非難している。
C もし見る人がいたら二人のことが知られてしまう、と世間の評判を気にしている。
D 訳のありそうな顔つきで見てくる人がいた、と気にする姫宮をかわいく思っている。
E 人に見られたので二人の関係が知られてしまった、と二人の今後を心配している。

〔問六〕 傍線(10)の和歌の解釈としてもっとも適当なものを左の中から選び、符号で答えなさい。

A 夏衣の薄い隔てを通して見た姫宮の姿を他人に伝えられないことを中納言はもどかしく思っている。
B 夏衣のような薄い隔てしかないのに姫宮と結ばれなかったことを中納言は恨めしく思っている。
C 夏衣のような隔てとして二人の間にいて邪魔をした女房のことを中納言は腹立たしく思っている。
D 薄い夏衣を寝具代わりにして二人で過ごしたあの夜のことを中納言は一人寂しく思い出している。
E 夏衣のような美しい隔てを越えて姫宮とようやく結ばれたことを中納言は心から喜んでいる。

〔問二〕 傍線(2)(5)(7)の主語としてもっとも適当なものを左の中から選び、それぞれ符号で答えなさい。

A　宰相の君　B　姫宮　C　中納言　D　他の女房

〔問三〕 傍線(4)「例は、宮に教ふる」の解釈としてもっとも適当なものを左の中から選び、符号で答えなさい。

A　いつも通り姫宮に会って和歌の手ほどきをするまでは帰れない、と中納言は姫宮の仮病を疑っている。

B　いつもはあなたが姫宮に私の気持ちを伝えてくれているのに、と中納言が女房に対し文句を言っている。

C　いつもはあなたが私に気分が優れないときの過ごし方を教えてくれるのに、と姫宮が女房に頼っている。

D　いつもならあなたが姫宮のいるところを教えてくれるのに、と中納言が女房を説得しようとしている。

E　いつもはあなたが私に軽々しく男に返事をするなと教えているのに、と姫宮が女房に軽く抗議している。

〔問四〕 傍線(8)「心はおくれたりける」と宰相の君が評価されているのはなぜか。もっとも適当なものを左の中から選び、符号で答えなさい。

A　ぼんやりしていて、姫宮が内心では中納言に思いを寄せていることに気づかなかったから。

B　中納言のいじらしい様子を見て、自分が姫宮と代わりたいとひそかに思い続けていたから。

C　中納言が帰ったと思い、姫宮の部屋に中納言が入り込んでいることに思い至らなかったから。

D　宰相の君がぼんやりしているうちに、思いがけず中納言と姫宮が結ばれてしまったから。

E　他の女房にも好意を示すなど、中納言が多情な人間であることに気づいていなかったから。

注　奥のえびす……物の情を理解しない人。

野にも山にも……「いづくにか世をばいとはむ心こそ野にも山にもまどふべらなれ」（古今和歌集）などによる。

〔問一〕傍線(1)(3)(6)の解釈としてもっとも適当なものを左の各群の中から選び、それぞれ符号で答えなさい。

(1)「恥づかしげなる御ありさまに」

A　こちらの気が引けるほど立派な筆跡に
B　お会いするのも恥ずかしいような姿で
C　いつもより恥ずかしがっているお姿に
D　気後れを感じるような立派なご様子に

(3)「わりなきことこそ」

A　割に合わないことが起こって
B　優れたお姿でいらっしゃって
C　無分別なことをおっしゃって
D　一人ではどうしようもなくて

(6)「なめげには、よも御覧ぜられじ」

A　無礼な様子を、まさか見られた訳ではないだろう
B　無礼なさまに、あなたには決して見られませんよ
C　無礼な男だと、世間の人に思われるかもしれない
D　無礼だとは、たぶんお思いにはならないでしょう

臥《ふ》したまへるところにさし寄りて、「時々は、端つ方にても涼ませたまへかし。あまり埋もれ居たるも」とて、「例の、(3)わりなきことこそ。えも言ひ知らぬ御気色、常よりもいとほしうこそ見たてまつりはべれ。『ただひとこと聞こえ知らせまほしくてなむ。野にも山にも』と、かこたせたまふこそ。わりなく侍《はべ》る」と聞こゆれば、「いかなるにか、心地の例ならずおぼゆる」とのたまふ。「いかが」と聞こゆれば、(4)「例は、宮に教ふる」とて、動きたまふべうもあらねば、「かくなむ聞こえむ」とて立ちぬるを、声をしるべにて、(5)たづねおはしたり。

思《おぼ》し惑ひたるさま心苦しければ、「身のほど知らず、(6)なめげには、よも御覧ぜられじ。ただ一声を」と言ひもやらず、涙のこぼるるさまぞ、さまよき人もなかりける。

宰相の君、出《い》でて見れど、人もなし。「返事聞きてこそ出でたまはめ。人に物のたまふなめり」と思ひて、しばし待ちきこゆるに、(7)おはせずなりぬれば、「なかなか、かひなきことは聞かじなど思《おぼ》して、出でたまひにけるなめり。いとほしかりつる御気色を、われならば」とや思ふらむ、あぢきなくうちながめて、うちをば思ひ寄らぬぞ、(8)心はおくれたりける。

宮は、さすがにわりなく見えたまふものから、心強くて、明けゆくけしきを、中納言も、えぞ荒だちたまはざりける。心のほども思し知れとにや、わびしと思したるを、立ち出でたまふべき心地はせねど、「見る人あらば、事あり顔にこそは」と、(9)人の御ためいとほしくて、「今より後だに思し知らず顔ならば、心憂くなむ。なほ、つらからむとや思しめす。人はかくしも思ひはべらじ」とて、

(10)うらむべきかたこそなけれ夏衣うすきへだてのつれなきやなぞ

(『堤中納言物語』)

B　東日本大震災の被災者は、それぞれ異なる「悲しみ」を抱えているので、自己と向き合い、自分の「悲しみ」を大事にすべきであるが、筆者はそのうえで、沈黙して相互に共振しあうことが必要であるとしている。

C　東日本大震災の被災者は、癒えることのない「悲しみ」を抱いて生きているが、筆者は「かなしみ」に含まれる様々な意味を考え合わせることを通して、別れの「悲しみ」は出会いの意味に気づかせるものであるとしている。

D　東日本大震災の被災者が愛する人を失った「悲しみ」は、時間の経過によって癒えるものではないが、筆者は同じ「悲しみ」の経験をした人と新たに出会うことによって乗り越えていくことができるとしている。

E　東日本大震災の被災者が愛する人を失った「悲しみ」を、それを経験していない他者が理解することは難しいが、筆者は宮沢賢治が妹への「愛しみ」をうたった詩に共感することで、それが可能になるとしている。

三　次の文章は『堤中納言物語』の一節で、中納言が心を寄せる姫宮のところに、女房の宰相の君をなかだちとして人目を忍んで訪ねていく場面である。これを読んで、後の問に答えなさい。(30点)

十日余日の月くまなきに、宮にいと忍びておはしたり。宰相の君に消息《せうそこ》したまへれば、(1)「恥づかしげなる御ありさまに、いかで聞こえさせむ」と言へど、「さりとて、もののほど知らぬやうにや」とて、(2)妻戸おしあけ、対面したり。うち匂ひたまへるに、よそながらうつる心地ぞする。なまめかしう、心深げに聞こえつづけたまふことどもは、奥のえびすも思ひ知りぬべし。「例の、かひなくとも、かくと聞きつばかりの御ことのはをだに」とせめたまへば、「いさや」とうちなげきて入るに、やをらつづきて入りぬ。

感じられるもの同士が言葉をかけあうことなく、互いの気持ちを共に理解しあうようになる。

〔問三〕 傍線⑶「宮沢賢治は「白い鳥」と題する詩で「かなしみ」の光景を歌い上げた」とあるが、筆者はこの詩をどのように解釈しているか。その説明としてもっとも適当なものを左の中から選び、符号で答えなさい。

A　悲しく鳴く鳥を見て、賢治は死んだ妹を思い出し、妹への愛しさを感じている。「悲しみ」をそのように意味づけることは間違いであるかもしれないが、読者はそれぞれの感じ方で詩の意味を捉えればよい。

B　賢治は鳥を死んだ妹であると捉え、その鳴き声を悲しいと感じながら、愛しさや美しさを確認している。そのような実感はその人にとっての真実であり、「哀しみ」をもっている人の心を動かすものとなった。

C　二疋の鳥が美しい声でお互いに愛しいと鳴き交わしており、それを見て賢治は自分の妹への愛しさを感じている。亡き妹が鳥になって生きているという確信を生じさせるほどの強い愛情があふれ出て読者の胸を打つ。

D　賢治は鳥の鳴き声に「悲しみ」を感じ、亡き妹が自分を思う「愛しみ」と重ねている。鳥が悲しさゆえに鳴いていることは事実とは言えないが、賢治はそれが紛れもない実感であることを読者に理解してほしいと訴えている。

E　鳥の鳴き声に、賢治は妹を失った「悲しみ」から逃れるために、それを愛しさに置き換え、美しいものとして表現しようとしている。そのような「愛しみ」は賢治にとっては真実であるから読者の心をゆさぶるものとなった。

〔問四〕 本文の趣旨に合致するものとしてもっとも適当なものを左の中から選び、符号で答えなさい。

A　東日本大震災の被災者の「悲しみ」は、時間の経過とともに他者からは見えにくいものになっているが、筆者は同じように「哀しみ」をもつ人たち同士ならば、理解し励ましあう言葉をかけることができるとしている。

間」と「時」の説明としてもっとも適当なものを左の中から選び、符号で答えなさい。

A 「時間」の経験は時計で計られる規則的なもので、「時」の経験は個人の体感によって異なる曖昧なものである。

B 「時間」の世界は過去と現在とが連続したものとして把握されるが、「時」の世界では今現在だけが認識される。

C 「時間」の経験は事実が記録されたものだが、「時」の経験は事実が人々の意識や魂のなかで記憶されたものである。

D 「時間」の世界のなかでは悲しみを忘れようとするが、「時」の世界では悲しみを忘れずに保持し続けようとする。

E 「時間」の記憶は社会的なもので、しだいに薄れていくものだが、「時」の記憶は各人に固有で不滅のものである。

〔問二〕 傍線⑵「常ならぬ調べを生む」とあるが、それが生ずる過程の説明としてもっとも適当なものを左の中から選び、符号で答えなさい。

A 他者を憐み理解しようとする「哀しみ」の経験をもつことが、自分とは異なる他者の深い「悲しみ」を感じとる窓となる。そして悲痛な経験をもつ他者に対して沈黙することで、「悲しみ」を共有するようになる。

B 強い「悲しみ」をもつ他者と同じ「悲しみ」を共有することが、お互いを憐れむ「哀しみ」を生み出す契機となる。そして同じ「哀しみ」をもつ他者同士がお互いに気遣うことで、深いところで共鳴するようになる。

C 深い「悲しみ」の経験をもつことが、他者の異なる「悲しみ」を感じ得る「哀しみ」の源泉となる。そして「哀しみ」をもつ人が「悲しみ」をもつ他者に対して、言葉ではなく、沈黙を通して共振するようになる。

D 自分の「悲しみ」とは異なる深い「悲しみ」をもつ他者に同情することが、他者を憐れむ「哀しみ」の種となる。そして深い「悲しみ」をもつ他者に対して、沈黙のうちに寄り添いながら共生するようになる。

E 「悲しみ」を内に抱えることが、異なる「悲しみ」を抱える他者を憐れむ「哀しみ」の基となる。そして真に憐みをなかにあるからだろう。

鳥の姿を見て、亡き妹を強く感じるとき、彼の全身を「愛しみ」の情感が貫く。賢治は鳥の姿とその鳴き声に無上に美しい何ものかを感じている。こうした出来事が彼の心を打ち破って、私たちの心をゆさぶる哀しみの歌になったのではなかったか。

また、「一応はまちがひだけれども／まったくまちがひとは言はれない」と賢治はいう。亡き者は「生きている」。それだけでなく、こちらの姿を眺めていると感じている。

だが、そんな自分の認識が、世の常識に照らしてみれば妄想に過ぎないといわれることも賢治はよく分かっている。それは事実とはいえないのだろう。しかし愛する亡き者が鳥となり、その声に「愛しみ」のおもいを聞くという実感は、打ち消しようのない私の真実なのだ、というのである。私たちもまた、それぞれの真実をどこまでも愛しんでよいのではあるまいか。

人はしばしば、別れなき生活を望む。しかしそこにあるのは、真の出会いなき人生かもしれない。出会いが、確実にもたらすのは別れである。むしろ、出会いだけが、別れをもたらし得る。出会いとは、別れの始まりの異名なのである。

だが離別という悲痛の経験は、誰かと出会うことがなければ生まれない。誰かを愛することがなければ、別れと呼ぶべき出来事は、起こらない。別れとはけっして消えることのない新しき邂逅《かいこう》の合図なのではないだろうか。

（若松英輔「それぞれのかなしみ」〔『日本経済新聞』朝刊二〇一七年三月一二日付〕による）

注　「白い鳥」……宮沢賢治の『春と修羅』に収められた詩で、本文に引用されているのはその一部分である。

〔問一〕　傍線(1)「世が「時間」と呼ぶものとはまったく姿を異にする「時」という世界があること」とあるが、筆者のいう「時他者の悲しみを感じ取るのは、悲しみを生き、哀しみの花を内に秘めている人だろう。私はこの六年間に被災地で幾人もそうした人々に出会ったように思う。彼らは他者に同情するのではない。ただ、哀しみによって共振する。世に同じ悲しみなど存在しない。だが、異なる悲しみだからこそ、共鳴し、そこに(2)常ならぬ調べを生むのである。

憐れみと同情は似て非なるもの、というよりもむしろ対極にあるもののように思われる。同情するとき私たちはしばしば他者に励ましの言葉をかける。同情は、心ない言葉によって表現され、人を傷つけることが少なくない。

だが、真に憐れみを感じるとき人は、それを沈黙のうちに表し、相手もそれを沈黙のうちに受け取っている。

昔の人は「悲し」や「哀し」とだけでなく、「愛し」、「美し」と書いても「かなし」と読んだ。私たちが何かをうしなって悲しむのは、それを愛《いと》しいと感じているからだ、というのだろう。

人は何かをうしなうまで、自分が相手を愛しいと感じているのを自覚できないことがある。別な言い方をすれば、人は、何かとの別れを経験することによって自分がその失われたものを愛していたことを知る。「かなし」の世界を歌ったのは古人だけではない。(3)宮沢賢治は「白い鳥」と題する詩で「かなしみ」の光景を歌い上げた。

《二疋《ひき》の大きな白い鳥が／鋭くかなしく啼《な》きかはしながら／しめつた朝の日光を飛んでゐる／それはわたくしのいもうとだ／死んだわたくしのいもうとだ／兄が来たのであんなにかなしく啼いてゐる／（それは一応はまちがひだけれども／まつたくまちがひとは言はれない）》

ここで賢治が、「かなしい」と、あえてひらがなで書いているのは、「悲しい」と書き記すだけでは終わらないおもいが、彼の

二　次の文章は二〇一七年に発表されたものである。これを読んで、後の問に答えなさい。(20点)

日ごろはあまり意識しないが、人はつねに二つの時空を生きている。だが、日常の生活ではその差を明確に感じることがなかなかできない。しかし、人生の試練に遭遇するとき、(1)世が「時間」と呼ぶものとはまったく姿を異にする「時」という世界があることを、ある痛みとともに知るのである。

時間は過ぎ行くが、「時」はけっして過ぎ行かない。時間は社会的なものだが、「時」は、どこまでも個的なもの、そして二つとない固有なものだ。時間で計られる昨日は過ぎ去った日々のことだが、「時」の世界においてはあらゆることが今の姿をしてよみがえってくる。

東日本大震災から六年が経過した。こうした時間的な事実とはまったく別なところで、個々の人間はそれぞれの「時」の真実を生きている。愛する人、愛する場所、愛するものを失った悲しみはいつも「時」の世界で起こっている。

時間的な記憶は、さまざまな要因で薄れることがあるかもしれない。だが、「時」の記憶はけっして消えることがない。誤解を恐れずに言えば、私たちの意識がそれを忘れても、魂はそれを忘れない。

時間がたてば悲しみは癒えるのではないかと人はいう。それは表向きの現象に過ぎない。悲しみは癒えるのではなく、深まるのである。傍目《はため》には悲しんでいないかのように見えるほど、悲痛の経験は私たちの心を掘る。

「かなしみ」は、「悲しみ」と書くほかに「哀しみ」と書く。悲しみという言葉は、悲痛という言葉があるようにときに私たちの胸をつんざくような経験を指す。一方、哀しみは、哀憐《あいれん》という表現があるように他者への深い憐《あわ》れみの源泉になる。

悲しみは、私たちの心のなかで、いつしか一つの種となり、それが静かに花開いたとき、他者の悲しみを感じ得る哀しみになる。ある日、おそいかかるように起こった悲しみの経験が、容易に理解し得ない他者を感じとる窓になっていく。

〔問八〕　本文の趣旨に合致するものとしてもっとも適当なものを左の中から選び、符号で答えなさい。

A　直接的な身体性によって知覚される「現実」に対して、技術メディアの媒介によって生み出された「リアリティ」は、身体的知覚を欠くためにほんとうの意味で「リアル」ではない。

B　ベンヤミンが「リアリティ」という言葉で説明しているのは、現代の「ヴァーチャル」という言葉にあたるが、現代ではもはや「ヴァーチャル」な表現こそが「現実」となっている。

C　技術性が上昇した現代においては「ヴァーチャル」な映像表現の重要度が高まっているが、身体の直接的な感覚による伝統的な「リアリティ」の表現と共存して行くことが必要である。

D　身体性が転換しつつある現代においては、人間にとって何が大事かという価値判断は別として、技術メディアによって作り出された「リアリティ」が重要なものになっていることは確かである。

E　映画の技術がさらに発達し、ヴァーチャルリアリティのような、現実と区別がつかないほど「リアル」なものが作り出されるようになっても、身体による直接的な経験を越えることはできない。

B　手持ちカメラなどによって主観的視点を強調したPOV（point-of-view）撮影

C　複数の映像を組み合わせて一つの連続したシーンを作り出すモンタージュ

D　被写体からカメラの距離を遠くとって全体像を見せるロングショット

E　映像の最初から最後まで編集によるカット割りをせずに一連の流れで見せるワンカット

〔問七〕　傍線(9)「ポジティブな価値」とあるが、なぜそのように言えるのか。もっとも適当なものを左の中から選び、符号で答えなさい。

A　映画のような技術メディアを介した世界の経験に注目することで、今日の人間における現実との関わり方や身体性のあり方をあきらかにすることができるため。

B　メディアの転換によって世界を直接に経験する機会は失われ、技術メディアを介した世界の経験のほうが、現実をとらえる視点として重要になっているため。

C　かつての俳優は自分自身の演技が細断化されることに対して自己疎外の感覚をもったが、今日の俳優はむしろ全体性からの解放の感覚をもつようになったため。

D　技術メディアが発展を遂げて以降は、世界を直接に経験することよりも、技術メディアを通した経験の方がより人間的なものとしてとらえられるようになったため。

E　断片的なものの構成によって生み出された芸術は、人間的なものを重んじる伝統的価値観から脱することのできる新しい芸術として進化したものであるため。

D　絵画と映画の違いを説明するために、「外科医」や「呪術師」という事実的素材を用いることで、表面的な印象とは異なる両者の対比性を導き出し、その本質的な差異をあきらかにしようとしているから。

E　「呪術師」が「手を置く」ことや「外科医」が「内臓器官のあいだで手を動かす」ことの身体の動きの類似性に着目して、絵画や映画に関する視覚以外の身体性の問題を新しく議論しようとしているから。

〔問四〕　空欄(6)に入れるのにもっとも適当な語を左の中から選び、符号で答えなさい。

A　演繹《えき》　　B　帰納　　C　背理　　D　弁証法　　E　循環論法

〔問五〕　傍線(7)「「全体的なもの」と「幾重にも細断化されたもの」」とあるが、その違いを具体的に説明したものとして適当でないものを左の中から一つ選び、符号で答えなさい。

A　画家が自然を経験しながら絵を描くことと、カメラマンが自然を断片的な画像として切り取ること。

B　五感に訴えるような空間を舞台上に再現させた演劇と、現実の空間に入り込んで撮影された映画。

C　呪術師が病人に直接手を置いて病を癒すことと、外科医が医学的技術によって患部を治療すること。

D　俳優が舞台の上で時間や空間を経験しながら演じたものと、俳優の演技を撮影した映像をつなげたもの。

E　有機的に連関した全体性をもつ伝統的な芸術作品と、技術の媒介によって世界を再構成した芸術作品。

〔問六〕　傍線(8)「映画の技術的特質」とあるが、ここでの技術としてもっとも適当なものを左の中から選び、符号で答えなさい。

A　再生速度を収録時よりもゆっくりさせることで場面を印象づけるスローモーション

Ｂ 演劇の「リアリティ」と、映画の「リアリティ」は、再現された現実の像を視覚という知覚によってとらえるという意味では共に同じ身体経験であるということ。

Ｃ 舞台上の俳優の演技によって作り出される演劇の「リアリティ」は、現実を写し取って作り出される映画と比較すると、「リアリティ」が低いということ。

Ｄ 演劇を見て「リアリティ」を感じる直接的な身体性と、技術によって再構成された映画を見て「リアリティ」を感じる身体性は異なるものであるということ。

Ｅ 演劇も映画も俳優による演技によって「リアリティ」を感じさせるものであるが、それらはいずれもイリュージョンによって仮構されたものであるということ。

〔問三〕 傍線(3)「両者の関係を、今度は「呪術師」と「外科医」という、一見して視覚経験とはまったく関係のない事象に置き換えて説明しようとする」とあるが、なぜこのような比喩が用いられているのか。その説明としてもっとも適当なものを左の中から選び、符号で答えなさい。

Ａ 「画家」と「映画カメラマン」との差異をあきらかにする際に、「呪術師」と「外科医」の関係になぞらえながら概念操作をすることによって、対象との距離や関係をめぐる問題を引き出そうとしているから。

Ｂ 外科医の「執刀医《オペラトゥール》」と映画の「撮影技師《オペラトゥール》」が同じ音であることから言葉遊び的に連関させることで、高度な技術をもつ両者と、原始的な技術をもつ「画家」や「呪術師」との差異の問題を考えようとしているから。

Ｃ 絵画と映画による身体的知覚について、「外科医」と「呪術師」という具体性をもつ比喩によって、読者の一般的知識や理解に寄り添いつつ、さらに見かけ上の連関から離れたところに導びこうとしているから。

(1) モホウ

A モヨりの駅で降りる　B モハン的人物　C 勤労ホウシする
D ホウワ状態　E 自由ホンポウ

(4) ナカば

A 野球チュウケイを見る　B チュウカイ手数料　C 費用をセッパンする
D 辞書のハンレイを読む　E ハンリョを見つける

(5) セゾク

A テイゾクな趣味　B イゾクへの償い　C 国へのキゾク意識
D 工事をセコウする　E アサセを渡る

(10) シントウ

A 権利をシンガイする　B 食欲フシン　C 店にサットウする
D 苦情をトウショする　E トウテツした論理

〔問二〕 傍線(2)「ベンヤミンにとっては、演劇と映画の両者に共通する、俳優による演技という虚構の場での「リアリティ」が問題なのではない」とあるが、ベンヤミンが問題にしているのはどういうことか。もっとも適当なものを左の中から選び、符号で答えなさい。

A 現実のなかで直接演じられる演劇の「リアリティ」に比べて、映像で再現的に作り出される映画の「リアリティ」は、虚構性が高いものであるということ。

語版に加えて、ドイツ語の最初期の草稿も新たに収録されている。この新全集の「第一稿」には、「映画によるリアリティの表現は、今日の人間にとって現実にきわめて近いものとなっている」という一節が含まれているが、この表現では「リアリティ」と「現実」という二つの意味の対比が、一層明確に浮かび上がっている。

現代の「リアル」と「ヴァーチャル」という対比的な言葉の使い方からすれば、ベンヤミンが「リアリティ」と呼んでいるものは「ヴァーチャル」なものであり、「現実」が「リアル」なものということになるだろう。その表現によって言い直すならば、ベンヤミンがここで主張しているのは、現代の人間にとっては、「リアル（現実）」の世界を実際に目にするよりも、技術によって「現実」をとらえなおしたヴァーチャルな映像表現のほうが、はるかに重要度が高いものとなっている、ということである。どちらのほうが人間にとってより大切かという比較ではない。技術性が上昇してゆくとき、人間の知覚の比重が、全体的・有機的・直接的な身体性から、技術によって断片的なものが再構造化された仮想的な身体性へと転換しつつあるということが、ここで強調されていることなのである。

（山口裕之『現代メディア哲学』による）

注　オーラ……アウラともいう。ベンヤミンの複製芸術論において提起された概念で、機械的技術によって芸術作品の複製が可能になった時代においては失われてしまう、オリジナルの作品がもっていた「いま」「ここ」にのみ存在することによる権威や魔力のこと。

〔問一〕　傍線(1)(4)(5)(10)のカタカナを漢字に改める場合、それに使用する漢字を含むものを、それぞれ左の中から一つずつ選び、符号で答えなさい。

せるものでもある。その疎外感とは、「全体的なもの」の連関のうちにある像が含みもつ人間的なものがそこにはないという感覚である。人間的なものがユートピアとして感じられるとき（伝統の領域ではそれが一般的な価値なのだが）、一般的に、人間的なものから疎外された感情はネガティブなものとして位置づけられる。しかし、それはベンヤミンにとってはむしろ(9)ポジティブな価値へと転化される。今日の俳優が、映画の撮影に際して、自分自身の演技が技術的に媒介されたプロセスのうちで細断されることに対して、そのような自己疎外の感覚をもつかどうかはわからない。しかし、ベンヤミンにとって重要なのは、技術メディアの映像は、人間的なものの有機的な全体性という連関のうちにある伝統的な価値観から脱したものであるということだ。

　技術的視覚メディアがある程度の発展を遂げて以降、世界を直接的に知覚する経験も、技術メディアによって生み出された像の経験も、どちらも文化と社会のなかでともに存在し、どちらがより重要であると単純にいうことは本来できないようにも思われる。しかし、ベンヤミンは、技術メディアの視覚像の方が、現代では比較にならないほど重要になっているという言い方をしている。それは、このメディア転換によって文化のパラダイムが根本的に変化してしまったと見ているからだ。

> 　このように、映画によるリアリティの表現のほうが今日の人間にとって比較にならないほど重要なものとなっているのは、この映画のリアリティ表現が、まさに現実と器械装置とのきわめて強力な相互(10)シントウにもとづくことによって、器械装置が映っていない、現実をとらえる視点――今日の人間は芸術作品に対してこういった視点を要求する正当な権利をもっている――を与えているからだ。

　ここでも「リアリティ」と「現実」という二つの概念が、明確に対比されている。ちなみに、新しく編集されたドイツ語の『ベンヤミン全集』第一六巻『技術的複製可能性の芸術作品』には、従来の全集に含まれていたドイツ語の三つの稿とフランス呪術師と外科医との関係は、画家とカメラマンの関係に等しい。画家は仕事をするとき、対象との自然な距離を観察する。それに対してカメラマンは、対象が織りなす網の目のなかへと深く入り込んでゆく。この両者が手に入れる画像はまったく異なる。画家の画像はある全体的なものであり、カメラマンの画像は幾重にも細断化されたものである。それらの断片は、新たな法則に従って結合される。

すでに述べたように、世界を直接的に知覚する視覚像と、技術に媒介され複製された世界の視覚像は、本質的に異なる。その違いをベンヤミンは、ここでは(7)「全体的なもの」と「幾重にも細断化されたもの」という言葉で説明しようとしている。「全体的なもの」という言葉は、伝統的な芸術の場合に典型的にそうであるように、作品そのものの全体が有機的な連関をもつものとして構築されているという意味でも、そしてまた作品が、芸術家の生と密接に結びついたものとして生み出されているという意味でも、理想としての全体性を志向する性質を明確に指し示している。そこには人間的なものが、ほとんど自明の前提条件として存在する。俳優が舞台の上で演じる演劇をその空間で、その時間のなかで直接的に経験すること、画家が五感による知覚によって自然を直接的に経験し、それを自分自身の身体によって一つの像として描いていくこと、そして呪術師が病人に手を置き、人間対人間の関係で対峙《たいじ》すること――これらすべてのうちに、人間的な要素が色濃く入り込んでいる。それと同時に、このあとそれについて論じていくことになるが、ここには単に視覚という限定的な知覚だけでなく、感覚の全体を通じて世界と直接的にかかわるという経験が支配している。

これらすべてに共通する性格は、技術メディアを介した世界の経験と対比するとき、はっきりと浮かび上がってくる。「幾重にも細断化された」画像、「それらの断片は、新たな法則に従って結合される」そのような画像は、いうまでもなく(8)映画の技術的特質を念頭において言い表されている。断片の構成によって生み出されるそのような画像は、人間に対しては疎外感を生じさだからである。ベンヤミンの思考にとって、現在われわれの社会・文化のうちにあるおそらくすべてのものは、もともと呪術的な領域のうちにある。複製技術論の前半では、「芸術」として今日理解されているものが、技術的複製可能性の程度が進展してゆくにしたがって(5)セゾク化してゆくプロセスが示されている。「撮影技師」と「呪術師」は、その展開の両端に位置する存在なのである。その意味で、呪術師は、「オーラ」とも密接に結びついている。

ちなみに、ベンヤミンの思考法・叙述の方法についてもう少し補足すると、ベンヤミンにとっては、事実的素材よりも、まず概念配置が先に存在する。しかも、多くの場合、かなり図式的な概念配置である。「撮影技師／執刀医」と「呪術師」という言葉を、技術に媒介された身体感覚の説明のためにもちだすときにも、そのことは典型的に表れている。「執刀医」や「呪術師」の行為を対比的に説明しているときにベンヤミンが行っているのは、例えば、実証的調査にもとづく社会学的研究が典型的にそうであるように、現象としての事実的素材にもとづいて対象の本質的な特質を［(6)］的に導き出すことではない。「執刀医」や「呪術師」という形象によって言い表された両極的な概念の配置が先にあり、その概念配置にもとづいて、例えば呪術師が「手を置くこと」や、執刀医が「内臓器官のあいだで手を動かす」という事実的な（装いをもつ）描写が行われる。事実的な描写と見えるものは、多くの場合、概念を説明するために、いわば事後的に動員されたものである。これらの描写は、読者の一般的知識や理解に寄り添うレトリックをとりながらも、それが意図しているのはむしろ、ベンヤミンの概念配置のなかで、両者における「距離」をめぐる問題の差異や、患者との人間的関係をめぐる決定的差異をどのように位置づけるかという概念操作の問題なのである。

「執刀医」と「呪術師」という両極的な概念によって説明を行ったあと、ベンヤミンは再び同じ概念対置の関係にある「カメラマン」と「画家」に話を戻してゆく。

者の身体性には本質的なパラダイム転換が生じているというのが、ベンヤミンが繰り返し強調しようとしていることである。演劇も映画も、ともに「現実」であるかのように演技することで「リアリティ」を生み出す場ではあるのだが（一次的イリュージョン）、演劇の方はむしろ「現実」のなかで直接演じられることによって、むしろ「現実」の世界の方に関連づけて考えられている。それに対して、映画のほうは、技術によって再構成されて生み出された、ほんとうの意味での「リアリティ」（二次的イリュージョン）だということになる。

同じように、画家の描く自然の画像と、同じ対象を映画カメラマンが技術メディアによって再現前化した映像は、「現実」に直接かかわる身体的知覚と、技術によって再構成された身体的知覚という点で、本質的に異なる。ベンヤミンは、(3)両者の関係を、今度は「呪術師」と「外科医」という、一見して視覚経験とはまったく関係のない事象に置き換えて説明しようとする。ここでは、(4)ナカば言葉遊びをしているかのように、「手術する・操作する（operieren）」存在である外科の「執刀医《オペラトゥール》」と映画の「撮影技師《オペラトゥール》」を同じ概念の領域にあるものと位置づけ、技術性と結びついた「撮影技師《オペラトゥール》」の対極にある「画家」に対して、「執刀医《オペラトゥール》」の対極にある存在として「呪術師」という言葉を導き出している。

比喩というものは、本来ならば、説明をわかりやすくするために用いるものだろうが、ベンヤミンの比喩はかえって読者を混乱させることがよくある。それは、ベンヤミンの取り出してくる比喩が見かけ上の連関からさらに離れたところに読者を導いてしまうからなのだが、ベンヤミンの頭のなかでは見かけとは異なる最も本質的な次元で、概念の配置が堅固に保たれているのである。ベンヤミンの比喩のために読者が困惑してしまうとすれば、それは、技術メディアを通じた新たな身体経験について語っているコンテクストのなかに、突然、「呪術師」というまったく異質な言葉が出現してくるからでもあるだろう。

しかし、ベンヤミンの概念配置にとって、ここで「呪術師」が現れるのは、実は必然的なことでもある。というのも、技術的複製可能性の発展段階のさしあたりの到達点にある「映画」に対して、その始点に置かれているのは「呪術・魔術（Magie）」

国語

（六〇分）

（注）満点が一〇〇点となる配点表示になっていますが、文学部国文学専攻の満点は一五〇点となります。

一 次の文章は、ヴァルター・ベンヤミン（一八九二〜一九四〇）の複製技術論について論じたものである。これを読んで、後の問に答えなさい。（50点）

複製技術論には、「現実」をとらえる器械装置とそれによって映し出される「リアリティ」の映像という話題を受けて、画家と映画カメラマンの関係を、呪術師と外科医の関係に喩《たと》えて説明する箇所がある。ここでは俳優による演技という点で共通する演劇と映画という対比が、ともに世界の(1)モホウ的再現である絵画と映画という対比に置き換えられている。(2)ベンヤミンにとっては、演劇と映画の両者に共通する、俳優による演技という虚構の場での「リアリティ」が問題なのではない。それは演劇と映画についてしばしば指摘されているような表面的な親近性に過ぎない。重要なのは、直接的な身体性によって「現実」とかかわる伝統的な知覚と、技術メディアの媒介によって映し出された「リアリティ」の知覚の経験との根本的な差異である。世界を視覚的にとらえた像についていえば、「現実」の像も「リアリティ」の像も、ともに同じ対象の視覚的身体経験である。しかし、両

解答編

英語

I 解答

1—(c) **2**—(b) **3**—(d) **4**—(b) **5**—(c) **6**—(d)
7—(a) **8**—(c) **9**—(a) **10**—(b) **11**—(a) **12**—(c)
13—(d) **14**—(a) **15**—(b)

解説

1.「私は姉からもらった花を入れることができる大きな花瓶を買った」関係代名詞 which が前置詞の後の目的語を示している場合，前置詞＋関係代名詞をひとまとめにして先行詞の直後に移動できる。この文の場合，関係代名詞節の元の文は I can put the flowers I got from my sister in it（＝the large vase）なので，(c) in which が正しい。

2.「万が一あなたがさらに情報が必要なら，中央図書館には本，雑誌，新聞が集められている」 If S should *do*「もし万が一～ならば」 If が省略されると主語と助動詞 should の倒置が生じ，Should S *do* となる。なお，主節の後に if S should *do* が置かれていても同様に倒置が生じる。

3.「映画を見ることへの私の関心は私自身が映画を作りたいという願望につながった」 desire「願望」の内容は，直後に同格の that 節または to *do* で示される。

4.「気にしなくていい。あなたはその日家を出る直前に何時に駅に到着するのか私に知らせてくれるだけでいい」 have only to *do*「～しさえすればよい」 have to *do*「～しなければならない」に副詞 only が追加されている形であり，only have to *do* としてもよい。

5.「私のまだ赤ん坊の妹はまるで彼女が話すことを人形が理解しているかのように，その人形に話しかける」 as if S V（仮定法・過去）～で「まるで～するかのように」である。動詞 V は直説法・現在になることもあるが，その場合はVが事実もしくは実現可能であることを示す。よってこの文では(c) understood（仮定法・過去）が適切。

6.「多くの事柄は金銭の観点からではその価値を測ることができないと私は確信している」 先行詞（many things）の直後の関係節の元の文は Their worth cannot be measured in terms of money だと考えられるので，人称代名詞・所有格の their が関係代名詞・所有格の whose に置き換わる。

7.「私は夏に泳ぐために弟をその湖によく連れて行ったものだ」 go *doing*…「…へ～しに行く」，あるいは take *A doing*…「*A*を…へ～しに連れていく」という表現において，*doing* には shopping，swimming，fishing，dancing など「娯楽，気晴らし」的動作を表す動詞の現在分詞が入り，そのあと go や take ではなく *doing* との関連で副詞句が生じる。よってこの文の場合，swimming in the lake が適切。なお，特に湖の表面に浮かんでいることを限定的に示すならば on となる。（例）raft on the lake「その湖でいかだに乗る」

8.「私の友達は皆，夏休みを楽しみにしており，私もまたそうである」 … and so V S. で「…（肯定文），そしてSもまたそうである」となる。直前の肯定文中に be 動詞があれば，V も be 動詞になる。

9.「最初，私は刺身や納豆といった非常に多くの和食を食べられなかったが，今ではほとんど何でも食べられ，好きである」 (a) At first「最初は」が適切。at last「最終的に，ついに」と対になることが多い。(b) First「①最初に，第一に（列挙）②初めて」 (c) Firstly「最初に，第一に」 (d) For the first time「初めて」

10.「その犯罪を犯した人々は彼らがしたことで起訴されるべきだ」 (b) prosecuted＜prosecute「～を起訴する，告訴する」が適切。(a) penetrated＜penetrate「～を突き通す」 (c) protected＜protect「～を守る」 (d) protested＜protest「抗議する」

11.「口は災いのもと」 英語のことわざ。元は聖書の一節。倒置になっており，主語は evil「災い，災難」。

12.「感謝の気持ちを示したいので，彼がくれた贈り物のお返しに彼を夕食に招待するつもりだ」 (c) in return for ～「～の見返りに，返礼に，お返しに」が適切。(a) at the cost of「～を犠牲にして」 (b) for want of

「～が不足して」 (d) in terms of「～の観点から」

13.「私はお褒めの言葉を頂戴するのはあまり得意ではない。『見た目が美しい』といった外見に関しては特に」 (d) compliment「賞賛（の言葉）」が適切。(a) compassion「同情，哀れみ」 (b) complaint「不平，不満」 (c) complement「補完（物）」

14.「私は家族を扶養するのに十分な給料がでる仕事を探す必要がある」 (a) adequate「十分な，適切な，適当な」が適切。(b) disgraceful「不名誉な，恥ずかしい」 (c) offensive「不愉快な」 (d) scarce「乏しい」

15.「彼女を罵ったことにより彼女を傷つけたことに罪悪感を覚えていたため，私はずっと苦悩していた」 call *one* names は「～の悪口を言う」の意味。(b) anguish「苦悩，苦悶」が適切。(a) addiction「依存，中毒，夢中」 (c) arrogance「尊大，傲慢」 (d) assault「攻撃，暴行」

Ⅱ　解答　(1)—(d)　(2)—(b)　(3)—(a)　(4)—(a)　(5)—(c)

全訳

《時間管理が不得手な息子と母の会話》

ケビン：お母さん，駅まで車に乗せてってくれる？　少し遅れそうなんだ。15分後にそこでマットとシャノンに会うことになってて。

母親：本当，ケビン？　またなの？　今週私に頼むのは3度目よ。あなたはもっと時間管理を上手にする必要があるわね。

ケビン：僕は本当に忙しくて，時間がわからなくなってしまったんだ。次は歩くか自転車に乗ることを約束するよ。

母親：それはこの前も言っていたことよね。でもこうしてまた送ることになってる。

ケビン：そうなんだよ。自分で駅まで行く時間の余裕がなくなって出発するのは，まったく僕の責任だよね。どのようにしたらそれを償えるかな？

母親：卵と牛乳がいるのよ。帰りに少し買ってきてくれない？　あなたの妹の誕生日ケーキを明日作るのに必要なの。

ケビン：実は，今日はちょっと遅くなりそうなんだ。店は既に閉まっていると思う。でも明日9時に店が開いたらすぐにでかけられるよ。

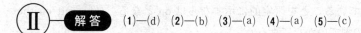

母親：わかった，それでいいわ。絶対忘れないでよ。とにかくでかける準備をしましょう，さもないとあなたは遅れるものね。

解説

(1)　ケビンが駅まで自動車で送ってくれるよう頼んでいる状況。直後で15分後に待ち合わせしているという発言があることから(d)が適切。be running late「遅れそうである」

(2)　切羽詰まって自動車で送ってもらうことをケビンが繰り返している状況なので(b)が適切。

(3)　直後の「でもこうしてまた送ることになってる」にうまくつながる選択肢として(a)が適切。

(4)　母親はケーキを作ろうとしていることが直後の内容からわかるので(a)が適切。

(5)　ケビンは帰宅が遅くなることが見込まれ，翌日の朝に買い物をすると提案しているので(c)が適切。(b)「とても疲れており買い物できないだろう」は，会話の流れからは「疲れているだろう」という情報は読み取れないので不適。

III　解答　1—(b)　2—(d)　3—(a)　4—(c)　5—(c)

全訳

《広告に関する概説》

[1]　広告は製品，サービス，またはアイデアを促進または販売しようとするコミュニケーションの一形態である。新聞や雑誌上の活字広告，ラジオそしてテレビでの広告，ウェブサイトや検索エンジンに見られるバナー，そしてソーシャルメディア投稿を含め，いくつもの種類がある。広告の目標は，人々を説得し行動をとるように仕向ける，あるいはあることに関して考えを変えさせることである。広告ということになると，番組あるいはウェブサイトの人気がでればでるほどそこに広告を載せる費用は高くなる。

[2]　広告の歴史は何千年も前，製品を人に見せるため記号や象徴を利用した古代文明にまでさかのぼる。やがて広告は発展しより複雑になり，しばしば新たな科学技術やメディアチャンネルを十分に活用するようになる。近年における広告での最大の変化の一つはデジタル広告の増加である。イン

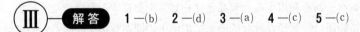

ターネットとソーシャルメディアの普及により，これまで以上に現在ではより容易かつ標的を絞った方法で人々とつながることができる。

[3] 広告は人々を注目させ，その行動を変えさせるため数多くの多様な技術に頼る。これらには，記憶しやすいスローガン，人目を引く画像，有名人の露出，そして人々の感情へのアピールが含まれる。会社側ではまた，ある年齢，性別あるいは人種といった特定の視聴者とつながるためのさまざまな道具や戦略を利用する。このようなわけで，私たちはネット上で自分のためだけに作成されたように思える広告を目にすることが多い。

[4] 広告は会社とその製品を促進させるため，会社にとって強力なビジネスツールになりえるが同時にまた論争の的にもなりかねない。人によっては広告は当てにならず有害でさえあると主張する。また，消費者が購入するよう仕向け，仕事を作り出し，成長を促すのに役立つため，経済の必要な一部であると言う人々もいる。さまざまな論争にもかかわらず，外出したり何かをするときは必ずと言ってよいほど何らかの広告に遭遇するので，広告は私たちの日常生活の一部となっている。

[5] 広告におけるもう一つの最近の流行は，語りをより強調していることである。多くのブランドは現在，感情水準で視聴者とつながる説得力のある広告キャンペーンを利用する。製品とサービスを促進するだけでなく，広告における物語は，重要な社会的そして環境上の問題意識を高めるために使用することができる。社会運動を支持する多くの慈善団体と集団は，人々を教育し人々が行動を起こすよう動機づけるために広告を利用している。

解説

1. (b) included printed advertisements だと included は動詞の過去形になってしまう。直前の There are several varieties（M V S）という文型に対し修飾語として機能させるためには現在分詞 including に変える必要がある。

2. (d) than never before だと直前の主節部分と時間的対照性が成立しない。「これまで以上に…より容易かつ標的を絞った方法で」とするためには than they have ever been before もしくは省略を利用し than ever before に変える必要がある。

3. (a)の直前の a number of ～「多くの～」に続けるには可算名詞（複

数形）でなければならないので，(a) technique を techniques にする必要がある。

4. (c)の直前の等位接続詞 and に注目することで，(c) encouraging growth は動詞原形 drive，create と並列する形でなければならないことがわかる。よって encourage growth に変える必要がある。

5. (c) raise awareness in important … issues だと「重要な…問題の中で意識を高める」という意味になってしまう。「重要な…問題を意識し，その意識を増加させる」となるべきなので，be aware of ～「～を意識して」の形容詞 aware を名詞 awareness に置き換えて，raise awareness of important … issues とする必要がある。

Ⅳ — 解答　**1** —(b)　**2** —(a)　**3** —(c)　**4** —(b)　**5** —(c)　**6** —(b)　**7** —(a)　**8** —(d)　**9** —(d)　**10**—(b)

全訳

《植物と絶滅した大型動物との共進化》

[1]　なぜアボカドというのはあれほど巨大な種を持っているのだろうか。アボカドはずっと以前に南アメリカに生息していたある大型動物相とともに進化した。これらにはオオナマケモノのような動物が含まれており，それはゾウとほぼ同程度の大きさの草食動物であった。これらの動物はアボカドを丸ごと食べられるほどの大きさだった。十分に守られた種子はオオナマケモノの腸を通過するのに耐え，やがて堆積された肥沃な肥料の中に具合よく植わることになった。「アボカドは絶滅した大型動物相が残した最も明らかな『足跡』の一つなのです」とオスロ大学名誉教授のクラウス＝ホイランドは述べる。

[2]　ホイランドはマンモスや非常に大きなナマケモノやアルマジロといった大型動物はほとんどの大陸で見られた，と述べる。それらは周囲の環境を形成するのに役立った。それらが風景を変え，周囲の植物種との提携を進化させた。高い養分を含んだ果肉をもつ大きなアボカドの果実は巨大な草食動物の口にはまさにうってつけの食べ物となった。そして今度はその動物がアボカドの種子を遠くに拡散させるのに役立った。そして巨大な口に合う巨大な果実を作り出した植物種は決してアボカドだけではなかった。

[3]　アメリカサイカチはまた既に絶滅した大きな動物と共進化した。その樹

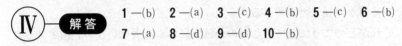

木はマメ科に属し，サヤエンドウやビーンズのようにさやの中に種子を作る。しかしアメリカサイカチのさやは50センチにおよび，まさしく巨大な草食動物に適応したのである。しかしその樹木の命名の一因ともなっている特徴を考えてもらいたい。莫大な棘状の突起がサイカチの幹から突き出ており，その突起はかつてそのさやを食べに来た大型動物から樹木の残りの部分を保護するのに十分力を発揮した。

4 また他にも例がある。ケンタッキーコーヒーノキは巨大なさやということでは明らかにそれに匹敵する植物である。アメリカ合衆国東部の生育地ではオーセージオレンジとも呼ばれているマクルラ・ポミフェラの枝を重みで下げるハンドボールサイズの丸い果実は言うまでもない。昔は，何トンもの体重がある草食動物がこれらの巨大果実を常食にしていた。しかしその後何かが起きたのである。

5 それがどのようにして生じたのか確実にわかる者はいない。南アメリカのアボカド自生地では，おそらくオオナマケモノは北から移動してきた大型の捕食動物の餌食となった。そして武器と非常に大きな脳をもった二足歩行の動物もまた重要な役割を担ったことを暗示させる多くの証拠がある。少なくともその結果は疑いの余地がない。その大型動物は倒れたのだ。約1万2千年前に，オオナマケモノは大抵の他の大型の草食動物とともに絶滅したのだ。しかし，これらの動物に特別に適応した植物には何が生じたのだろうか。

6 「おそらく多くが絶滅したのです」とホイランドは言った。これらの植物の大きな協力者が来なくなると，その巨大種子を拡散できる生物は他にはいなかった。他の植物種はそれでも役立つ生物が来るのを待ち続けている。ケンタッキーコーヒーノキとオーセージオレンジのように。毎年，これらの植物は最終的に地面に落ち腐るだけの何トンもの果実を作り出す。特に誰もそれらを食べることには関心がない。その果実はおいしくはなく，不快なミルクのような樹液や今日の動物にとっては有毒な物質を大量に含む。

7 さらに別の植物においては，私たち人間と新たな提携を作り出した。「アボカドは人間にとっても興味深い栄養に富んだ果実をもっています。それらは大事にされたのです」とホイランドは言う。同じことがおそらくパパイヤやチェリモヤにも当てはまる。そしてさらに遠い過去に見捨てられた樹木にも当てはまるかもしれない。それはイチョウである。

[8] 何百万年も前にメイデンヘアノキとも呼ばれるイチョウには，さまざまな種が世界中で生育していた。これらの樹木は果実のような種皮を作り出す。それらはプラムのようである。しかし匂いはプラムのようなものではない。「イチョウの種子は嘔吐物や足の悪臭のような匂いなのです。それらは恐竜のような爬虫類に適応してきたことを想像させるかもしれません」とホイランドは言う。少なくともイチョウに有利な諸条件は，そのような恐竜が絶滅したのち悪化したのは確かである。白亜紀から今日まで一つを除外しあらゆる種が絶滅した。そして最後の種も実際に消滅する過程にあった。最後の自生地は中国東部の小さな一地域となった。しかし，そのとき体毛のない二足歩行の動物がその木に関心をもったのだ。僧侶たちがイチョウの木を植えはじめ，今日ではヨーロッパを含め世界中にその種を再び拡散させたのだ。

[9] イチョウはノルウェーにも植えられており，オスロの植物園などでも見ることができる。しかし，違うのはノルウェーではほとんどのイチョウの木は果実を作らないということだ，とホイランドは述べる。「大きな果実が育つことができる気候ではないのです。マンモス，バイソンそしてケブカサイのような大型動物相は一般的には果実を食べるのではなく草を食んでいました」とホイランドは言う。そうであるにしても，ノルウェーの絶滅大型動物からの生物学的証拠もまたありそうだとその教授は信じているのだ。

解説

1. 第1段第1～3文（Why does … as elephants.）で示されている植物と絶滅動物の共進化の説明より，(b) large enough「十分大きい」が適切。

2. 第2段第2文（They helped …）での大型動物が環境を形成するという記述より，(a) altered＞alter「～を変える，修正する」が適切。

3. 第3・4段でのアメリカサイカチなどの例より，(c) by no means「決して～ではない」が適切。

4. 該当文の powerful enough to protect 以下の説明より，(b) Enormous「莫大な」が適切。

5. 第4段第3文（Not to …）までは現在の記述であるのに対し，該当文以降は絶滅動物が存在していた太古の昔の話になっていることに注目し，

(c) Once upon a time「昔のことだが，昔々」が適切。

6． 第5段第4文（At least …）の具体化の文であると考えられる。また，第2段第1文（Høiland says …）にマンモスや巨大なアルマジロもかつては存在していたと記されているので，(b) along with「～とともに」が適切。

7． 空所を含む文の前後の第6段第5文（Every year …）と同段最終文（The fruits …）の記述に矛盾しない内容を考え，(a) eating「食べること」が適切。

8． 第7段第1・2文（Still other … to people.）よりそのまま放置されず人間の食料に利用されることがわかるので，(d) taken care of「面倒を見られる，大事にされる」が適切。

9． 第8段第6文（It's possible …）でイチョウと恐竜の共進化についての言及があるので，(d) worsened＞worsen「悪化する」が適切。(c) vanished＞vanish「消える，消滅する」は同段第8文（From the …）以降でイチョウがすぐに絶滅したわけではないことが書かれているので不適。

10． 最終段第3文（“We haven't …）でノルウェーではイチョウの実がならないことの説明として気候の問題が述べられ，さらに大きな実がならないことの相関関係として大型動物相が果実ではなく草を食べていたことが暗示されている。よって(b) evidence「証拠」が適切で，これは第1段最終文（“The avocado …）の‘footprints’に対応する。

V 解答

1―(b)　**2**―(c)　**3**―(d)　**4**―(c)　**5**―(a)　**6**―(c)
7―(d)　**8**―(a)　**9**―(d)　**10**―(b)

全訳

《社会変化に伴う正字法への対応》

1　仕事で若い人々と関わっているのなら，言語的視座は特に重要である。1991年（ワールド・ワイド・ウェブが使用可能になった年度）以降に誕生した人は皆，画面が中心的位置を占め，従来の紙ベースのテクストはさほど利用しない世界に生きている。このようなインターネットの「ネイティブ」らは，正字法に関し，より前の世代の人々が印刷紙面上で経験したものよりはるかに大きな多様性にネット上で対処できるようにならねばならない。

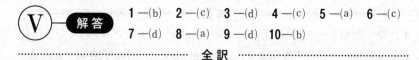

[2] 困惑するほどに並んだ正字に関わる選択肢に直面したとき，彼らは解決する必要がある筆記上の課題に対し適切な決定を下すため確信を身につけなければならない。したがって，綴り方を教える教師の役割はこれまで通り重要なものとなるだろうが，その課題の本質は変化するだろう。それはもはや正確に単語を綴ることを学習者に教えるというのではなく，状況の要請に見合った適切な綴りをどのように選択するかを彼らに示すという問題となるだろう。

[3] 彼らはまた社会的姿勢に関しても教わる必要がある。学習者は自分たちが綴り方に関し保守的であると同時に進歩的である世界の中で生きていること，また姿勢と期待は深く留保されているのだと理解せねばならない。雇用者の中には，綴り方だけのせいで，また不適切と感じられる省略を使用しているという理由だけで（実例として，私はその仕事に携われることを願っています，といったような），求職申し込みを拒否するつもりでいる者もいるのだ。このような人々は，綴り方の特異性を讃えそれらが伝える効果ゆえにそれらを利用するような人々と住まう世界は同じである。

[4] したがって学習者が直面する課題というのは，情報を受けとり確信をもって選択を行うことである。そして教える者が直面する課題は，生じていることを理解し説明することであり，その結果彼らは適切に忠告することができ，正しい選択がなされることになる。私たちがたった今生きているような急速な移行期においては，必然的にその二つの課題はより魅力的かつ困難なものになる。

[5] 明らかに，私たちは綴りを管理する新たな技術を開発する必要があるので，私は付録部分にいくつかの提案をしている。何もしない，すなわち従来からの教授モデルのままでいることは選択肢にはない。インターネットとグローバリゼーションは消えることはない。英語は常にそうであったように，これからも変わり続ける。しかしここしばらくの間よりもさらに急速に変化するだろう。なぜならインターネットがイノベーションの拡散を早めるからである。かつては新しい使用法が英語を使う社会全体に気づかれるに至るには数十年も要したであろう。今日，言語的に新奇なものは数秒のうちに全世界に広まりかねない。綴り方はこのような変化の過程を免れることはできない。いやそれどころではないのだ。私たちは語彙，文法あるいは句読法といったことにおける革新よりも，それが常に私たちの目

の前，私たちが書くあらゆる言葉や文の中に存在しているがゆえにより頻繁に新奇の正字法に出合うだろう。

[6]　綴り方に対する従来からの姿勢に留まることもまた選択肢にはない。教える者に留まらず私たちは皆，それについての私たちの考え方を変える必要がある。私たちは否定的観点だけから，気力をくじくような障害として，立ちはだかる山として，一見すると果てしなく続く丸暗記学習の過程としてそれを見るのをやめ，それを探検の旅とみなすようにならねばならない。

[7]　英語の筆記体系の話は非常に興味深く，個々の単語の背景にある歴史は非常に魅力的であり，あえて綴りを冒険として扱う人はだれでもその旅路から得るものが多い。もちろんそれは，その獲得のために真剣に向き合うことが求められるような技術ではあるが，それは必ずしも楽しさを犠牲にするものではない。綴り方は，適切に向き合えば楽しめるものなのだ。

解説

1. 第1段から最終段までの筆者の視点，また第5段第1文（Clearly, we …）に巻末に提言を載せているという記述があることより，明らかに言語の専門家であることがわかる。

2. (a)は第3段第1文（They will …）に，(b)は第3段第2文（Learners have …）に，(d)は第2段最終文（It will …）にそれぞれ記述がある。(c)に関する情報は文章中にない。

3. 第3段第3文（There are employers …）の because it uses … be inappropriate より(d) reject「拒否する，拒絶する」が適切だと判断できる。

4. 第3段第3文（There are …）の雇用者の綴り方に関して抱いている価値観に関連した内容になっているとすれば，確信をもって綴りを選ぶのは求職を申し込む側（the employee）で，現状などを理解し説明するのは雇用を検討している側（the employer）ということになるだろうが，筆者は，第1段から最終段まで，綴りに関して教える側の視点を保ちながら論述している。よって論の一貫性より，(c) the learner－the teacher が適切。

5. 急激な移行期の場合，第4段第1・2文（The task … choices made.）に示された課題は困難であるが，克服すれば得るものが大きいことが推定される。よって(a) challenging「挑戦的な，困難であるとともにやりがいがある」が適切。

6． 第５段第４文（English will …）の because of 以降のインターネットの記述より(c) rapidly が適切。

7． 空所の前の文では，綴りは変化の過程を免れることはないこと，一方，後の文では，綴りは常にあらゆる単語や文などの中に存在しているため，私たちは新たな語彙や文法など以上に新奇な綴りに出合うと記述されている。後の文は前の文に対して一例や要約を示しているわけではないので，(a) For example「例えば」，(c) In short「手短に言うと」は不適。(c) In other words「言い換えると」に関しては，後の文が綴りは語彙や文法より変化が大きいという新情報を付加していて，換言しているわけではないので不適。(d) On the contrary「それどころか，それどころかむしろ逆で」はそのまま日本語を適用すると違和感があるが，直前に否定文が生じている場合は否定を除いた部分に対しての contrary「逆」を示す。後の文では free from ～ を強く否定した内容となっているので(d)が適切。

8． (b)・(c)・(d)はそれぞれ第６段第３文（We have …）に記述がある。(a)は記述がない。

9． intriguing「興味をそそる，魅力的な」に最も意味が近いのは(d) stimulating「刺激的な，興味をそそる」である。(a) complex「複雑な」(b) exhausting「疲れさせるような」(c) perplexing「困惑させるような」

10． (a)第１段の内容に反する。

(b)第５段第３・４文（The Internet … of innovation.）に記述がある。

(c)第２段第１・２文（Faced with … will change.）に，人々（若者）は綴りに関して自信を持って正しい決定をする必要があり，綴りを教える者の役割は今までと変わらず重要であるが課題の本質が変化すると記述されている。しかし，選択肢に示された「自信を持って正しいスペリングを書くことがより重要になっている」とは書かれていない。

(d)記述がない。

Ⅵ　解答　**1．** **(1)**―(d)　**(2)**―(b)　**(3)**―(g)　**(4)**―(i)　**(5)**―(e)　**(6)**―(a)　**(7)**―(f)　**(8)**―(j)　**(9)**―(h)　**(10)**―(c)

2―(c)　**3**―(d)　**4**―(a)　**5**―(b)　**6**―(d)

全訳

《キャッシュレス取引の利便性と問題点》

1　キャッシュレス社会とは，すべての金銭取引において有形の銀行紙幣および貨幣形式での現金を受け入れない社会のことである。そのような現金ではなく，人も会社もクレジットまたはデビットカード，電子マネー，暗号通貨，あるいはペイパルやアップルペイのようなモバイル支払いサービスを利用して，金銭をデジタルで送金し合う。今のところキャッシュレス社会は存在していないが，多くの経済学者は，消費者の嗜好，競争原理に基づく会社への圧力，銀行の利益追求，キャッシュレス取引を促進するよう計画された政策により，やがて少なくともいくつかのシャッシュレス社会が生まれるだろうと信じている。

2　キャッシュレスの測定にはさまざまな方法があり，「キャッシュレス連続体」に沿いさまざまな国家ランキングが作成されている。しかし大抵の専門家は，現在もっともキャッシュレスの理想に近いのはスウェーデンであると認めている。スウェーデンでは，現金利用の取引は現在15％未満であり，21世紀に入り流通現金の価値は大幅に減少しており，現在GDPの約1％程度である。スウェーデンの小売店とレストランでは現在，掲示を提示するだけで現金払いを拒否することが認められており，すべてのスウェーデンの銀行支店の半数以上では，もはや現金を扱っていない。キャッシュレスへの移行を容易にするため，一部の国の中央銀行は，銀行紙幣あるいは貨幣を代替または補助する政府支援のデジタル通貨を導入してきた。

3　キャッシュレス社会の賛同者は，顧客と会社双方にとりデジタル取引はより利便性が高いと主張し，キャッシュレスは多くの犯罪行為を削減するだろうと主張する。彼らはまた，経済のデジタル化増加と，モバイルデバイスを利用した日常取引の実行に対する消費者の嗜好増加を考えると，キャッシュレスに向かう傾向は止まらないと主張する。しかし，その傾向は，より利潤を生み出すデジタルサービス活用促進を求め，（例えば，支店閉鎖やATM撤去により）顧客に対し現金取引の利便性を低下させてきた銀行が高めている。そして2020年に始まった全世界的なコロナウイルス感染症流行は，非接触キャッシュレス取引の増加をもたらす大きな一因となった。

[4] しかし，キャッシュレス社会には潜在的欠点が存在している。まず，それは「銀行を経由した取引をしない（大抵は貧しい）人々を広く除外するだろう。なぜなら彼らは銀行口座を利用しないか，作ることができないからである。第二に，それはプライバシーの重大な侵害を招きかねない。なぜならほとんどの購入と販売において匿名性がなくなるからである。第三に，わずかな技術上の不具合が，資金へのアクセスの遮断や支払い停止をもたらしかねず，自然災害によるシステム故障や大規模なハッキングにより，すべての購入と支払いの停止をもたらす可能性がある。第四に，主要銀行の支払い能力を脅かす激しい経済危機があった場合，預金者は現金の形で自らの金銭を引き出し救出することができなくなるだろう。また，当該機関の株主および債権者が責任を負担するベイル・インの状況が起きた場合，問題を抱えた銀行が預金の一部を利用する事態も防止できないだろう（アメリカなら25万ドル分まではそのような預貯金の差し押さえから保護されるだろうが）。最後に，普通の預金者は，マイナス金利から自身を守ることはできないだろう。実際，ある国々（例えば日本）の中央銀行は，ほぼゼロになるまで利率を削減しても効果が上がらなかったのち，不況またはデフレと戦うためにそのようなマイナス金利を課してきた。マイナス金利により，民間銀行は預金者に，金銭の保有に対し手数料に相当するものを課すことで，預金者が金銭を利用し投資することを促すようになる。実のところ，一部の経済学者はそれをキャッシュレス社会に賛同する論拠とみなしている。現金引き出しによるマイナス金利回避が不可能になることにより，痛みを伴うほど極端なマイナス金利が実行可能なものとなるからである。

解説

1. (1) 副詞（句，節）が予測される。前後の文脈より(d) instead「その代わりに，そうではなくて」が適切。

(2) 直後の過去分詞 designed の語法より主語として名詞（句，節）または代名詞が予測される。前後の文脈より(b) government policies「政府の政策」が適切。

(3) 直前の closest to（「～に一番近い」）より名詞，動名詞，代名詞が予測される。前後の文脈より(g) the cashless ideal「キャッシュレスの理想」が適切。

⑷ 直前の過去分詞 permitted の語法より to *do* が続くことが予測される。前後の文脈より(i) to refuse cash payments「現金支払いを拒否する」が適切。

⑸ 直前の the trend を主語とし，その述部が入ることが予測される。前後の文脈より(e) is unstoppable「止められない」が適切。

⑹ 直前の The global coronavirus pandemic を主語とし，その述部が入ることが予測される。前後の文脈および動詞の語法より(a) contributed heavily (to)「～の大きな一因となった」が適切。

⑺ 句前置詞 due to「～のせいで」より，直後に名詞，動名詞，代名詞が予測される。前後の文脈より(f) natural disasters「自然災害」が適切。

⑻ 直前の up to $250,000 を主語とし，その述部が入ることが予測される。前後の文脈より(j) would be protected「保護されるだろう」が適切。

⑼ 直前の permit private banks より permit の語法として to *do* が続くことが予測される。前後の文脈より(h) to charge depositors「預金者に課す」が適切。

⑽ 直前の argument に対する修飾語句が続くと予測される。前後の文脈より(c) in favor (of ～)「～に賛成して」が適切。

2． 下線部は「流通して」という意味であり cash「現金」の説明になっているので，(c)「交換の手段として役に立っている」が意味的に近い。

3． 下線部は「キャッシュレス社会の賛同者」という意味なので，(d)「キャッシュレス社会を支持する人々」が意味的に近い。

4． 下線部は「欠点」という意味であり，第4段第2文（First, it …）以降に具体的に5点の記述がある。

(a)「銀行預金者は利率の増加の影響を受けるだろう」 記述がない。

(b)「キャッシュレス決済ではプライバシーを保護することは難しいだろう」 2点目として同段第3文（Second, it …）に記述がある。

(c)「もしシステムに何かが生じると支払いは延期されるだろう」 3点目として同段第4文（Third, even …）に記述がある。

(d)「銀行口座をもてないほど貧しい人々は困るだろう」 1点目として同段第2文（First, it …）に記述がある。

5． 下線部の用語に関しては，直後の under which 以下で説明されている。該当箇所の説明より，(b)「破綻した機関の株主，債権者，預金者は損失を負担する」が適切。

(a)「株主，債権者，預金者は誰もその機関の損失を知らされない」

(c)「その機関は，株主，債権者，預金者の損失を補う」

(d)「その機関は政府または他の機関から財政支援を求める」

6．(a)「政府に支援されたデジタル通貨は国によっては地元の銀行に導入されてきた」記述がない。

(b)「スウェーデンの銀行は取引の1％未満しか現金でなされていないのでもはや現金を取り扱っていない」第2段第1・2文（There are … of GDP.）より誤り。

(c)「デジタル取引は犯罪行為を増加させるので会社にとっては不便である」第3段第1文（Proponents of …）より誤り。

(d)「銀行紙幣や貨幣を受け入れないキャッシュレス社会はまだ存在していない」第1段第3文（Although no …）より内容に一致。

講評

文法問題1題，会話文問題1題，読解問題4題の出題である。読解問題の中にはテーマが難しい文章もある。Ⅰ・Ⅱをできるだけ短時間ですませ，Ⅲ以降の読解問題に集中したい。最初に全体を見て大体の時間配分を設定するとよい。

Ⅰは文法・語法・語彙問題で小問数は15問。基本的文法を問う問題が中心。11は諺・格言からの出題も見られる。

Ⅱは会話文で設問は空所補充形式のみ。小問数は5問。日常的な状況が設定されている。

Ⅲは読解問題の体裁をとっているが，誤り指摘のみの設問なので実質的には文法・語法問題である。小問数は5問。概ね文法の基本の域で解答できる。5は前置詞の感受性が問われている。

Ⅳは800語程度の文章からの読解問題。設問はすべて空所補充で10問。最終段の文章中の otherwise, nevertheless の談話標識がわかりにくいが，設問に影響するほどのことはないので，時間をかけて考えすぎないのも重要である。

Ⅴは内容に関する設問中心の読解問題。専門性が強い正字法（綴り方）をテーマにした文章からの出題。600 語程度の文章で設問は 10 問。全体的には英語自体より内容そのものを理解するのに時間を要する。ただし，7 は談話標識 on the contrary の正確な理解が問われている。

Ⅵは 550～600 語程度の文章からの読解問題。空所補充から語句の意味，内容真偽までさまざまな形で問われている。設問自体はオーソドックスであるが，最終段の後半は金融機関に関して専門的内容を含む。4 は専門用語に関しての問題となっているが，書かれている範囲の表面的理解でも解答は得られるので，落ち着いて取り組みたい。

日本史

I 解答

〔A〕問1．b　問2．b　問3．a
〔B〕問4．a・b・d　問5．d　問6．c
〔C〕問7．e　問8．a・b・e　問9．c　問10．a

解説

《古代～中世の政治》

〔A〕問1． bが正文。アニミズム（自然崇拝）の説明である。

a．誤文。同じ青森県内だが，水田跡が見つかったのは「三内丸山遺跡」ではなく，砂沢遺跡や垂柳遺跡である。

c．誤文。300点以上発見されたのは銅剣で，あとは銅鐸6個，銅矛16本である。

d．誤文。「禊《みそぎ》」ではなく盟神探湯《くかたち》である。

問2． 592年，蘇我馬子が送った刺客・東漢直駒により暗殺されたのはb．崇峻天皇である。

問3． aが誤文。大臣・大連は645年に起きた乙巳の変後の新政権による改革で廃止された。bの冠位十二階，cの法隆寺・飛鳥寺建立，dの『天皇記』『国記』編纂は，いずれも正文。

〔B〕問4． a・b・dが正文。c．誤文。「九州探題」ではなく鎮西探題である。

問5． a．三浦泰村は1247年の宝治合戦で敗死した。b．畠山重忠は1205年に北条義時と戦って敗死。c．平頼綱は1293年の平禅門の乱で滅ぼされた。d．和田義盛は1213年の和田合戦で敗死。e．比企能員は1203年に謀殺された。以上から順序はe→b→d→a→cとなるため，3番目はdである。

問6． c．『愚管抄』は摂関家出身の天台座主・慈円が著した史論の書。同書は承久の乱勃発の前年1220年の成立とされ，この著作を献じて後鳥羽上皇を諌めようとしたともいわれる。

〔C〕問7． eが正解。史料冒頭の「寛平五年」は西暦では893年で，遣唐使の派遣中止が翌年の894年のことで時代が最も近い。

問8． やや難。備中国は現在の岡山県西部にあたる。これに陸地で接しない国はａ．石見国（島根県西部），ｂ．周防国（山口県東部），ｅ．播磨国（兵庫県南西部）の３つで，ｃ．伯耆国（鳥取県西部）とｄ．美作国（岡山県北部）は接している。

問9． ｃが正解。史料の２行目から３行目にかけては，唐の将軍が新羅の軍を率いて百済を滅ぼした660年の出来事が語られる。よって空欄の［２］には新羅，［３］には百済が入る。

問10． ａ．正文。「天皇筑紫に行幸したまいて，将に救の兵を出さんとす」とあり，斉明（＝皇極）天皇が九州に出向き，百済救援の兵を送りだそうとしたことがわかる。

ｂ．誤文。徴兵に成功した邇磨郷は下道郡の中にあるので，「下道郡での徴兵には失敗した」は誤り。

ｃ．誤文。「この郷の戸口を閲せしに…」というくだりで戸口調査が実施されたことがわかる。

ｄ．誤文。「老丁二人，正丁四人，中男三人」がいた。

Ⅱ　解答

問1． a－ロ　b－ロ　c－イ

問2． a－イ　b－イ　c－ロ

問3． a－イ　b－イ　c－ロ　**問4．** ａ

問5． a－ロ　b－イ　c－イ　**問6．** a－イ　b－イ　c－ロ

問7． a－イ　b－ロ　c－イ　**問8．** a－イ　b－イ　c－イ

問9． a－イ　b－ロ　c－ロ　**問10．** ｅ

解説

《幕藩体制の成立》

問1． **a．** 誤文。盟主は「上杉景勝」ではなく毛利輝元である。

b． 誤文。領地の没収が改易，領地削減が減封である。

c． 正文。福島正則のように，石高を加増され広島藩49万石に国替えとなった例がある。

問2． **a・b．** ともに正文。

c． 誤文。「皇族から親王を」ではなく，摂関家から九条頼経を迎え入れた。

問3． **a・b．** ともに正文。

c．誤文。「人口統計」ではなく，村名と石高を記載したもの。

問4．a．1615年大坂の陣の終結をもって戦国の争乱が終わり，元和と改元され武器をおさめる（戦争が終わりを遂げる）こととなった，そのことを「元和偃武」と言い表している。

問5．a．誤文。武家諸法度は徳川秀忠が将軍のときに出された。

b．正文。福島正則はこの禁令を破ったとして領地没収となった。

c．正文。1635年発令の寛永の武家諸法度にある規定である。

問6．a．正文。

b．正文。1613年の公家衆法度に規定がある。

c．誤文。武家の官位授与については幕府の許可が必要であった。

問7．a・c．ともに正文。紫衣事件前後の経緯は教科書でたどっておこう。

b．誤文。「崇伝」ではなく大徳寺の沢庵らが処罰された。

問8．a・b・c．すべて正文。幕府の職制の中でも，老中・若年寄・大目付・目付などは要職なので，これらの職制は正確に覚えておきたい。

問9．a．正文。本途物成と小物成の説明である。

b．誤文。「高掛物」は村高を基準に課せられる付加税で，町人ではなく村々の百姓の負担である。

c．誤文。「分地制限令」ではなく田畑永代売買禁止令である。

問10．堺，奈良，京都，江戸は幕府直轄地でそれぞれの町奉行が民政などを司った。水戸は徳川御三家の１つである水戸徳川家の城下町で，幕府の直轄都市ではない。

Ⅲ　解答

問1． e　**問2．** c　**問3．** e　**問4．** a　**問5．** e
問6． e　**問7．** b　**問8．** a　**問9．** d　**問10．** d

解説

《幕末の政局・殖産興業》

問1． a．誤文。一般外国人の国内旅行は「認められた」のではなく，禁じられた。

b．誤文。裁判は「幕府の奉行所」ではなく，その国の領事が行った。

c．誤文。「仙台」は開港されていない。

d．誤文。日本側に関税自主権はなかった。

e．正文。

問2． 皇妹・和宮を妻に迎えたのは，第14代将軍の徳川家茂である。

問3． 島津久光主導の文久の改革で，新たに設置された役職が京都守護職で，会津藩主の松平容保《かたもり》が任じられた。

問4． a．誤文。「今より摂関，幕府等を廃絶」することを宣言し，摂政・関白の役職は廃止された。

問5． 戊辰戦争は，エ．鳥羽・伏見の戦い（1868年1月）に始まり，イ．江戸城無血開城（1868年4月）となるが，東北諸藩はウ．奥羽越列藩同盟を結成（1868年5月）して抵抗するも，ア．会津戦争に敗れ（1868年9月），最後はオ．箱館戦争（五稜郭の戦い）を経て終結（1869年5月）した。

問6． 官営の富岡製糸場では，フランス人技師ブリューナを招き，フランスの器械と技術を導入し，士族の子女からなる工女の養成をはかった。

問7． 工場と払下げ先の組み合わせをすべて知らなくても，富岡製糸場と三井，あるいは長崎造船所と三菱の組み合わせを知っていれば正解が得られる。阿仁銅山は1885年，足尾銅山の経営でも知られる古河市兵衛に，官営兵庫造船所は1887年，川崎正蔵に払い下げられた。

問8． aが正解。工部省は工部大輔伊藤博文のもとで1870年に設置されたが，省内の部署の整備が進まず，伊藤博文の外遊もあって，伊藤が工部卿に就任するのは帰国後1873年のことである。

問9． 軽工業や農牧業など在来産業を中心にその育成をはかったのは内務省である。明治六年の政変後に大久保利通が設置し，大久保が内務卿に就任し同省を主導した。内国産業博覧会の開催でも知られる。

問10． d．誤文。「豊凶に応じて税率を変更」が誤りで，豊凶にかかわらず一定の税率を課した。a・b・c・eは正文。よく読んで理解しておこう。

Ⅳ　解答　**問1．** e　**問2．** b・e　**問3．** b　**問4．** a・d
問5． e　**問6．** c・e　**問7．** b　**問8．** b・c
問9． a・b　**問10．** c

解説

《大正政変と第一次世界大戦》

Ⅳは，2023年度のテーマも「第一次世界大戦と政党内閣」というもので，きわめて近似した時代・テーマが問われた。

問1． e．軍部大臣現役武官制は，陸海軍大臣は現役の大将・中将に限るとする制度である。現役軍人の人事は憲法の統帥事項にあたり内閣が関与できないため，上原勇作陸相が辞任したあと，後任の陸相に陸軍の推薦を得られず，西園寺公望内閣は総辞職に追い込まれた。

問2． 第2次西園寺公望内閣の総辞職を受け，内大臣兼侍従長として宮中にいた桂太郎が第3次桂太郎内閣を組閣したが，その行為は宮中と府中（＝内閣）の境界，つまり宮中・府中の別を乱す，との批判を呼び起こした。

問3． 衆議院の速記録によると，尾崎行雄の演説は次のような内容である。「彼等ハ（ア＝玉座）ヲ以テ胸壁ト為シ（イ＝詔勅）ヲ以テ弾丸ニ代ヘテ政敵ヲ倒サントスルモノデハナイカ」桂首相らが常に天皇の玉座の蔭に隠れ，そこから政敵を狙撃するがごとき挙動をとっている，と非難しているのである。

問4． a．正文。b．誤文。「立憲改進党」ではなく立憲政友会を与党とした。c．誤文。「予備役の元帥・大将」ではなく，予備役・後備役の大将・中将である。d．正文。e．誤文。「陸軍」ではなく海軍である。

問5．「大正新時代の天佑（天の助け）」ととらえたのは元老の井上馨である。第一次世界大戦はヨーロッパが主戦場であり，英・仏・露など欧州勢が欧州の戦いにのぞむため中国から手を引く機会がおとずれ，これを日本が一気に中国へと進出するチャンスと考えたのである。

問6． 1919年パリ講和会議に参加した全権は元首相の西園寺公望と元文相で大久保利通の次男牧野伸顕の2人である。なお，a．加藤友三郎とd．幣原喜重郎はのちのワシントン会議に全権として参加したので覚えておこう。

問7． 日本は第一次世界大戦においてドイツに対し宣戦布告し，ドイツの根拠地であった膠州湾の青島と山東省権益を接収した。パリ講和会議ではその権益が日本に継承されることとなった。

問8． 日本は赤道以北の旧ドイツ領南洋諸島の委任統治権を得たが，その地域に属するのがb．パラオ諸島とc．サイパン島である。a．ナウル島とe．ビスマルク諸島は赤道以南の島々であり，d．グアム島はアメリカ領である。

問9． 和辻哲郎は近代日本を代表する倫理学者。欧州の実存主義哲学を学び，仏教美術や日本思想を研究，『古寺巡礼』，『風土』，『人間の学としての倫理学』など多数の著作を残した。c．『善の研究』は西田幾多郎，d．『日本の思想』は丸山真男，e．『大菩薩峠』は中里介山の著作である。

問10． 日本の民俗学（フォークロア）を確立した柳田國男は，無名の民衆を指す英語フォークをc．「常民」という名称で表し，その生活史を探究した。

V　解答

問1． c　**問2．** e　**問3．** b　**問4．** c　**問5．** a
問6． b　**問7．** a・b・d　**問8．** d　**問9．** e
問10． c・d

解説

《戦後の総合問題》

問1． マッカーサーが厚木に到着したのは1945年8月30日で，日本ではポツダム宣言の受諾後8月15日にb．鈴木貫太郎内閣が総辞職し，c．東久邇宮稔彦内閣が発足していた。

問2． 五大改革指令はマッカーサーが幣原喜重郎首相に対し口頭で示した民主化に向けての指令で，女性の解放・労働運動の助長・教育の自由主義化・圧政的諸制度の撤廃・経済の民主化の5つである。この内容に近い項目を列挙している選択肢はeである。

問3． 日本国憲法は吉田茂内閣のもとで議会審議が行われ，1946年11月3日に公布され，半年後の1947年5月3日に施行された。

問4． 日ソ共同宣言が1956年，日韓基本条約が1965年，日中共同声明が1972年であり，cが正しい順序となる。

問5． 日米安全保障条約は，1951年9月に吉田茂総理大臣がサンフランシスコに出向き，当地で平和条約の締結と同日に結ばれたもので，aが正解となる。

問6． 1964（昭和39）年にはオリンピック東京大会が開催されたが，同年の開催直前に東海道新幹線が開通したので，bが正解。日本万国博覧会

(1970年)，札幌冬季オリンピック（1972年)，沖縄海洋博覧会（1975年）などの年代も覚えておこう。

問7． ａ．湯川秀樹は1949年物理学賞，ｂ．朝永振一郎は1965年物理学賞，ｄ．川端康成は1968年文学賞を，それぞれ受賞した。なおｃ．高木貞治は数学者，ｅ．黒澤明は映画監督で，ともにノーベル賞受賞はない。

問8． 国際連合の平和維持活動（PKO）に日本の自衛隊が協力するPKO協力法は1992年に成立した。自衛隊は海上の災害救助や機雷除去活動をのぞけば，戦後初めて，内戦の傷跡が残るアジアの国であるカンボジアへと派遣された。

問9． 気候変動枠組条約第3回締約国会議は1997年に京都で開かれた。この会議は通称，地球温暖化防止京都会議ともいう。日米欧の先進国では温室効果ガスの削減目標が2008～12年をめどに1990年比で5.2％減と決められた。

問10． 空欄のあとの「所得倍増計画」をヒントに，空欄Ａは池田勇人首相であると判断しよう。池田内閣は1960～64年の約4年間続いたが，この間にはｃ．LT貿易の取り決め（1962年）とｄ．IMF 8条国移行（1964年）が入る。ａの神武景気がはじまったのは1955年，ｂのいざなぎ景気がはじまったのは1966年。ｅのGATTへの正式加盟は1955年である。

講評

2024年度は2023年度と同じ大問5問，各大問の問題数10問であった。かつて定番であった3文の正誤判定が復活し，配列法は3問（2問減）だった。近現代重視の傾向は変わらず，Ⅴはすべて戦後史の出題である。

Ⅰは飛鳥の朝廷，北条氏の台頭，史料「三善清行の意見封事」をテーマとする問題。10問中5問で求められる「すべて」選べ，という問題や，「適切な選択肢はない」とする選択肢には迷う受験生も多いだろう。問8の「備中国」と接しない国をすべて選ぶ問題はやや難。問10は史料文をすみやかに読解し要点を押さえる必要がある。

Ⅱはａ・ｂ・ｃ3文の正誤判定問題が8割を占める。問1．ｃの「国替」は東軍の大名福島正則らに対して行われた。問6．ｂの「公家の務め」として家業に就くことはやや難。教科書の記述を丹念に読み取っておこう。

Ⅲは幕末の政局と明治初期の殖産興業政策をテーマとする問題。選択肢から1つを選ぶ形式で，比較的解答しやすい。問5では戊辰戦争という短期間の配列が問われ，問7では「阿仁銅山」などの詳細な事項が登場するなど，やや難しい問題もある。解説を読んで解法を身につけよう。

Ⅳでは，大正政変から第一次世界大戦終結までの政治外交史がとりあげられている。2023年度Ⅳと時代が近似した問題だ。問4の山本権兵衛内閣について正文をすべて選ぶ問題は選択個数に迷うのでやや難。問8の南洋諸島に該当する島名も教科書の記載がわずかで，難問。

Ⅴは，第二次世界大戦後から1990年代までの政治・外交・経済・文化などを総合的に問う問題。問6は，組み合わせの左項目には1964年の出来事がbしかないことに気づきたい。世界経済に関する問10のc・d・e文の解答には，丁寧な教科書学習が必要である。

世界史

I 解答 **【設問1】問1．** d　**問2．** a　**問3．** c　**問4．** b
問5． a　**問6．** d　**問7．** a
【設問2】問1． a　**問2．** c
【設問3】問1． b　**問2．** c　**問3．** b

解説

《フランス革命》

【設問1】問1． 正解はd。総人口に対する各身分の割合は，第一身分の聖職者が約0.5％，第二身分の貴族が約1.5％，第三身分の平民が約98％である。

【設問2】問1． やや難。正解はa。ユグノー戦争（1562～98年）が16世紀の出来事という知識が不可欠である。戦国大名の豊臣秀吉（1537～98年）と江戸幕府の第3代将軍である徳川家光（1604～51年）については，江戸幕府の成立（1603年）が17世紀と知っていれば判断できる。オイラトのエセン=ハン（？～1454年）とモンゴル（タタール）のアルタン=ハン（1507頃～82年）は北虜南倭の勢力として明に侵攻した民族で，テムジン（1162頃～1227年）とモンケ=ハン（1208～59年）が13世紀に成立した大モンゴル国（モンゴル帝国）の初代皇帝と第4代皇帝であることを知っていれば，aが正しいと判断できる。

問2． a．不適。正統主義は，ウィーン会議の基本原則の1つである。

b．不適。コンコルダートは，カトリック教会と国家の関係をめぐって教皇と国王などが締結する外交的協約のことで，統領政府時代にナポレオンが教皇と締結してカトリック教会の復権を認めたものが有名である。

d．不適。コンキスタドールは，大航海時代にラテンアメリカで征服活動を行ったスペイン人征服者のことである。

【設問3】問1． やや難。a．誤文。アメリカ合衆国憲法の説明である。

b．正文。1791年憲法の説明である。国民議会は立憲君主政の樹立を目指していたので，立憲君主政を規定しているbが正解となる。

c．誤文。1793年憲法の説明である。1793年憲法は国民公会の下で主導権を握ったジャコバン派が制定し，共和政を定めた憲法だが，対外戦争や反革命派の活動を理由に延期されて，結局は実施されなかった。

d．誤文。1795年憲法の説明である。1795年憲法は国民公会が採択し，独裁を防ぐために5人の総裁などを定めた憲法で，この憲法に基づいて総裁政府が成立した。共和政を定めた1793年憲法が対外戦争などを理由に実施されなかったので，1795年憲法がフランス史上初の共和政憲法とされる。

問2． 正解はc。王が「全国民に対し，許しと忘却を乞うた」事件ということは，国王ルイ16世が起こした事件ということになる。ヴァレンヌ逃亡事件（1791年6月）は，パリで革命勢力の監視下におかれていた国王ルイ16世一家が王妃の故国であるオーストリアへの逃亡を図って失敗した事件で，選択肢の中で国王ルイ16世が起こした事件はこれだけである。

問3． b．誤文。教皇インノケンティウス3世が提唱したアルビジョワ十字軍を実行したのは，フランス国王ルイ8世とルイ9世である。

Ⅱ 解答

【設問1】問1． d **問2．** b **問3．** d
【設問2】問1． a **問2．** b **問3．** d **問4．** d **問5．** c **問6．** d **問7．** d **問8．** b **問9．** d **問10．** c **問11．** a

解説

《古代ギリシアの歴史》

【設問2】問1． やや難。a．誤文。インダス文明は青銅器文明であるが，前1800年頃に衰退したとされており，青銅器の使用開始はそれ以前に遡る。

問2． やや難。b．不適。クレタ文明はクレタ島を中心とする平和的な海洋文明で，遺跡であるクノッソス宮殿の壁画には女性や海洋生物が描かれている。

問3． a．誤文。クレタ島に成立したクレタ文明は外敵に対する警戒心が薄く，宮殿に城壁を設けなかったのに対して，ギリシア本土に成立したミケーネ文明は外敵の侵入に備えて，宮殿に巨石でできた城壁を設けた。

b．誤文。ミケーネ文明を築いたのは，ギリシア人の一派のアカイア人で，ギリシア人はインド=ヨーロッパ語系の民族である。

ｃ．誤文。ミケーネ文明には奴隷が存在していた。

問4．やや難。ａ．誤文。ポリスの多くは，有力貴族の指導により経済や軍事の要地に人々が集住（シノイキスモス）して成立した。

ｂ．誤文。ポリスの中心にはアクロポリスという丘があり，この丘の上にポリスの守護神をまつる神殿が建てられた。アゴラはアクロポリスの麓にある広場で，集会や市場が開かれるなど，政治や経済の中心であった。

ｃ．誤文。古代ギリシアでは1000以上のポリスが存在したが，各地のポリスはいずれも政治的に独立した国家で，常に対立や抗争を繰り広げていた。

問5．ａ．誤文。ホメロスの『イリアス』と『オデュッセイア』は叙情詩ではなく叙事詩である。叙事詩は歴史的な出来事を記述した詩のことで，叙情詩は個人の感情を表現した詩のこと。

ｂ．誤文。フェニキア人との交流の中でギリシアに伝わったフェニキア文字が改良されて，ギリシア文字（アルファベット）がつくられた。

ｄ．誤文。ギリシアで普及した硬貨（金属貨幣）は，小アジアの王国リディアでつくられたものである。

問6．ａ．不適。ネアポリスは南イタリアに建設された植民市で，現在のナポリである。

ｂ．不適。ビザンティオンは黒海と地中海を結ぶボスフォラス海峡に位置する植民市で，現在のイスタンブルである。

ｃ．不適。マッサリアは南フランスに建設された植民市で，現在のマルセイユである。

問7．正解はｄ。スパルタはドーリア人の，アテネはイオニア人のポリスである。アイオリス人の代表的なポリスはテーベ。エトルリア人はローマを支配していたイタリアの先住民で，ギリシア人ではない。

問8．ａ．誤文。クレイステネスの改革の内容である。

ｃ．誤文。前451年にペリクレスの指導下で市民権法が制定されて，アテネ市民の資格を「両親ともにアテネ市民の者」と規定した。

ｄ．誤文。ドラコンの立法の内容である。

問9．ａ．誤文。ゾロアスター教を国教に定めたのは，ササン朝ペルシアである。

ｂ．誤文。サトラップは各州の徴税や治安維持を行う知事で，サトラップを監視するために王直属の監察官である「王の目」・「王の耳」が派遣された。

c．誤文。アケメネス朝ペルシアは，服属民に対して軍役と貢納を課す代わりに，法律や宗教を尊重して寛容な統治を行った。服属民に対して強制移住を実施したり重税を課したのは，アッシリアである。

問10. a．誤文。万物の根源を原子であるとみなしたのは，デモクリトスである。

b．誤文。エピクロスはヘレニズム時代の哲学者であり，マケドニアがギリシアを征服した後の人物である。

d．誤文。プロタゴラスの「万物の尺度は人間である」という言葉は，存在するのは個人の主観に過ぎず，絶対的な真理は存在しないという意味である。

問11. b．誤文。ペロポネソス戦争中にペリクレスが病死したことで，アテネは扇動政治家（デマゴーゴス）による衆愚政治に陥った。

c．誤文。ペロポネソス戦争で，スパルタはアケメネス朝ペルシアの支援を受けて，アテネに勝利した。

d．誤文。前4世紀前半に，ギリシアの覇権はスパルタとの戦いに勝利したテーベに移った。

Ⅲ 解答 **i）【設問1】問1．** d **問2．** b
【設問2】問1． b **問2．** c **問3．** a **問4．** b **問5．** d

ii）【設問1】問1． a **問2．** d

【設問2】問1． a **問2．** d **問3．** c

解説

《製紙法とアジアの文字》

i）【設問2】問1． 正解はb。中国は前漢時代から西域に進出していたが，後漢時代には西域都護の班超が西域の多くの国々を服属させて勢力を拡大した。よって，西域を版図にしているbが正しいと判断できる。

問2． c．誤文。唐末に発生した黄巣の乱の説明である。塩の密売商人の挙兵から始まった黄巣の乱は節度使によって鎮圧されたが，この反乱で貴族が没落して，唐は衰退していった。なお，節度使は，唐の後期に実施された募兵制により組織された募兵集団の指揮官のことである。

問3． 正解はａ。タラス河畔の戦いは751年の出来事で，唐は618年に成立して907年に滅亡し，宋（北宋）は960年に成立して1127年に滅亡している。また，ウマイヤ朝は661年に成立して750年に滅亡し，アッバース朝は750年に成立して1258年に滅亡している。

問4． ｂ．誤文。ファーティマ朝はシーア派の一分派であるイスマーイール派がチュニジアに建国した王朝である。なお，ファーティマ朝という名称は預言者ムハンマドの娘ファーティマに由来している。ファーティマは第4代正統カリフのアリーと結婚しており，シーア派はアリーとその子孫をイスラーム共同体の指導者とみなしている。

問5． ａ．不適。東ゴート王国は，5世紀から7世紀にかけてイタリア半島を中心に支配した王国である。

ｂ．不適。ランゴバルド王国は，6世紀から8世紀にかけて北イタリアを中心に支配した王国である。

ｃ．不適。ブルグンド王国は5世紀から6世紀にかけてガリア東南部を中心に支配した王国である。

ii）【設問2】問1． ａ．誤文。陳勝・呉広の乱をきっかけに滅んだのは秦である。前漢は外戚や宦官が権力を握ったことで政治が混乱し，外戚の王莽が皇帝に禅譲を迫り，皇帝が帝位を譲ったことで滅亡した。

問2． ｄ．誤文。金を滅ぼしたのは大モンゴル国（モンゴル帝国）の第2代皇帝であるオゴデイ（オゴタイ）である。鄭成功は明の遺臣で，明の復興を目指して清と戦い，オランダ勢力を台湾から駆逐してこの地を根拠地とした。鄭氏一族が根拠地としていた時期の台湾を鄭氏台湾と呼ぶ。

問3． ａ．不適。完顔阿骨打は，金の建国者である。

ｂ．不適。耶律阿保機は，遼（キタイ）の建国者である。

ｄ．不適。冒頓単于は，匈奴の最盛期の君主である。

Ⅳ　解答

【設問1】問1． ｃ　**問2．** ｂ　**問3．** ａ　**問4．** ｄ
問5． ａ　**問6．** ｄ　**問7．** ｄ　**問8．** ｃ

【設問2】問1． ａ　**問2．** ｂ　**問3．** ｃ　**問4．** ｃ

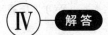

解説

《ナチスの台頭》

【設問2】問1． やや難。正解はa。イタリアのファシズム勢力であるファシスト党を結成したムッソリーニが政権獲得のために実施したローマ進軍（1922年）にならって，ヒトラーは政権獲得を目指してミュンヘン一揆（1923年）を起こしたが失敗に終わった。

問2． やや難。b．誤文。ヴァイマル共和国の憲法は，首相ではなく大統領に非常大権（大統領緊急令）を認めており，第2代大統領のヒンデンブルクは大統領緊急令を乱用したため，議会制民主主義の形骸化を招いた。

問3． 正解はc。1320億金マルクを日本円に換算すると，1320億（金マルク）×（約）0.36（グラム）×（約）7400（円）=（約）351兆6480億（円）となる。

問4． 正解はc。ミュンヘン会談には，イギリスのネヴィル=チェンバレン，フランスのエドゥアール=ダラディエ，ドイツのヒトラー，イタリアのムッソリーニが参加した。

講評

Ⅰ　フランス革命に関する問題で，【設問1】は教科書レベルの語句選択問題なので確実に得点したい。【設問2】の問1で出来事と人物の時期が問われたが，何世紀かを理解していれば正解できる。【設問3】は史料問題で，多少の読解力が求められたものの，問われている内容は基本的事項なので慎重に対処したい。

Ⅱ　古代ギリシアに関する問題だが，関連してアジアやアメリカ大陸の知識も問われた。【設問1】は教科書レベルの語句選択問題だが，【設問2】は正文（誤文）選択問題や視覚資料の選択問題でややレベルの高い出題が数問あった。特に，問2ではクレタ文明に関する視覚資料が出題されており，文化に関しては日頃から作品の写真にもしっかり目を通しておく必要がある。

Ⅲ　製紙法に関する文章とアジアの文字に関する文章を利用して，東アジアとイスラーム世界を中心にアジア史が出題された。語句選択問題と正文（誤文）選択問題が出題されたが，ともに教科書レベルであった。

地図問題では2023年度に続いて国家の領域が出題されたので，時代ごとの国家の領域の変化に注意したい。

Ⅳ　ミュンヘン一揆から第二次世界大戦勃発までのナチスに関する問題で，【設問１】の語句選択問題はほぼ教科書レベルだが，【設問２】は問１と問２で詳細な知識が問われた。2023年度に続いて計算を必要とする問題が問３で出題されたが，計算式を作るのは難しくないので落ち着いて計算したい。

政治・経済

I 解答

問1. A―(ウ)　B―(ウ)　C―(エ)

問2. (エ)　**問3.** (ア)　**問4.** (ウ)　**問5.** (ア)　**問6.** (オ)

問7. (オ)　**問8.** (エ)

解説

《基本的人権，新しい人権》

問1. C. (エ)が適切。一連の事件は「滝川事件」「京大事件」などと言われる。

問2. (エ)が不適切。帝国議会の協賛を必要としたのは立法権である。行政は国務大臣の輔弼によって行われた。また，天皇の統帥権は独立しており，帝国議会のコントロールが及ばなかった。

問3. (ア)が適切。Fの「多数者の専制」とは，多数決の名の下に，少数者の権利や利益が侵害されることをいう。

問4. (ウ)が不適切。三菱樹脂訴訟最高裁判決では，憲法の人権保障規定は，私人間に直接適用されるものではなく，企業が特定の思想・信条を有する者の雇用を拒んでも，当然に違法とすることはできないという判断が下された。

問5. (ア)が適切。愛媛玉串料訴訟の記述である。

(イ)・(ウ)・(オ)　誤り。箕面忠魂碑訴訟・山口自衛官合祀訴訟・津地鎮祭訴訟はいずれも最高裁で違憲判決が下されていない。

(エ)　誤り。砂川政教分離訴訟では，目的効果基準ではなく，社会通念に照らして判断すれば政教分離に反するとして違憲判決が下された。

問6. (オ)が適切。判決順に(イ)チャタレイ事件（1957年）→(ウ)『宴のあと』事件（1964年）→(エ)『北方ジャーナル』事件（1986年）→(オ)『石に泳ぐ魚』事件（2002年）→(ア)グーグル検索結果削除請求事件（2017年）となる。

II 解答

問1. A―(エ)　B―(エ)

問2. (エ)　**問3.** (イ)　**問4.** (ウ)　**問5.** (オ)　**問6.** (エ)

問7. (オ)　**問8.** (ウ)

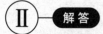

解説

《経済成長，景気循環》

問２．(エ)が不適切。例えば海外でホテルに宿泊したり，飲食することは，サービス貿易に該当する。

問３．(イ)が不適切。物価上昇率が著しいときなどは，実質経済成長率が負の値であっても，名目経済成長率は正の値になることがある。

問４．(ウ)が不適切。フィリピンは「中所得国・下位」に分類されている。

問５．(オ)が適切。ソビエト連邦の経済学者コンドラチェフ（1892～1938年）が発見した周期50～60年の長期の景気循環は，オーストリア出身の経済学者シュンペーターによって，技術革新（イノベーション）がその要因であるとされた。

(ア)　誤り。技術革新により経済が発展する。

(イ)・(ウ)　いずれも誤り。ともにクズネッツの波に関する記述である。

(エ)　誤り。ジュグラーの波は設備投資を原因とする約10年の循環である。

問６．(エ)が不適切。神武景気までに戦前の生産水準を回復した。

問７．(オ)が不適切。山からトレンドの水準に戻る間は後退である。不況は谷の部分である。

問８．(ウ)が適切。ビルトインスタビライザーに関する記述である。

Ⅲ　解答

問１． A―(ウ)　B―(イ)　C―(イ)　D―(イ)

問２．(イ)　**問３．**(オ)　**問４．**(イ)　**問５．**(ウ)　**問６．**(イ)

問７．(オ)

解説

《戦後国際政治》

問１．C．(イ)が適切。COMECON（経済相互援助会議）はマーシャル・プランに基づくOEEC（現在のOECDの前身）に対抗して組織された。

D．(イ)が適切。NPTは核兵器不拡散条約（Treaty on the Non-Proliferation of Nuclear Weapons）の略称。「1968年…核兵器保有国の増加防止」から判断する。

問２．(イ)が不適切。当時フランコによる独裁体制が続いていたスペインはマーシャル・プランの対象とならなかった。

問３．(オ)が不適切。2023年にNATOに加盟したのはフィンランドである。

スウェーデンは2024年3月にNATOに加わり，32カ国目の加盟国となった。

問4．(イ)が不適切。1955年に広島で開催されたのは第一回原水爆禁止世界大会である。

問5．(ウ)が適切。

(ア) 誤り。第一次戦略兵器制限条約ではなく，第二次戦略兵器制限条約についての記述である。

(イ) 誤り。INF全廃条約はレーガン大統領とゴルバチョフ書記長との間で調印された。

(エ) 誤り。オバマ大統領による核なき世界の演説はプラハで行われた。

(オ) 誤り。2019年に条約破棄を通告したのはアメリカの側である。

問6．(イ)が適切。b．トラテロルコ条約（1967年）→e．ラロトンガ条約（1985年）→c．バンコク条約（1995年）→d．ペリンダバ条約（1996年）→a．セメイ条約（2006年）の順となる。

問7．(オ)が不適切。アメリカは2019年に武器貿易条約の署名を撤回した。中国は2020年に加盟した。

Ⅳ 解答

問1． A―(オ)　B―(オ)

問2．(オ)　**問3．**(ウ)　**問4．**(イ)　**問5．**(オ)　**問6．**(ウ)

問7．(オ)　**問8．**(エ)

解説

《戦後国際経済，地域的経済統合》

問2．(オ)が不適切。OECD（経済協力開発機構）の前身はマーシャル・プランに基づいて結成されたOEEC（欧州経済協力機構）で，自由貿易と直接関係はない。

問3．(ウ)が適切。フランスとドイツに挟まれたベルギー（Belgium）・オランダ（ネーデルラントNederland）・ルクセンブルク（Luxembourg）の3カ国をまとめてベネルクス（Benelux）三国という。

問4．(イ)が適切。EEC（欧州経済共同体，1958年）→EC（欧州共同体，1967年）→EU（欧州連合，1993年）と変遷した。

問5．(オ)が不適切。ロメ協定はEC（当時）とアフリカ・カリブ海・太平洋諸国との間で結ばれた経済支援等に関する協定をいう。1975年にトーゴのロメで調印された。

問7． (オ)が適切。他の選択肢の国はいずれも原加盟国である。社会主義国であるベトナムは，冷戦終結後に加盟した。

問8． (エ)が適切。日本の貿易相手国で最も割合が大きいのは中国，次は米国であるのは知っておかなければならない。それに次ぐのは隣国である韓国と台湾である。よって，Dが中国，Cがアメリカ，Eが韓国と判断できる。

講評

Ⅰ　基本的人権や新しい人権などについて出題された。多数者の専制について問う問3や，表現の自由をめぐる判決について時系列を問う問6など，やや詳細な知識を必要とする問題も出題されている。

Ⅱ　経済成長・景気循環について出題された。選択肢から「中所得国・上位」でない国を選ぶ問4は本文中にヒントがなく，難しい。

Ⅲ　戦後国際政治について出題された。スペインがマーシャル・プランの対象国でなかったことを問う問2や，核軍縮や近年の条約について広く問う問5・問7，非核条約の署名年についての知識を必要とする問6など，解答に苦労する問題が多く出題された。

Ⅳ　戦後国際経済・地域的経済統合について出題された。詳細な知識を必要とする出題もあるが，基礎的な知識で解答できる問題も少なくない。例年通り，やや難しい問題も出題されているので，その分標準的な難易度の問題について着実に正解を重ねることが求められる。

数　学

I **解答** **(1)ア.** 2　**イ.** 2　**ウ.** 1

(2)エ. 1　**オ.** 2　**カ.** 4　**キ.** 4　**ク.** 2　**ケ.** 4

コ. 4

(3)サ. 1　**シ.** 5　**ス.** 2

解説

《正弦定理・余弦定理》

(1)　$\angle \mathrm{OHA}=90^\circ$ より OA は円 C_1 の直径であるから

$$r_1=\frac{1}{2}\mathrm{OA}=\frac{1}{2}\sqrt{a^2+1}\quad \cdots\cdots ア～ウ$$

(2)　△OBC の面積は

$$\frac{1}{2}\cdot\mathrm{BC}\cdot\mathrm{OH}=\frac{1}{2}\cdot 2\cdot 1=1\quad \cdots\cdots エ$$

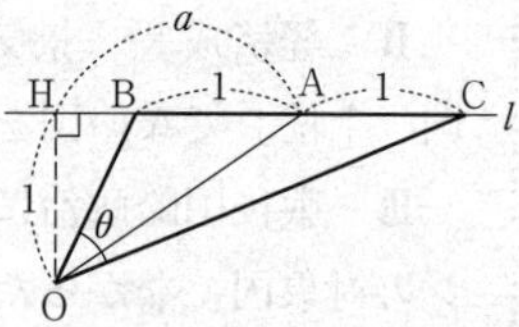

余弦定理により

$$\cos\theta=\frac{\mathrm{OB}^2+\mathrm{OC}^2-\mathrm{BC}^2}{2\mathrm{OB}\cdot\mathrm{OC}}$$

$$=\frac{\{(a-1)^2+1\}+\{(a+1)^2+1\}-4}{2\sqrt{(a-1)^2+1}\cdot\sqrt{(a+1)^2+1}}$$

$$=\frac{a^2}{\sqrt{(a^2+2-2a)(a^2+2+2a)}}$$

$$=\frac{a^2}{\sqrt{a^4+4}}$$

よって

$$\sin\theta=\sqrt{1-\left(\frac{a^2}{\sqrt{a^4+4}}\right)^2}=\frac{2}{\sqrt{a^4+4}}\quad \cdots\cdots オ～キ$$

正弦定理により，$\dfrac{\mathrm{BC}}{\sin\theta}=2r_2$ であるから

$$r_2=\frac{\mathrm{BC}}{2\sin\theta}=\frac{1}{2}\cdot\frac{\sqrt{a^4+4}}{2}\cdot 2=\frac{1}{2}\sqrt{a^4+4}\quad \cdots\cdots ク～コ$$

(3) (1), (2)より，$r_1=\dfrac{1}{2}\sqrt{a^2+1}$，$r_2=\dfrac{1}{2}\sqrt{a^4+4}$ であるから，円 C_2 の面積が C_1 の面積の 3 倍である条件は

$$\pi r_2{}^2=3\pi r_1{}^2 \Longleftrightarrow \left(\frac{1}{2}\sqrt{a^4+4}\right)^2=3\left(\frac{1}{2}\sqrt{a^2+1}\right)^2$$

$$\Longleftrightarrow a^4-3a^2+1=0$$

$$\Longleftrightarrow (a^2-1)^2-a^2=0$$

$$\Longleftrightarrow (a^2+a-1)(a^2-a-1)=0$$

$$\Longleftrightarrow a=\frac{-1\pm\sqrt{5}}{2},\ \frac{1\pm\sqrt{5}}{2}$$

$a\geqq 1$ より　$a=\dfrac{1+\sqrt{5}}{2}$　……サ～ス

Ⅱ　解答

(1)ア. 1　**イウ.** 15　**エ.** 1　**オ.** 3
(2)カ. 1　**キク.** 90　**ケ.** 2　**コサ.** 45
(3)シ. 2　**ス.** 3

解説

《袋からカードを取り出すときの確率，条件付き確率》

(1) 取り出し方は全部で

$_6C_2=15$ 通り

$X=1$ となるのは，1 のカードを 2 枚取り出す場合である。

$$P(X=1)=\frac{1}{15}\quad\text{……ア～ウ}$$

$X=2$ となるのは，2 のカードを 2 枚，または 1 のカードと 2 のカードを 1 枚ずつ取り出す場合である。

$$P(X=2)=\frac{1+{}_2C_1\cdot{}_2C_1}{15}=\frac{1}{3}\quad\text{……エ，オ}$$

(2) 取り出し方は全部で

$_6C_2\times{}_4C_2=90$ 通り

$X=1$ かつ $Y=2$ となるのは，A さんが 1 のカードを 2 枚，B さんが 2 のカードを 2 枚取り出す場合に限られる。

$$P(X=1\text{ かつ }Y=2)=\frac{1}{90}\quad\text{……カ～ク}$$

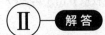

$X=Y=2$ となるのは，Aさんと B さんが共に 1 のカードと 2 のカードを 1 枚ずつ取り出す場合である。

$$P(X=Y=2)=\frac{{}_2C_1\cdot{}_2C_1}{90}=\frac{2}{45}\quad\cdots\cdots ケ\sim サ$$

(3)　(2)と同様に，取り出し方は全部で 90 通り。

次のように事象 V，W を定める。

V：$X<Z$ かつ $Y<Z$ となる

W：$X=Y$ となる

ここで，V が起こるのは，$(X,\ Y,\ Z)=(1,\ 2,\ 3)$，$(2,\ 1,\ 3)$，$(2,\ 2,\ 3)$ のときであるから

$$P(V)=P(X=1 かつ Y=2)+P(X=2 かつ Y=1)+P(X=Y=2)\quad\cdots\cdots①$$

Aさんが 2 のカードを 2 枚，B さんが 1 のカードを 2 枚取り出す場合のみ，$X=2$ かつ $Y=1$ となるので

$$P(X=2 かつ Y=1)=\frac{1}{90}\quad\cdots\cdots②$$

①，②および(2)の結果により

$$P(V)=\frac{1}{90}+\frac{1}{90}+\frac{2}{45}=\frac{1}{15}$$

次に，$V\cap W$ が起こるのは $(X,\ Y,\ Z)=(2,\ 2,\ 3)$ のときであるから

$$P(V\cap W)=P(X=Y=2)=\frac{2}{45}$$

よって，求める条件付き確率は

$$P_V(W)=\frac{P(V\cap W)}{P(V)}=\frac{2}{3}\quad\cdots\cdots シ，ス$$

III　解答

(1)ア． 1　**イ．** 3　**ウエオ．** 590　**カキ．** 30

クケコサ． 1770

(2)シ． 3　**ス．** 6　**セソ．** 12

解説

《等差数列の和，整数部分の決定》

(1)　初項を a，公差を d とすると，$a_3=7$，$a_5=13$ より

$$\begin{cases} a+2d=7 \\ a+4d=13 \end{cases} \iff \begin{cases} a=1 \\ d=3 \end{cases} \quad \cdots\cdots ア，イ$$

よって，$a_n=1+(n-1)\cdot 3=3n-2$ であるから

$$\sum_{k=1}^{20} a_k=\sum_{k=1}^{20}(3k-2)=3\sum_{k=1}^{20}k-\sum_{k=1}^{20}2$$

$$=3\cdot\frac{1}{2}\cdot 20\cdot(20+1)-2\cdot 20$$

$$=590 \quad \cdots\cdots ウ〜オ$$

また

$$\sum_{k=1}^{20}(-1)^{k-1}a_k=a_1-a_2+a_3-a_4+\ \cdots\ +a_{19}-a_{20}$$

$$=(a_1+a_2+a_3+\ \cdots\ +a_{20})-2(a_2+a_4+a_6+\ \cdots\ +a_{20})$$

$$=\sum_{k=1}^{20}a_k-2\sum_{k=1}^{10}a_{2k} \quad \cdots\cdots ①$$

ここで

$$\sum_{k=1}^{10}a_{2k}=\sum_{k=1}^{10}(3\cdot 2k-2)=6\sum_{k=1}^{10}k-\sum_{k=1}^{10}2$$

$$=6\cdot\frac{1}{2}\cdot 10\cdot 11-2\cdot 10$$

$$=310 \quad \cdots\cdots ②$$

①，②および(1)の結果により

$$\sum_{k=1}^{20}(-1)^{k-1}a_k=590-2\cdot 310=-30 \quad \cdots\cdots カキ$$

次に，同様に考えると

$$\sum_{k=1}^{20}(-1)^{k-1}a_k{}^2=\sum_{k=1}^{20}a_k^2-2\sum_{k=1}^{10}a_{2k}^2$$

$$=\sum_{k=1}^{20}(3k-2)^2-2\sum_{k=1}^{10}(3\cdot 2k-2)^2$$

$$=9\sum_{k=1}^{20}k^2-12\sum_{k=1}^{20}k+\sum_{k=1}^{20}4-2\left(36\sum_{k=1}^{10}k^2-24\sum_{k=1}^{10}k+\sum_{k=1}^{10}4\right)$$

$$=9\cdot\frac{1}{6}\cdot 20\cdot 21\cdot 41-12\cdot\frac{1}{2}\cdot 20\cdot 21+4\cdot 20$$

$$-2\left(36\cdot\frac{1}{6}\cdot 10\cdot 11\cdot 21-24\cdot\frac{1}{2}\cdot 10\cdot 11+4\cdot 10\right)$$

$$=-1770 \quad \cdots\cdots ク〜サ$$

(2)
$$b_k=\frac{1}{\sqrt{a_k}+\sqrt{a_{k+1}}}$$
$$=\frac{\sqrt{a_{k+1}}-\sqrt{a_k}}{(\sqrt{a_k}+\sqrt{a_{k+1}})(\sqrt{a_{k+1}}-\sqrt{a_k})}$$
$$=\frac{\sqrt{a_{k+1}}-\sqrt{a_k}}{a_{k+1}-a_k}$$
$$=\frac{\sqrt{a_{k+1}}-\sqrt{a_k}}{3}\quad\cdots\cdots シ$$

よって

$$b_1+b_2+\ \cdots\ +b_{120}=\frac{\sqrt{a_2}-\sqrt{a_1}}{3}+\frac{\sqrt{a_3}-\sqrt{a_2}}{3}+\ \cdots\ +\frac{\sqrt{a_{121}}-\sqrt{a_{120}}}{3}$$
$$=\frac{\sqrt{a_{121}}-\sqrt{a_1}}{3}$$
$$=\frac{\sqrt{361}-1}{3}$$
$$=\frac{19-1}{3}$$
$$=6\quad\cdots\cdots ス$$

次に，$0<\sqrt{a_k}<\sqrt{a_{k+1}}$ より，$\sqrt{a_k}+\sqrt{a_k}<\sqrt{a_k}+\sqrt{a_{k+1}}<\sqrt{a_{k+1}}+\sqrt{a_{k+1}}$ であり，$b_k=\dfrac{1}{\sqrt{a_k}+\sqrt{a_{k+1}}}$ だから

$$\frac{1}{2\sqrt{a_{k+1}}}<b_k<\frac{1}{2\sqrt{a_k}}\quad(k=1,\ 2,\ 3,\ \cdots)\quad\cdots\cdots①$$

(i) ①より $b_k<\dfrac{1}{2\sqrt{a_k}}$ $(k=1,\ 2,\ 3,\ \cdots,\ 120)$ であるから，$k=1$ から $k=120$ まで代入して得られる不等式の辺同士を加えると

$$b_1+b_2+\ \cdots\ +b_{120}<\frac{1}{2}\left(\frac{1}{\sqrt{a_1}}+\frac{1}{\sqrt{a_2}}+\ \cdots\ +\frac{1}{\sqrt{a_{120}}}\right)$$

$$\therefore\quad 6<\frac{1}{2}\left(\frac{1}{\sqrt{a_1}}+\frac{1}{\sqrt{a_2}}+\ \cdots\ +\frac{1}{\sqrt{a_{120}}}\right)$$

よって

$$12<\frac{1}{\sqrt{a_1}}+\frac{1}{\sqrt{a_2}}+\ \cdots\ +\frac{1}{\sqrt{a_{120}}}\quad\cdots\cdots②$$

(ii)　①より $\dfrac{1}{2\sqrt{a_{k+1}}}<b_k$ $(k=1,\ 2,\ 3,\ \cdots,\ 120)$ であるから，同様にして

$$\frac{1}{2}\left(\frac{1}{\sqrt{a_2}}+\frac{1}{\sqrt{a_3}}+\ \cdots\ +\frac{1}{\sqrt{a_{121}}}\right)<b_1+b_2+\ \cdots\ +b_{120}$$

$$\frac{1}{\sqrt{a_2}}+\frac{1}{\sqrt{a_3}}+\ \cdots\ +\frac{1}{\sqrt{a_{120}}}+\frac{1}{\sqrt{a_{121}}}<12\quad\cdots\cdots③$$

$\dfrac{1}{\sqrt{a_1}}=1$，$\dfrac{1}{\sqrt{a_{121}}}=\dfrac{1}{19}$ であるから，③より

$$1+\frac{1}{\sqrt{a_2}}+\frac{1}{\sqrt{a_3}}+\ \cdots\ +\frac{1}{\sqrt{a_{120}}}+\frac{1}{19}<12+1$$

$$\frac{1}{\sqrt{a_1}}+\frac{1}{\sqrt{a_2}}+\ \cdots\ +\frac{1}{\sqrt{a_{120}}}<13-\frac{1}{19}\quad\cdots\cdots④$$

②，④より，$12<\dfrac{1}{\sqrt{a_1}}+\dfrac{1}{\sqrt{a_2}}+\ \cdots\ +\dfrac{1}{\sqrt{a_{120}}}<13$ であるから，求める整数部分は

12　……セソ

Ⅳ　解答

(1)**ア.** 2　**イ.** 4　**ウ.** 2　**エ.** 8　**オ.** 3　**カ.** 4
(2)**キ.** 8　**ク.** 2　**ケ.** 6　**コ.** 4　**サ.** 2　**シ.** 2
ス. 1　**セ.** 8

解説

《放物線とその法線で囲まれた部分の面積》

(1)　$f'(x)=\dfrac{1}{2}x$ より，点 $\mathrm{A}(a,\ f(a))$ における C の接線の傾きは $\dfrac{a}{2}$ であるから，l_a の傾きは $-\dfrac{2}{a}$ となるので，l_a の方程式は

$$y-f(a)=-\frac{2}{a}(x-a)$$

$$y=-\frac{2}{a}x+\frac{1}{4}a^2+2\quad\cdots\cdots ア〜ウ$$

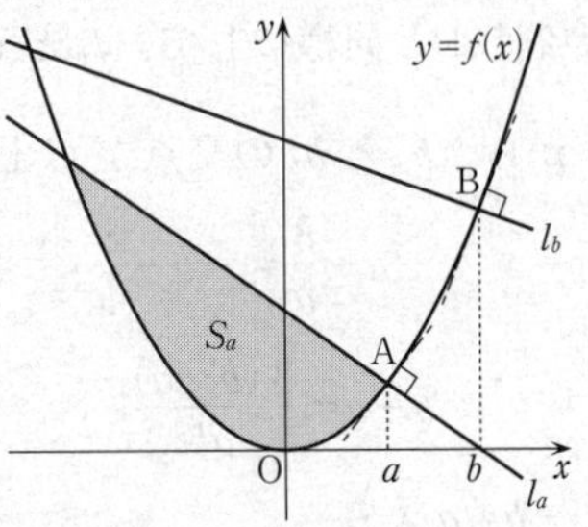

次に

$$\begin{cases} y=\dfrac{1}{4}x^2 & \cdots\cdots① \\ y=-\dfrac{2}{a}x+\dfrac{1}{4}a^2+2 & \cdots\cdots② \end{cases}$$

①，②より

$$\frac{1}{4}x^2=-\frac{2}{a}x+\frac{1}{4}a^2+2 \iff ax^2+8x-a(a^2+8)=0$$

$$\iff (x-a)(ax+a^2+8)=0$$

$$\iff x=a,\ -a-\frac{8}{a}$$

よって，l_a と C の点A以外の交点の x 座標は

$$x=-a-\frac{8}{a} \quad \cdots\cdots エ$$

$\alpha=-a-\dfrac{8}{a}$ とおくと

$$S_a=\int_\alpha^a\left\{\left(-\frac{2}{a}x+\frac{1}{4}a^2+2\right)-\frac{1}{4}x^2\right\}dx$$

$$=-\frac{1}{4}\int_\alpha^a(x-a)(x-\alpha)\,dx$$

$$=-\frac{1}{4}\left\{-\frac{1}{6}(a-\alpha)^3\right\}$$

$$=\frac{1}{24}\left(2a+\frac{8}{a}\right)^3=\frac{1}{24}\left\{2\left(a+\frac{4}{a}\right)\right\}^3$$

$$=\frac{1}{24}\cdot 2^3\left(a+\frac{4}{a}\right)^3$$

$$=\frac{1}{3}\left(a+\frac{4}{a}\right)^3 \quad \cdots\cdots オ，カ$$

(2)　(1)と同様にして，l_b と C の点B以外の交点の x 座標は $-b-\dfrac{8}{b}$ であるから，b_a と b_b の交点が C 上に存在する条件は

$$-a-\frac{8}{a}=-b-\frac{8}{b}$$

$$b-a=\frac{8(b-a)}{ab}$$

$b\neq a$ より

$$1=\frac{8}{ab}\iff ab=8 \quad \text{……キ}$$

(1)と同様にして，$S_b=\dfrac{1}{3}\left(b+\dfrac{4}{b}\right)^3$ であり，$ab=8$ より $b=\dfrac{8}{a}$ であるから

$$S_b=\frac{1}{3}\left(\frac{8}{a}+\frac{a}{2}\right)^3$$

よって

$$\begin{aligned}\frac{S_b}{S_a}&=\left(\frac{\dfrac{8}{a}+\dfrac{a}{2}}{a+\dfrac{4}{a}}\right)^3\\&=\left\{\frac{a^2+16}{2(a^2+4)}\right\}^3\\&=\left\{\frac{(a^2+4)+12}{2(a^2+4)}\right\}^3\\&=\left(\frac{1}{2}+\frac{6}{a^2+4}\right)^3 \quad \text{……}(*) \quad \text{……ク〜コ}\end{aligned}$$

ここで，$0<a<b$，$b=\dfrac{8}{a}$ より

$$\begin{aligned}a<\frac{8}{a}&\iff a^2<8\\&\iff 0<a<2\sqrt{2} \quad \text{……サ，シ}\end{aligned}$$

よって，$4<a^2+4<12$ であるから，$(*)$より

$$\left(\frac{1}{2}+\frac{6}{12}\right)^3<\frac{S_b}{S_a}<\left(\frac{1}{2}+\frac{6}{4}\right)^3$$

$$1<\frac{S_b}{S_a}<8 \quad \text{……ス，セ}$$

講評

例年通りの出題内容・難易度であり，過去問や標準的な問題集をこなしていれば高得点が期待できる。

I　正弦定理・余弦定理を用いて外接円の半径を求める基本的な問題である。

Ⅱ　条件を満たすX，Y，Zの組に注意して場合を分けて考えればよい。

Ⅲ　等差数列およびその和に関する問題である。(1)はΣの公式を用いて効率よく計算すること。(2)は誘導として不等式が与えられているので，それを用いて「不等式による評価」を行えばよい。

Ⅳ　放物線とその法線で囲まれた部分の面積に関する標準的な問題である。「$\frac{1}{6}$ 公式」は頻出であるから必ず押さえておくこと。

講評

二〇二三年度と比べると、現代文では設問数が減った分、選択肢がやや長くなっていたり、古文では設問が減っている分、本文の量が多くなっていたりなどの変化があるが、難易度が大きく変わらないように全体を見て調整されている。いずれも問題文自体は読解に苦労するレベルだが、完璧な読解よりも時間配分の計画性が重視された出題と言える。

一の評論は、ベンヤミンの複製技術論を論じたもので、現代らしい社会科学の内容。「絵画」と「映画」、「画家」と「映画カメラマン」という対比構造を軸に、実物を複製する二つの方法についての分析が述べられている。対比の場合、筆者の主張がどちらかをポジティブなもの、もう一方をネガティブなものとして評価するパターンが多いが、この文章では優劣ではなく時代の変化と見なしている点が特徴的。思い込みでパターンに当てはめて読みすぎないことが大切。

二の随筆は、東日本大震災の癒えない悲しみとどう向き合うべきか、というテーマで書かれたものである。抽象的な感情について述べているだけではないことに気づければ、格段に読みやすくなる。「悲しみ」「哀しみ」「愛しみ」の違いに気を付けつつ、通底する「かなしみ」の捉え方と、無理に忘れようとしなくていい、という筆者のメッセージを読み取りたい。

三の古文『堤中納言物語』からの出題は、文章量が多い上、動作主体の入れ替わりが頻繁であるため読解の難易度が高い。敬語をヒントにして主体を特定する必要がある。途中、中納言や姫宮への敬意が省かれた表現になっている箇所や、主体の解釈が一つに定まらない箇所があるが、設問で指定されている部分の敬語は基本に忠実であるため主体判別の拠り所にできる。また、誤りの選択肢も解釈の分かれようがない部分に言及して作られており、無理がない。

『かくなむ聞こえむ』と立ちぬる」と主体を補うことができる。つまり傍線は姫宮の言葉であり、中納言の言葉と解釈しているA、B、Dは誤り。Cは宰相の君の「いかが」という問いかけと「かくなむ聞こえむ」との間に入る言葉として文脈に合わない。

問四　「心おくる」は「心後る」と書き、〝心のはたらきが劣る〟〝気が利かない〟〝愚かだ〟の意。傍線直前の「うちをば思ひ寄らぬぞ」が評価の理由。これは宰相の君が、姿の見えない中納言は帰ってしまったと思い込んで物思いにふけり、姫宮のいる部屋の内側に思い至らないことを意味する。Aは「姫宮が内心では中納言に思いを寄せている」、Dは「中納言と姫宮が結ばれてしまった」、Eは「他の女房にも好意を示す」の部分がそれぞれ文中にない。Bは「うちをば思ひ寄らぬ」の内容ではない。よって、適切なのはC。

問五　直前の「見る人あらば」に仮定の接続助詞「ば」を用いているので、Dの「見てくる人がいた」、Eの「人に見られた」は誤り。「人の御ため」に「御」が用いられていることから、「人」は身分のある相手つまり姫宮をさす。また、「いとほし」はここでは〝かわいそう〟〝気の毒だ〟の意であるから、Bの「女房の不手際を非難」やCの「世間の評判」は不適切。姫宮を気の毒に思う内容のAが適切。

問六　下の句の訳に注目。四句の「うすきへだて」は、三句の「夏衣」のこと。暑い夏に着る衣は風通しが良くて透けて見えるほど薄いが、五句ではこれを「つれなし」、つまり〝薄情だ〟〝冷淡だ〟と評している。これは中納言と姫宮の間にある距離が物理的には近いのに、心理的には遠いことを比喩的に表したものである。「なぞ」は「なんぞ」のことで、〝なぜか〟〝どうしてか〟を尋ねる疑問の副詞であるから、下の句は〝薄い衣一枚の隔たりが、無情に感じられるのはどうしてか〟と訳せる。よって、中納言は姫宮と思いを通わせたいと思って強引に間近まで迫ったものの、夏衣程度の隔てを取り去ることもできず、思いを遂げることができなかったのを嘆く意の歌ということになる。該当するのはB。

(6)「なめげなり」は〝無礼だ〟〝失礼だ〟の意。「よも」は打消の語と呼応して、〝まさか〜ない（だろう）〟〝決して〜ない〟と強く否定する形で訳す。ここでは打消意志の助動詞「じ」（〜ないつもりだ）に呼応している。「御覧ず」は〝ご覧になる〟と訳し、見る動作の尊敬語である。それが訳出されていないCとDは誤りとなる。「らる」はここでは受身の助動詞として用いられている。以上にあてはまるのはB。また、Aがやや紛らわしいが、この会話は中納言が姫宮に語るものであり、文脈から受身の相手は姫宮だと考えられることから、Bが適切。

問二 **(2)**姫宮のところを訪れた中納言が、宰相の君に取り次ぎを頼もうとし、対面する場面。敬語が用いられていないため、中納言ではなく宰相の君が主体だと判断する。

(5)尊敬語「おはす」から、宰相の君や他の女房が主体ではありえない。「たづぬ」は、〝ゆくえのわからないものを探し求める〟の意。また、次の段落の「思し惑ひたるさま」からこの動作が予測しないものだったことや、「身のほど知らず……ただ一声を」は中納言が姫宮に話しかけた内容だと読み取れば、思いを伝えたい中納言が姫宮を探し求めたという意であることがわかる。つまり、主体は中納言。なお、宰相の君の後に続いて、許されてもいないのに母屋の中へ入ってしまった中納言だが、月が明るい夜とは言え、室内は現代と違ってせいぜい薄暗い灯火しかなく、まして姫宮は横になっているため、灯火も灯していない可能性が高い。灯りのないところでじっとしていたため、「声をしるべに」したのである。

(7)宰相の君が、返事を伝えようとしたところ中納言の姿が見えない、という場面。尊敬語「おはす」から、(5)と同じく主体は宰相の君や他の女房ではない。「思ひて、しばし待ちきこゆるに」という傍線前の謙譲語と合わせると、その場にいない中納言が戻ってくるのを待っていたが、戻ってこないという意であることがわかる。よって、主体は中納言。

問三 取り次ぎを頼まれた宰相の君が、姫宮に返事を求めて「いかが」と尋ねた場面。傍線の前後を敬語に気をつけて解釈すると、「（宰相の君は）と聞こゆれば、（姫宮は）『例は……』とて、動きたまふべうもあらねば、（宰相の君は）

かせください)」と最後まで言うこともできず、涙が流れる(中納言の)様子は、(これ以上)見目麗しい人も(他に)いないことだよ。

宰相の君は、その場を出て(回りを)見るけれども、人の姿もない。「(中納言様は姫宮の)返事を聞いてから立ち去りなさるだろう。誰かに何かお話しにでもなっているようだ」と思って、しばらくの間待ち申し上げるが、(中納言は)いらっしゃらなかったので、「かえって、無駄なことは聞くまいとお思いになって、お帰りになってしまったようだ。不憫だったご様子を、私なら(返事もせず帰したりはしないのに)」と思うのだろうか、無益に物思いしながらぼんやりと辺りを見て、(姫宮のいる)中のことは思いも寄らないのは、気の回らないことだよ。

姫宮は、それでもやはり(中納言のふるまいに)堪えがたいご様子だけれども、気丈で、夜があけていく様子に、中納言も、荒々しいふるまいをなさることができなかった。(中納言は自分の)思いの強さをおわかりになってくれというのだろうか、つらくは思っていらっしゃるが、立ち去りなさろうという気持ちはしないけれども、「(今の二人の様子を)見る人がいるならば、(二人の間には)何かありそうな顔には(見えるだろう)」と、姫宮のために気の毒に思って、「今より後でさえ(あなたが私の気持ちを)おわかりなさらない顔であれば、つらいことだ。やはり、(私に)つれなくしようとお思いになっているのか。他の人はこのようには思わないだろう」と言って(詠んだ歌は)、

恨みに思いようもない。(私とあなたの間にある)夏の衣のような薄い隔てが、こうも薄情なのはなぜなのか。

解説

問一 (1)「恥づかしげなり」は〝こちらが見て恥ずかしくなるほど、立派なさま〟の意で、BとCは不適切。「ありさま」は〝ようす〟〝状態〟を意味し、ここでは中納言が直接宮を訪ねていることから、Dが適切。文中の「消息」はここでは〝案内〟〝取り次ぎ〟であって〝手紙〟の意味ではないことに注意。

(3)「わりなし」は〝道理に合わない〟〝分別がない〟の意で、わりきれない状況でどうしようもないときに用いる。転じて〝つらい〟〝堪えがたい〟の意味になる。この問いの傍線以外でも本文中に複数回用いられている。

お応え申し上げられましょうか。いいえ、できるはずがありません」と言いはするけれども、「そうは言っても、（応対しなければ私は）物事の程度をわかっていないようだろうか」と思って、妻戸を押し開けて、（中納言と）対面した。（中納言は）良い香りを漂わせていらっしゃるので、（宰相の君は）離れたところにいるのに香りが移るような気持ちがする。（中納言が）優美に、情趣深く繰り返し申し上げなさること（＝姫宮への思い）は、奥州の野蛮な武士でも心にとどめるに違いない（ほどだ）。

「いつもどおり、無駄であっても、せめて（私の気持ちを）こう聞いたというだけの（姫宮の）お言葉だけでも（承りたい）」と（中納言が）責め立てなさるので、（宰相の君が）「さてどうでしょうか」とため息をついて（姫宮のいるところへ）入ると、（中納言は）そっと続いて入ってしまった。

（姫宮が）横になっていらっしゃるところに（宰相の君が）近寄って、「たまには、端の方（＝廂の間）ででも（風に当たって）涼みなさいませよ。あまり奥にこもっているのも（お体によくありません）」と言って、「いつものように、（中納言様は）分別のないことを（おっしゃっています）。何とも言いようがないほどの（思いつめた中納言様の）ご様子は、いつもより不憫にお見受けいたします。『ほんの一言（私の気持ちを姫宮に）申し上げてわかってほしくて。（そうでなければ）野や山にでも（引きこもってしまいたい）』と、嘆きなさるのも（おかわいそうで）。どうにもつらいことです」と申し上げると、（姫宮は）「どうしたことだろうか、気分がいつも通りでない（＝良くない）ように思われる」とおっしゃる。（宰相の君が）「どのように（中納言様にお返事いたします）か」と申し上げると、（姫宮は）「いつもは、私に（男性に軽々しく返事などするものではないとあなたが）教えている」と言って、動こうともしなさらないので、（宰相の君は）「（中納言様には）このように申し上げよう」と思って立ち上がったところ、（隠れていた中納言は）声をたよりにして、（姫君の居所を）探し当てなさった。

当惑しなさっている（姫君の）ようすが（中納言には）気の毒に思われるので、「身の程をわきまえず、無礼な様子には、決してご覧いただきますまい（＝無法だと思われるようなふるまいは致しません）。ただ（あなたの）一声を（お聞と説明している点が誤り。「間違い」は鳥を見て死んだ妹だと感じることである。Cは「二疋の鳥が……愛しいと鳴き交わし」「妹が鳥になって……という確信」の二カ所が誤り。Dは「亡き妹が自分を思う『愛しみ』」が誤り。「かなしく」感じているのは賢治。Eは「『悲しみ』から逃れるため」が誤り。むしろ「打ち消しようのない私の真実」として向き合っている。

問四　いずれの選択肢も前半は適切であるが、C以外は後半に誤りがある。Aは「励ましあう言葉をかける」が誤り。本文では「哀しみ」をもつ人は「沈黙」すると述べられている。Bは「沈黙して相互に共振しあうことが必要」が誤り。「必要」とまでは本文にない。Dは「同じ『悲しみ』の経験」が誤り。悲しみはそれぞれ異なる。Eは「詩に共感することで、それが可能」が誤り。その言及は本文にない。

三

出典　『堤中納言物語』〈逢坂越えぬ権中納言〉

解答

問一　(1)—D　(3)—C　(6)—B

問二　(2)—A　(5)—C　(7)—C

問三　E

問四　C

問五　A

問六　B

全訳

十日過ぎの月が明るい夜に、（中納言は）姫宮のところへたいそう人目を避けていらっしゃった。（中納言が）宰相の君に取り次ぎを頼みなさったところ、（宰相の君は）「こちらが気後れするほどご立派な（中納言様の）ご様子に、どうして

問三 Ｂ

問四 Ｃ

要旨

東日本大震災の被害者は、他者に同情され、励まされることがある。しかし、心ない励ましの言葉に傷つくこともある。なぜなら、「悲しみ」は時の流れによって消えるものではないからだ。時間がたてば、悲しみの経験はむしろ深まり、哀しみを内に秘め、他者の異なる悲しみに共振することができるようになる。人は、出会わなければ離別という悲痛な経験をすることもなく、また、愛さなければ別れに悲しむこともないと考え、しばしば別れなき生活を望む。しかし、その別れこそが新たな邂逅を私たちにもたらすのではないだろうか。

解説

問一 第二段落に、「時間」は「過ぎ行く」ものであり「社会的なもの」、一方「時」は「過ぎ行かない」「個的」で「固有なもの」とある。二者の対比が適切に該当する選択肢はＥのみ。Ａ～Ｄは、一部文中と似た表現を用いてはいるが、いずれも述べられていない内容である。

問二 「常ならぬ調べ」とは、悲しみの経験を持つ人が、異なる悲しみを持つ人と共振するようになることである。どういうものかではなく、過程が問われているため、前後の順番も大切にして選択肢を選ぶようにすると、適切なのはＣ。Ａは「憐み理解しようとする『哀しみ』の経験」が先にあってはおかしいので、誤り。Ｂは「同じ『悲しみ』」が誤り。Ｄは「同情すること」が誤り。「憐れみと同情は似て非なるもの」「むしろ対極」と本文中にある。Ｅは「憐みを感じられるもの同士」が本文中では「真に憐みを感じる」人と「相手」とされており、不正確。

問三 詩の引用後にある筆者の解釈をまとめると、美しく鳴く美しい白い鳥を失った妹だと感じた賢治が、愛しみや悲しみを感じたのは、賢治にとっては紛れもなく真実であり、また私たちの心をゆさぶるという内容。この解釈に合うのはＢ。Ａは前半の「悲しく鳴く鳥を……感じている」を受けて「『悲しみ』をそのように意味づけることは間違い」

を舞台上に再現させた」と「現実の空間に入り込んで撮影された」ことは確かに本文中にあるが、対比すべき「全体的」と「部分的」という特徴になっていない。

問六　ここでの「技術的特質」は、傍線前後の「断片の構成によって生み出される」ことを指している。この技術に適するのはC。

問七　「人間的なものから疎外された感情」が「ポジティブな価値」へ転化される理由を問われている。それは最終段落に「人間の知覚の比重が……転換しつつある」とあるように、「技術メディアを介した世界の経験」に注目することで、現在の身体性のあり方などが明らかになるからである。よって、Aが適切。Bは前半の「世界を直接に経験する機会は失われ」が本文中で言及されていないので誤り。Cは後半の「今日の俳優は……もつようになった」について、本文では「どうかはわからない」と述べられているため誤り。Dは後半の「技術メディアを通した経験の方がより人間的」が本文に反しており、誤り。Eは後半の「人間的なものを……芸術として進化」が本文にないため、誤り。

問八　Aは後半「身体的知覚を欠く」が誤り。直接的知覚ではないが、メディアを介した身体的知覚として本文では述べられている。Bは「『ヴァーチャル』な表現こそが『現実』」が誤り。そのような言及は文中にない。Cは「共存して行くことが必要」が誤り。これも文中に言及がない。Eは「直接的な経験を越えることはできない」が誤り。「リアル」と「リアリティ」は比較してどちらが上、というものではない。「価値判断は別として」、「『リアリティ』が重要なものになっている」と述べているDが要旨の通りであり、適切。

二

出典　若松英輔「それぞれのかなしみ」（『日本経済新聞』二〇一七年三月一二日朝刊）

解答

問一　E

問二　C

解説

問二 傍線は、〝俳優の演技の「リアリティ」という点では演劇と映画に差はないが、演劇における身体性の知覚と、映画における技術メディアに媒介された身体性の知覚とは別物であることが問題〟、という意味。本文二行目の「俳優による演技という点で共通する」と、五行目の「重要なのは……根本的な差異である」から読み取れる。A・Cは演技のリアリティに差があると述べており、誤り。Bは同じ身体経験であると述べており、誤り。Eは二者の演技が同じと述べるにとどまっており、ベンヤミンの問題意識の説明として不十分。Dが適切。

問三 比喩を用いたのは、絵画を呪術師に、映像を外科医に喩えることで、両者における本質的な違いが対象との距離や関係にあることを伝えるため。第二段落の「画家の描く自然の画像と……本質的に異なる」と、第三段落の内容、特に三行目「見かけとは異なる……堅固に保たれている」と、第五段落の最終文「意図しているのは……概念操作の問題」から読み取れる。Bは両者の差異を「高度な技術」と「原始的な技術」としている点が誤り。Cは両者の本質的な差異について述べておらず、不十分。Dは「事実的素材を用いることで」が本文の「事実的素材にもとづいて…導き出すことではない」（第五段落）等に矛盾する。Eは「身体の動きの類似性」「視覚以外の身体性の問題」が誤り。Aが適切。

問四 空欄の前後に「現象としての……導き出す」とあり、〝個々の事象の集まりから共通する性質や関係を取り出して一般化・法則化する〟意を持つBが適切。Aは逆に〝一般的原理から個々の事実や原理を推論すること〟を意味する。Cは帰謬法とも言い、〝ある命題を偽と仮定すると結論に矛盾が生じることから、元の命題を真と見なすこと〟を指す。Dは〝対立や矛盾を克服し統一することで高次の結論に至る方法〟の意。Eは〝ある事柄を証明する際に証明すべき事柄自体を援用する方法〟の意で、トートロジーとも言う。

問五 「全体的なもの」は傍線部後で「伝統的な芸術」「有機的な連関」「自然を直接的に経験」「人間的な要素」などと説明されており、これに対比されるのは「技術メディアを介した世界の経験」である。適切でない説明はBで、「空間

国語

一

出典 山口裕之『現代メディア哲学――複製技術論からヴァーチャルリアリティへ』〈第Ⅲ章 メディアと知覚の変容 3 モンタージュと「リアリティ」〉（講談社選書メチエ）

解答

問一 (1)―B (4)―C (5)―A (10)―E

問二 D

問三 A

問四 B

問五 B

問六 C

問七 A

問八 D

要旨

ベンヤミンによれば、絵画のように直接的に知覚される複製と、映画のように技術に媒介された複製とは、どちらが優れているというのではなく、本質的なパラダイム転換が生じている。伝統的に芸術と見なされてきた絵画や演劇は、自然や身体と直接関わっており、有機的で全体的なものだ。一方、装置の発達と共に昨今台頭してきた映像は、断片的で裁断化されたものだが、仮想的・理念的で、再構造化によって伝統的な価値観から脱したものといえる。そして、技術性の高まる今日、人間の知覚は後者を重視したものへ移行しつつあるのだ。

//////////////////// · memo · ////////////////////

//////////////////// · memo · ////////////////////

2023年度

問題と解答

■6学部共通選抜

問題編

▶試験科目・配点

学部		教科	科目	配点
法・国際経営	4教科型	外国語	コミュニケーション英語Ⅰ・Ⅱ・Ⅲ，英語表現Ⅰ・Ⅱ	150点
		地歴・公民	日本史Ｂ，世界史Ｂ，政治・経済から１科目選択	100点
		数　学	数学Ⅰ・Ⅱ・Ａ・Ｂ	100点
		国　語	国語総合（漢文を除く）	100点
	3教科型	外国語	コミュニケーション英語Ⅰ・Ⅱ・Ⅲ，英語表現Ⅰ・Ⅱ	150点
		地歴・公民または数学	日本史Ｂ，世界史Ｂ，政治・経済，「数学Ⅰ・Ⅱ・Ａ・Ｂ」から１科目選択	100点
		国　語	国語総合（漢文を除く）	100点
経済		選　択	「コミュニケーション英語Ⅰ・Ⅱ・Ⅲ，英語表現Ⅰ・Ⅱ」，日本史Ｂ，世界史Ｂ，政治・経済，「数学Ⅰ・Ⅱ・Ａ・Ｂ」，「国語総合（漢文を除く）」から３教科３科目選択	各100点
商・文・総合政策		外国語	コミュニケーション英語Ⅰ・Ⅱ・Ⅲ，英語表現Ⅰ・Ⅱ	150点
		地歴・公民または数学	日本史Ｂ，世界史Ｂ，政治・経済，「数学Ⅰ・Ⅱ・Ａ・Ｂ」から１科目選択	100点
		国　語	国語総合（漢文を除く）	100点

▶備　考

- 「数学B」は「数列，ベクトル」から出題する。
- 法学部国際企業関係法学科・国際経営学部の「外国語」は150点を200点に換算する。
- 経済学部の「外国語」は150点を100点に換算する。
- 文学部日本史学専攻，心理学専攻，学びのパスポートプログラムの「外国語」は150点を100点に換算する。
- 文学部国文学専攻の「国語」は100点を150点に換算する。
- 法学部3教科型・商学部・文学部・総合政策学部・国際経営学部3教科型で，「地理歴史・公民」と「数学」の両方を受験した場合は，高得点の教科の得点を合否判定に使用する。
- 経済学部で4教科4科目受験した場合は，高得点の3教科3科目の合計得点で合否判定を行う。

英語

（80分）

（注）満点が150点となる配点表示になっていますが，法学部国際企業関係法学科および国際経営学部の満点は200点，経済学部各学科および文学部日本史学専攻，心理学専攻，学びのパスポートプログラムの満点は100点となります。

I

次の1～15の英文の空所に入れるのに最も適切な語（句）を，それぞれ(a)～(d)の中から1つ選び，その記号をマークしなさい。(30点)

1．I can still vividly remember (　1　) fishing in the river when I was a child.

(a) going　(b) gone　(c) to be going　(d) to go

2．Not only my parents but also my brother (　2　) against my idea of working abroad a year ago, but now they all have changed their minds.

(a) are　(b) is　(c) was　(d) were

3．Let's go on a picnic to the nearest hill if it (　3　) sunny the day after tomorrow.

(a) is　(b) were

(c) will be　(d) would have been

4．She got (　4　) in politics at the age of twenty-five and she is now a well-known politician.

(a) implied　(b) intervened　(c) involved　(d) proposed

5．I think that he has been working too hard, so a few days off will (　5　) him good.

(a) do (b) feel (c) put (d) take

6. Under no circumstances (6) the door unlocked because some bad things have occurred in this area.

(a) should you leave (b) should you put
(c) you should leave (d) you should put

7. Mr. Smith's remarks were (7) and to the point, so his students understood what he wanted to say.

(a) brief (b) dull (c) long (d) vague

8. We all thought it odd (8) Ethan had been promoted to one of the executives.

(a) if (b) so (c) that (d) whether

9. Every student in the classroom talked loudly, so I didn't hear my name (9).

(a) has called (b) if called (c) on called (d) when called

10. Shiori's comments were not useful and, on (10) of that, she was a little impolite to me.

(a) addition (b) base (c) bottom (d) top

11. It was extremely cold at this place, and (11) was worse, it began to rain heavily.

(a) that (b) what (c) where (d) which

12. I would like to express our hearty thanks to all of you for your strenuous efforts, (12) behalf of the company.

(a) at (b) for (c) near (d) on

13. But for her advice, we (13) the misfortune to run into a violent storm on the way.

(a) had　　(b) will have
(c) will have had　　(d) would have had

14. I am tired out, so I would (14) stay home than go out when it is drizzling outside.

(a) more　　(b) prefer　　(c) rather　　(d) still

15. Though Sophia and Amelia are twins, they are (15) apart in their attitude to life.

(a) areas　　(b) ideas　　(c) opinions　　(d) worlds

Ⅱ　次の1～5の英文の(a)～(d)には，文法・語法・内容上の誤りを含むものが，それぞれ1つあります。その記号をマークしなさい。(10点)

1. A phrase that attaches a symbolic meaning to flowers is called "the language of flowers." [As seen](a) in the sentence "the language of roses is love," the [combination](b) of a flower and a word is quite common. [In a good many culture](c) of the world, we find traditions [in which](d) a flower is given a symbolic meaning.

2. The present custom of attaching meaning to flowers was [at its height](a) in Europe during the 19th century. This trend [was introduced for](b) Japan in the beginning of the Meiji era. [Originally](c), the European custom was followed closely with a language of flowers [unique to](d) Japan.

3. Sunflowers grow to a height of about three meters tall with large yellow flowers [that bloom](a) in summer. The Chinese characters [used by](b) the Japanese name of this flower are said to [have derived from](c) the fact that the flower turns around [toward the direction](d) of the sun, following its movement.

4. How sunflowers track (a) the sun is interesting at observing (b). From their budding stages (c) and earlier, they bend toward the east in the morning, stand straight up (d) at noon, and bow toward the west in the evening.

5. However, around (a) the time of blooming, these actions cease (b). So basically (c), bending toward the sun is deeply related to the growth of sunflowers before bloomed (d).

Ⅲ 次の1～5の(a)～(d)の英文には，文法・語法・内容上の誤りを含むものが，それぞれ1つあります。その記号をマークしなさい。(15点)

1. (a) Australia offers many resources to assist people to find safe and rewarding training and career opportunities.
   (b) Her brother is a professional athlete and he is very fit. Compared with him, she is not so fit.
   (c) It was entirely by luck that the scientist discovered the virus no one had never heard of before.
   (d) Semiconductors remain in short supply around the world due to several factors, including disruptions to the supply chain tied to the COVID-19 pandemic.

2. (a) Companies that have restarted production after the end of the emergency say it will take several weeks to resume normal operations.
   (b) Farmers are facing surpluses of milk and eggs due to the good weather and the low cost of animal feed from the beginning of this year.
   (c) It has passed three years since the class graduated and had a wonderful party at the barbeque restaurant.
   (d) It was reported that internet usage time exceeded book reading time for each group from late teens to early forties.

3. (a) As for french fries, supplies were already unstable due to the potatoes shortage, but the next harvest season was approaching.

(b) At the next hotel, most of the tour group wanted to eat at the buffet, but a few preferred the more expensive restaurant.

(c) Fewer active voters, linked to a tendency to shy away from new political parties, have resulted in the current government keeping power.

(d) Software errors began to emerge soon after release, and we have been telling customers that they will have to wait two to three weeks for a solution.

4. (a) If you are at all convenient, we'd like to send one of our agents to visit you and explain our project in more detail.

(b) Positive feedback greatly exceeded negative feedback for clients in their 30s and above, and about 80 percent of people in their 40s said they enjoyed the service.

(c) The latest issue of the magazine on store shelves includes a notice saying that new story submissions are suspended due to a pause in publication.

(d) The tribal artists released their third series of clothing based on traditional fabric designs and rock paintings last year.

5. (a) Bilingual workers are particularly in demand. One recruiting website shows that 70% of positions in this field require the applicant to speak at least one foreign language.

(b) Some episodes of the TV show already recorded may be difficult to revise because the actors are no longer readily available.

(c) The survey revealed 1,364 public childcare facilities nationwide were short of 2,032 social workers as of April last year.

(d) When I got to the office, I found that I didn't have my wallet in my pocket. I am afraid I was stolen it on the train.

Ⅳ　次の英文を読み，1～10の空所に入れるのに最も適切な語（句）を，それぞれ(a)～(d)から1つ選び，その記号をマークしなさい。* の付いた語には注があります。

（30点）

編集部注：問題文中の網掛け部分は個人名を置き換えています。

Alarmed at decreasing opportunities to wear kimonos in modern Japan, dyers specializing in Kyoto-style "yuzen" techniques are turning their attention to a market famous for traditional dress: India. The Kyo-yuzen dyers are using their long-standing techniques to create saris, India's national dress. They are promoting their expertise and seeking to make a foray* into Indian markets, which are enjoying a major economic expansion. The traditional Japanese designs received a (1) response even from the Indian ambassador to Japan. Now, artisans* are conducting market research to meet local needs and explore sales channels in India. Featuring brilliant colors, detailed embroidery*, gold leaves and other decorations, Kyo-yuzen kimonos are known for their lavish beauty. It is said that the dyeing techniques were pioneered by 17th-century painter Miyazaki Yuzensai. In particular, "Kyo-tegaki-yuzen" is synonymous with luxury kimonos. It takes at least 15 artisans to make one piece because it is made almost entirely (2). With each production process such as planning, design sketching, gluing and brush dyeing undertaken by specialized artisans, some pieces could take more than a year to finish.

In Japan, there have been fewer opportunities for people to wear kimonos, leading to decreasing sales. According to the Federation of Kyo-Yuzen Cooperatives, based in Kyoto's Nakagyo Ward, the annual production has gradually decreased after peaking at 16.52 million "tan*" of kimono cloth (enough to make 16.52 million kimonos) in fiscal 1971 ending in March 1972. The figure for fiscal 2020 was 270,000 tan. Ms.A, 81, a kimono tailor who cuts bolts* of cloth into pieces to make kimonos, said she used to receive more orders for long-sleeved "furisode" than she could (3) at the end of a year. But now, she barely gets any orders. The fact that people go out less frequently due to the novel coronavirus pandemic is adding insult to injury. "It's disastrous. Artisans have nothing to do and are exhausted," said Mr.B, a "sensho" (dyeing master) in charge of supervising all processes of Kyo-yuzen kimono production, who also serves as president of the cooperative association for Kyo-yuzen dyers based in Nakagyo Ward.

When Mr.B and others were in despair over how they could find a new market, they thought about India, an (4) economy with a population of 1.38 billion. The sari consists of a piece of cloth 115 centimeters wide and 5 meters long, which is draped around the body. On the other hand, kimonos are made by cutting a roll of fabric 37 centimeters wide and about 13 meters long into pieces. "They are different in size, but the kimono and sari are made (5). We thought we could appeal to wealthy people in India," Mr.B said. However, they had little experience in making saris. After seeking advice from specialists and receiving subsidies from the prefectural government, the artisans started making saris through (6) in April 2021. Mr.B and nine other sensho each completed a sari. One of the designs features an elephant drawn by Ito Jakuchu, while another is inspired by "Red and White Plum Blossoms," a painting on a folding screen by Ogata Korin. The artisans used a tailor-made silk fabric made using "chirimen" crepe* from the Tango region, which is more wrinkle (7) and softer than regular fabrics used for kimonos. The new designs were unveiled during a presentation hosted by the cooperative association in 2022 at the Kyoto Sangyo Kaikan Hall in Shimogyo Ward.

(8) the presentation, Mr.B and other artisans had visited the Indian Embassy in Tokyo's Chiyoda Ward in 2021 to promote the Kyo-yuzen sari. They said the ambassador appeared to be deeply impressed by the beautiful Kyo-yuzen saris made using the traditional techniques. They have given the saris to a clothing buyer in India to collect feedback from the increasing number of wealthy consumers in the country, while doing market research to create a sales channel. Actually, the number of people wearing saris is said to be (9) even in India because Western clothing has become widely adopted as women have more opportunities in society. Still, it is not uncommon to see women who earn high salaries attending parties wearing a luxury sari costing at least 1 million yen. "There is a market there. We decided to feature traditional Japanese patterns for our latest works to (10) the fact that they were made in Japan, but we want to reflect local needs for our products in the future," Mr.B added.

*foray　進出　　*artisan　職人　　*embroidery　刺繍　　*tan　反

*bolt　一反，一巻き　　*crepe　ちりめん織り

1. (a) favorable　(b) natural　(c) normal　(d) social

2. (a) by hand　(b) in person
 (c) in several weeks　(d) using a manual

3. (a) keep up with　(b) look up to
 (c) make up for　(d) take up

4. (a) affecting　(b) emerging　(c) importing　(d) operating

5. (a) by natural elements　(b) from one piece of cloth
 (c) of various materials　(d) under the same process

6. (a) a poor decision　(b) deep experience
 (c) management training　(d) trial and error

7. (a) durable　(b) resistant　(c) sensitive　(d) tough

8. (a) Against all　(b) Based on　(c) Instead of　(d) Prior to

9. (a) declining　(b) doubling　(c) prospering　(d) unchanging

10. (a) criticize　(b) disguise　(c) promote　(d) remind

出典追記：The Asahi Shimbun Asia & Japan Watch, February 13, 2022

V　次の英文を読み，あとの設問に答えなさい。* の付いた語には注があります。

(30点)

The food we eat every day keeps us alive, but it can also incur* big health and environmental costs — heart disease, carbon emissions, soil degradation, and more. A recent study published in *Nature Food* finds that (1) small shifts in the food choices Americans make could have unexpected benefits to both health and planet.

Because many foods with a high health burden, including processed meats or red meats, also have high environmental costs, switching out just a few of them — about 10 percent of a person's daily caloric intake — can cut a person's food-based environmental footprint by over 30 percent, the study says.

"The really good thing is that foods that are healthier and more nutritious tend to be more environmentally sustainable, so it ends up being a win-win," says Michael Clark, a food systems researcher at the University of Oxford.

Between growing food, packaging it, moving it around, cooking it, and often wasting it, food production makes up about one-fifth to one-third of all annual greenhouse gas emissions globally. For an average American household, food makes up about as much of the greenhouse gas footprint as the electricity. Food production is (　2　) major water quantity and quality problems, often requires herbicides* and pesticides* that endanger biodiversity, and engenders* forest and wildland losses when lands are converted to agriculture.

"(3) Its impact is substantial," says Olivier Jolliet, an environmental scientist at the University of Michigan and one of the authors of the study. "It's a major problem, and we really need to be serious about it. So far the U.S. has not been serious about it."

It's not up to, or the responsibility of, any single person to solve nationwide or global health and environmental crises, he stresses. But (　4　) like those he and his team developed can help people, institutions, and even governments figure out where to direct their energies to make the biggest influence quickly.

To learn how to reduce negative impacts of food production and consumption on the planet and the body, researchers first assessed damages related to food.

But figuring out where an apple came from, (5 a) what its impact on the planet is, has become an increasingly complex question as the global food system evolves. (5 b), it has taken researchers at the Stockholm Environmental Institute years to unravel* the supply chains of crops like cocoa and coffee, even if they come from a single country.

So over the past few decades, scientists including Jolliet developed ways of doing "life cycle analyses" for specific items — say, a head of broccoli or a box of corn flakes — that take all the steps from farm to store into account and assign the items a precise number signifying their environmental impact, such as an estimate of the greenhouse gas emissions or water volume their production requires.

Concurrently*, epidemiologists* and public health scientists were doing similar analyses for human bodies. They carefully examined the links between food and health, finding out how different diets and even specific foods might influence things like disease risk, general health, or (6); they assigned precise numbers to those risks.

For years, researchers and governments considered the issues (7) to be separate: Health researchers focused on their priorities and environmental scientists on theirs (though as early as the 1970s, scientists were linking diet choices with planetary health). But it became increasingly obvious that what we eat is closely connected with planetary health, says Sarah Reinhardt, an expert on food systems and health.

The global demand for beef, for example, has increased the demand for soy protein to feed to cattle, and (8) that demand, vast swaths* of the Amazon are deforested every year to make space for new soy farms and cattle, hastening the loss of carbon-absorbing and biodiverse forest. "Agriculture is a huge piece of the climate puzzle, and agriculture, food, and diet are all tightly linked," Reinhardt says. So Jolliet and his colleagues built a system that merged both concerns, looking at health and environmental impacts of specific foods.

*incur ～を招く *herbicide 除草剤 *pesticide 殺虫剤
*engender ～を生み出す *unravel ～を解明する *concurrently 同時に
*epidemiologist 疫学者 *swath 帯状の場所

出典追記：Alejandra Borunda, How small changes to our diet can benefit the planet, National Geographic

1．下線部(1)の例として最も適切なものを(a)～(d)から1つ選び，その記号をマークしなさい。

(a) 健康や環境に配慮した食品のみを選択すること

(b) 加工肉は1日のカロリー摂取量の10%以内にとどめること

(c) 環境に害を加える食品を30%以上他の食品と置き換えること

(d) 1日のカロリー摂取量の10%程度を環境に良い食材で代替すること

2．空所（ 2 ）に入れるのに最も適切なものを(a)～(d)から1つ選び，その記号をマークしなさい。

(a) caused by　　(b) dependent on

(c) nothing but　　(d) responsible for

3．下線部(3)の内容を最も適切に表すものを(a)～(d)から1つ選び，その記号をマークしなさい。

(a) 水の使用量は時期によって環境への影響に差がある

(b) 食料生産は温室効果ガスの生成にも大きな影響を与えている

(c) アメリカの家庭は持続可能なエネルギーをほとんど使用しない

(d) 除草剤や殺虫剤の影響はまだわかっていない

4．空所（ 4 ）に入れるのに最も適切なものを(a)～(d)から1つ選び，その記号をマークしなさい。

(a) companies　　(b) insights

(c) performances　　(d) responsibilities

5．空所（ 5a ）―（ 5b ）に入れるのに最も適切な語（句）の組み合わせを(a)～(d)から1つ選び，その記号をマークしなさい。

(a) as if ― As a result　　(b) for instance ― However

(c) instead of ― Meanwhile　　(d) let alone ― For example

6．空所（ 6 ）に入れるのに最も適切なものを(a)～(d)から1つ選び，その記号をマークしなさい。

(a) life expectancy　　(b) medical training
(c) natural remedies　　(d) social welfare

7．下線部(7)の具体的な内容として最も適切なものを(a)～(d)から1つ選び，その記号をマークしなさい。

(a) how food production and consumption affects our health and how it affects the environment
(b) in what ways many people's dietary habits can increase their health risks
(c) the close connection between the natural environment and our good health
(d) the negative effects of the production of specific foods on the environment

8．空所（　8　）に入れるのに最も適切なものを(a)～(d)から1つ選び，その記号をマークしなさい。

(a) going against　　(b) in agreement on
(c) in response to　　(d) with the help of

9．この英語の本文の内容と異なっているものを(a)～(d)から1つ選び，その記号をマークしなさい。

(a) 赤身の肉は健康に良くない
(b) 食料生産による温室効果ガスの年間排出量は全排出量の約半分を占める
(c) 食料生産により森林以外の野生の土地が消失することも問題である
(d) 食料生産による環境問題の解決に関しては，特定の人々が責めを負うべきではない

10．この英語の本文の内容と異なっているものを(a)～(d)から1つ選び，その記号をマークしなさい。

(a) 「ライフ・サイクル分析」は加工食品には不可能である
(b) 現在では一つの食品の温室効果ガスの排出量を数値化できる
(c) 人間と地球の健康を守るためには異なる分野の専門家の協力が今後も必要である
(d) 気候は農業の影響を受ける

Ⅵ　次の英文を読み，あとの設問に答えなさい。＊の付いた語句には注があります。

（35点）

Along the US coastline, the wind blows strong and steady, and it could power the United States four times over, according to an estimate of offshore wind potential from the National Renewable Energy Laboratory. And with new US goals in place (ア) to decarbonize the power sector by 2035, the nation is finally getting ready (1).

But some of the best offshore wind locations are also home to the North Atlantic right whale, which lives only in the North Atlantic. Less than 400 North Atlantic right whales survive, and their habitat — feeding and mating grounds off New England and Canada, breeding grounds in the southeast, and migration routes in between (イ) — overlap with many of the offshore wind sites targeted for development. And wildlife advocates worry what increased ship traffic and construction activity (ウ) around those sites could mean for whales and other species.

But unlike (2) that led to major impacts to wildlife, this time ocean scientists and companies are teaming up from the start to protect species from harm. They're even finding that wind development can help boost biodiversity. "The two can coexist," says Joe Brodie, a meteorologist* and oceanographer* who leads offshore wind research efforts at Rutgers University. "It just has to be done intelligently and with as much (3), to minimize any potential conflict."

To protect marine biodiversity, Brodie has begun listening to the ocean. Last year he and researchers began dropping acoustic sensors into the sea (4) marine mammals, particularly North Atlantic right whales. The sensors include a bright yellow, torpedo*-shaped glider deployed* off the coast of New Jersey that can penetrate the water, and a pair of buoy*-like devices deployed off the Massachusetts and Rhode Island coasts. These devices pick up (エ) the whales' vocalizations and transmit location and other data that will be used to better understand (5).

The scientists are working with Ørsted, a renewable energy company that is building and operating more than 40 wind farms off the coast of the UK, northern

Europe, Taiwan, and the United States. They are conducting a three-year study (6) to minimize environmental impacts during the construction and operation of the company's planned wind farms off the coast of New Jersey and southern New England. As an added benefit, the sensors also collect data on temperature, pressure and other ocean conditions. Coastal communities can use these data to strengthen weather forecasts and predict severe storms such as cyclones — especially important as climate change worsens these events, Brodie says.

Timing matters, too. It's crucial to assess the potential impacts on marine life long before construction begins, says ecologist and oceanographer, Victoria Todd. Her company, Ocean Science Consulting, based in Dunbar, Scotland, works with offshore wind and oil and gas companies to reduce the environmental impact (7). "The best way to protect marine life is advance planning, and by performing initial studies before wind farm development. That way we can understand the use of the area (8) at different times of the year," Todd says. "Is it an important breeding site? Is it an important feeding site? How often are the animals there?" Knowing all this can help companies reduce the risk of (オ)conflicts.

As turbines are built along both sides of the Atlantic, an additional benefit of offshore wind emerges: (9). Turbine foundations provide artificial hard substrates* that marine organisms can colonize. The North Sea alone will probably be home to many offshore wind installations by 2030. Thousands of turbines (10) to provide power, and their foundations will increase habitat for mussels*, sea anemones* and other animals, according to a 2020 study led by marine ecologist Joop Coolen.

*meteorologist 気象学者 *oceanographer 海洋学者 *torpedo 魚雷
*deploy ～を配備する *buoy ブイ，浮標 *substrate 基質，土台
*mussel イガイ，ムール貝 *sea anemone イソギンチャク

1．空所(1)～(10)に入れるのに最も適切なものを，それぞれ(a)～(j)から1つ選び，その記号をマークしなさい。(a)～(j)は1回ずつしか選べません。

(a) by the various animals

(b) distribution and migration patterns

(c) information as possible

(d) new habitat

(e) of their projects

(f) past offshore energy booms

(g) to capture its share

(h) to detect and monitor

(i) to devise ways

(j) will be needed

2．下線部(ア)の示す内容に最も近いものを(a)～(d)から1つ選び，その記号をマークしなさい。

(a) goals achieved

(b) goals established

(c) locations for goals

(d) stabilization of goals

3．下線部(イ)の意味に最も近いものを(a)～(d)から1つ選び，その記号をマークしなさい。

(a) between the coastlines of New England and Canada

(b) between the feeding/mating grounds and the breeding grounds

(c) between the North Atlantic and the southeast Atlantic oceans

(d) between the whale habitat and the offshore wind sites

4．下線部(ウ)の意味に最も近いものを(a)～(d)から1つ選び，その記号をマークしなさい。

(a) construction of habitat

(b) construction of ships

(c) construction of traffic routes

(d) construction of wind farms

5．下線部(エ)の意味に最も近いものを(a)～(d)から1つ選び，その記号をマークしなさい。

(a) choose

(b) detect

(c) increase

(d) understand

6．下線部(オ)の具体的な内容に含まれるものを(a)～(d)から1つ選び，その記号をマークしなさい。

(a) business failures

(b) competition among rivals

(c) damaging of marine life

(d) natural disasters

日本史

（60分）

Ⅰ　次の〔A〕〔B〕の文章を読んで，下記の設問に答えなさい。(20点)

〔A〕 日本列島は古くから大陸との交流を持ち，『漢書』地理志によると1世紀前後の日本列島には百余の国があり，中国の都に使者を送る国もあった。1784年には福岡県志賀島で中国の王朝から授けられたと考えられる金印①が発見されている。

②6世紀中ごろに日本に伝えられた仏教は，7世紀中ごろにかけて渡来人や豪族たちの信仰を集めて広まり，新しい文化を形成した。厩戸皇子が建立したとされる法隆寺③は世界最古の木造建築とされている。

7世紀初めに中国大陸を統一した唐王朝は西アジアや東アジア世界と活発な交流をおこない，日本も十数回にわたって大規模な遣唐使を派遣し，それに従って多くの留学僧が唐にわたり，新しい仏教を伝えた。なかでも最澄や空海④らの伝えた仏教は加持祈禱によって国家の安泰を祈り，当時の貴族社会に広く受け入れられた。後に，国家の安泰を祈り貴人の息災を願う僧侶の宗教活動は儀式化し，大寺院は僧兵を抱え，多数の荘園を有するなど，貴族社会と同じような秩序を持つに至った。

鎌倉時代には，こうした貴族中心の既存の仏教にとどまらず，様々な新しい宗派があらわれた。⑤難解な教義を学び厳しい戒律を守らなくとも，「南無阿弥陀仏」の名号を唱えることで極楽浄土へ往生できるという「専修念仏」の教えや，⑥宋から伝わった禅の教えなどが，武士や庶民に広く受け入れられた。また，大陸から大仏様⑦と呼ばれる建築技法が伝わり，⑧彫刻では写実的で力強い作品が多くつくられている。

問1　下線部①の金印に刻されていた文字として正しいものを一つ選び，その記号をマークしなさい。

a　親魏倭王

b　倭国王帥升

c　漢委奴国王

d　日本国王

e　邪馬台国王

問2　下線部②に関連する記述として正しいものを一つ選び，その記号をマークしなさい。

a　このころ広まった仏教中心の文化を天平文化と呼ぶ。

b　仏教受容派の物部氏と仏教排斥派の蘇我氏が争った。

c　鑑真が戒律を伝えた。

d　607年，小野妹子が遣唐使として派遣された。

e　百済の聖明王から公式に仏教が伝えられた。

問3　下線部③について，次の仏像彫刻ア～オのうち，下線部③の寺院にある飛鳥時代の作品とされる仏像彫刻を正しく組み合わせたものを一つ選び，その記号をマークしなさい。

ア　釈迦三尊像　　イ　毘盧遮那大仏像　　ウ　百済観音像

エ　夢殿救世観音像　　オ　五百羅漢像

a　ア・イ・ウ

b　ア・ウ・エ

c　ア・エ・オ

d　イ・ウ・エ

e　イ・エ・オ

問4　下線部④に関連する記述として誤っているものを一つ選び，その記号をマークしなさい。

a　伝教大師は比叡山延暦寺を建て天台宗をおこし，弘法大師は高野山金剛峰寺を建て真言宗を開いた。

b　京都の教王護国寺は弘法大師が嵯峨天皇から与えられた寺院である。

c　この両者が伝えた仏教と古来の山岳信仰が融合し修験道がはじまった。

d　多くの鎌倉仏教の開祖たちが伝教大師の開いた寺院で仏教を学んだ。

e　伝教大師は長安で密教を学んで2年後に帰国した。

問5　下線部⑤について，この信仰が広まる過程に関する次の出来事ア～エについて，年代順に正しく配列したものを一つ選び，その記号をマークしなさい。

ア　親鸞が越後に流罪にされた。

イ　法然が選択本願念仏集を著し，念仏を唱えることだけが極楽往生の道だと説いた。

ウ　一遍が諸国を遍歴しながら踊念仏によって多くの民衆に教えを広めた。

エ　親鸞が煩悩の深い人間こそ，阿弥陀仏の救いの対象であるという悪人正機説を説いた。

a　エ→ア→イ→ウ

b　エ→ア→ウ→イ

c　イ→エ→ア→ウ

d　イ→ア→ウ→エ

e　イ→ア→エ→ウ

問6　下線部⑥について，この時代にあらわれた禅の宗派の一つは室町時代にも幕府の手厚い保護を受け，五山・十刹の制を整え，官寺とした。この宗派の名称を一つ選び，その記号をマークしなさい。

a　曹洞宗

b　黄檗宗

c　律宗

d　臨済宗

e　華厳宗

問7　下線部⑦について，この様式でつくられた代表的な建築物を一つ選び，その記号をマークしなさい。

a　東大寺南大門

b　円覚寺舎利殿

c　功山寺仏殿

d　三十三間堂

e　観心寺金堂

問8　下線部⑧について，この時代の彫刻作品として誤っているものを一つ選び，その記号をマークしなさい。

a　東大寺南大門金剛力士像

b　六波羅蜜寺空也上人像

c　興福寺金剛力士像

d　東大寺僧形八幡神像

e　興福寺阿修羅像

〔B〕 16世紀中ごろにキリスト教宣教師が日本を訪れて布教をおこなうようになると，織田信長や豊臣秀吉らは宣教師らを厚遇し，ポルトガルやスペインとの南蛮貿易を拡大した。後に秀吉はバテレン追放令を出してキリスト教の布教を禁じたが，貿易は続けられた。

江戸時代初期，徳川家康は ア 人の イ や， ウ 人の エ を登用して⑨ヨーロッパとの交流や貿易を積極的に進め，また東アジア世界との外交や貿易も積極的に推進しようとした。しかし，当初キリスト教を黙認していた江戸幕府も，信徒が信仰のために団結することを恐れ，1612年（慶長十七年）ごろから禁教令を出し，また，キリスト教徒を根絶するために，国内すべての人々を仏教寺院の檀家として宗門改帳に登録する寺請制度がつくられ，仏教への改宗を強制した。

問9　空欄 ア ～ エ に当てはまる国名と人名の正しい組み合わせを一つ選び，その記号をマークしなさい。

a　ア　スペイン　イ　耶揚子　ウ　オランダ　エ　三浦按針

b　ア　オランダ　イ　耶揚子　ウ　スペイン　エ　三浦按針

c　ア　イギリス　イ　三浦按針　ウ　オランダ　エ　耶揚子

d　ア　オランダ　イ　三浦按針　ウ　イギリス　エ　耶揚子

e　ア　イギリス　イ　三浦按針　ウ　スペイン　エ　耶揚子

問10　下線部⑨に関連する記述として誤っているものをすべて選び，その記号をマークしなさい。

a　伊達政宗が家臣の支倉常長をスペイン，ローマに派遣した。

b　徳川家康は京都商人の田中勝介をメキシコに派遣した。

c　幕府は大名や豪商に勘合を与え，勘合貿易を推奨した。

d　幕府は糸割符仲間にポルトガル船のもたらす生糸を一括して買い取らせた。

e　オランダとイギリスは平戸に商館を開いた。

Ⅱ　次の〔A〕〔B〕の文章と〔C〕の史料について，下記の設問に答えなさい。なお，史料は読みやすくするために，一部改めた。(20点)

〔A〕

律令制①の再建政策を中心となって推し進めた藤原氏は，冬嗣が嵯峨天皇の信任を得て蔵人頭になってからは，北家が特に力をのばした。その子の良房は，天皇の外祖父となって政治の実権を握り，正式に摂政となった。ついで良房の養子基経は，(　　　)天皇を擁立して関白②の地位に事実上つき，のちに藤原氏が国政に大きな力をもつ道を開いた。

問1　下線部①について，律令制下の国家・社会やくらしに関する文ア～エのうち，正しい文の組み合わせを，下から一つ選んでマークしなさい。

ア　奈良時代の農民には口分田が班給されたが，それだけでは生活が苦しく，貴族や大寺院の田地を賃租して暮らす者が多かった。

イ　奈良時代の人々の婚姻形態は，夫婦が別居して夫が妻の家を訪れる妻問婚や婿入婚，嫁入婚など，さまざまな方式があったことが知られている。

ウ　墾田永年私財法に基づいて開墾された田地は不輸租田であったため，開墾した寺院や貴族にとっては貴重な財源となった。

エ　律令制の整備と前後して，朝廷は九州南部での支配地の拡大を進め，8世紀初頭には，大隅国の一部を割いて薩摩国を置いた。

a　ア・イ

b　ア・ウ

c　ア・エ

d　イ・ウ

e　イ・エ

f　ウ・エ

問2 文中の空欄にあてはまる天皇を，下から一つ選んでマークしなさい。

a 醍醐

b 仁明

c 陽成

d 光孝

e 宇多

問3 下線部②について，正式に関白になったことのない人物を，下から一人選んでマークしなさい。

a 藤原道長

b 藤原頼通

c 藤原忠実

d 藤原忠通

e 藤原兼実

〔B〕

鎖国体制③のもと，日本は朝鮮・オランダ・中国・琉球・蝦夷地④と関係をもった。朝鮮とは宗氏を介して国交を結び，貿易は宗氏と朝鮮との間でおこなわれた。オランダ・中国とは正式の国交を結ぶことはなかった⑤ものの，長崎において貿易をおこなった。オランダ商館長は毎年江戸に参府して将軍に謁見したが，これは将軍の家臣として，また商人の頭として将軍に礼を述べるものであった。琉球は薩摩藩の支配下に組み込まれながらも異国として位置づけられた。琉球との貿易は島津氏との間でおこなわれた。蝦夷地とは松前氏を通じて関係をもち，貿易は松前氏との間でおこなわれた。近世の日本⑥の経済が海外との結びつきがなくとも成り立っていたと説明されることもあるが，実際にはいくつかの国や地域とは経済的に結びついていたのである。

問4 下線部③について，いわゆる「鎖国体制」とその形成過程に関する下のア～エを年代順に正しく並びかえたものを，一つ選んでマークしなさい。

ア 日本人の海外渡航を禁止した。

イ 長崎における中国人の住居を唐人屋敷に限定した。

ウ 島原の乱（島原・天草一揆）がおこった。

エ オランダ・中国との長崎における貿易額を制限した。

a　ア→イ→ウ→エ

b　ア→イ→エ→ウ

c　ア→ウ→エ→イ

d　イ→ア→ウ→エ

e　イ→エ→ア→ウ

問5　下線部④について，以下の琉球と蝦夷地に関する文ア～エのうち，正しい文の組み合わせを，下から一つ選んでマークしなさい。

ア　室町幕府の将軍は，贈答品をもたらす琉球国王の使者を待遇する際に，琉球国王を「りうきう《(琉球)》国のよ《(世)》のぬし《(主)》」とよんでいたことが当時の史料からわかっている。

イ　島津氏は幕府に無断で琉球に出兵したが，島津氏が琉球を征服すると，幕府は島津氏の出兵を認め，琉球国王を江戸に来させるよう命じた。

ウ　松前藩は徳川家康から蝦夷地の支配を認められた当初，有力商人にアイヌとの交易場の経営をゆだねる場所請負制をとっていたが，藩財政を強化するため，藩が直接交易場の経営をおこなう商場知行制に切り替えた。

エ　18世紀の後半には，国後島と知床半島のアイヌが蜂起して鎮圧されたが，その時，アイヌの中には松前藩に協力し，蜂起の鎮圧にあたった者もいた。

a　ア・イ

b　ア・ウ

c　ア・エ

d　イ・ウ

e　イ・エ

f　ウ・エ

問6　下線部⑤について，以下の中国とオランダとの関係に関する文ア～エのうち，正しい文の組み合わせを，下から一つ選んでマークしなさい。

ア　17世紀の半ばに中国の王朝は明から清にかわると，清朝は明朝が認めていた日本への渡航を厳しく制限したため，一時的に長崎への中国船の来航は途絶えた。

イ　アヘン戦争で清が敗北し，香港を割譲して上海などを開港したという情報に触れたことは，幕府や諸藩，あるいは知識人に強い危機感を与えた。たとえば，長崎町年寄で砲術家の高島秋帆は，西洋砲術の導入を建言した。

ウ　幕府は，ポルトガル船の来航を禁止したのち，長崎に出島を作ってそこにオランダ商館を収容した。

エ　1844年，オランダ国王は幕府に開国を勧告する親書を送ったが，幕府は従来の体制の正当性を主張して，その勧告を拒絶した。

a　ア・イ

b　ア・ウ

c　ア・エ

d　イ・ウ

e　イ・エ

f　ウ・エ

問7　下線部⑥について，江戸幕府が発行した下のア～エの貨幣を発行された年代順に正しく並びかえたものを，一つ選んでマークしなさい。

ア　元禄小判

イ　元文小判

ウ　天保一分銀

エ　南鐐二朱銀

a　ア→イ→ウ→エ

b　ア→イ→エ→ウ

c　ア→エ→ウ→イ

d　イ→ア→ウ→エ

e　イ→ウ→ア→エ

〔C〕

阿麻沙只《あまがさき》村⑦に宿して日本を詠《うた》う

日本の農家は，秋に畓《た》を耕して大小麦を種《ま》き，明年初夏に大小麦を刈りて苗種《びょうしゅ》を種き，秋初に稲を刈りて木麦⑧を種き，冬初に木麦を刈りて大小麦を種く。一畓に一年三たび種く。乃《すなわ》ち川塞がれば則ち畓と為し，川決すれば則ち田と為す。

（注）畓＝水田の意味。日本では使われない漢字。

問8　この史料は，宋希璟《そうきけい》という人物が日本に来た時のことを書いた記録である。宋希璟の来日とかかわりの深い事件を，一つ選んでマークしなさい。

a　寧波の乱

b　刀伊の入寇

c　応永の外寇

d　文禄の役

e　慶長の役

問9　この史料中の下線部⑦の「阿麻沙只村」は，現在の兵庫県尼崎市にある。この人物が日本を訪れた時に立ち寄った場所を，二つ選んでマークしなさい。

a　対馬

b　博多

c　下田

d　鎌倉

e　坊津

問10　この史料中の下線部⑧の「木麦」とは，具体的にどのような作物を指すか，一つ選んでマークしなさい。

a　アワ

b　ヒエ

c　ライ麦

d　燕麦

e　ソバ

Ⅲ　次の〔A〕〔B〕の文章を読んで，下記の設問に答えなさい。(20点)

〔A〕

1880年代後半に鉄道業や紡績業などを中心に会社設立ブームがおこり，産業革命が始まった。たとえば，①1883年に開業した大阪紡績会社が大規模工場の経営に成功したことに刺激されて，機械制の紡績会社の設立があいついだ。また，鉄道業では，1881年に設立された日本鉄道会社の成功を受けて民営鉄道設立のブームがおき，1889年には，営業キロ数で民営鉄道が官営を上まわった。そして，金融機関の資金不足などでいったんは頓挫したものの，日清戦争後にはふたたび企業勃興が生じ，その結果，資本主義が本格的に成立した。

②日清戦争後，政府は，軍用船確保などのため鉄鋼船の建造を奨励し，鉄鋼の国産化をめざして，1897年に官営八幡製鉄所を建設し，日露戦争の頃には生産を軌道に乗せた。また，民間でも，日本製鋼所などの製鋼会社が設立され，池貝鉄工所が精度の高い旋盤の国産化に成功し，三菱長崎造船所などの造船技術も世界水準に追いついた。③さらに，幕末以来，最大の輸出品であった生糸については，1909年には世界第1位の生糸輸出国となった。

また，政府は，1897年に貨幣法を制定し，日清戦争の賠償金の一部を準備金として，欧米諸国にならった金本位制を採った。さらに，④特定の政策目的のために特殊銀行の設立も進められた。

他方で，1884年頃から官営事業の払い下げが始められたが，特に優良鉱山の払い下げを受けた政商は，鉱工業の基盤をもち，⑤財閥と呼ばれる存在に成長していった。そして，銀行・商社・鉱工業などを多角的に経営し，多数の傘下企業の株式所有を通じてこれらを支配するコンツェルン形態をとるようになっていった。

問1　下線部①に関する説明として誤りを含む文を，次のa～eから一つ選びその記号をマークしなさい。

a　大阪紡績会社は，豊田佐吉らが設立した。

b　大阪紡績会社は，イギリス製の紡績機械を導入した。

c　機械制の大紡績工場の増加は，臥雲辰致が発明したガラ紡による綿糸生産の衰退を招いた。

d　機械制生産の急増により，1890年には綿糸の生産量は輸入量を上まわり，それ以降，その差は大きくなっていった。

e　綿糸・綿織物の輸出は増加したが，原料とする綿花は中国などからの輸入に依存していた。

問2　下線部②に関する説明として誤りを含む文を，次のa～eから一つ選びその記号をマークしなさい。

a　政府は，1896年，造船奨励法・航海奨励法を公布した。

b　八幡製鉄所の建設資金には，日清戦争の賠償金も使われた。

c　八幡製鉄所は，近くに大きな炭田のある四国西部の地に建設された。

d　八幡製鉄所は，ドイツの技術を導入して操業を開始した。

e　八幡製鉄所は，清国の大冶鉄山から鉄鉱石を安価に輸入した。

問3　下線部③に関する説明として誤りを含む文を，次のa～eから一つ選びその記号をマークしなさい。

a　製糸技術は，幕末以来，座繰製糸から小工場での器械製糸へと発展した。

b　絹織物業においても，力織機が導入された。

c　製糸業の発達とともに，養蚕農家も増加した。

d　日露戦争後は，アメリカ向けを中心に，いっそう輸出量が増加した。

e　世界第1位となったのは，フランスの輸出量を追いこしたことによる。

問4　下線部④に関して，特殊銀行に含まれない銀行はどれか。次のa～eから一つ選んでその記号をマークしなさい。

a　日本勧業銀行

b　日本興業銀行

c　第一銀行

d　横浜正金銀行

e　台湾銀行

問5　下線部⑤に関して，四大財閥に含まれない財閥はどれか。次のa～eから一つ選んでその記号をマークしなさい。

a　住友

b　三菱

c　三井

d　古河

e　安田

〔B〕

1880年代後半に始まった産業革命の進展に伴い賃金労働者が増えたが，日清戦争前後から，待遇改善や賃金引き上げを要求する工場労働者のストライキも増加するようになった⑥。そして，アメリカ合衆国の労働運動の影響を受けた高野房太郎・片山潜らは，1897年，労働組合期成会を結成して労働者の団結を指導し，それにより鉄工組合などが組織された。1891年には足尾鉱毒事件⑦が発生したことにより，また，過酷な労働環境から生じる衛生や貧困なども大きな社会問題となってきていたこともあり，政府は，1900年に治安警察法を公布して労働運動などを取り締まった。翌年には，最初の社会主義政党である社会民主党が結成されたが⑧，治安警察法によって，結成直後に解散を命じられた。

しかし，日露戦争の危機がふかまるにつれ⑨，幸徳秋水・堺利彦らは平民社をおこし，「平民新聞」を発行して戦争反対を主張した。また，1906年には日本社会党が創立された。こうして労働者の生活を擁護する社会主義運動は，いっそう政治運動に進む動きを強めていった。

政府は，労資対立を緩和しようとして工場法の制定にも動いていたが，これがようやく制定された年の前年には，社会主義者・無政府主義者を大弾圧した（大逆事件）⑩。以後，社会主義運動は「冬の時代」を迎えた。

問6　下線部⑥⑨に関して，日清・日露戦争前後の文学・芸術の動向の説明として誤りを含む文を，次のa～eから一つ選んでその記号をマークしなさい。

a　日清戦争後には，人道主義にたつ徳冨蘆花の社会小説が発表された。

b　日清戦争と日露戦争の間に，河上肇の『貧乏物語』が広範な読者を獲得した。

c　日清戦争前後には，ロマン主義文学がさかんになり，雑誌『文学界』がその拠点となった。

d　日清戦争後には，黒田清輝らが白馬会を創立して画壇の主流を形成した。

e　日露戦争の前後には，人間社会の暗い現実をありのままに写し出そうとする自然主義が文壇の主流となった。

問7　下線部⑦に関して，足尾鉱毒事件の説明として誤りを含む文を，次のa～eから一つ選んでその記号をマークしなさい。

a　足尾銅山から渡良瀬川に流れ込む鉱毒が農業・漁業に与えた大被害が問題となった。

b　被害地の村民は，上京して陳情を試みたりしたが，警察に逮捕されることもあった。

c　貴族院議員の田中正造は，議会で政府に銅山の操業停止をせまった。

d　政府は銅山に鉱毒予防工事を命じた。

e　田中正造は，議員を辞職し，天皇に直訴を試みた。

問8　下線部⑧に関して，社会民主党の結成に加わっていない者は誰か。次のa～eから一つ選んでその記号をマークしなさい。

a　高野房太郎

b　片山潜

c　幸徳秋水

d　安部磯雄

e　木下尚江

問9　下線部⑨に関して，日露戦争前後の出来事ア～オを年代順に正しく配列したものを，次のa～eから一つ選んでその記号をマークしなさい。

ア　第1次日英同盟協約　　イ　北清事変　　ウ　ポーツマス条約締結

エ　日比谷焼打ち事件　　オ　第1次日韓協約

a　イ→ア→ウ→エ→オ

b　イ→オ→ア→ウ→エ

c　ア→イ→オ→ウ→エ

d　イ→ア→オ→ウ→エ

e　ア→イ→ウ→エ→オ

問10　下線部⑩に関して，この時の内閣総理大臣は誰か。次のa～eから一つ選んでその記号をマークしなさい。

a　伊藤博文

b　桂太郎

c　西園寺公望

d　山本権兵衛

e　寺内正毅

Ⅳ　次の文章を読んで，設問に答えなさい。(20 点)

1914 年 6 月，①サライェヴォ事件をきっかけに第一次世界大戦がはじまり，日本も参戦した。日本軍は敵国ドイツの根拠地であった青島を占領し，中国に勢力を拡張させた。1915 年 1 月に　ア　外相は，②中国の袁世凱政権に対して二十一カ条の要求を行い，要求の多くを認めさせた。

第一次世界大戦が長期化する中，戦争遂行によって食料不足が深刻化したロシアでは 1917 年 3 月にロマノフ王朝が滅亡し，11 月にはボリシェヴィキに率いられた革命を経て社会主義国家が志向されることとなった。ロシアに登場した社会主義国家に対して，イギリス・フランスなど連合国は反革命派を支援する干渉戦争を開始した。米国政府はシベリアにいた　イ　兵の救援を名目に日本との共同出兵を提案し，1918 年 8 月，日本政府はこれを受けてシベリア出兵を決定した。

第一次世界大戦は，日本の国際的地位を高める結果となった。③経済的には，大戦景気といわれる好景気となった。また政治的にも，④大戦終結後の 1920 年に国際連盟が設立されたが，日本は国際連盟の常任理事国となった。

第一次世界大戦中の 1918 年 9 月，「平民宰相」と言われた原敬が組閣し，1919 年以降には⑤男性普通選挙権を求める運動が広がった。しかし，関東大震災を経た 1924 年 1 月に成立した　ウ　内閣は，政党から閣僚を入れず，貴族院中心の構成となった。これに対して，⑥「護憲三派」と言われた 3 党を中心に第二次護憲運動が展開された。同年 5 月の総選挙では「護憲三派」が圧勝し，⑦加藤高明内閣が成立した。

問 1　空欄アにあてはまる人名を，次の a ～ e から一つ選んでその記号をマークしなさい。

a　加藤友三郎　　b　寺内正毅　　c　加藤高明　　d　大隈重信

e　井上馨

問2　空欄イにあてはまる国名を，次のa～eから一つ選んでその記号をマークしなさい。

a　ウクライナ　b　チェコスロヴァキア　c　ポーランド
d　スロヴェニア　e　セルビア

問3　空欄ウにあてはまる人名を，次のa～eから一つ選んでその記号をマークしなさい。

a　清浦奎吾　b　桂太郎　c　若槻礼次郎　d　山本権兵衛
e　寺内正毅

問4　下線部①に関して，第一次世界大戦に関する説明として誤りを含む文を，次のa～eから一つ選んでその記号をマークしなさい。

a　サライェヴォ事件では，セルビア人青年によってオーストリアの皇位継承者が暗殺された。

b　第一次世界大戦は勃発から終結まで4年余りを要し，戦争の遂行のために各国の経済力・人的資源が総動員される総力戦となった。

c　1917年2月，ドイツ軍が無制限潜水艦攻撃を開始したのをきっかけに，アメリカ合衆国はドイツに宣戦布告し，第一次世界大戦に参戦した。

d　日本政府は開戦にあたり，1902年以来同盟関係にあり，日本の参戦を強く望んでいたイギリス外務省からの要請に応える形で参戦を決定した。

e　1914年10月，日本軍はドイツ領であった赤道以北の南洋諸島を占領した。

問5　下線部②に関して，二十一カ条の要求に含まれ，袁世凱政権によって承認された項目を，次のa～eから一つ選んでその記号をマークしなさい。

a　漢冶萍公司を日本と中国の共同経営とすること

b　福建省におけるドイツの権益を日本に継承させること

c　旅順と撫順の租借期限を99年間延長すること

d　中国政府の政治・財政顧問として日本人を雇用すること

e　中国政府が他国との条約を締結する際には日本政府の承認を必要とすること

問6　下線部③に関する説明として誤りを含む文を，次のa～eから一つ選んでその記号をマークしなさい。

a　第一次世界大戦の開戦後，日本の貿易収支は赤字から黒字へ転換した。

b　第一次世界大戦への参戦直後，米価が急上昇したため，米騒動が発生した。

c　第一次世界大戦に伴う世界的な船舶不足の下で船賃が上昇し，日本の海運および造船業者は大きな利得を得たため「船成金」と言われた。

d　第一次世界大戦中に，猪苗代水力発電所から東京への送電が開始された。

e　第一次世界大戦が終結すると日本経済は不況に転じ，1920年に戦後恐慌が発生した。

問7　下線部④に関して，この時に日本とともに常任理事国となった国の国名を，次のａ～ｅから一つ選んでその記号をマークしなさい。

a　ドイツ　　b　アメリカ合衆国　　c　中華民国　　d　イタリア

e　スイス

問8　下線部⑤に関して，大日本帝国憲法下の選挙法改正に関する説明として誤りを含む文を，次のａ～ｅから一つ選んでその記号をマークしなさい。

a　1889年選挙法に基づく1890年総選挙の選挙人数は，全人口の２％に満たなかった。

b　選挙人の納税額の条件を直接国税15円以上から10円以上に引き下げた改正選挙法が公布された1900年，軍部大臣現役武官制が定められ，治安警察法も公布された。

c　1919年の選挙法改正では，選挙人の納税額の条件を直接国税３円以上としたが，同改正に基づいて実施された1920年総選挙の選挙人数は，全人口の５％を上回った。

d　1919年の選挙法改正では，小選挙区制が導入された。

e　20歳以上の男女に普通選挙権を付与した1945年の選挙法は，新憲法制定後の衆議院選挙ではじめて実施された。

問9　下線部⑥に関して，「護憲三派」に含まれる政党を，次のａ～ｅから一つ選んでその記号をマークしなさい。

a　立憲国民党　　b　政友本党　　c　中正倶楽部　　d　立憲民政党

e　革新倶楽部

問10　下線部⑦に関して，加藤高明内閣の時期の出来事ではないものを，次のa～eから一つ選んでその記号をマークしなさい。

a　日ソ基本条約の締結　　b　治安維持法の公布

c　日本共産党の結成　　d　普通選挙法の成立

e　農民労働党の結成

V　次の文章を読んで，下記の設問に答えなさい。(20点)

1955年の総選挙で，社会党は左右両派あわせて3分の1の議席を確保して，10月には両派の統一①を実現した。保守陣営でも，日本民主党と自由党が合併して自民党を結成し，初代総裁には鳩山一郎首相②が選出された。政府は「もはや戦後ではない」と宣言し，高度経済成長③政策を打ち出した。

高度経済成長によって，生活にゆとりが出ると，レジャー産業やマスメディアも発達し，新聞・雑誌・書籍類の出版部数が激増し，歴史小説の司馬遼太郎が（　④　）などを刊行して，人気を博した。また，純文学では，『悲の器』などを著して大学紛争時代の全共闘世代に影響を及ぼした（　⑤　）が活躍した。

田中角栄内閣の列島改造構想によって，土地や株式の投機がおこり，第1次石油危機による原油価格の高騰により狂乱物価と呼ばれる状況となった。政府は金融の引締めを行った⑥が十分な効果を上げられず，1974年には経済成長率が戦後はじめてマイナスとなり，高度経済成長時代は終わった。

第1次石油危機以降，世界経済が停滞するなかで，日本は5％前後の成長率を維持し，1980年代前半も欧米先進諸国と比べて相対的には高い成長率を維持した⑦。1980年には世界のGNPに占める日本の比重が約10％に達し，1980年代の日本⑧の国際的地位は飛躍的に高まった。1982年には中曽根康弘内閣⑨が発足した。1980年代後半から1990年代前半にかけて，昭和の終焉や冷戦の終結など，国内外で大きな変化⑩が起こった。

問1　下線部①に関して，このときの党首として最も適切な人物を一つ選び，その記号をマークしなさい。

a　浅沼稲次郎　　b　西尾末広　　c　野坂参三　　d　河上丈太郎

e　鈴木茂三郎

問2　下線部②の人物に関して，正しいものを全て選び，その記号をマークしなさい。

a　再軍備を推進するために国防会議を発足させた

b　ソ連との間で平和条約を締結した

c　日本の国連加盟を実現させた

d　A級戦犯容疑者として起訴されて，公職追放の処分を受けた

e　インドと平和条約を結んだ

問3　下線部③に関して，この時期に起こった出来事を時系列順に並べたときに，古い順から4番目に当たるものを一つ選び，その記号をマークしなさい。

a　GATT11条国への移行

b　小笠原諸島の返還の実現

c　公害対策基本法の制定

d　日本万国博覧会の開催

e　OECDへの加盟

問4　空欄④に当てはまる書籍として，最も適切な作品を一つ選び，その記号をマークしなさい。

a　坂の上の雲　　b　憂鬱なる党派　　c　青い山脈　　d　羅生門

e　潮騒

問5　空欄⑤に当てはまる，最も適切な人物を一つ選び，その記号をマークしなさい。

a　大岡昇平　　b　吉本隆明　　c　小林秀雄　　d　安部公房

e　高橋和巳

問6　下線部⑥に関して，金融の引締めによって，政策が有効であるときに起こる効果として，正しいものを一つ選び，その記号をマークしなさい。

a　生産の拡大　　b　金利の下落　　c　物価の下落

d　生産性の上昇　　e　設備投資の拡大

問7　下線部⑦に関して，この要因として，正しいものを全て選び，その記号をマークしなさい。

a　日銀の高金利政策によって，設備投資が好調であったため

b　財政黒字を背景とした，積極的な財政政策が有効であったため

c　企業が省エネルギーや人員削減などの減量経営に努めたため

d　半導体やコンピューターなどのハイテク産業が輸出を中心に生産をのばしたため

e　労働組合の力強い交渉によって，生産性以上の賃金上昇を確保することができたため

問8　下線部⑧に関して，この時期に起こった出来事として正しいものを一つ選び，その記号をマークしなさい。

a　プラザ合意によって円高が是正された

b　インターネットや携帯電話が普及した

c　リクルート事件と消費税の実施のために，自民党の大敗により下野して，政権交代が起こった

d　青函トンネルが開通した

e　日本の財政黒字が激増した

問9　下線部⑨に関して，中曽根康弘内閣が実施した政策として，正しいものを全て選び，その記号をマークしなさい。

a　消費税の実施

b　行財政改革の推進

c　郵政三事業の民営化

d　防衛費の大幅な増額

e　電電公社の民営化

問10　下線部⑩に関して，この時期に起こった出来事を時系列順に並べたときに，古い順から3番目に当たるものを一つ選び，その記号をマークしなさい。

a　イラクのクウェート侵攻を契機にした湾岸戦争の勃発

b　米ソ間での中距離核戦力全廃条約の締結

c　昭和天皇の崩御

d　東西ドイツの統一

e　カンボジアへの自衛隊の海外派遣の開始

世界史

（60分）

Ⅰ　次の文章を読んで，下記の設問に答えなさい。（35点）

都市国家からスタートしたローマは前1世紀末，オクタウィアヌスがアウグストゥスの称号を得て帝政時代に突入した。とくに五賢帝時代までの約200年はパクス・ロマーナと呼ばれ，ローマ帝国は繁栄をきわめた。自身，国家のしもべとして人民にも寛大であろうとしたトラヤヌス帝α)もその一人であった。しかし，繁栄した帝国も，その後，内憂外患に苦しむようになり，「3世紀の危機」に突入した。長大となった国境の警備と防衛のために軍事費が増大し，国家予算を圧迫。さらに（　A　）朝ペルシアといった東方からの外敵などの侵入によってローマは混沌とした。この危機の克服をする中で，前期帝政は終りを告げ，ディオクレティアヌス帝は帝国の4分統治を行い秩序の安定をはかった。さらに，皇帝崇拝を強制する東方的専制君主政治への移行によって帝国を再建した。彼の始めたこの政治形態を（　B　）と呼ぶ。しかし皇帝崇拝に反発するキリスト教徒に対する大迫害に伴う混乱と自らの病によって彼が退位すると，ローマはまたも秩序を失った。再混乱の中で強敵マクセンティウスを倒したコンスタンティヌス大帝は313年に発令した（　C　）勅令でキリスト教を公認し，ニケーア（ニカイア）公会議においてはキリスト教の教義を三位一体説に統一するなどして今日のキリスト教的ヨーロッパ①の原点を築き上げた。彼は，有能な将軍であったが，賢帝としての資質を欠き，浪費癖と気まぐれ，追従的な性格をもち，「大帝」の称号を受けるに値しない人物とされる。彼の死後，帝位継承で混乱し，結果的に後期帝政も，帝国の衰退と解体を止めることはできなかった。395年，テオドシウス帝は死に際し，帝国を東西に分割し，2人の息子をそれぞれの帝位に就けた。18歳のアルカディウスが継承した東ローマ（ビザンツ）帝国は西欧キリスト教世界を守る防波堤と古典文化②を維持する役割を担い，独自の文明を築き，1453年まで続いた。この帝国の最盛期は，「古代ローマ帝国の性格を維持した最後の皇帝」と称された6世紀の（　D　）の時であった。彼はローマ帝国の復興を目指し，「一つの国家，一つの法律，一つの教会」という理念に基づいて帝国の秩序と専制権力を確立した。ほぼ地中海世界を再統一。さらに，今日なお重要な地位を占めている『(E)』を編纂させ，さらにビザンチン・ハーモニーの具現化を目指し③ハギア・ソフィア聖堂を再建した。しかし，彼の行動そのものが帝国に多大な負担を強いており，彼の死後，帝国は一気に衰退した。726年の④イコノクラスムの徹底によって，帝国の衰退に拍車がかかった。そして1453年，もはや，かつての大帝国ではなくなっていた東ローマ帝国は(F)によって都が陥落させられ，滅亡した。

11歳のホノリウスが継承した西ローマ帝国はフン族の西進で始まったゲルマン民族の大移動による大混乱の中，476年，ローマのゲルマン人傭兵隊長オドアケルによって幕を閉じた。彼はゲルマン王を名乗りイタリア半島を統治したものの，20年ともたず，東ゴート族のテオドリックにラヴェンナで降伏，のちに暗殺された。ゲルマン民族の大移動は直接原因とされたフン族の西進がなかったとしても，ゲルマン民族はそもそも，早い段階から土地不足に悩まされており，ローマ帝国への侵入は根本的に回避できないものであった。この大移動を通じて⑤ゲルマン諸部族は帝国各地で王国を建設していった。

19世紀，ドイツの法学者イェーリングは，その著『ローマ法の精神』の中で「⑥ローマは三度，世界を征服した」と記している。ローマは滅亡後も，有形・無形で世界に多大な影響を与え続けている。

【設問1】 上記の文章中の空欄(A)～(F)について，以下の問に答えなさい。

問1 (A)に入るのに最も適切な王朝名を以下のa～dより一つ選びなさい。

a サファヴィー
b アケメネス
c ササン
d パフレヴィー

問2 (B)に入るのに最も適切な語句を以下のa～dより一つ選びなさい。

a プリンキパトゥス
b ラティフンディア
c コロナトゥス
d ドミナトゥス

問3　（　C　）に入るのに最も適切な語句を以下のａ～ｄより一つ選びなさい。

ａ　ローマ

ｂ　トリエステ

ｃ　ジェノヴァ

ｄ　ミラノ

問4　（　D　）に入るのに最も適切な人物名を以下のａ～ｄより一つ選びなさい。

ａ　ユスティニアヌス

ｂ　ヘラクレイオス１世

ｃ　テオドラ

ｄ　トリボニアヌス

問5　（　E　）に入るのに最も適切な語句を以下のａ～ｄより一つ選びなさい。

ａ　フォロ・ロマーノ

ｂ　ローマ法大全

ｃ　ホルテンシウス法

ｄ　コンコルダート

問6　（　F　）に入るのに最も適切な国名を以下のａ～ｄより一つ選びなさい。

ａ　カラハン朝

ｂ　セルジューク朝

ｃ　キプチャク・ハン国

ｄ　オスマン帝国

【設問２】　上記の文章中の下線部α）の皇帝とローマの属州ビテュニア（現トルコ，小アジアの北西部）総督ガイウス・プリニウス・カエキリウス・セクンドゥス（小プリニウス）との次の書簡の遣り取り内の下線部(1)～(5)に関する以下の問に答えなさい。

(1),(2)トラヤヌス宛て

主よ，私が疑念を抱いていた問題は，すべてあなたの意見を尋ねるというのが，私の習慣となっています。実際，あなたより他にいったい誰が見事に私の遅疑を裁き，あるいは私の無智を正してくれるでしょうか。

私はこれ迄一度もクリストゥス（キリスト教）信者の審理に立ち会ったことがありません。従って，いつも彼らに対し，何が取り調べられ，またどの程度までが処罰の対象とされているのか知りません。

そこで，私がたいへん困ったのは次の諸点です。年齢の上で，何らかの差別を設けるべきか。どんなに幼少でも，より強壮な人との間に区別をまったく設けなくて良いのか。悔い改めたら許されるのか(3)。かつて正真正銘のクリストゥス信者であった者が信者でなくなった場合，まったく彼を救う道はないのか。彼らはたとえ破廉恥罪を犯していなくても，クリストゥス信者という呼称だけで罰せられるのか。それとも，この呼称と結びつけられている破廉恥が罰せられるのか。

さしあたって私は，クリストゥス信者として私の前に告発されてきた者に対し，次のような手続きをとってきました。

彼らにまず，クリストゥス信者であるかどうかを尋ねました。告白した者には処罰すると脅しながら，二度も三度も問いただしました。それでも固執した者は，処刑のため連れ去るよう命じました。

というのも，彼らの告白している信仰がいかなるものであれ，その強情っ張りと頑《がん》迷狷介《めいけんかい》さは，処刑されるべきだと信じて疑いませんでした。

他にも，狂気じみた者がいました。この者たちはローマ市民(4)であったので，ローマへ移送すべき者として書き留めておきました。

（以下省略）

小プリニウス(5)宛て（トラヤヌスの返答）

親愛なるセクンドゥスよ，そなたは，そなたの前にクリストゥス信者として告発されてきた者の訴訟を審理するにあたって，当然とるべきであった手続きを正しく実行したのである。

というのも，あらゆる場合に応用される，いわば一定不変の形式を備えたような，ある罰則を制定することは，不可能であるからである。

信者を捜し求めるべきではない。もし彼らが告発されて，有罪を認められたら，その者は罰せられるべきである。ただし，この場合も，自分はクリストゥス信者ではないと主張し，しかもそのことを事実で，つまり我々の神々に祈りを捧げて，はっきりと証明した者は，たとえ過去について疑われたとしても，悔い改めたことで赦免を得ることができるという条件がつく。

ともかく，署名のない密告状が提出されたら，いかなる犯罪の追求も一切顧慮すべきではない。密告状の如きは，最も悪い先例となるし，しかも我々の時代の精神にそぐわないからである。

『プリニウス書簡集』（講談社学術文庫）421頁～426頁より

國原吉之助訳

問1　下線部(1)のトラヤヌス帝時代のローマ帝国の領土を示している地図として最も適切なものを以下のａ～ｄより一つ選びなさい。

a

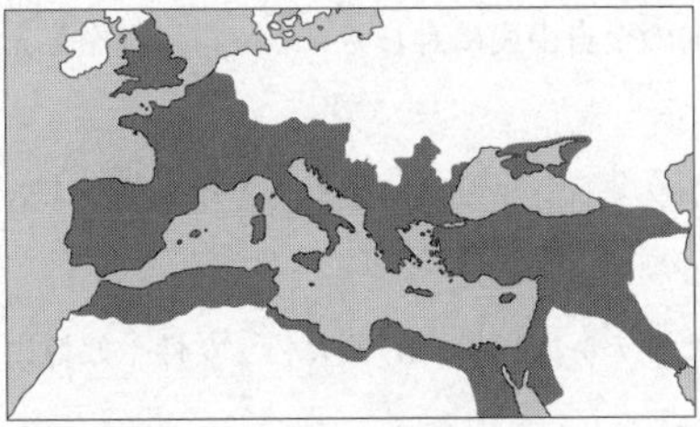

b

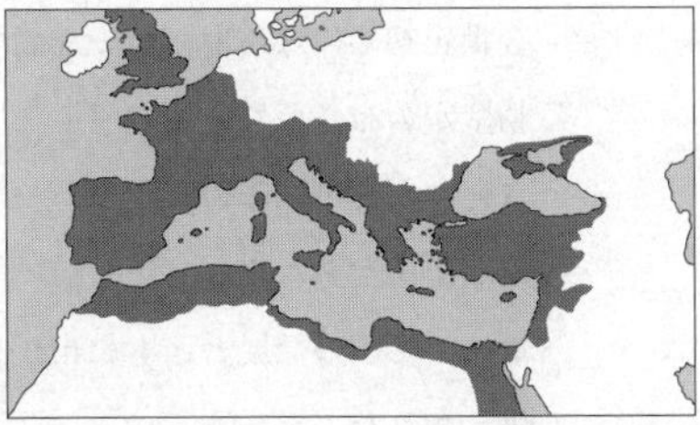

c

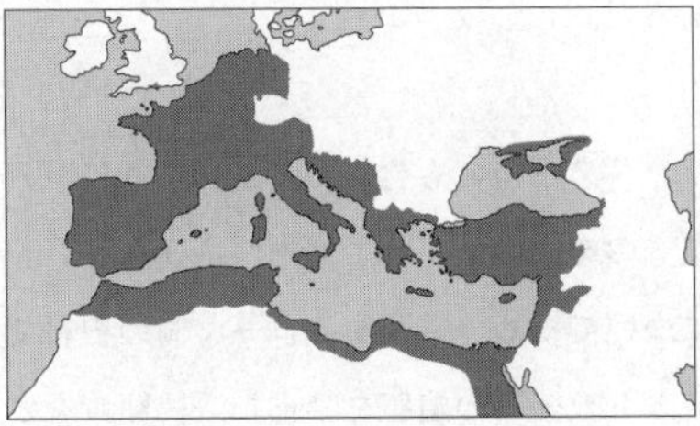

d

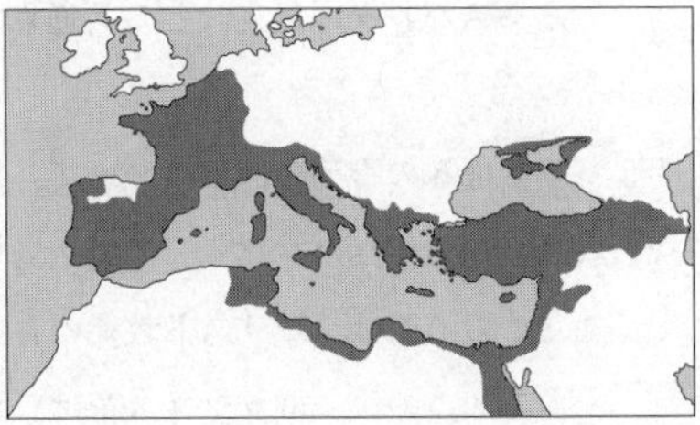

問2　下線部(2)のトラヤヌスが皇帝に就任した頃，中国に存在していた王朝を以下のａ～ｄより一つ選びなさい。

a　前漢

b　新

c 北魏

d 後漢

問3 下線部(3)について。ローマ帝国は313年の公認後，キリスト教化していくが，この流れに逆行するように「悔い改め」て国家によるキリスト教への援助を取りやめ，聖職者の特権廃止等を実施し，背教者と称された皇帝は誰か，以下のａ～ｄより一つ選びなさい。

a ネルウァ

b アントニヌス・ピウス

c ハドリアヌス

d ユリアヌス

問4 下線部(4)について。ローマ市民について述べた文章として正しいものを以下のａ～ｄより一つ選びなさい。

a ３世紀初めになると，ローマ帝国内の全自由民に対してローマ市民権を与える勅令が公布された。

b ローマが都市国家の時代はローマかフィレンツェに居住し，義務を果たす者のみが市民とされた。

c ローマ帝国の発展とともに市民権はラテン人以外にも拡大し，女性や奴隷にも付与された。

d 領土拡大で世界帝国化するローマは，市民権拡大に積極的で，この点がアテネやスパルタの民主政との共通点であった。

問5 下線部(5)の書簡の内容について。トラヤヌス帝宛ても含めて，どのように読み取れるかを述べた文章として最も適切なものを次のａ～ｄより一つ選びなさい。

a この書簡は，キリスト教徒の存在について初めて言及するローマ側の史料である。この後，トラヤヌス帝は，キリスト教徒への迫害を禁止し，穏健策をとるようになる。

b この書簡から，トラヤヌス帝がキリスト教徒に対して即座に容赦ない態度で接しているわけではないことがわかるが，同時にキリスト教徒を望ましくない存在とみていることもわかる。この後も，キリスト教徒の迫害が続いていくことになる。

c　この書簡の中で，小プリニウスは，被告がローマ市民か否かで異なった処遇をすることを述べている。属州民とローマ市民との間での差別的処遇に対する不満が増大し，この後，同盟市戦争が勃発することになる。

d　この書簡から，共和政の伝統を維持しようとする元老院議員と，集権化をはかる皇帝との間での対立の先鋭化が明確にわかる。両者の対立は，皇帝の暗殺による共和政の復活につながることになる。

【設問3】　上記の文章中の下線部①～⑥に関する以下の問に答えなさい。

問1　下線部①について。西欧キリスト教世界をイスラーム勢力から守ったと評価される732年の戦いの名称を次のa～dより一つ選びなさい。

a　ボルドーの戦い

b　ニハーヴァンドの戦い

c　バイヨンヌの戦い

d　トゥール・ポワティエ間の戦い

問2　下線部②について。この古典文化を模範とし，14～16世紀にわたって繰り広げられた文化運動であるルネサンスについて述べた文章として正しいものを以下のa～dより一つ選びなさい。

a　ルネサンスでは，中世の神中心的価値観から人間中心的価値観への転換が追求された。

b　まずギリシアで興り，アルプス以北のドイツ，フランス，スペインなどに波及した。

c　奴隷貿易で得た富を背景に，専制君主がこの文化運動の保護者となった。

d　「万能の天才」と称されたレオナルド・ダ・ヴィンチは「近代政治学の祖」ともいわれた。

問3　下線部③の建物について述べた文章として**誤っているもの**を以下のa～dより一つ選びなさい。

a　トルコのエルドアン大統領は，2020年7月この建物をモスクに戻すことを発表した。

b　この建物はビザンツ様式を代表し，巨大な円蓋を持ち，多くのアーチと柱で支えられている。

c　15世紀，メフメト2世はこの建物をモスクに転用しようとしたが，抵抗にあって断念した。

d　ケマル・アタテュルクはこの建物をモスクとして使用することを禁止し，博物館として内部公開した。

問4　下線部④について述べた文章として正しいものを以下のａ～ｄより一つ選びなさい。

a　この聖像禁止令はイスラーム教のムスリムが行っていたラマダンの影響から発布された。

b　9世紀に入ると聖像を認める動きも発生したが，ロムルス・アウグストゥルス帝は聖像禁止の継続を宣言した。

c　東ローマ皇帝レオン3世が発布した聖像禁止令のことで，東西教会の分裂の一因となった。

d　この聖像禁止令では，聖母マリア像のみ例外的にその崇拝が認められた。

問5　下線部⑤について。ゲルマン人の一部族で，ライン川と右岸からガリアに侵入し建国したフランク王国に関する文章として正しいものを以下のａ～ｄより一つ選びなさい。

a　建国王クローヴィスはキリスト教正統派への改宗を拒んだが，王国発展の礎を築いた。

b　カール大帝はローマ教皇からローマ皇帝の冠を授けられ「西ローマ帝国」を復興した。

c　宮廷の最高官職である宮宰を世襲していたメロヴィング家が実権を握っていった。

d　リヨンを都にガリア東南部に建国していたブルグンド王国への侵攻は失敗した。

問6　下線部⑥について。この三度目は法とされたが，ローマ法はナポレオン法典など近代各国法のモデルとなった。ナポレオン法典について述べた文章として正しいものを以下のa～dより一つ選びなさい。

a　この法典は個人の所有権の不可侵を強調するなど，近代市民社会の原理をまとめたものであった。

b　この法典は部分改正も一切されることなく現行のフランス民法典として継承されている。

c　この法典は日本，オランダ，スペインを除く，各国の民法典に影響を与えている。

d　この法典は法の前の平等など全2281条からなり，ナポレオン3世によって制定された。

Ⅱ　東アジア史に登場する人物に関する以下のⅰ）～ⅲ）の文章を読んで，下記の設問に答えなさい。(24点)

ⅰ）下の切手は秦王（　A　）の暗殺未遂のシーンを描いたものである。司馬遷の『史記』の記述によれば，燕①の太子丹《たん》の命令を受け，荊軻《けいか》は同行者と共に自害した将軍の首と秦に贈る肥沃な土地の地図を手土産に秦王（　A　）との謁見に成功。襲撃したが，暗殺に失敗し殺害された。激怒した秦王（　A　）は，この後，総攻撃をかけ燕を滅亡させ，さらに他国も次々と滅ぼし，前221年に中国の統一に成功するのであった。

統一後，（　A　）は始皇帝と称して中央集権的政治体制の確立を目指した。地方の統治においては，中央から地方に官吏を派遣する（　B　）制を採用した。諸侯の支配地域ごとに異なった経済政策も改め，統一政策を進めた②。対外的には北方の騎馬民族である（　C　）に対処するため万里の長城を修築した。

ii）960年に五代③の後周の有力武将であった趙匡胤が北宋を建国。後周の世宗の死後，即位した幼帝に不安を抱いた部下たちに推されて即位した。一連の経過から「眠っている間に皇帝になった」と言われる一方で，用意周到な準備の下で王朝建設を行った。即位した趙匡胤は，文治主義による政治改革を断行し，科挙の整備にも尽力④した。

しかしながら，文治主義に基づく政治体制は，軍事力の低下を招き，周辺諸民族の侵入を招いた。防衛や和平策による贈与は財政負担を増大させ，国家財政は窮乏化した。この打開のため，1070年，神宗が王安石を宰相に登用し，新法と呼ばれる財政難の解消と富国強兵を目指す諸政策を実施⑤したが，十分な成果をあげられず，1076年，王安石は宰相を辞任し改革は失敗した。

iii）鄧小平はフランス留学中の1924年⑥に中国共産党に入党。帰国後は革命軍人として能力を発揮した。党務の中枢に登り詰めたが，プロレタリア文化大革命⑦の際に「資本主義を歩む者」とされ権力の地位を追われる等の二度にわたる失脚を経て復活し，革命闘争路線を否定し，現代化建設に重点をおく改革・開放路線を定着させた。自らは一度も党のトップの役職に就かなかったが，中国の最高指導者となった。しかし急激な変化は国内における経済格差や失業の増大を招き，1989年に民主化を求める学生や労働者が（　D　）広場に集結，鄧小平は武力鎮圧を指示した。

「反革命暴乱」として鎮圧され，おびただしい犠牲者を出した。1997年，鄧小平が死去したが，⑧彼の改革・開放政策によって中国は飛躍的な経済成長を実現させ，大国化するのであった。

【設問1】 上記の文章中の空欄（ A ）～（ D ）について，以下の問に答えなさい。

問1 （ A ）に入るのに最も適切な王名を以下のa～dより一つ選びなさい。

a 政
b 李斯
c 呂
d 孝公

問2 （ B ）に入るのに最も適切な制度名を以下のa～dより一つ選びなさい。

a 郷里
b 郡国
c 郡県
d 二圃

問3 （ C ）に入るのに最も適切な民族名を以下のa～dより一つ選びなさい。

a 突厥
b 匈奴
c スキタイ
d 柔然

問4 （ D ）に入るのに最も適切な名称を以下のa～dより一つ選びなさい。

a 西華門
b 神武門
c 東華門
d 天安門

【設問2】 上記の文章中の下線部①～⑧に関する以下の問に答えなさい。

問1　下線部①について。燕は戦国の七雄の一つであったが，その領域として最も適切なものを以下の地図上のａ～ｄより一つ選びなさい。

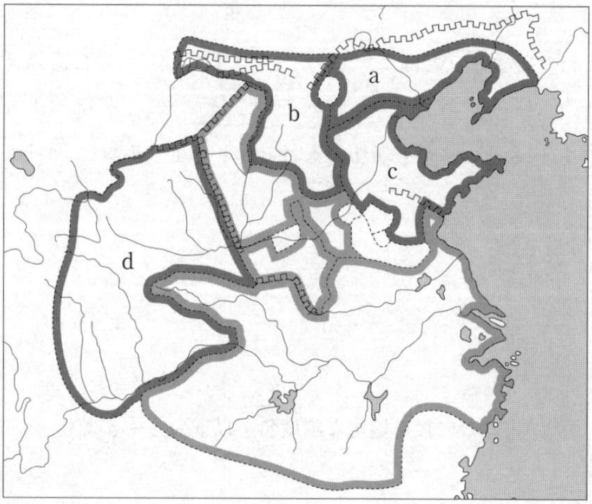

問2　下線部②について。始皇帝による統一通貨の写真はどれか，最も適切なものを以下のａ～ｄより一つ選びなさい。

a

b

c

d
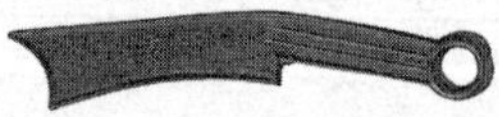

a～d：日本銀行金融研究所貨幣博物館

問3　下線部③について。907年，唐を滅ぼし，五代の後梁を建国した人物名を以下のａ～ｄより一つ選びなさい。

a　朱全忠

b　王仙芝

c　安禄山

d　史思明

問4　下線部④について。趙匡胤が新たに設置した試験を以下のa～dより一つ選びなさい。

a　殿試

b　州試

c　省試

d　郷試

問5　下記の(1)と(2)は下線部⑤について述べた文章である。その正誤の組み合わせとして正しいものを以下のa～dより一つ選びなさい。

(1)　後に宰相となる司馬睿を中心とする旧法党が新法をすべて廃止した。

(2)　出費の多い兵農一致の民兵依存から傭兵による軍事力編成にする保甲法が定められた。

a　(1)：誤　(2)：正

b　(1)：誤　(2)：誤

c　(1)：正　(2)：正

d　(1)：正　(2)：誤

問6　下線部⑥について。当時のフランスの政体を以下のa～dより一つ選びなさい。

a　第二帝政

b　第三共和政

c　第三帝政

d　第五共和政

問7　下線部⑦について。プロレタリア文化大革命について述べた文章として正しいものを以下のa～dより一つ選びなさい。

a　絶対的権威の確立のため毛沢東の主導下で中国社会を揺り動かした政治的・社会的動乱であった。

b　文化大革命は，今日まで中国共産党の決議として公式には否定されていない。

c　毛沢東が提起した「四つの現代化」は劉少奇によって実現された。

d　経済再建に取り組み，毛沢東路線に反対する「四人組」の失脚で文化大革命は終焉した。

問8　下線部⑧について。中国の経済成長に関する文章として**誤っているもの**を以下のa～dより一つ選びなさい。

a　改革・開放政策の基本は，中国共産党の独裁体制変更を容認しつつ，市場経済の導入と政治と産業の近代化を目指すものであった。

b　農村部では，人民公社が解体され，都市部では，国有企業の経営改革が行われた。

c　1997年の香港全域返還後も，ここでは従来の資本主義体制を50年間維持するとされた。

d　21世紀になると，世界貿易機関に加盟し輸出大国になるとともに，巨大市場として期待されるに至った。

Ⅲ　次の文章を読んで，下記の設問に答えなさい。(24点)

広大な砂漠とステップのアラビア半島に誕生したイスラーム教。そもそもイスラームとは，本来，「(　A　)」を意味した。のちには，広く「(　A　)」の仕方を制度化した文化的社会的複合体をさすことばとなった。イスラーム教徒を表すムスリムとは，元来，「(　A　)を行う者」を意味したのである。

イスラーム教が誕生する背景は，当時アラビア半島を挟む形で存在した二つの超大国の軍事的衝突の影響にあった。これにより二つの超大国の周辺地域を通る絹の道が閉鎖され，絹の道に代る役割としてアラブ人の中継貿易がにわかに注目された。貿易量の飛躍的拡大に伴う莫大な利潤は今までアラビア半島にみられなかった社会的貧富の差を増長させることになった。この社会矛盾の改革をめざしてムハンマド①はイスラーム教を樹立するに至るのであった。しかし，商人貴族による迫害が激しくなると，メッカを離れ，メディナに移らざるを得なくなった②。しかしそこで信仰共同体である教団国家が成立し，この時点で彼は卓越した政教両面の指導者となった。630年，ムハンマド③はメッカを征服し，その後，間もなく，アラビア半島のほぼ全域を支配下におさめた。これは二つの超大国の激しい争いによりアラビア半島がいわば国際的に空白状態になっていたため，外敵侵入の心配がなかったことなどによって短期間のうちに実現した。彼の死後，正統カリフ時代に入ると，２代目のカリフは聖戦で領土を拡大し帝国発展の基礎をつくった。④異教徒に対しては「コーラン（クルアーン）か，貢納か，剣か」という比較的寛大な政策がとられた。貢納という選択肢は，ジズヤなどの税さえ納めれば，これまでの生活が保障され財産，信仰，習慣の保持が認められるというものであった。

661年シリア総督のムアーウィヤはカリフ権を奪って即位，（　B　）を都にウマイヤ朝を開いた。ウマイヤ朝は聖戦を続行，領土を拡大する。そして，８世紀，ヨーロッパでの北上にこそ失敗したものの，東はインダス川，西はイベリア半島に至る大帝国を形成した。しかし内政上の基本政策をアラブ人ムスリムによる異民族支配としたため，後世のムスリムや法学者達から真のイスラーム国家から逸脱した世俗的な王朝国家と呼ばれた。さらにムアーウィヤを正統なカリフと認めるか否かの議論からついに⑤イスラーム教がおおまかに二つの宗派に分かれてしまうのであった。

政治的には差別を受けていた非アラブ人ムスリムだけではなく，最優遇されていたアラブ人ムスリムの中にもウマイヤ朝がとったこの政策がイスラームの理念の一つである万人平等に反するという主張から反ウマイヤ勢力が生まれた。これらを結集したアブー・アルアッバースによって750年，ウマイヤ朝は打倒された。彼はジズヤを全面廃止するなどでアラブ至上主義を消滅させ，イスラーム帝国への変質をはかった。10世紀になると，すでにアッバース朝からチュニジアで独立していたアグラブ朝を打倒した（　C　）朝の君主が自らカリフを称し，アッバース朝の権威に公然と敵対した。これに対抗して，ウマイヤ朝の残党が（　D　）を都にイベリア半島に建設していた後ウマイヤ朝の君主もカリフを称したため，イスラーム帝国は完全に三カリフ国に分裂した。東カリフ国アッバース朝は10世紀以降，諸王朝により政治的実権を奪われたり，与えたりする中で存続したが，1258年，モンゴル帝国の（　E　）の西アジア遠征でついに滅亡した。（　E　）の建てたイル・ハン国も７代目のガザン・ハンの時にイスラーム国家へと変貌した。領土は征服できても世界最高水準にあったイスラームの文化を征服することは出来なかったのである。イスラームの文化は先進地域の文化を摂取し，イスラーム教やアラビア語を軸に融合したため普遍的，国際的，多面的文化であった。また彼らが元々，商業民族であったため，特に実務にすぐれていた。一方で絵画，彫刻はイスラーム教がそもそも，偶像崇拝を禁止していたため，大きな発展は見られなかった。この影響によって生まれたものではあるが，唯一，モスク等に見られるアラビア人の創意による曲線的な装飾文様である（　F　）

は注目された。

中カリフ国（　C　）朝はその宰相サラーフ・アッディーン（サラディン）が実権を奪い，アイユーブ朝を開いたが，彼の死後，衰退し1250年マムルーク朝にとってかわった。バイバルスの時，地中海・インド洋貿易を独占し大繁栄した。しかしながら⑥15世紀，インド航路が発見されると致命的打撃をうけ衰退。16世紀，滅亡したものの，この後もこの地域のイスラーム勢力は維持された。

西カリフ国の後ウマイヤ朝は11世紀に内紛がきっかけで国内が分裂状態に陥った。これを機にイベリア半島で起きていたキリスト教徒による国土回復運動であるレコンキスタが活発化し，これにより半島最後のグラナダ王国ナスル朝も1492年に滅亡。半島におけるイスラーム勢力は完全に一掃され，イスラーム世界はヨーロッパ大陸での地盤を失うのであった。

【設問1】　上記の文章中の空欄（　A　）～（　F　）について，以下の問に答えなさい。

問1　（　A　）に入るのに最も適切な単文を以下のa～dより一つ選びなさい。

a　神に絶対帰依すること

b　神の意志により断食すること

c　神の恩恵を享受すること

d　神のために修身すること

問2　（　B　）に入るのに最も適切な都市名を以下のa～dより一つ選びなさい。

a　パルミラ

b　ダマスクス

c　アンティオキア

d　ティルス

問3　（　C　）に入るのに最も適切な王朝名を以下のa～dより一つ選びなさい。

a　ファーティマ

b　イドリース

c　トゥールーン

d　サーマーン

問4　（　D　）に入るのに最も適切な都市名を以下のa～dより一つ選びなさい。

a　バルセロナ

b　トレド

c　バレンシア

d　コルドバ

問5　（　E　）に入るのに最も適切な人物名を以下のa～dより一つ選びなさい。

a　フラグ

b　バトゥ

c　オゴタイ

d　ティムール

問6　（　F　）に入るのに最も適切な語句を以下のa～dより一つ選びなさい。

a　マドラサ

b　ワクフ

c　スーク

d　アラベスク

【設問2】　上記の文章中の下線部①～⑥に関する以下の問に答えなさい。

問1　下線部①について述べた文章(1)と(2)の正誤の組み合わせとして正しいものを以下のa～dより一つ選びなさい。

(1)　ムハンマドが神から下された啓示とされ，現在の形にまとめられたのはトゥグリル・ベグの時である。

(2)　ムハンマドの言行と伝承の記録は，ハディースと呼ばれた。

a　(1)：正　(2)：正

b　(1)：誤　(2)：誤

c　(1)：誤　(2)：正

d　(1)：正　(2)：誤

問2　下線部②は，ヒジュラと呼ばれ，この年がイスラーム暦紀元元年となるが，今年2023年2月はイスラーム暦では何年となるか，最も適切なものを以下のa～dより一つ選びなさい。

a　1301年

b　1333年

c　1401年

d　1444年

問3　下線部③について。次の(1)と(2)の人物は，ムハンマドと同時期の人物であるか，その正誤の組み合わせとして正しいものを以下のa～dより一つ選びなさい。

(1)　厩戸皇子（聖徳太子）

(2)　唐の高祖（李淵）

a　(1)：正　(2)：正

b　(1)：誤　(2)：誤

c　(1)：誤　(2)：正

d　(1)：正　(2)：誤

問4　下線部④について。非アラブ人でウマイヤ朝末までに新たにイスラーム教に改宗した者の総称を以下のa～dより一つ選びなさい。

a　ウンマ

b　ズィンミー（ジンミー）

c　マワーリー

d　アミール

問5　下線部⑤について。ムハンマド，アリーとその子孫を正統とする派が現在，圧倒的多数を占めている国を以下のa～dより一つ選びなさい。

a　カタール

b　イラク

c　サウジアラビア

d　イラン

問6　下線部⑥について。大航海時代に関する(1)〜(3)の出来事を年代の古い順に正しく配列されているものを以下のａ〜ｄより一つ選びなさい。

(1)　ヴァスコ・ダ・ガマがインド航路を開拓しカリカットに到着

(2)　ポルトガル・スペイン間でトルデシリャス条約締結

(3)　バルトロメウ・ディアスが喜望峰に到達

a　(3)→(2)→(1)

b　(1)→(2)→(3)

c　(3)→(1)→(2)

d　(1)→(3)→(2)

Ⅳ　朝日新聞朝刊「オピニオン」(2022年3月28日朝刊）の以下の文章を読んで，下記の設問に答えなさい。(17点)

国境を突き破って進む戦車，砲撃で崩れる建物，逃げまどう人々――。

ロシア軍のウクライナ侵攻を伝える映像には，目を疑う。第2次世界大戦後に長く続いていた欧州の平和は崩れた。①20世紀の悲劇の再現ではないか。

政治と外交を取材してきた過去30年を振り返ると，行き先不明のジェットコースターに乗り続けてきたような気がする。

1989年に②ベルリンの壁が崩壊した後に東ドイツに入った。歓喜と未来への楽観があふれていた。西側は冷戦の「勝利」に酔い，市場経済と民主主義が世界を覆うと信じた。しかし，グローバル化は貧富の差を広げ，国家間対立は深まり，専制主義とポピュリズムが台頭した。そのあげくのウクライナ侵攻である。プーチン大統領は核の使用をちらつかせる。米ロの全面対決になりかねない。

20世紀には二つの世界大戦があった。両者の間はわずか（　A　）年。当初は平和な世界をつくろうと③理想主義が盛り上がったが，④経済恐慌を機に暗転，破局へと落ちていった。この時代は歴史家Ｅ・Ｈ・カーの名著にちなんで「危機の（　A　）

年」と呼ばれる。我々もまた，冷戦終結⑤以来の歩みを「危機の30年」としてとらえ直す必要がある。

戦争を引き起こしたのは，異形のプーチン独裁である。だが過去の大戦争がそうであったように，危機の要因は複合的だ。勝者の傲慢，敗者の怨念，指導者の誤算など，様々な要素が重なった。

今日に至る「危機の30年」は三つの時期に分けられるだろう。

第1は，壁崩壊から世紀の変わり目までの「おごりと油断の時代」である。唯一の超大国となった米国の関心は経済に集中し，市場万能の新自由主義が全盛となった。第2次大戦の敗戦国ドイツ（西独）と日本は，米国の手厚い援助を得て，経済復興と民主化を実現した。しかしソ連の共産党体制が崩れたとき，民主化は既定路線だと米国は安心した。ロシアは過酷な市場原理に委ねられ，富が新興財閥に集中し，経済は崩壊した。民主化にも失敗し，旧ソ連の保安機関KGB出身のプーチン氏の体制が生まれた。

第2の時期への転機には，ワシントン特派員として遭遇した。2001年の（　B　）で，米外交の優先課題は一変した。だがそれは「一極崩壊の時代」の始まりだった。力で世界をつくりかえられると過信したブッシュ政権は，アフガニスタン，イラクへの戦争を始め，泥沼に陥った。市場原理万能の経済は08年のリーマン危機を引き起こし，こちらも壁にぶつかった。

第3の時期は，10年代以降の「専制と分断の時代」である。米国の混迷とグローバル化の失敗を見たロシアと中国の指導者は，専制的支配を強めた。西側民主主義国でも，移民への敵意や格差の拡大から，ポピュリズムが広まった。英国は欧州連合（EU）⑥離脱を決め，米国には社会の分断をあおるトランプ大統領が生まれた。

以下，略

【設問1】　上記の文章中の空欄（　A　）と（　B　）について，以下の問に答えなさい。

問1　（　A　）に入るおおよその数字として最も適切なものを以下のa～dより一つ選びなさい。

a　5

b　10

c　20

d　30

問2　（　B　）に入るのに最も適切な語句を以下のa～dより一つ選びなさい。

a　同時多発テロ

b　ユーゴスラヴィア内戦

c　第1次チェチェン紛争

d　湾岸戦争

【設問2】 上記の文章中の下線部①～⑥に関する以下の問に答えなさい。

問1　下線部①に関して。ロシアの軍事介入は，旧ソ連時代も繰り返されていた。以下は，その一例を示した文章である。文中の空欄（ ⑴ ）～（ ⑷ ）に入る語句の組み合わせとして正しいものを以下のa～gより一つ選びなさい。

1956年10月に首都（ ⑴ ）で始まった，政治的自由などを要求する労働者・学生のデモが大規模な反政府・反ソ民衆暴動に発展。政府側の要請でソ連が暴動鎮圧のための第1次軍事介入を行った。事態の収拾を期待され，復活した（ ⑵ ）政権が誕生すると，ソ連は撤兵を表明した。その後，11月民衆の意向を背景に，（ ⑵ ）政権が（ ⑶ ）からの脱退，中立宣言，国連による保障要求を発表すると，ソ連は再度，軍事介入を敢行。スエズ出兵中のイギリス・フランスや大統領選最中の（ ⑷ ）が介入できないまま，ソ連による徹底した軍事行動が行われ，1万人を超える死傷者を出しながら反乱は鎮圧された。（ ⑵ ）は一時ユーゴ大使館に逃れたが，逮捕されて翌年，処刑された。

a　⑴プラハ　⑵ドプチェク　⑶コミンフォルム　⑷アメリカ

b　⑴ヘルシンキ　⑵ワレサ　⑶コメコン　⑷イタリア

c　⑴ブダペスト　⑵ナジ　⑶コミンフォルム　⑷アメリカ

d　⑴プラハ　⑵ドプチェク　⑶コメコン　⑷ドイツ

e　⑴ベオグラード　⑵ティトー　⑶ワルシャワ条約機構　⑷イタリア

f　⑴ヘルシンキ　⑵ワレサ　⑶ワルシャワ条約機構　⑷ドイツ

g　⑴ブダペスト　⑵ナジ　⑶ワルシャワ条約機構　⑷アメリカ

問 2　下線部②について。ベルリンの壁はドイツ分断の象徴であったが，東西ドイツの分断過程について述べた文章のうち，**誤りを含むもの**を以下の a ～ d より一つ選びなさい。

a　1955 年，ソ連はドイツの経済復興をはかるため，ブレジネフ・ドクトリンを発した。

b　大戦後，旧ドイツ帝国の首都だったベルリンも，米英仏ソの 4 カ国に分割占領された。

c　1948 年，西側占領地区だけの通貨改革に対抗し，ソ連が西ベルリンと西側との交通を遮断した。

d　1949 年，ドイツは連邦共和国と民主共和国とに分裂した。

問 3　下線部③について。1919 年のパリ講和会議で秘密外交や秘密条約の廃止，軍備の縮小，民族自決，国際連盟の設立等を主張した人物を以下の a ～ d より一つ選びなさい。

a　クレマンソー

b　ウッドロー・ウィルソン

c　ロイド・ジョージ

d　オルランド

問 4　下線部④について。大恐慌について述べた文章のうち，**誤りを含むもの**を以下の a ～ d より一つ選びなさい。

a　恐慌で余力を失ったアメリカはヨーロッパから資本を引き上げると，その資本に依存していた西欧諸国にソ連も含めて恐慌が波及し，世界恐慌となった。

b　恐慌は 1929 年ニューヨーク，ウォール街の証券取引所で株価の底なし暴落から始まり，銀行の倒産が相次ぎ，企業倒産がさらなる倒産を生み失業者が街に溢れた。

c　植民地などの利益範囲に恵まれたイギリスやフランス等は閉鎖・排他的な一種の保護貿易であるブロック経済で恐慌に対応した。

d　植民地などの利益範囲に恵まれていなかったドイツや日本等は恐慌への対応としてファシズムによる露骨な侵略による利益範囲の拡大をはかった。

問 5　下線部⑤について。1989 年マルタ島での米ソ首脳会談で冷戦の終結が宣言されたが，この時の米ソ首脳の組み合わせとして正しいものを以下のａ～ｄより一つ選びなさい。

ａ　クリントンとエリツィン

ｂ　クリントンとゴルバチョフ

ｃ　ブッシュ（父）とゴルバチョフ

ｄ　ブッシュ（子）とエリツィン

問６　下線部⑥について述べた文章のうち，正しいものを以下のａ～ｄより一つ選びなさい。

ａ　マーストリヒト条約では，EC（ヨーロッパ共同体）からEU（ヨーロッパ連合）へのロードマップが定められた。

ｂ　当初，政治分野に限られていたヨーロッパ統合の動きはEC（ヨーロッパ共同体）の発足によって経済統合も目指すことになった。

ｃ　フランスは，イギリスと協力し，EEC（ヨーロッパ経済共同体）を発足させ，ヨーロッパ統合の基礎をつくった。

ｄ　西ドイツは，EFTA（ヨーロッパ自由貿易連合）を結成し，ヨーロッパ内で独自の統合路線を進めた。

政治・経済

（60分）

I 次の文章を読み，**問1**から**問8**の各問に答えなさい。(25点)

私たちが新聞やテレビで目にするニュースは，大きな社会問題を取り扱うことも多い。グローバル化の進行や少子高齢社会のもとで生じる課題，地球規模の環境問題，(1)人権保障に関する問題，世界で起きている紛争や戦争，これらすべてを自分一人で解決することはもちろんできない。複数の人間がともに生きる社会では，個人や集団の間に考え方や利害の対立が生じる。古代ギリシャの哲学者［ A ］は「人間はポリス的動物である」と述べているが，異なる利害を調整したり，対立や紛争を解決したりすることを政治と呼ぶことができる。利害が複雑に絡み合い，問題の規模が大きくなれば，それだけ意思決定が難しくなる。たとえば，自分が大学で何を専攻して研究するかを決めるより，(2)日本でくらす外国人の権利をどこまで認めるべきかを決める方が，より多くの利害を調整する必要があるので困難を伴い，そのぶん政治の意義や役割が高まる。

社会全体の秩序を形成し維持するために行使される力が権力であり，特定の価値や利益を実現するためには権力が必要である。秩序を維持し利害を調整するべく，私たちは国家という制度を発展させてきた。近世ヨーロッパの絶対王政では国家の権力が人々を不当に抑圧してきた。国家権力を(3)憲法によって制限し，個人の権利・自由を保障する［ B ］の考え方が近代以降，重視されるようになった。

ヨーロッパで発展した法の支配や(4)社会契約の考え方に基づき，近代国家の議会政治の仕組みである代表の原理，審議の原理，多数決の原理などを取り入れた国が世界には多く存在している。近代国家の仕組みを取り入れた国々も，政治制度としては違いも多い。イギリスのように議院内閣制を採用している国もあれば，アメリカのように(5)大統領制を採用する国もある。また，イギリスには近年まで［ C ］がなく，2009年に新設されたが，意外に感じる人も多いのではないだろうか。

イギリスやアメリカのような自由民主主義体制とは異なる政治体制のもとで，さまざまな問題の解決をはかる国も多く存在する。(6)中華人民共和国は権力集中制を採用している。またアジアからアフリカに広がるイスラム圏の国々の政治体制をみると，国家体制についても，宗教と政治の関係性についても画一的ではなく，多様である。

このように，国家は多様な政治体制を採用しており，国家の数は，現在，190を超えている。世界の独立国のほとんどが加盟しているのが国際連合である。国際連合は国際連盟の失敗を教訓に発足したが，国連の重要な役割として，人権保障の取り組みがある。国連総会は，世界人権宣言を採択し，これを具体化するために(7)国際人権規約を採択した。

「ポリス的動物」ということばに［A］が込めた意味として，人間は，よりよい社会をつくるために，その能力を発揮することができるし，発揮しなければならないということがある。政治の担い手，主権者である私たち一人一人が社会問題に立ち向かっていかなければならない。さらに，今日では，主権国家を中心的な担い手とする国際社会の構造も変化している。国連の諸機関，平和・人権・環境・貧困などの各分野で国境を越えた活動を展開する非政府組織などが地球規模の課題解決に取り組んでおり，私たちは市民としてよりよい社会の実現に積極的に関与することが求められている。

問1　文中の空欄A～Cにあてはまる正しいものを，次の選択肢ア～オの中からそれぞれ1つ選び，その記号を解答欄にマークしなさい。

A　ア　アリストテレス　イ　エピクロス　ウ　ソクラテス
　　エ　ピタゴラス　オ　プラトン

B　ア　官僚主義　イ　全体主義　ウ　法治主義
　　エ　民主主義　オ　立憲主義

C　ア　下院　イ　最高裁判所　ウ　上院
　　エ　地方議会　オ　内閣

問2　下線部(1)に関して，次の条文を含む文書の名称として，正しいものを，あとの選択肢ア～オの中から1つ選び，その記号を解答欄にマークしなさい。

第1条　人は，自由かつ権利において平等なものとして出生し，かつ生存する。…

第2条　あらゆる政治的団結の目的は，人の消滅することのない自然権を保全することである。これらの権利は，自由・所有権・安全および圧制への抵抗である。

第3条　あらゆる主権の原理は，本質的に国民に存する。…

山本桂一訳

ア　アメリカ独立宣言　　イ　権利請願　　ウ　バージニア権利章典
エ　フランス人権宣言　　オ　マグナ・カルタ

問3　下線部(2)に関する日本における日本国籍を有しない者についての説明として，**誤っているもの**を，次の選択肢ア～オの中から1つ選び，その記号を解答欄にマークしなさい。

ア　参政権について，地方レベルだけでなく，国政においても一部認められている。

イ　地方自治体では，地方公務員採用に関する国籍条件を緩和する動きが広がっている。

ウ　外国人学校卒業生の大学入学資格は原則的に認められているが，各大学が個別に大学入学資格を判断することになっている外国人学校もある。

エ　日本は難民条約・難民議定書に加わっているにもかかわらず，庇護希望者の受け入れ数，難民認定者数ともに欧米の先進諸国に比べると少ない。

オ　1990年に施行された改正「出入国管理及び難民認定法」によって，「定住者」という在留資格が設けられ，いわゆる「日系3世」などの就労が可能になった。

問4　下線部(3)に関する日本国憲法の特徴や分類をあげた組み合わせとして，正しいものを，次の選択肢ア～オの中から1つ選び，その記号を解答欄にマークしなさい。

ア　公法，硬性憲法，欽定憲法
イ　公法，硬性憲法，民定憲法
ウ　私法，軟性憲法，民定憲法
エ　社会法，軟性憲法，欽定憲法
オ　社会法，硬性憲法，民定憲法

問5　下線部(4)に関するジョン・ロックの考え方として，正しいものを，次の選択肢ア～オの中から1つ選び，その記号を解答欄にマークしなさい。

ア　自然状態では平等な個々人が対立し，万人が闘争状態にあるので，各人は自然権を統治者に全面譲渡しなければならない。

イ　自然権をより確実にするために人民は契約して国家・政府をつくったのだから，政府が人民の信託に反した場合，人民は抵抗権を行使できる。

ウ　個々人の私的利害の総和である全体意志よりも，国家の構成員全体の利益の実現をめざす一般意志を重視した。

エ　理想的な国家のあり方としては直接民主制を主張し，フランス革命に大きな影響を与えた。

オ　主著である『法の精神』の中で，立法権・司法権・行政権という権力が互いに抑制と均衡を図ることを重視した。

問6　下線部(5)に関するアメリカ合衆国の大統領制の説明として，**誤っているもの**を，次の選択肢ア〜オの中から1つ選び，その記号を解答欄にマークしなさい。

ア　大統領は，法案提出権をもたない。

イ　大統領は，教書送付権をもつ。

ウ　大統領は，法案拒否権をもつ。

エ　大統領は，直接選挙で選ばれる。

オ　上院は，大統領の弾劾裁判権をもつ。

問7　下線部(6)に関して，**誤っているもの**を，次の選択肢ア〜オの中から1つ選び，その記号を解答欄にマークしなさい。

ア　国家元首である国家主席は，全国人民代表大会で選出される。

イ　憲法前文に共産党の指導性が明記されるほど，共産党が重要な役割を果たしており，他の政党は存在を許されていない。

ウ　国務院総理は国家主席の指名に基づき，全国人民代表大会で承認され，国家主席によって任命される。

エ　経済面では市場経済の要素を取り入れ，社会主義市場経済が憲法に明記されて大きく経済発展している。

オ　国家の最高機関は立法府にあたる全国人民代表大会とされており，毎年一回開催される。

問8　下線部(7)に関する説明として，正しいものを，次の選択肢ア〜オの中から1つ選び，その記号を解答欄にマークしなさい。

ア　締約国に対して法的拘束力がなく，日本はA規約・B規約・選択議定書のすべてを批准している。

イ　締約国に対して法的拘束力がなく，日本はA規約・B規約を批准しているが，選択議定書は批准していない。

ウ　締約国に対して法的拘束力があり，日本はA規約・B規約・選択議定書のすべてを批准していない。

エ　締約国に対して法的拘束力があり，日本はA規約・B規約・選択議定書のすべてを批准している。

オ　締約国に対して法的拘束力があり，日本はA規約・B規約を，その一部を留保した上で批准しているが，選択議定書は批准していない。

Ⅱ　次の文章を読み，**問1**から**問8**の各問に答えなさい。(25点)

現代社会においては日々，市場を通じて多くの財やサービスが取引されている。(1)市場経済を採用する日本においては当然の事象である。ところで市場経済の根幹をなす資本主義経済の下で，日本経済はこれまでどのような変遷を辿ってきたのだろうか。また資本主義経済はどのような課題を抱えているのだろうか。

戦後，日本経済は連合国軍最高司令官総司令部(GHQ)の統治下において，経済復興を進めた。1945年以降，経済の民主化を行いつつ，1948年には(2)経済安定9原則が占領軍から吉田茂首相宛に指令された。安定恐慌を朝鮮特需によって脱した日本は，1956年の『経済白書』に「もはや戦後ではない」と記載され，その後は高度経済成長を遂げ，経済大国への道を歩んでゆく。[A]内閣が打ち出した国民所得倍増計画は，当初の計画よりも早くその目的を達成した。しかしながらその一方で，経済成長の陰で生じていた公害問題が1950年代後半以降徐々に表面化していき，1970年代前半の第1次オイル・ショック時には不況下における物価上昇である[B]が生じた。その後，安定成長を政策目標として掲げるが，(3)1980年代の(4)プラザ合意の影響により工場の海外移転が進み，産業の空洞化が懸念された。(5)1990年代に入ると，低金利政策を背景に高騰していた不動産価格や株価等が急落（バブル経済の崩壊）して，長きにわたる不況に陥り，(6)2000年代初頭まで続く「失われた10年」と呼ばれる時期に突入するのである。

このように，資本主義経済という経済システムの下で，日本経済は時代に応じたさまざまな変遷を辿ってきた。それと同時に，時代に応じたさまざまな課題にも直面してきた。そしてもちろん，その時々の課題を克服するために，適時に適切な対策も講じられたものと思われる。たとえば第二次世界大戦後は，有効需要の原理を唱えた(7)ケインズ経済学に基づく経済政策が日本を含む多くの国で採用され，また20世紀後半にみられた新自由主義の流行とともにフリードマンの[C]が重視される時代もあった。ところが近年，資本主義の限界や行き詰まりを指摘する声が各所で多く聞かれるようになった。今後，私達は資本主義経済とどのように向き合っていくべきなのだろうか。

人口減少や格差社会に突入している日本において，1960年代のような経済成長を追い求め，当時有効だった処方箋を採用することは現実的ではない。市場が不完全であることを理解し，時代に即した発想と対策が求められる。岸田内閣総理大臣は第208回国会の施政方針演説において「(8)成長と分配の好循環による新しい資本主義」を強調した。これはいわゆる「(9)修正資本主義」であると考えられる。資本主義はこれまでも何度か修正されてきているが，果たして今後，新しい資本主義に基づくどのような経済社会が形成されてゆくのか。いずれにせよ，多様性が重要だといわれる現代において，日本という国家や，日本の企業がどれだけ経済成長するのかという発想ばかりにとらわれず，何が「豊かさ」であり「幸福」なのかを改めて問い直す必要もあるのではないだろうか。

問1　文中の空欄A〜Cにあてはまる正しいものを，次の選択肢ア〜オの中からそれぞれ1つ選び，その記号を解答欄にマークしなさい。

A　ア　池田勇人　　イ　岸信介　　ウ　佐藤栄作
　エ　田中角栄　　オ　中曽根康弘

B　ア　スタグフレーション　　イ　ディマンド・プル・インフレ
　ウ　デフレーション　　エ　デフレスパイラル
　オ　ハイパー・インフレ

C　ア　古典派経済学　　イ　小さな政府　　ウ　重商主義
　エ　マネタリズム　　オ　レッセ・フェール

問2　下線部(1)に関するアダム・スミスの著書と，当該著書において強調されている概念の組み合わせとして，正しいものを，次の選択肢ア〜オの中から1つ選び，その記号を解答欄にマークしなさい。

ア　『経済発展の理論』―イノベーション
イ　『雇用・利子および貨幣の一般理論』―剰余価値
ウ　『雇用・利子および貨幣の一般理論』―潜在能力
エ　『諸国民の富（国富論）』―比較生産費説
オ　『諸国民の富（国富論）』―分業

問3　下線部(2)に関して，**誤っているもの**を，次の選択肢ア〜オの中から1つ選び，その記号を解答欄にマークしなさい。

ア　徴税を強化することも盛り込まれ，のちにシャウプ勧告による課税の合理化なども図られた。

イ　輸出の最大増加を図り，さらに主要な国産原材料と製品を増産するよう求めた。

ウ　景気回復が求められ，デフレ抑制と経済成長のために国債発行による積極財政が図られた。

エ　経済的混乱を収束させるため，物価の統制と賃金安定の振興を求め，食糧供出の効率化も指示された。

オ　貿易と為替統制の強化が求められ，のちのドッジ・ラインでは 1 ドル＝360 円の単一為替レートが設定された。

問 4　下線部(3)，(5)および(6)の各時代に起きた以下の出来事を古い順に並べたとき，4 番目にくる出来事として，正しいものを，次の選択肢ア～オの中から 1 つ選び，その記号を解答欄にマークしなさい。

ア　大蔵省による土地関連融資の総量規制

イ　ルーブル合意

ウ　内需拡大や規制緩和を求める前川レポートの提出

エ　日米構造協議の開始

オ　金融庁の発足

問 5　下線部(4)に関して，正しいものを，次の選択肢ア～オの中から1つ選び，その記号を解答欄にマークしなさい。

ア　プラザホテルで開催された G5 での合意で，日本はドル高是正・円高誘導を行った。

イ　プラザホテルで開催された G5 での合意で，日本はドル安是正・円安誘導を行った。

ウ　プラザホテルで開催された G7 での合意で，日本はドル高是正・円高誘導を行った。

エ　プラザホテルで開催された G7 での合意で，日本はドル安是正・円安誘導を行った。

オ　プラザホテルで開催された G20 での合意で，日本はドル高是正・円高誘導を行った。

問6　下線部(7)に関する説明として，正しいものを，次の選択肢ア～オの中から1つ選び，その記号を解答欄にマークしなさい。

ア　金銭的な裏付けのない需要である有効需要を重視し，有効需要の大きさが供給量を決定し，雇用の量も決定するとした。

イ　統計資料を基に，過去数百年分のデータから，資本収益率が経済成長率を常に上回るという格差拡大のメカニズムを明らかにした。

ウ　経済発展には段階があり，段階に応じた経済政策が必要だという経済発展段階論を唱え，自由貿易論を批判した。

エ　私的部門である民間経済と公的部門である政府経済が組み合わさることにより相互補完的な役割を果たすという混合経済を支持した。

オ　市場に参加する者たちが長い年月を経て作り出した自生的秩序を重視し，自生的秩序のある市場において自由化を支持した。

問7　下線部(8)の方策に関する説明として最も適当なものを，次の選択肢ア～オの中から1つ選び，その記号を解答欄にマークしなさい。

ア　「大胆な金融緩和」,「機動的な財政出動」,「民間の活力を引き出す成長戦略」という3つの政策を適宜実行していく。

イ　市場の競争原理に依存しすぎるのではなく，政府が一定の役割を担いつつ，賃上げや人的投資などの面では官と民が連携していく。

ウ　政府は道路や橋などの維持・管理，警察，消防，防衛などの観点から最低限度の介入は行うが，それ以外は可能な限り自由放任主義を推し進めていく。

エ　政府が積極的に大規模な公共事業を起こし，失業者の削減や救済を図っていく。

オ　規制緩和や民営化をより積極的かつ大胆にさまざまな分野で推進することによって，競争原理が一層働く市場環境を構築していく。

問8　下線部(9)に最も深く関係するものを，次の選択肢ア～オの中から1つ選び，その記号を解答欄にマークしなさい。

ア　古典派経済学

イ　資本論

ウ　生産手段の社会的所有

エ　ニューディール政策

オ　新自由主義

Ⅲ　次の文章を読み，**問1**から**問8**の各問に答えなさい。(25点)

「消滅可能性都市」という言葉が以前話題になった。若年の女性人口の減少数に基づき，消滅する可能性がある市町村が地方都市を中心にピックアップされたことから，地方自治のあり方について問題が提起された。自分の住んでいる地方公共団体は，どのような現状なのだろうか。

私たちの生活に密接に関係する地方自治は，[A]が『近代民主政治』の中で「民主主義の学校」と呼んだように，身近な地域課題に主権者として参画できる場である。日本国憲法には(1)地方自治の本旨など地方自治の原則が規定されている。

しかし，現実には，(2)地方財政の問題や人口減少問題などがいまだに解決されずに残っているため，政府は地方公共団体に関するさまざまな対策を講じてきた。1999年には地方分権改革の一環として地方分権一括法が制定され，(3)法定受託事務と，地方公共団体固有の業務である自治事務の分類が明確化された。小泉純一郎内閣が行った(4)三位一体の改革による地方財政の自立を促進する政策や，2008年から始まった(5)ふるさと納税なども，地方創生のための政策の一つである。これらの政策が地方創生の支援となったかどうかは，地域によって政策ごとに判断が分かれるが，多くの地方公共団体がいまだ問題を抱えている。

地方政治への参加の手法としては，(6)議会や首長の選挙に参加することもある一方で，直接請求権を行使することもある。たとえば，事務監査を請求したい場合には，その地域の有権者の[B]以上の署名を集めることで実現できる。また，地方公共団体の行政委員会の活動に参加することがあるかもしれない。たとえば，[C]は都道府県や市町村に置かれ，国には存在しない行政委員会である。

地方自治は，この数十年で大きな構造変化が起きている。官から民への業務などの移行，市町村合併，数多く実施される住民投票など，多くの施策から，(7)地方自治の現状と課題を見出すことができるだろう。自分の住んでいる身近な地方公共団体の特徴や問題点について，議論できるようにしておきたい。

問1　文中の空欄A～Cにあてはまる正しいものを，次の選択肢ア～オの中からそれぞれ1つ選び，その記号を解答欄にマークしなさい。

A　ア　イェリネック　　イ　グロティウス　　ウ　スペンサー
　　エ　バーク　　オ　ブライス

B　ア　2分の1　　イ　3分の1　　ウ　30分の1
　　エ　50分の1　　オ　100分の1

C　ア　運輸安全委員会　イ　教育委員会　ウ　公安審査委員会
　エ　公正取引委員会　オ　農林水産委員会

問2　下線部(1)に関する地方自治の制度の説明として，正しいものを，次の選択肢ア～オの中から1つ選び，その記号を解答欄にマークしなさい。

ア　地方自治の本旨のうち，住んでいる住民自らがその地方公共団体の意思決定に参加することを団体自治という。

イ　直接請求のうち，条例の制定・改廃はイニシアティブと呼ばれ，必要署名数を集めたのちは選挙管理委員会が請求の受理機関となる。

ウ　直接請求のうち，議員の解職の場合は受理機関である首長に解職請求を申請し，首長の解職請求の場合は選挙管理委員会に申請する。

エ　直接請求のうち，議会の解散請求は首長に申請し，住民投票にかけて3分の2以上の同意があれば議会の解散が決まる。

オ　地方分権一括法に基づき，地方公共団体が国の関与のうち，是正要求や許可の拒否に不服を申し立てできる国地方係争処理委員会が設置された。

問3　下線部(2)に関して，**誤っているもの**を，次の選択肢ア～オの中から1つ選び，その記号を解答欄にマークしなさい。

ア　地方交付税は一般財源であるが，財政力の弱い地方公共団体に対して国から交付される。

イ　特定財源である国庫支出金は，公共事業や義務教育など，国から用途を特定して交付される。

ウ　地方譲与税は一般財源に含まれ，形式上は国税として徴収し，国が地方公共団体に譲与する税である。

エ　特定財源である地方債は，地方公共団体の自律性確保の観点から，原則として起債に際して議会の議決，総務大臣や知事との協議は不要である。

オ　地方税法に定める税目以外に，条例による独自課税として，用途を特定しない法定外普通税や，用途を特定する法定外目的税がある。

問4　下線部(3)の法定受託事務を下の①～⑥から選んだ組み合わせとして，正しいものを，次の選択肢ア～オの中から1つ選び，その記号を解答欄にマークしなさい。

ア　①，③

イ　①，②，⑥

ウ　②，④，⑤

エ　③，⑥

オ　④，⑤

①　病院・薬局の開設許可
②　生活保護の決定
③　都市計画の策定
④　旅券の交付
⑤　戸籍事務
⑥　学級編制基準事務

問5　下線部(4)の内容の組み合わせとして，正しいものを，次の選択肢ア～オの中から１つ選び，その記号を解答欄にマークしなさい。

ア　国税を増やし地方税を減らす，国庫支出金の削減，地方交付税の削減

イ　国税を増やし地方税を減らす，国庫支出金の増加，地方交付税の見直し

ウ　国税を減らし地方税を増やす，国庫支出金の削減，地方交付税の増加

エ　国税を減らし地方税を増やす，国庫支出金の削減，地方交付税の見直し

オ　国税を減らし地方税を増やす，国庫支出金の増加，地方交付税の増加

問6　下線部(5)に関して，正しいものを，次の選択肢ア～オの中から１つ選び，その記号を解答欄にマークしなさい。

ア　自分の生まれた地方公共団体を対象に，住んでいる地方公共団体への納税に加えて寄付を行うことができる制度である。

イ　自分の生まれた地方公共団体を対象に，寄付した金額の全額が所得税や住民税から控除される制度である。

ウ　自分の応援する地方公共団体を対象に，そこへの訪問回数に応じて所得税や住民税が控除される制度である。

エ　自分の応援する地方公共団体を対象に寄付できる制度で，寄付の返礼品をめぐり国と地方が裁判で争ったが，いずれも国が勝訴している。

オ　自分の応援する地方公共団体を対象に寄付できる制度で，寄付をした金額に応じて所得税や住民税が控除される制度である。

問7　下線部(6)に関する地方自治における首長と議会の関係の説明として，**誤ってい**

るものを，次の選択肢ア～オの中から1つ選び，その記号を解答欄にマークしなさい。

ア　大日本帝国憲法（明治憲法）下では，憲法に地方自治の条文は存在しなかったが，地方議会議員の選挙は制限選挙として実施されていた。

イ　大日本帝国憲法（明治憲法）下では，知事は天皇による任命制であり，中央省庁の官僚が地方に派遣されていた。

ウ　日本国憲法下では，首長は地方議会に対して解散権をもたない。

エ　日本国憲法下では，地方議会は知事や市町村長などの首長に対して不信任決議を行うことができる。

オ　日本国憲法下では，首長は住民の直接選挙で選ばれ，議会の議決に対して拒否権を有する。

問8　下線部(7)に関して，**誤っているもの**を，次の選択肢ア～オの中から1つ選び，その記号を解答欄にマークしなさい。

ア　地方公共団体においても行政が政策を策定する際，住民の意見を聞くために意見公募手続きが行われるが，法律に基づく手続きではない。

イ　スウェーデンで創設されたオンブズマン制度は，日本では川崎市が1990年に導入して以来，地方公共団体では導入がみられるが，国では導入されていない。

ウ　昭和の大合併は平成の大合併より市町村数が多く減少しているが，平成の大合併には東京などの都市部より地方での市町村の減少数が多いという特徴がある。

エ　地方公共団体が制定した住民投票条例による住民投票には法的拘束力がないが，住民投票結果は住民の意思として政策に反映される例が多い。

オ　地方公共団体の財政赤字や公債依存度などを基にして算出される基準に基づき，北海道夕張市は財政再生団体に指定されている。

Ⅳ　次の文章を読み，**問**1から**問**8の各問に答えなさい。(25点)

先進国となった現代の日本だが，そこに至るまでにも，そこに至ってからも，多くの社会問題を抱えている。

たとえば，貧困の問題は変わらず存在し続けている。所得格差の大きさを測る(1)ジニ係数を見てみると，日本は1980年代から格差が拡大し始め，OECD（経済協力開発機構）諸国の中でも相対的に高くなっている。こうした格差は，相対的貧困層（等価可処分所得の中央値の50%未満の世帯）で暮らす子どもの割合にも表れており，日本では約7人に1人が「子どもの貧困」に直面している（2018年の調査時点）とされる。2008年の(2)世界金融危機や2011年の東日本大震災，2020年以降のコロナ禍と，多くの国民が経済的困難にさらされてきた日本において，このような今後を担う世代への経済的不公平の解消は喫緊の課題であるといえる。日本における所得格差拡大の一因には，大企業と中小企業との間に生じている生産性・賃金などの格差が存在し，これは(3)中小企業問題として認識されている。

また，日本の産業構造の変化による問題も現れている。高度経済成長を経て，農業と工業の生産性や所得の差は非常に大きくなり，日本経済における農業の比重は低下してきた。こうした経済発展に伴う産業構造の変化は［ A ］として知られており，現在では脱工業化も進み，サービス産業化が進展している。これに伴う(4)日本農業を取り巻く環境の変化は，農作物の流通や農地の取り扱いの問題，さらには食料安全保障上の問題なども引き起こすこととなり，これらに対処するため，(5)農業をめぐる法整備が繰り返し行われている。

他方，産業構造の変化と発展は，(6)公害問題も引き起こしてきた。高度経済成長の負の遺産といわれる［ B ］を原因とする水俣病などの四大公害裁判は，すべて原告側の全面勝訴となった。こうした経験を通じて，大規模な地域開発が自然・環境にどのような影響を与えるかを事前に調査・評価させる［ C ］や，各種の(7)リサイクル法制定など，次々と環境問題に対する法整備が進み，日本の環境への意識は大きく変化してきた。また，その教訓と反省は国内のみに留まらず，2013年には水俣病の原因物質の製造・輸出入を禁止する「水俣条約」が国連で採択されるなど，日本が経験した公害は世界の環境問題と対策にも大きな影響を与えている。

問1　文中の空欄A～Cにあてはまる正しいものを，次の選択肢ア～オの中からそれぞれ1つ選び，その記号を解答欄にマークしなさい。

A　ア　オークンの法則　　イ　グレシャムの法則　　ウ　セイの法則

エ　セリーズの法則　　オ　ペティ・クラークの法則

B　ア　アスベスト　　イ　亜硫酸ガス　　ウ　カドミウム

エ　マイクロプラスチック　　オ　有機水銀

C　ア　環境アセスメント法　　イ　環境基本法　　ウ　公害健康被害補償法

エ　公害対策基本法　　オ　自然環境保全法

問2　下線部(1)に関して説明した，次の文中の空欄D～Fにあてはまる語句の組み合わせとして，正しいものを，あとの選択肢ア～オの中から1つ選び，その記号を解答欄にマークしなさい。

……世帯（又は世帯員）を所得の低い順に並べて，世帯数（又は人数）の累積比率を横軸に，所得額の累積比率を縦軸にとってグラフを書く（この曲線を［D］という）。全世帯の所得が同一であれば，［D］は原点を通る傾斜［E］度の直線に一致する。これを均等分布線という。逆に，所得が不均等でバラツキが大きければ大きいほど［D］は均等分布線から遠ざかる。……ジニ係数は，［D］と均等分布線とで囲まれる弓形の面積が均等分布線より下の三角形部分の面積に対する比率をいい，0から1までの値をとる。0に近いほど所得格差が［F］……ということになる。

（厚生労働省資料　平成29年 所得再分配調査報告書より）

ア　D－フィリップス曲線　　E－45　　F－大きい

イ　D－フィリップス曲線　　E－90　　F－小さい

ウ　D－ローレンツ曲線　　E－45　　F－大きい

エ　D－ローレンツ曲線　　E－45　　F－小さい

オ　D－ローレンツ曲線　　E－90　　F－小さい

問3　下線部(2)に関して，1990年代以降の金融危機の説明として，**誤っているもの**を，次の選択肢ア～オの中から1つ選び，その記号を解答欄にマークしなさい。

ア　アメリカの住宅バブル崩壊が世界的な金融危機へ発展した背景には，住宅ローンなどの債権を裏付けとした証券化商品の存在がある。

イ　世界金融危機のきっかけとなったリーマン・ショックは，アメリカの住宅バブル崩壊によって，低所得者向け住宅ローンの多くが返済不能となったことから生じた。

ウ　1990 年代後半に起きたアジア通貨危機は，ヘッジファンドによる投機攻撃で韓国ウォンが暴落したことをきっかけとする。

エ　アジア通貨危機の影響からロシアでもルーブルが暴落し，ロシア通貨危機へと発展した。

オ　2009 年の政権交代によるギリシャの財政危機発覚が発端となり，スペインやポルトガルなどにも危機が波及する，欧州ソブリン危機が発生した。

問 4　下線部(3)に関して，**誤っているもの**を，次の選択肢ア～オの中から 1 つ選び，その記号を解答欄にマークしなさい。

ア　中小企業基本法では中小企業の定義が記されており，資本金の額もしくは従業員数のいずれかが要件を満たした場合に，中小企業とみなされる。

イ　1999 年の中小企業基本法の改正は，過度な競争の防止といった中小企業保護に重点を置くものとなった。

ウ　2020 年版の中小企業白書によれば，日本の中小企業数は日本の企業数全体の 99%以上を占めている。

エ　情報産業などの分野で，新技術や高度な知識を軸に未開拓の領域を切り開く中小企業は，ベンチャー・ビジネスと呼ばれる。

オ　2022 年には，省庁一体で新興企業への支援を強化するため，スタートアップ担当大臣が新設された。

問 5　下線部(4)に関して，**誤っているもの**を，次の選択肢ア～オの中から 1 つ選び，その記号を解答欄にマークしなさい。

ア　令和 3 年農業構造動態調査結果によると，農家戸数の割合では，販売農家のうち，最も割合として大きいのは副業的農家である。

イ　日本の農地は，農業従事者の高齢化も進んでいるため，中山間地域において特に耕作放棄地が増加傾向にある。

ウ　2005 年に食育基本法が制定され，学校給食における地場産物を使用した取り組みも推進されている。

エ　第一次産業と，加工する第二次産業，販売する第三次産業など，各産業の専門家の分業により高付加価値化することを六次産業化という。

オ　米の作付面積の制限や転作を通じた生産調整を減反というが，この制度は 2018 年に廃止された。

問6　下線部(5)に関する以下の出来事を古い順に並べたとき，4番目にくる出来事として，正しいものを，次の選択肢ア～オの中から1つ選び，その記号を解答欄にマークしなさい。

ア　農業基本法の制定

イ　食料・農業・農村基本法の制定

ウ　食糧管理法の制定

エ　農地法の改正による一般企業の農地貸借の全国展開

オ　新食糧法の制定

問7　下線部(6)に関する日本の政策の説明として，**誤っているもの**を，次の選択肢ア～オの中から1つ選び，その記号を解答欄にマークしなさい。

ア　水質汚濁防止法では，無過失責任の原則のもと濃度規制だけでなく総量規制も取り入れられた。

イ　日本政府が京都議定書を批准したことにより，環境庁は環境省に格上げされることが決定した。

ウ　廃棄物処理法が改正され，都道府県などの自治体レベルでは，産業廃棄物（産廃）税が課せられる自治体もある。

エ　公害とは無縁に見えるハイテク産業でも，ICの洗浄などでトリクロロエチレンなどの有害物質が流出している可能性がある。

オ　容器包装リサイクル法の関連省令により，プラスチック製買物袋は原則として有料化が義務づけられた。

問8　下線部(7)に関して，リサイクルや循環型社会についての説明として，**誤っているもの**を，次の選択肢ア～オの中から1つ選び，その記号を解答欄にマークしなさい。

ア　過剰包装や使い捨て商品を見直し，資源のリサイクルや環境保護に配慮した消費者を，グリーン・コンシューマーと呼ぶ。

イ　テレビや冷蔵庫など大型の家電を対象としたリサイクル法が制定され，デジタルカメラなどの小型家電についてもリサイクル法が制定されている。

ウ　3Rとは，リサイクル，リデュース，リユースのことであり，法律ではこの順が優先順位とされている。

エ　グリーン購入法は，公的機関の再生産品購入を推進しており，環境に配慮した商品による循環型社会への転換を進めている。

オ　商品の販売時に容器の預かり金を上乗せし，商品を利用後に容器を戻すと預り金が返却される仕組みのことをデポジット制という。

数学

（60分）

解答上の注意

1．問題の文中の ア ， イウ などには，数字（0〜9）または符号（+，−）が入ります。ア，イ，ウ，…の一つ一つは，これらのいずれか一つに対応します。それらを解答用紙のア，イ，ウ，…で示された解答欄にマークしてください。例えば， アイウ に −83 と答えたいときは，

ア	⓪	①	②	③	④	⑤	⑥	⑦	⑧	⑨	⊕	●
イ	⓪	①	②	③	④	⑤	⑥	⑦	●	⑨	⊕	⊖
ウ	⓪	①	②	●	④	⑤	⑥	⑦	⑧	⑨	⊕	⊖

としてください。

2．分数形で解答する場合，分数の符号は分子につけ，分母にはつけないでください。

例えば，$\dfrac{\text{エオ}}{\text{カ}}$ に $-\dfrac{4}{5}$ と答えたいときは，$\dfrac{-4}{5}$ としてください。

また，**それ以上約分できない形で答えてください**。例えば，$\dfrac{3}{4}$ と答えるところを，$\dfrac{6}{8}$ のように答えた場合は**不正解**とします。

3．小数の形で解答する場合，指定された桁数の一つ下の桁を四捨五入して答えてください。また，必要に応じて，**指定された桁まで⓪にマークしてください**。例えば，キ．クケ に 2.50 と答えるところを，2.5 のように答えた場合は**不正解**とします。

4．根号を含む形で解答する場合，**根号の中に現れる自然数が最小となる形で答えて**

ください。例えば，$\boxed{\text{コ}}\sqrt{\boxed{\text{サ}}}$ に $4\sqrt{2}$ と答えるところを，$2\sqrt{8}$ のように答えた場合は**不正解**とします。

5．根号を含む分数形で解答する場合，例えば，$\dfrac{\boxed{\text{シ}}+\boxed{\text{ス}}\sqrt{\boxed{\text{セ}}}}{\boxed{\text{ソ}}}$ に $\dfrac{3+2\sqrt{2}}{2}$ と答えるところを，$\dfrac{6+4\sqrt{2}}{4}$ や $\dfrac{6+2\sqrt{8}}{4}$ のように答えた場合は**不正解**とします。

I　$\triangle$ABC があり

$$\angle \mathrm{A}=\theta,\ \angle \mathrm{B}=2\theta$$

を満たしている。ただし，θ は弧度法で表した角度である。(20点)

(1)　θ のとりうる値の範囲は $0<\theta<\dfrac{\boxed{\text{ア}}}{\boxed{\text{イ}}}\pi$ である。

(2)　$\mathrm{AB}=9$ かつ $\theta=\dfrac{1}{9}\pi$ のとき，$\triangle$ABC の外接円の半径は $\boxed{\text{ウ}}\sqrt{\boxed{\text{エ}}}$ である。

(3)　$\triangle$ABC が二等辺三角形であるような θ の値のうち，最小のものを α とすると

$$\alpha=\frac{\boxed{\text{オ}}}{\boxed{\text{カ}}}\pi$$

である。

　$\theta=\alpha$ のとき，$\angle$C の二等分線と辺 AB の交点を D とすると，$\triangle$ABC と $\triangle$CDB が相似であることから

$$\frac{\mathrm{AB}}{\mathrm{BC}}=\frac{\boxed{\text{キ}}+\sqrt{\boxed{\text{ク}}}}{\boxed{\text{ケ}}}$$

が得られ，したがって

$$\cos\alpha=\frac{\boxed{\text{コ}}+\sqrt{\boxed{\text{サ}}}}{\boxed{\text{シ}}}$$

である。

II　袋が1つあり，赤玉が2個，白玉が3個入っている。(25点)

(1)　袋から玉を2個取り出し，色を確認して元に戻すことを続けて2回行う。1回目に取り出した赤玉の個数を X，2回目に取り出した赤玉の個数を Y とする。

(i)　$X=2$ である確率は $\dfrac{\boxed{\text{ア}}}{\boxed{\text{イウ}}}$ である。

(ii)　$X+Y=2$ である確率は $\dfrac{\boxed{\text{エオ}}}{\boxed{\text{カキ}}}$ である。

(iii)　$X+Y=2$ のとき，$X=2$ である条件付き確率は $\dfrac{\boxed{\text{ク}}}{\boxed{\text{ケコ}}}$ である。

(2)　サイコロを投げて出た目の数だけ白玉を袋に加え，加えた後の袋から玉を2個取り出す。

(i)　サイコロは k の目が出て，かつ取り出した玉が2個とも赤玉である確率は

$$\frac{1}{6}\times\frac{2}{(k+\boxed{\text{サ}})(k+\boxed{\text{シ}})}\quad(k=1,2,\cdots,6)$$

である。ただし，$\boxed{\text{サ}}>\boxed{\text{シ}}$ とする。

(ii)　取り出した玉が2個とも赤玉である確率は $\dfrac{\boxed{\text{ス}}}{\boxed{\text{セソ}}}$ である。

III △OAB において

辺 AB を $1:3$ に内分する点を C,

線分 OC を $2:1$ に内分する点を D

とする。また，$\overrightarrow{OA}=\vec{a}$，$\overrightarrow{OB}=\vec{b}$ とし，$\overrightarrow{OE}=-\dfrac{1}{2}\vec{a}+\dfrac{5}{6}\vec{b}$ とする。(30点)

(1) $\overrightarrow{OD}=\dfrac{\boxed{ア}}{\boxed{イ}}\left(\boxed{ウ}\,\vec{a}+\vec{b}\right)$ である。

(2) $\angle AOB=60^\circ$ かつ $\angle DOE=90^\circ$ のとき，$\dfrac{OA}{OB}=\dfrac{\boxed{エ}+\sqrt{\boxed{オ}}}{\boxed{カ}}$

である。

直線 DE によって △OAB を切ってみよう。

(3) 直線 DE 上に点 P をとって $\overrightarrow{DP}=t\,\overrightarrow{DE}$ とすると

$$\overrightarrow{OP}=\frac{1}{\boxed{キ}}\left\{\left(\boxed{ク}-\boxed{ケ}\,t\right)\vec{a}+\left(\boxed{コ}+\boxed{サ}\,t\right)\vec{b}\right\}$$

である。

(4) 直線 DE と直線 OA，OB との交点をそれぞれ A′，B′ とすると

$$\frac{OA'}{OA}=\frac{\boxed{シ}}{\boxed{ス}},\quad \frac{OB'}{OB}=\frac{\boxed{セ}}{\boxed{ソ}}$$

であり，△OAB，△OA′B′，△ODE の面積をそれぞれ S_1，S_2，S_3 とすると

$$S_1:S_2:S_3=8:\boxed{タ}:\boxed{チ}$$

である。

IV　関数

$$f(x) = x^3 - 3a^2x - 5a^3$$

がある。ただし，a は実数の定数である。(25点)

(1)　$f(x)$ に極値が存在しないのは $a =$ [ア] のときである。

以下の(2)(3)では，$f(x)$ が極大値4をもつとする。

(2)　$a^3 = \dfrac{\boxed{イウ}}{\boxed{エ}}$ である。また，$f(x)$ の極小値は $\dfrac{\boxed{オカ}}{\boxed{キ}}$ である。

(3)　$y = f(x)$ のグラフと直線 $y = 4$ の共有点を A，B とすると

$$\frac{\mathrm{AB}}{a} = \boxed{クケ}$$

であり，$y = f(x)$ のグラフと線分 AB で囲まれた図形の面積を S とすると

$$\frac{S}{a} = \frac{\boxed{コサシ}}{\boxed{ス}}$$

である。

C 女君が宇治で暮らしていることを都の人に気づかれるのは都合が悪いだろう。
D 男君が女性の姿でしばらくの間過ごしていたことは人に知られるはずはない。
E 男君と女君が少し前に入れ替わったことは他人に知られるわけにはいかない。

〔問六〕 傍線⒀「いつばかりにか」の文法的な説明としてもっとも適当なものを左の中から選び、符号で答えなさい。

A 副詞＋副詞＋格助詞＋係助詞
B 副詞＋副助詞＋断定の助動詞＋係助詞
C 名詞＋副詞＋格助詞＋係助詞
D 名詞＋副助詞＋格助詞＋係助詞
E 名詞＋副詞＋断定の助動詞＋係助詞

〔問七〕 次の文ア〜エのうち、本文の内容と合致しているものに対してはA、合致していないものに対してはBの符号で答えなさい。

ア 男君が帰って来ることは、すでに夢のお告げで知らされていた。
イ 女君の出家の意向は強く、左大臣も男君も説得に苦慮している。
ウ 男性として宮仕えしていくことに、男君は不安を覚えている。
エ 男性の姿に戻った男君の姿が非常に立派で、左大臣は喜んでいる。

〔問三〕　傍線(8)「しかありし御様」の説明としてもっとも適当なものを左の中から選び、符号で答えなさい。

A　男君の、尚侍として暮らしていた姿
B　女君の、明るくいつも元気だった姿
C　女君の、出家して髪が短くなった姿
D　女君の、男性として過ごしていた姿
E　母の、子ども達の失踪を心配する姿

〔問四〕　傍線(9)「御気色」の説明としてもっとも適当なものを左の中から選び、符号で答えなさい。

A　女君を思う天皇のご機嫌
B　母である北の方のお喜び
C　出家を望む女君の気持ち
D　帰京した男君の心づもり
E　父である左大臣のご意向

〔問五〕　傍線(12)「しばしかくてさぶらふと人にも見え知られはべらじ」とあるが、この解釈としてもっとも適当なものを左の中から選び、符号で答えなさい。

A　男君がこうしていることをしばらく人に見られたり知られたりしたくはない。
B　女君の髪が伸びるまでは多くの人に見られたり知られたりするのはよくない。

(3) 「なまめける気色」

A 温かい人柄
B あふれ出る色気
C 生々しい気配
D 優美な雰囲気

(5) 「飽かぬところなりしかど」

A 不満なところであったが
B 不満なところはなかったが
C 飽きることもなかったが
D 飽きることがあったものの

(7) 「ためらひて」

A 本心を隠しながら
B 喜びをかみしめて
C 気持ちを静めてから
D 悲しみをこらえつつ

〔問二〕 傍線(2)(4)(6)(10)(11)は男君と女君のいずれかを指している。これらのうち男君を指すものの組み合わせとしてもっとも適当なものを左の中から選び、符号で答えなさい。

A (2)(4)(10)　B (2)(6)(10)　C (2)(6)(11)　D (4)(6)(10)　E (4)(6)(11)

おぼし出《い》でて、声を惜しまず泣きたまふ。(7)ためらひて、「さて、いかに聞き出でたまへりや」と問ひきこえたまふ。「(8)しかありし御様にはあらず。をんなざまになりて、なほいと世づかず心憂かりしかば、もとのやうに身を変へこころみんとてなほしばし隠れたりつる。髪などの生ふるほど人に見え知られじとなんのたまへしを、(9)御気色にしたがひてこそは」と申したまふも、「いかにいかに」と聞きもやりたまはず、まさしかりける夢の告げかなと、うれしさに喜び泣きさへしたまひて、「よし。(10)この人を尚侍にと聞こえて、(11)そこにこそは代はりしたまはめ」とのたまへば、「年ごろさて籠もりゐはべりし身なれば、さやうの交じらひはしはべらじ。またかの御有様聞きさだめて。(12)しばしかくてさぶらふと人にも見え知られはべらじ。まづかの御迎へして、後にを」とて、明けぬれば出でたまひぬ。名残なく胸あきてうれしきに、起きゐて御粥《かゆ》などいささかまゐる。宇治には、「(13)いつばかりにか御迎へには」と聞こえたまひつ。

（『とりかへばや物語』による）

注　尚侍……天皇への取り次ぎをする従五位相当の女官。　宇治……失踪した女君（大将）が暮らしている。

〔問一〕傍線(1)(3)(5)(7)の解釈としてもっとも適当なものを左の各群の中から選び、それぞれ符号で答えなさい。

(1)「かたくなしく」

A　堅苦しく
B　見苦しく
C　華々しく
D　愚かしく

B　日本語の目立った特徴は人称代名詞が他の言語に見られないほど豊富にあることで、省略することもできるため、言語表現の豊かさに結びついている。

C　人称代名詞と人格的アイデンティティーの関連という問題は、つまるところ西洋と日本の子供の言語習得過程の相違のうちに存在している問題と結んで考えるべきものである。

D　デカルトの「コギト・エルゴ・スム（われ思う、故にわれあり）」は、反省され客観視された「われ」と思考自体に先立つ「われ」を含むことばとして、西洋人のアイデンティティーの複雑さを示している。

E　日本人は一般に二人称代名詞を省いて会話するが、目上の相手に対してはそれが徹底しており、仮に敬語的代名詞でも面と向かって使う場合、相手への敬意は失われている。

三　次の文章は『とりかへばや物語』の一節で、男性の姿に戻った男君（尚侍《ないしのかみ》）が父左大臣のもとに帰って来た場面である。これを読んで、後の問に答えなさい。（30点）

人々は皆まだ寝たるに、「こなたに」とても、幼かりしときより交じらひつきたまひにし大将こそびびしかりしか、あえかに人にも見えず籠もりたまひてし人とは思ふに、(1)かたくなしくおはすらんとおぼすに、御前に参りたまへるに、起き上がりて、御《おほ》殿油《とのあぶら》かかげて見たてまつりたまふに、ただ大将の御にほひ有様ふたつにうつしたるやうにて、(2)これはいま少しそぞろかに(3)なまめける気色まさりたまへり。(4)かれは少しささやかに小さき方に寄りたまへりしぞ(5)飽かぬところなりしかど、まだ年の若かりしに、(6)これはいま少しものものしく飽かぬところなくぞ見えたまふ。うちまぼりたまひて、夢のやうなるも、行方なきまづ堪へがたく

E　「コギト（われ思う）」という思考から反省的に導き出されるような客観的な「われ」のありよう。

〔問四〕　傍線(4)「これは、実に徹底した自己中心主義である」とあるが、なぜそういえるのか。その理由の説明としてもっとも適当なものを左の中から選び、符号で答えなさい。

A　二人称代名詞で呼ばれる相手は、自分が当面している相手であるという限りにおいて、一個の人格をもった存在として意識されるから。

B　二人称代名詞で呼ばれる相手は、まさに自分が向き合っているという意味としてのみの相手であって、どういう人物かは問題外だから。

C　二人称代名詞で呼ばれる相手は、常に自己を中心的存在と信じる意識に根ざした主観的判断によって評価される対象であるから。

D　二人称代名詞で呼ばれる相手は、自己の主体的な認識によってはじめて一個の人格として認められるのであり、相手の主体性は無視されるから。

E　二人称代名詞で呼ばれる相手は、属性を失った個別性に乏しい存在であるため、関係の構築は自己本位の推測によるしかないから。

〔問五〕　本文の趣旨に合致するものとしてもっとも適当なものを左の中から選び、符号で答えなさい。

A　日本語の一人称代名詞は日常会話では使われないのが自然であり、それは日本人にとって主体としての意思を貫くことよりも、相手との関係を円滑に保つことの方が優先されるからである。

C 西洋語の二人称代名詞の使い分けは、年齢や性別の違いにではなく、身分の違いに関係したものだから。

D 西洋語の二人称代名詞の使い分けは、敬意の感情の度合いにではなく、儀礼的感覚に関係したものだから。

E 西洋語の二人称代名詞の使い分けは、相手の人格に対応するものではなく、社会的地位に関係したものだから。

〔問二〕 傍線(2)「人称代名詞と人格的アイデンティティーの関連」とあるが、現代日本語の場合どのような関連があると考えられるか。もっとも適当なものを左の中から選び、符号で答えなさい。

A どの人称代名詞も、アイデンティティーに関わる意識の多様化にともなって増え続けている。

B 一人称代名詞と二人称代名詞の組み合わせは、相手との関係を意識しながら選ばれている。

C 一人称や二人称代名詞が会話であまり使われないのは、自己同一性に対する無関心の表れである。

D 二人称代名詞は卑称として意識されており、自分より目上にあたる者には用いることができない。

E 一人称代名詞を場において使い分けているが、自己の主体性を優先する意識は働いている。

〔問三〕 傍線(3)「コギトをコギトたらしめているところの「われあり」なのである」とあるが、「われ」のどのようなありようをいうのか。その説明としてもっとも適当なものを左の中から選び、符号で答えなさい。

A 「コギト（われ思う）」という思考がなされた後におのずと出現してくるような「われ」のありよう。

B 「コギト（われ思う）」という思考以前にあり、また思考後に形成されるような「われ」のありよう。

C 「コギト（われ思う）」という思考の主体とは別個に存在しているような「われ」のありよう。

D 「コギト（われ思う）」という思考に先立つものとして、あらかじめあるような「われ」のありよう。

とのみが問題になっているのであって、その相手が誰であるかということは、まったく無視されている。二人称代名詞で呼ばれる相手は、自己にとっての相手なのであって、相手に則した相手その人ではない。

(4)これは、実に徹底した自己中心主義である。自分の前に現われる他者から、そのいっさいの個別性を奪って、それが自己に対立する相手であるという、自己本位の契機だけを抽象したものが、西洋の二人称代名詞である。自己の前に現われる他者は、生身の具体的人格としての他者であるよりも前に、すでにいっさいの反省思考に先立って、一律にユーという抽象的概念によって物体化されてしまっている。ブーバーが「イッヒ・ウント・ドゥー」というようなことによって、物体的な「それ」とは違った「ドゥー」という呼びかけをもって、根源的に人格的な出会いを表現しようとしても、これは西洋語のくびきの中では所詮無理なことである。ユーとかドゥーとかいわれているものは、自己が自己であることの一つの反映にすぎない。だれか或《あ》る他人に向って、「お前は私の相手なのであって私自身ではない」ということを言っているだけのことにすぎない。

（木村敏『人と人との間　精神病理学的日本論』より）

注　マルティン・ブーバー……オーストリア出身のユダヤ系宗教哲学者・社会学者（一八七八～一九六五）。〈対話の哲学〉で知られた。

〔問一〕傍線(1)「間違っている」とあるが、筆者はなぜそういうのか。その説明としてもっとも適当なものを左の中から選び、符号で答えなさい。

A　西洋語の二人称代名詞の使い分けは、相手への敬意の有無にではなく、心理的距離に関係したものだから。

B　西洋語の二人称代名詞の使い分けは、互いの社会的地位にではなく、時々の心理状態に関係したものだから。

につくようになっている。ドイツ語のジー、フランス語のヴが、よその大人の人に対して用いられる言葉だということは、小学校に入学するころにはじめて教えられる。しかし、子供にとっては、それまでに身についているドゥーやテュをジーやヴに置きかえるだけのことであるし、それにジーやヴの動詞変化はきわめて簡単なので、子供はこの用法も何の苦もなく身につける。

一人称代名詞が例えばアイの一語だけであるということは、自分というものが、いついかなる事情においても、不変の一者としての自我でありつづけるということを意味している。自己が自己であるということは、いわば既定の事実なのであって、いっさいの言語的表現に先立って決定している。思想というものが、言語を（たとえ内的言語の形ではあれ）予想せずには不可能である以上、このことはまた、自己が不変の自己同一的な自己であるということが、いっさいの思考に先立って既定の事実として前提されていることを意味する。

デカルトは、コギト・エルゴ・スム（われ思う、故にわれあり）と言ったが、実はこのコギト（われ思う）が一人称の動詞で言われている点に注意しなくてはならない。「われあり」の根底として求められたはずのコギトが、すでに「われ思う」として、われの存在を前提としているのである。西洋人にとって、「われ」の問題にならぬような思考などは、想像することすらできぬことである。デカルトがコギトから導き出したスムは、あくまでも反省され、客観視された「われあり」であって、反省以前の主体的な「われあり」はすでにコギトの前に前提されている。そして、私たちがここで人称代名詞との関連において問題にしている自己の主体性《アイデンティティー》とは、実はこのような反省以前の、(3)コギトをコギトたらしめているところの「われあり」なのである。

二人称代名詞がユーの一語だけ、あるいはかなり客観的に使い分けられる二語だけであるということは、自己の前に現われる他者が、それが誰であるか、自己といかなる関係に立っている人物であるかを問わず、すべて一様に「汝」として扱われることを意味する。親であろうと友人であろうと恋人であろうと、また師であろうと弟子であろうと、あかの他人であろうと、それがすべて単一の代名詞でまとめられる「相手」である点に変わりはない。つまりここでは、その相手が自己の当面の相手であるこというマルティン・ブーバーの著書を「我と汝」と訳したのは、苦肉の策ではあっても、正しい訳とは言えない。

　これに対して、日本語の二人称代名詞は、一人称代名詞と同様に数も多く、また自然な日常会話においては、一人称よりもさらに省略されがちである。そもそも日本人は一般に二人称代名詞を使いたがらない傾向があり、これは特に目上の相手に対して著しい。妻が夫に対して用いる「あなた」は別として、一般に敬語的に考えられている「あなた」、「貴殿」、「貴下」なども、実際にそれを口に出して用いうるのは、対等以下の相手に対する場合に限られる。もし、父母に対し、恩師に対して「あなた」という代名詞を用いたならば、それはもはやその関係が事実上断絶していることを意味するのである。このようなことは、西洋人にはまったく理解しえないことに違いない。西洋においては、まずもって二人称代名詞で名指されるのは、親であり、兄や姉であるだろうからである。

　日本語の二人称代名詞としては、その他、「お前」、「君」、「てまえ」、「貴様」、「そこもと」などが挙げられるだろうが、これらもすべて相手を低く見た卑称であることに注意しなくてはならない。二人称代名詞の省略については、もはや例を挙げるまでもないだろう。Do you go? に対して「いらっしゃいますか」、「行きますか」、「行くかい」、「行くの」、「行くのか」等々、各種の言い廻《まわ》しがあるが、あとの三つについては、比較的自然に「君」、「お前」というような卑称の二人称代名詞を付加することができる。

　さて、われわれの議論の焦点は、(2)人称代名詞と人格的アイデンティティーの関連という問題である。西洋各国語においては一人称代名詞はそれぞれ一語しかなく、二人称代名詞は二語あるが、その使い分けはかなり客観的に規定可能である。しかも、それらの人称代名詞は原則的に省略されえないから、西洋人にとっては、人称代名詞を用いることなしに会話をするということは考えられないことである。西洋の幼児は、日本の幼児よりもはるかに早く、一人称代名詞を身につける。それと同時に、二人称代名詞（幼児にとって話し相手はまず第一に家族であるから、ドイツ語の場合はドゥー、フランス語の場合はテュ）も自然に身

E　公の立場としてひたすら西洋化のプロセスをたどりながら、私的な部分ではそれを忌避するような衝動に強く支配されていた。

二　次の文章を読んで、後の問に答えなさい。(20点)

日本語においては、僕、おれ、おのれ、わし、おいら、てまえ、自分、わたし、わたくし、あたし、うち等々、一人称代名詞のかなり使用頻度の高いものだけでも十指に余る。しかも、これらの代名詞は、日常の自然な会話においてはむしろ省略されることの方が多いし、省略された場合にこれに代って会話の主体を明示しうるような動詞、助動詞の人称変化も存在しない。自己に関することを述べる際に特に用いる動詞、助動詞や助詞というものはあるが、これとても話し手と聞き手の身分の違いや親密度にかかわる相対関係からの影響によって、より多く左右される。Can I help you? に相当する日本語を、思いつくままに羅列してみよう。「(私が) いたしましょうか」、「(私が) やってみましょうか」、「(ぼくが) やってみてあげようか」、「(おれが) やってやろうか」等々である。

二人称代名詞を取ってみても、西洋各国語には原則として二種類(現代英語ではユーの一種類)である。ドイツ語のドゥーとジーおよびフランス語のテュとヴの用法には、互いに微妙な相違があって、必ずしも同じ方式にあてはめられない場合もあるが、一応、自分との心理的距離が減少する方向にある相手に対してはドゥーおよびテュ、心理的距離の減少しない相手に対してはジーおよびヴが用いられる、と解して差し支えない。だから、ジーとヴが「あなた」に相当する敬語的代名詞、ドゥーとテュが「お前」に相当する卑語的代名詞とする考え方は(1)間違っているし、ドゥーを「汝《なんじ》」に置きかえて、「イッヒ・ウント・ドゥー」

〔問七〕　傍線⑽「日本の近代の哀しみ」とあるが、どのようなことを指しているのか。その説明としてもっとも適当なものを左の中から選び、符号で答えなさい。

A　中国文化の影響の下に長く置かれてきた歴史のために、不完全な形での西洋化しかできなかったこと。

B　西欧的な建築様式を発展させるために、「帝冠様式」や「和風建築」という反動的な建築表現を強いられたこと。

C　私的な部分の拠り所に和風の伝統を求めずにいられないほど、近代化の要請が負担になっていたこと。

D　建築のあり方が、近代的イデオロギーの実現ではなく、伝統的な趣味の領域に追いやられてしまったこと。

E　地方都市の衰退につれて近代和風建築の遺産が失われ、日本の近代文明の意味を読み解く鍵が失われてきたこと。

〔問八〕　筆者は日本の近代化をどのように考えているか。その説明としてもっとも適当なものを左の中から選び、符号で答えなさい。

A　中国文化の傘の下にあった過去の文化的伝統と決別するために、イデオロギーとしての西洋化と和風の文化の並存を追求した。

B　和風建築の屋根の変容が示しているように、近代化の本質は西欧の文物を日本の伝統文化に合わせて取り込むことであった。

C　明治以降、和風のライフスタイルへの衝動が強まるとともに、その反動として西洋化の推進を図るイデオロギーが強化された。

D　西洋化の推進というイデオロギーの建前と、和風の追求という本音のイデオロギーの合体を、人々は意識的に推し進めた。

〔問四〕　傍線(3)「そうした水平的な建築の展開が近代のなかで、どのように変容していったかという問題」とあるが、筆者が注目する「変容」の説明としてもっとも適当なものを左の中から選び、符号で答えなさい。

A　複雑に連なる部屋べやと、それをおおう複雑な屋根を特徴とする和風邸宅が盛んに建てられるようになったこと。

B　屋根のデザインによって日本らしさを出そうとする、近代的なコンクリート建築が建てられるようになったこと。

C　奥まっていて見えにくい建物に他とは異なる屋根をつけて、その重要性を表現するようになったこと。

D　高さを競う擬洋風建築と、それに加えて正面性を誇る表現としての帝冠様式が出現するようになったこと。

E　地方に鹿鳴館まがいの洋館の邸宅が建つようになり、日常生活や普段の接待や結婚披露宴の場となったこと。

〔問五〕　空欄(6)に入るべき語として、もっとも適当なものを左の中から選び、符号で答えなさい。

A　立てた　　B　得た　　C　売った　　D　遂げた　　E　揚げた

〔問六〕　傍線(8)「近代和風建築という、語義矛盾のようなジャンルの建築」とあるが、なぜ「語義矛盾」なのか。その理由の説明としてもっとも適当なものを左の中から選び、符号で答えなさい。

A　「近代和風建築」という名称は、先進性を指示するものなのに、実際の建築物の姿はそれにそぐわないから。

B　「近代」という抽象的な歴史概念と、和風建築という具体的な概念をむりやり結び付けた表現だから。

C　近代以前が和風の時代で以後は洋風化の時代だとする通念とは、相容《い》れない発想による命名だから。

D　「近代和風建築」という表現には、日本文明の孤立性と独自性という相反する考え方が含まれるから。

E　西洋化の進行を意味する「近代」と、それに対立的な伝統を意味する「和風」の並存を指示しているから。

(5)　ゾウサク

A　眠気でドウサが鈍い　　B　臨時列車がゾウハツされる　　C　ソウサク願いを出す

D　音声なしでエイゾウだけが流れた　　E　コロナタイサクに追われる

(7)　ハンエイ

A　朝日が湖面にハンショウする　　B　都市をゾウエイする　　C　大雨で川がハンランする

D　キョエイシンを満たす　　E　手続きがハンザツだ

(9)　カッパ

A　反対運動が全国にハキュウする　　B　商売でカッケイを立てる　　C　現地へ専門家をハケンする

D　カッシャでつり上げる　　E　身のハメツを招く

〔問二〕　空欄(1)に入るべき語として、もっとも適当なものを左の中から選び、符号で答えなさい。

A　やみくも　　B　きまじめ　　C　ことさら　　D　こころみ　　E　おもむろ

〔問三〕　傍線(2)「こうした精神的背景」の内容説明としてもっとも適当なものを左の中から選び、符号で答えなさい。

A　モンスーン気候の高温多湿の風土と結びつけて、日本建築のありようを説明する考え方。

B　日本の建築様式の中に、ナショナル・アイデンティティを読み取ろうとする考え方。

C　日本の文化が、伝統的に中国文化の傘下にあって、発達をとげてきた事実を重んじる考え方。

D　日本の文化の独自性を高く評価しようとして、中国文化の影響を認めることを嫌う考え方。

E　文化的営為の精神的側面を重視して、自然環境を決定的要因とする説明を否定する考え方。

みだしていった原動力は、「太い床柱を背にした男」というライフスタイルだったのかもしれない。そこには「ビッグ・ルーフ・トラディション」とは明らかに異なった、近代と積極的に同一化する伝統があったように思われるのである。

現在、そうしたかたちで近代の基盤となった過去を認めようとするひとは多くない。われわれは今こそ西欧風のライフスタイルのなかで活きはじめているし、自分たちの直系の過去は、やはり文明開化のシンボルであった明治の西洋館に求めたい気持ちになっている。だからこそ、逆に私は近代和風建築に注目したいのだ。いまを逃しては、おそらく近代の和風建築を読み解く鍵は永久に失われてしまうであろう。そして、それが失われたときには、われわれの近代文明が、文字どおり世界の中で孤立した文明になることを意味する。屈曲し、重畳しながら連なる屋根には、おそらく⑽日本の近代の哀《かな》しみもこめられているにちがいないのだ。豪放にみえる御殿の構成には、計り知れない近代のストレスが隠されているにちがいないのだ。

（鈴木博之『都市のかなしみ』による）

注　ウイリアム・モリス……イギリスの工芸家・詩人・社会運動家（一八三四～一八九六）。

〔問一〕　傍線⑷⑸⑺⑼のカタカナを漢字に改める場合、それに使用する漢字を含むものを、それぞれ左の中から一つずつ選び、符号で答えなさい。

⑷　ジョウセキ

A　ハワイはトコナツの国だ　　B　汽車がテイコクに発車する　　C　冬季のセキセツで苦労する

D　ザセキに腰をかける　　E　ショジョウを受け取る

徴のひとつである。材料の流通経路が拡大したためか、あるいは物量主義の表現が好まれたためか、見事な木材、石材を誇るような普請が多い。結局、近代化がもたらした文化的蓄積は、西洋化だけではなく日本化でもあったのか、という感慨に打たれる。近代化＝西洋化という図式にあてはまらない表現が近代和風建築なのだ。

　フランスのジャック・ル・ゴフの著書『歴史と記憶』のなかで、近代化と伝統がバランスのとれたかたちで進行した国の例として日本が挙げられている。近代化のなかに、西欧的要素と並存する和風あるいは日本風が、どのような性格をもつものであるかを考えることは、日本の近代がどのような性格をもつものであるかを考えることにつながる。たとえばS・ハンチントンは『文明の衝突』のなかで、日本をアジアからも中国からも孤立した文明と位置づけている。それは近代というグローバルな時代にあって、孤立無援の文明を意味するのかもしれないし、無視できぬ独自性を意味するのかもしれない。そうしたことを考えるならば、(8)近代和風建築という、語義矛盾のようなジャンルの建築を考えることは、決してマイナーな作業ではなさそうなのである。

　近代化のプロセスの中でわれわれの先人たちは、公的な部分、建前の部分での表現においては西欧化を突き進み、私的な部分、本音の部分では和風の隆盛を支えた。そこにあるものが日本の近代の本質そのものである。両者の関係は、使い分けというほど器用な分離ではなく、もっと無自覚あるいは自然的なものであったようだ。

　かつて小野二郎は、世の中でイデオロギーといわれるものは趣味で、趣味と考えられているものがじつはイデオロギーだと(9)カッパした。つまり右翼だ左翼だと騒いでいるのは趣味の問題であって、それを離れても残るライフスタイルのようなものにこそ、その人のイデオロギーが現れるというのである。ウイリアム・モリスをテーマとした小野二郎らしい洞察である。私自身、そこに自分が建築の表現などという趣味的な研究を行う際の拠《よ》り所を求めている。

　近代和風建築の領域は、以上のような洞察に照らしてみるならば、近代のイデオロギーそのものなのである。日本の近代を生フ・トラディション」というより、目まぐるしく変化する屋根のバリエーションの伝統というべきものなのである。この伝統は、なにも温泉旅館の専売特許ではなく、しばしばかつての大きな屋敷に見られた和風建築の(4)ジョウセキであるし、最近の御殿風の農家の瓦屋根の構成に、粗雑だが大ぶりな現代風バージョンを見ることができる。

　屋根が複雑に組み合わされる例は、明治以降の大きな和風の邸宅や料亭、旅館などによく残されている。こうした近代になってからの和風建築を、「近代和風建築」と呼んでいる。それは近代化のプロセスのなかで、ひとびとが何を求めたかを教えてくれる記念碑なのだ。

　近代以前が和風の時代で、近代以後は洋風化の時代だと考えるのはあまりにも単純なものの見方である。和風の衝動はむしろ明治以後に強かった。蔵造りの町屋なども、けっこう明治以後に作られたものが多かったりするし、民家の(5)ゾウサクの技術的なピークは明治末期だともいわれるのである。近代化が大工道具の質の向上と施工精度の高度化をもたらし、身分制に縛られない富の蓄積が、日本各地に質の高い和風建築を生みだしたからである。

　近代以降の建築に対する情熱の一部は、確実に和風の御殿に流れこんだ。功なり名を［(6)］成功者は、自分の家を和風の御殿にしたかったのである。地方の鹿鳴館といわれるような洋館を邸宅にする場合にも、かならずその脇には広大な和風の御殿を設けていたのである。そして日常の生活や、普段の接待、さらには結婚の披露宴なども和風邸宅部分で行われていた。そこには複雑に連なる部屋べやがあり、それをおおう複雑な屋根があった。

　いまでも日本各地には驚くほどの規模をもった、御殿のような邸宅が残されている。それらは日本の近代の歴史が蓄積した富を、その富が形成された町に積み上げたようなおもむきで建ちつづけている。いまでは往時の(7)ハンエイの面影を失ってしまっている地方都市に、忘れ去られたように残された大邸宅は、訪れた者たちに静かではあるが圧倒的な印象を与える。ここにその町の近代史が結晶していると感じられるからだ。近代の和風建築は、施工や細工の良さとともに、使われている材料の見事さも特本館、松本の旧開智学校などがある。

その一方で、屋根を強調するデザインも、ときおり現れる。もっとも知られた動きは、昭和初年に盛行をみた「帝冠様式」とよばれる屋根つきのコンクリート建築である。東京・九段の九段会館がその例として有名であるし、上野の国立博物館も屋根をもつコンクリート建築である。ここでこの屋根は、日本のナショナル・アイデンティティの表現として採用された。まさに日本版の「ビッグ・ルーフ・トラディション」である。帝冠様式の位置づけは難しいところがあって、さまざまな評価がある。一般には反動的な建築表現であり、日本の近代が生んだあまり誇れないスタイルだとされるが、それほど建築様式にイデオロギーがこめられているとも思えないから、むきになって批判するほどのこともないという立場をとる人もいる。しかし屋根は近代の建築表現とは一致しないというのが、おおかたの見方だといってよい。

日本の建築は、寺院の本堂の屋根のように大きく高くそびえるものも確かに多いが、江戸時代以後の大規模な住宅の屋根などは細かく切り替わるものがむしろ多い。昔風の料亭であるとか、温泉地の旅館などを考えてみるとわかるように、日本建築の屋根は、細かく変化しながらつながってゆくものであった。

温泉宿に泊まって、長い渡り廊下をたどって露天風呂に向かうのは、温泉の楽しみのひとつである。迷路のように、地形の高低差をそのまま示す長い長い廊下は、温泉にはなくてはならぬ風情なのだ。露天風呂に身を浸して、ちらりと見える旅館の母屋を振り仰ぐと、思いもかけぬほど高くそびえた建物であったりするのに驚く。その旅館が大規模でありながらも、古風であったり、高級であったりすると、客室の連なりは複雑怪奇で、ひと部屋ごとの眺望とプライバシーの確保のためか、屈曲したり重畳したりしながら地形にへばりついて延びている。

屋根は一棟ごとの建物でそれぞれ切り替わり、渡り廊下の屋根がそれをつないで延々と延びてゆく。一つの棟であっても、玄関の部分には別の屋根が設けられたり、さらに途中で屋根の高さを変えたり、軒を変化させたりする。これは「ビッグ・ルーということになるのであろうか。そうした「文化の従属性」と見られる解釈を嫌って、われわれの先輩は、日本の屋根は自然環境に起因する特徴なのだと、[(1)]に説明したのかもしれない。またモンスーン気候の高温多湿の風土のなかで、日本建築の屋根が生まれたという、自然環境論的な説明が、戦後の建築史の教科書に好んで使われたことも、(2)こうした精神的背景を暗示している。

しかし、屋根の意味を気候風土から即物的に説き起こすことは、そろそろやめてもよいのではないか。

屋根は、平屋の木造建築群が敷地のなかで水平に展開していくときに、建築の存在を唯一表現しうる手段として発展した要素なのではないかと、私は考えている。平屋の建築が連なってゆくと、奥のほうに建つ建物は外から見えない。ふつう、重要な建物は敷地の手前ではなく奥のほうに建てられるから、重要であるほど、外からは見えないことになる。

大事なものは隠すというのも、一つの考え方であるから、重要な建物は見えなくてもかまわない。だが、それでも重要なものを見え隠れさせて、その存在をほのめかすことも大切である。そこで有効なのが屋根による建築表現なのだ。

奥のほうにある重要な建物には、他とは異なる屋根を架けるのである。それによって、奥に大切な建築があることがそれとなく垣間《かいま》見られることになる。日本の建築の手法はここにあると思うのである。これは屋根を〝記号〟あるいは〝表象〟ととらえる立場に分類される解釈法かもしれないが、それはどうでもよいことで、私が考えたいのは、(3)そうした水平的な建築の展開が近代のなかで、どのように変容していったかという問題である。

近代化のなかで、新しく登場したのは高さを誇る建築と、正面性を誇る建築だった。建築の正面のことを「ファサード」というが、西洋の建築はこのファサードによって建物の性格を表現する。屋根に依存して建築を構成しないことが、近代の表現となる。屋根のかわりに、時計塔などを設けて高さを誇示する。明治の洋館にはこのようなスタイルをもつものが多い。日本の大工たちが作り上げた「擬洋風建築」とよばれるものは、こうした構成の宝庫となっている。現在も残る例としては、山形の済生館

国語

(六〇分)

(注) 満点が一〇〇点となる配点表示になっていますが、文学部国文学専攻の満点は一五〇点となります。

一 次の文章は二〇〇三年に発表された建築論である。これを読んで、後の問に答えなさい。(50点)

日本建築を特徴づけるのは、大きな屋根だという考えがある。モンスーン気候の高温多湿の風土のなかで、快適な住居を確保するためには、深い軒をもつ大きな屋根が必要だったのだと説明されることが多い。

しかし、この説は本当だろうか。ハーバード大学の建築学部で開かれた三日間にわたるシンポジウム、「アジアの近代」に出席したとき、興味深い発表に接した。それはハーバードの建築学部長ピーター・ロウが概観した中国の近代建築についてのものだ。彼は中国建築の近代化の流れを説明しながら、ときおり「ビッグ・ルーフ・トラディション」という言葉を使ったのであった。それは政治的状況の変化とはあまり関係なく、ときおり中国建築に現れる大屋根をもったデザインを指しているのである。

しかもそれは、大学であれ、官庁であれ、駅舎であれ、建物のジャンルにとらわれずに、現在にいたるまで、しばしば現れる。

おそらくはその大屋根の表現に、中国のナショナル・アイデンティティがこめられてきたのである。

そうであるとすれば、しばしば日本建築にも現れる大屋根は、中国文化の傘の下にあった日本文化の性格を典型的に示す特徴

解答編

英語

I　**解答**　1―(a)　2―(c)　3―(a)　4―(c)　5―(a)　6―(a)
7―(a)　8―(c)　9―(d)　10―(d)　11―(b)　12―(d)
13―(d)　14―(c)　15―(d)

◀解　説▶

1.「私は子どものころ川で魚釣りをしたことを今でも鮮やかに覚えている」「〜したことを覚えている」のように「過去にしたことを覚えている」は remember *doing*,「〜することを覚えている，忘れずに〜する」のように「これからすることを覚えている」は remember to *do* である。

2.「1年前は，私の両親だけでなく私の兄も海外で働くという考えに反対していたが，今ではみな考えを変えた」 not only *A* but also *B*「*A* だけでなく *B* も」が主語にくる場合，動詞は *B* に合わせる。この文では *B* にあたるのは my brother で「1年前」のことなので was になる。

3.「明後日晴れなら最も近い山にピクニックに行こう」 未来の起こりうることなので仮定法ではなく直説法となり(b)は不可。また条件を表す副詞節，つまり if 節の未来は現在形で表すので(c)は不可。

4.「彼女は25歳で政治に関わり，今ではよく知られた政治家である」 get involved in 〜「〜に関わる」

5.「彼は働き過ぎていると思う。だから2，3日休むことは彼のためになるだろう」 do *A* good「*A* によい，*A* に利益を与える，*A* のためになる」

6.「この地区ではいくつか悪い出来事が起きているので，どんな事情があってもドアの鍵を開けたままにしておくべきではない」 否定語句 under no circumstances が倒置で文頭にきているので，直後が疑問文の語順の(a)・(b)のどちらかを選ぶ。leave O C「OをCのままにしておく，OをCのままほうっておく」より(a)が正解。

7.「スミス先生の発言は簡潔で的を射ているので，生徒たちは彼の言いたいことを理解した」 空所にはスミス先生の発言が理解しやすいことを表す形容詞が入るので(a)「簡潔な」が正解。(b) dull「退屈な」(c) long「長い」(d) vague「あいまいな」

8.「イーサンが重役の１人に昇進したのは奇妙だと私たちみんなが思った」 think it … that ～「～を…だと思う」 it は形式目的語で that 節を指す。

9.「教室のすべての生徒が大声で話していたので，呼ばれた時，私の名前が聞こえなかった」 when 節内の主語＋be 動詞は，主節の主語と同じ場合省略できる。when と called の間に I was が省略されている。

10.「シオリの意見は役に立たなかったし，それに加えて，私に対して少し失礼だった」 on top of ～「～に加えて」

11.「この場所は非常に寒かったし，さらに悪いことに，雨がひどく降り始めた」 what is worse「さらに悪いことに」

12.「会社を代表してみなさんの並々ならぬ努力に心から感謝したいと思います」 on behalf of ～「～を代表して」

13.「彼女のアドバイスがなければ，途中で激しい嵐に出遭うという不幸に遭遇していただろう」 but for ～は「もし（今）～がなければ，もし（あの時）～がなかったら」で仮定法過去，仮定法過去完了のどちらにも使えるが，選択肢で仮定法は仮定法過去完了の(d) would have had のみ。

14.「私は疲れ切っているので，外で雨がしとしと降っている今は，外出するより家にいたい」 would rather *A* than *B* は動詞の原形を用いて「*B* するより *A* したい」の意。

15.「ソフィアとアメリアは双子だが，人生に対する考え方は非常に違っている」 worlds apart「（考え方の点で）非常にかけ離れて」 worlds は名詞だが，副詞的に「大いに，極端に」という意味になる。

解答編

II　解答　1―(c)　2―(b)　3―(b)　4―(b)　5―(d)

◀解　説▶

1.「花に象徴的な意味を結びつけた表現を花言葉と呼ぶ。『薔薇の花言葉は愛だ』のような文に見られるように，花と単語の組み合わせは非常によく見られる。世界の多くの文化で，花に象徴的な意味を結びつける伝統が見られる」 a good many ～「かなり多くの～」に続く名詞は a があっても複数形になる。よって，(c)は In a good many cultures が正しい。

2．「花に意味を結びつける現在の習慣は，19 世紀のヨーロッパが絶頂期だった。この傾向は明治時代初期に日本に導入された。もともと，ヨーロッパの習慣だったところに日本独自の花言葉が続いた」 introduce *A* to *B*「*A* を *B* に導入する」より「～に導入される」は be introduced to ～ になる。よって，(b)は was introduced to が正しい。

3．「ひまわりは高さがおよそ 3 メートルまで育ち，大きな黄色の花が夏に咲く。この花の日本の名前に用いられる漢字は，その花が太陽の方を向き，太陽の動きを追っていくという事実に由来したと言われている」「～(のため) に用いられる」は (be) used for ～ である。よって，(b)は used for が正しい。

4．「ひまわりがどのように太陽の動きを追っているのか観察するのはおもしろい。つぼみやそれ以前の段階から朝には東を向き，正午にはまっすぐに上を向き，夕方には西を向く」「～するのはおもしろい」は be interesting to *do* である。よって，(b)は interesting to observe が正しい。

5．「しかしながら，花が咲く時分になると，この動きは止まる。ゆえに基本的には，太陽の方を向くのは花が咲く前のひまわりの成長と深く関係している」 before *doing*「～する前に」より，(d)の「花が咲く前に」は before blooming が正しい。また bloom「咲く」は自動詞なので be bloomed のような受動態にはならない。

III　解答　1―(c)　2―(c)　3―(a)　4―(a)　5―(d)

◀解　説▶

1．(c)で no one と never と否定語が 2 つあり肯定の意味になってしまう。「これまでに誰も聞いたことがないウイルス」とするには，never を ever にして，the virus no one had ever heard of before とする。

2．「…してから～年になる」は It has been ～ years since … または，～ years have passed since … とする。ゆえに，(c)は It has been three years since … または，Three years have passed since … とする。

3. (a)の文は「じゃがいも不足」という語が potatoes shortage となっていて potato という名詞が shortage を修飾しているが，通常，形容詞的用法で使われる名詞は，一部の例外を除いて単数になる。したがって，この場合，shortage of potatoes あるいは potato shortage とする。

4. 「〜の都合がよい」は it is convenient for 〜 である。ゆえに，(a)「少しでもあなたの都合がよければ」は，If it is at all convenient for you になる。

5. (d)で steal は SVOO の構文をとらないので，SVOO の受動態である I was stolen it の形にはできない。It was stolen または have *A done*「*A* を〜される」という被害を表す使役の構文を使い，I had it stolen になる。

Ⅳ 解答

1 —(a)　2 —(a)　3 —(a)　4 —(b)　5 —(b)　6 —(d)
7 —(b)　8 —(d)　9 —(a)　10—(c)

◆全　訳◆

≪インド市場に販路を見いだす京友禅≫

現在の日本で着物を着る機会が減っていることを心配して，京友禅技術の染色職人たちは，伝統衣装で有名な市場，インドに注目している。京友禅染色職人たちは，インドの国民的な衣装，サリーを作るために昔からの技術を使っている。彼らは専門技術を促進し，際立った経済拡大を享受しているインド市場に進出しようとしている。伝統的な日本のデザインはインドの駐日大使からも好ましい反応を得た。現在，職人たちは，地元のニーズに応え，インドでの販路を探るために市場調査を行っている。京友禅の着物は，あでやかな色，きめ細かな刺繡，金箔やその他の装飾が特徴で，その豪華な美しさで知られている。その染色技術は，17世紀の絵師，宮崎友禅斎が創始者であると言われている。特に，京手描き友禅は，高級着物の代名詞である。ほとんどすべて手作業で作られるので1枚作るのに少なくとも15人の職人が必要である。構想，下絵，糊置き，引き染めといった製造過程がそれぞれ，それ専門の職人によって行われるので，完成するのに1年以上かかるものもある。

日本では，人々が着物を着る機会が減っており，販売減少を引き起こしている。京都市中京区にある京友禅協同組合連合会によると，京友禅の年間生産量は1972年3月までの1971年会計年度に（1,652万枚の着物を作るのに十分な）1,652万反でピークに達した後，徐々に減少した。2020年会計年度では27万反であった。何反もの布を裁断し着物を仕立てる和裁士，Aさん（81）は，以前は年末には追いつけないほどの振り袖の注文を受けたが，今では，ほとんど注文がないと言う。新型コロナウイルスの世界的流行が原因で外出する機会が減っているという事実も追い打ちをかけている。「悲惨な状態です。職人たちは何もすることがなく，疲れ果てています」と中京区にある京都工芸染匠協同組合の理事長でもあり，京友禅制作のすべての工程を指揮する「染匠」（染色達人）のBさんは言う。

Bさんたちは，どのように新しい市場を見つけられるかについて絶望していた時，人口13億8千万の新興経済大国インドについて考えた。サリーは幅115センチ，長さ5メートルの1枚の布からできており，体の周りにゆったりと巻きつけて着る。一方，着物は幅37センチ，長さ約13メートルの1巻きの布を裁断して作られる。「大きさでは違いがありますが，着物もサリーも一枚の布からできています。インドの裕福な人々にアピールできると思ったのです」とBさんは言う。しかしながら，彼らにサリーを作った経験はほとんどなかった。専門家にアドバイスを求め，京都府からの助成金を受け取った後，2021年4月，職人たちはサリーを試行錯誤で作り始めた。Bさんと9人の染匠たちのそれぞれがサリーを完成した。そのデザインの一つは，伊藤若冲によるゾウを描き，また屏風に描いた尾形光琳の「紅白梅図」に着想を得たものもあった。職人たちは，丹後地方の「ちりめん」織りを使って作られた特製の絹織物を使った。なぜなら丹後ちりめんは着物に使われる標準的な織物よりしわになりにくく柔らかいからである。新しいデザインは下京区にある京都産業会館で2022年に協同組合主催のショーで披露された。

そのプレゼンテーションより前に，Bさんと他の職人たちは京友禅サリーを宣伝するために2021年に東京都千代田区にあるインド大使館を訪問した。大使は伝統技法を使った美しい京友禅のサリーに深く感銘を受けていたようだった，と彼らは言っている。彼らは，販路を作るために市場調査をする一方で，現地で増えている富裕購入層からのフィードバックを集めるためにインドにいる衣料品バイヤーに商品を託した。実はインドでさえサリーを着る人々は減っていると言われている。女性が社会に進出するにつれて，西洋の服が広く受け入れられたからである。それでも高給を得る女性たちが少なくとも100万円する高級サリーを着てパーティーに出席しているのを見るのはまれではない。「そこには市場がある。私たちは，そのサリーが日本で作られたという事実を広めるため，最新の作品には伝統的な日本の柄を目玉にすることに決めたが，将来は私たちの製品に地元のニーズを反映させたいと思う」とBさんは付け加えた。

◀解　説▶

1．「伝統的な日本のデザインはインドの駐日大使からも（　　）反応を得た」の空所には，第4段第2文（They said the …）の「大使は伝統技法を使った美しい京友禅のサリーに深く感銘を受けていたようだった」より，(a)「好ましい」が入る。(b)「自然な」(c)「普通の」(d)「社会的な」

2．「ほとんど完全に（　　）作られるので，1枚作るのに少なくとも15人の職人が必要である」の空所は「15人もの職人が必要である」理由であることから，(a)「手作業で」が入る。(c)「数週間で」は直前のalmost entirelyにつながらない。(b)「(他人ではなく）自分で」(d)「マニュアルを使って」

3．選択肢は4つとも熟語。「以前は年末には（　　）できる以上の振り袖の注文を受けたが，今ではほとんど注文がない」の空所には(a) keep up with ～「(遅れないように)～についていく」が入る。(b) look up to ～「～を尊敬する」(c) make up for ～「～の埋め合わせをする」(d) take up ～「(趣味として)～を始める，(問題）を取り上げる」

4．「どのように新しい市場を見つけられるかについてBさんたちが絶望していた時，人口13億8千万の（　　）経済大国インドを思いついた」の空所には(b)「新興の」が入る。(a)「影響している」(c)「輸入している」(d)「活動している」

5．「大きさでは違いがありますが，着物もサリーも（　　）でできています」の空所に入るのは着物とサリーの共通点なので，(b)「1枚の布で（できている)」が入る。be made from ～「～でできている」(a)「自然の要素によって」(c)「様々な物質で」(d)「同じプロセスで」

6．「2021年4月，職人たちはサリーを（　　）作り始めた」の空所には，直前の第3段第6文（However, they had …）の「しかしながら彼らにサリーを作った経験はほとんどなかった」より，(d)「試行錯誤で」が入る。(a)「まずい決定によって」(b)「深い経験を通して」(c)「管理職の育成によって」

7.「なぜなら丹後ちりめんは着物に使われる標準的な織物よりしわ（　　）そして柔らかいからである」の空所には，体に巻きつけるサリーを作るのに使われるのだから(b) resistant「(～に) 抵抗力を示す」が入る。wrinkle resistantで「しわになりにくい」という意味になる。(a)「長持ちする」(c)「影響を受けやすい」(d)「丈夫な，破れにくい」

8.「そのプレゼンテーション（　　），Bさんと他の職人たちは…東京都千代田区にあるインド大使館を訪問した」had visited the Indian Embassyの文で過去完了が使われていることから，プレゼンテーションの前であることがわかる。ゆえに空所には(d) Prior to～「～より前に」が入る。(a)「～にもかかわらず」(b)「～に基づいて」(c)「～の代わりに」

9.「実はインドでさえサリーを着る人々の数は（　　）と言われている」の空所には，直後の節（because Western clothing…)「女性が社会に進出するにつれて，西洋の服が広く受け入れられたからである」より，(a)「減っている」が入る。(b)「2倍になっている」(c)「繁栄している」(d)「変わらない」

10.「そのサリーが日本で作られたという事実を（　　）ため，最新の作品には伝統的な日本の柄を目玉にすることに決めた」の空所には，サリーを売るためにすることであるから，(c) promote「(事実を) 広める（ため)」が入る。(d) remind「思いださせる」は，目的語は人で，もの・ことは目的語にならないので文法的に不可。(a)「非難する」(b)「隠す」

V　解答

1―(d)　2―(d)　3―(b)　4―(b)　5―(d)　6―(a)
7―(a)　8―(c)　9―(b)　10―(a)

◆全　訳◆

≪食料生産と食料消費が地球環境と人々の健康に与える影響≫

私たちが毎日食べる食べ物のおかげで私たちは生き続けているが，そのため大きな健康と環境の被害を招くこともある。たとえば心臓病や炭酸ガスの放出，土壌荒廃などである。『ネイチャーフード』に掲載された最近の研究によると，アメリカ人が食品の選択を少し変えることが健康と地球に予想外の利益をもたらすかもしれない。

その研究によると加工肉や赤身肉を含む健康リスクの高い多くの食品は，環境の被害も大きいので，ほんの少し，つまり1人あたりの1日のカロリー摂取量をおよそ10パーセント変えることで，1人あたりの食べ物に基づいた環境負荷を30パーセント以上削減できる。

「本当にいいことなのは，より健康によく，より栄養のある食べ物は環境的により持続可能な傾向があるので，お互いにメリットがあることになる」とオックスフォード大学の食品システム研究者，マイケル=クラークは言う。

食料生産は，育て，箱に詰め，移動させ，調理し，しばしば無駄にする間に，世界の年間温室効果ガス排出量のおよそ5分の1から3分の1を占める。平均的なアメリカ人家族では，食べ物はおよそ電気と同じくらい温室効果ガスを排出する。食料生産は，深刻な水の量と質の問題の原因であり，生物の多様性を危険にさらす除草剤や殺虫剤をしばしば必要とし，土地が農地に変えられる時，森林や原野の減少を引き起こす。

「その影響は大きい」とミシガン大学の環境科学者でありこの研究の著者の1人であるオリビエ=ジョリエは言う。「それは深刻な問題であり，私たちはそれに対して本当にもっと真剣になる必要がある。これまでのところ，アメリカは真剣に取り組んでいない」

全国的，あるいは世界的な健康危機や環境危機を解決することは，いかなる1人の人間次第ではなく，またその責任ではない，と彼は強調する。しかし，彼や彼のチームが身につけた知見は，最も大きな影響力を素早く与えるために，人々，団体，政府全体でさえもがどの点において努力すべきかを理解するのに役立つ。

食料生産と食料消費が地球と人々の体に与える悪影響を減らす方法を知るために，研究者たちは最初に食べ物に関係する被害を算定した。しかし，リンゴがどこで生産されたのかを解明するのは，その地球全体に対する影響はどのようなものかは言うまでもなく，世界の食料システムが発展していくにつれてますます複雑な問題になった。たとえば，ココアやコーヒーのような作物は，たとえ1つの国で生産されたとしても，ストックホルム環境研究所の研究者たちが，その供給網を解明するのに何年もかかった。

それでこの数十年間，ジョリエを含む科学者たちは，たとえばブロッコリー1株，コーンフレーク1箱のような特定の品目に対して「ライフサイクル分析」という方法を開発した。それは，農場から販売店までのすべてのステップを考慮に入れ，たとえば温室効果ガスの放出量や生産に必要な水の量の見積もりのような，その商品の環境に対する影響を示す正確な数値を一つ一つの商品に割りあてる方法である。

同時に疫学者や公衆衛生研究者たちが同じ分析を人間の体に対して行った。彼らは，食べ物と健康との間のつながりを注意深く調べ，個々の食事や特定の食品でさえ，疾病リスクや全体的な健康や平均余命などにどのような影響を与えるかを理解した。彼らはそれぞれのリスクに正確な数字を割りあてた。

何年もの間，研究者たちや政府はこの問題を別々に考えていた。健康研究者たちは彼らの優先事項を重点的に取り扱い，環境科学者も同様であった（しかしながら，早くも 1970 年代には，科学者たちは食事の選択と地球の健康を関連づけていたが）。しかし，私たちが食べるものは地球の健康に密接に関連しているということがますます明らかになった，と食料システムと健康の専門家サラ=ラインハルトは言う。

たとえば，牛肉に対する世界的な需要は，牛に与える大豆タンパクの需要を増やし，その需要に応じて，新しい大豆農場や牛のための場所を作るためにアマゾン川流域の広大な地域の森林が毎年伐採されており，炭素を吸収し生物が多様な森林の消失を早めている。「農業は気候パズルの1つの巨大なピースであり，農業や食べ物や食事はすべて密接に関連している」とラインハルトは言う。それでジョリエと彼の同僚たちは，特定の食べ物の健康と環境の影響を調べるという双方の懸念を1つにするシステムを築き上げた。

◀解　説▶

1．下線部「アメリカ人が食品の選択を少し変えること」の具体例は第2段（Because many foods …）の「1人あたりの1日のカロリー摂取量をおよそ 10 パーセント変えることで（1人あたりの食べ物に基づいた環境負荷を 30 パーセント以上削減できる）」より，(d)が最も適切である。

2．4つの選択肢はすべて熟語。「食料生産は，深刻な水の量と質の問題（　　　）」の空所には，直後に「(食料生産は) 生物の多様性を危険にさらす除草剤や殺虫剤をしばしば必要とし…森林や原野の減少を引き起こす」とあるように食料生産が環境におよぼす影響が続くので，(d) responsible for～「～の原因である」が入る。(a) caused by～「～によって引き起こさせる」(b) dependent on～「～に依存している」(c) nothing but～「～にすぎない」

3．下線部「その影響は大きい」の内容は，第4段第1文（Between growing food, …）の「食料生産は…世界の年間温室ガス排出量のおよそ5分の1から3分の1を占めている」より，(b)が正しい。(a)・(c)・(d)に関する記述はない。

4．「彼や彼のチームが身につけた（　　　）は，最も大きな影響力を素早く与えるために…どの点において努力すべきかを理解するのに役立つ」の空所には，「どの点において努力すべきかを理解するのに役立つ」ものであるから(b)「知見」が入る。(a)「会社」(c)「業績」(d)「責任」

5．やや難。「リンゴがどこで生産されたかを理解するのは，その地球全体に対する影響はどのようなものか（　5a　），ますます複雑な問題になった」の空所には「その地球全体に対する影響はどのようなものか」の方が「リンゴがどこで生産されたか」より複雑であるから，let alone～「～は言うまでもなく」が入る。「（　5b　）ココアやコーヒーのような作物は…その供給プロセスを解明するのに何年もかかった」の空所には，「ココアやコーヒーのような作物」は直前の文の具体例であるから，For example「たとえば」が入るから(d)が正しい。(a)「まるで～であるかのように」―「その結果」(b)「たとえば」―「しかしながら」(c)「～の代わりに」―「一方では」

6．「個々の食事や特定の食品が，疾病リスクや全体的な健康や（　　　）などにどのような影響を与えるかを理解した」の空所には，空所前の「疾病リスク」や「全体的な健康」に類似した(a)「平均余命」が入る。(b)「医療訓練」(c)「自然療法」(d)「社会福祉」

7．下線部を含む文「何年もの間，研究者たちや政府はこの問題を別々に考えていた」の「この問題」とは，第7段第1文（To learn how to …）の「食料生産と食料消費が地球と人々の体に与える悪影響」であるので，(a)「食料生産と消費が私たちの健康と環境にどのような影響を与えるか」が正しい。(b)「多くの人々の食習慣がどのようにその人の健康リスクを高める可能性があるか」(c)「自然環境と私たちの健康との間の密接な関係」

(d)「ある特定の食品の生産が環境に与える悪い影響」

8.「牛肉に対する世界的な需要は，牛に与える大豆タンパクの需要を増やし，その需要（　　），アマゾン川流域の広大な地域の森林が毎年伐採されている」の空所には，「大豆タンパクの需要に応じて森林が伐採される」と考えられるので，(c) in response to ～「～に応じて，～に答えて」が入る。(a)「～に反して」 (b)「～の点で一致して」 (d)「～の助けを借りて」

9．(a)第2段第1文（Because many foods …）の「加工肉や赤身肉を含む健康リスクの高い多くの食品」に一致。

(b)第4段第1文（Between growing food …）の「食料生産は世界の年間温室効果ガス排出量のおよそ5分の1から3分の1を占めている」に不一致。

(c)第4段第3文（Food production is …）の「食料生産は，…土地が農地に変えられる時，森林や原野の減少を引き起こす」に一致。

(d)第6段第1文（It's not up …）の「世界的な健康危機や環境危機を解決することは，いかなる1人の人間次第ではなく，またその責任ではない」に一致。

10．やや難。(a)第8段（So over the …）の「たとえばブロッコリー1株，コーンフレーク1箱のような特定の品目に対して『ライフサイクル分析』という方法を開発した」より，コーンフレークは加工食品なので不一致。

(b)第8段（So over the …）の「たとえば温室効果ガスの放出量…のようなその商品の環境に対する影響を示す正確な数値を一つ一つの商品に割りあてる」に一致。

(c)第8・9段（So over the … to those risks.）および第10段の Health researchers focused … 以降の文にある「健康研究者たちは彼らの優先事項を重点的に取り扱い，環境科学者も同様であった」「しかし，私たちが食べるものは地球の健康に密接に関連しているということがますます明らかになった」より，正しいと類推できる。

(d)最終段第2文（“Agriculture is a …）の「農業は気候パズルの1つの巨大なピースである」に一致。

Ⅵ　解答

1．(1)―(g)　(2)―(f)　(3)―(c)　(4)―(h)　(5)―(b)　(6)―(i)
(7)―(e)　(8)―(a)　(9)―(d)　(10)―(j)

2―(b)　3―(b)　4―(d)　5―(b)　6―(c)

◆全　訳◆

≪海の生物の多様性を守る風力発電建設≫

アメリカの海岸線に沿って風は強く間断なく吹くので，国立再生可能エネルギー研究所による推定によると，沖合の風でアメリカに現在の4倍以上の電力を供給できる可能性がある。2035年までに電力部門を脱炭素化するという新しいアメリカの目標が設定されたので，アメリカはついにその電力シェアを手に入れる準備をしている。

しかし，最も適した洋上風力発電の場所のいくつかは，北大西洋にしか生息しない北大西洋セミクジラの生息地でもある。北大西洋セミクジラは400頭未満しか生息しておらず，さらにその生息地，つまり，えさをとり，つがいになる場所のニューイングランドやカナダ沖の海域と，繁殖地の南東の海域と，その2つの海域の間にある移動経路は，開発対象の洋上風力発電用地の多くと重なっている。野生生物保護者らは，その用地付近で増える船の通行量や建築作業がクジラや他の種に対してどんな重要性を持ちうるのか，心配している。

しかし，野生生物に大きな影響を与えた過去の海岸沿いエネルギーブームとは異なり，今回は，海洋科学者や企業が，種を害から守るため最初からチームを組んでいる。彼らは，風力発電の開発が生物の多様性を高めるのに役立つことがあることさえ発見している。「この2つは共存できる」とラトガーズ大学で洋上の風の研究活動を率いる，気象学者であり海洋学者でもあるジョー=ブロディーは言う。「ありうる軋轢を最小にするために理知的かつできるだけ多くの情報を集めてなされなければならない」

海の生物の多様性を守るためにブロディーは海の声を聞き始めた。昨年，彼と研究者たちは海洋哺乳動物，特に北大西洋セミクジラを見つけ監視するために音響センサーを海中に投下し始めた。そのセンサーの中には，ニュージャージー沖合に配備された水中を突き進む鮮やかな黄色の魚雷の形をしたグライダーや，マサチューセッツ沖やロードアイランド沖に配備された対になったブイの形をした装置がある。こうした装置は，クジラの音声をとらえ，クジラの分布パターンや移動パターンをよりよく理解するのに使われる位置やその他のデータを送る。

科学者たちは新興エネルギー会社のオーステッドと仕事をしており，この会社は，イギリス，北ヨーロッパ，台湾，アメリカの沖合で 40 以上の風力発電システムを建設し運営している。彼らはニュージャージーと南ニューイングランド沖合にその会社が計画中の風力発電の建設と稼働の間の環境への影響を最小限にする方法を考案するために 3 年の研究を行っている。もう一つの利点として，センサーは，温度，水圧，その他の海の状況に関するデータも集める。海沿いの地域は，天気予報の精度を向上させ，サイクロンのような暴風雨を予想するのにこれらのデータを用いることができる。天候変化はこうしたことを悪化させるので特に重要だとブロディーは言っている。

タイミングも重要である。建築が始まるかなり前に海洋生物に対する潜在的影響を算定することはきわめて重要であると，生態学者で海洋学者のビクトリア=トッドは言う。スコットランドのダンバーに拠点を置く彼女の会社，オーシャンサイエンスコンサルティングは，彼らのプロジェクトの環境に対する影響を減らすために，洋上風力発電会社，石油会社，ガス会社とともに活動している。「海洋生物を守る最もよい方法は，事前の計画であり，それは風力発電開発の前に行う当初の研究による。そうすることによって，1 年のそれぞれの時期の様々な動物によるその海域の利用が理解できる」とトッドは言う。「そこは重要な繁殖地なのか。そこは重要なえさをとる場所なのか。どれほど頻繁にそこにその生物はくるのか」このすべてを知ることは，会社が軋轢の危険性を減らすのに役立つだろう。

大西洋の両岸に沿ってタービンを建てる時，洋上風力発電のさらなる利点が現れる。新しい生息地である。タービンの土台が，海洋生物がコロニーを形成することができる人工の固い土台を提供するのだ。2030 年までに北海だけでも多くの洋上風力発電設備の設置場所となるだろう。電力を供給するのに何千というタービンが必要とされるので，海洋生物学者ジュープ=コーレンが率いる 2020 年の研究によると，その土台は，イガイやイソギンチャクや他の動物の生息地を増やすであろう。

◀解　説▶

1．(1) get ready to *do*「～する準備をしている」より，to 不定詞で始まる(g)・(h)・(i)のいずれかが入る。その 3 つのうち，「2035 年までに電力部門を脱炭素化するという新しいアメリカの目標が設定されたので，ついに（　　）準備をしている」の空所には，第1段第1文（Along the US …）に，沖合の風は現在のアメリカの4倍の電力を供給できるとあることを受け，(g)「それ（その電力）のシェアを手に入れる」が入る。

(2)前置詞 unlike の直後なので選択肢は名詞句となる(b)・(c)・(d)・(f)のいずれかが入る。関係詞節 that led to major impacts to wild life「野生生物に大きな影響を与えた」が修飾するのに適切な名詞句は，(f)「過去の洋上エネルギーブーム」である。

(3)空所直前の as much より選択肢に as がつく選択肢を選ぶ。as ～ as possible「できるだけ～」より，(c)(with as much) information as possible「できるだけ多くの情報で」が正解。

(4)空所の直前が「彼と研究者たちは音響センサーを海中に投下し始めた」であり，それに続く空所にはその目的を表す不定詞を含む選択肢が入る可能性がある。また空所直後の「海洋生物，特に北大西洋セミクジラ」を目的語にとる他動詞が空所に入る可能性があり，それを満たす選択肢は(h)「～を見つけ監視するために」である。

(5) understand の直後なので，選択肢は understand の目的語となる名詞句(b)・(c)・(d)・(f)のいずれかが入る。音響センサーの使用目的なので(b)「分布パターンや移動パターン（をよりよく理解するのに)」が正解。

(6)空所の直前が「彼らは3年の研究を行っている」であり，それに続く空所にはその目的を表す不定詞を含む選択肢が入る可能性がある。また，直後の不定詞「環境への影響を最小限にするための」が修飾する名詞を含む選択肢を選ぶ。ゆえに(i)「(最小限にするための）方法を考案するために」が正解。

(7)直前の名詞 the environmental impact「環境に対する影響」を修飾する可能性のある選択肢，前置詞句(a)・(e)と不定詞(h)の中から選ぶ。不定詞(g)・(i)は不定詞内に目的語を含むので該当しない。「オーシャンサイエンスコンサルティングは（　　）環境に対する影響を減らすために洋上風力発電会社，石油会社，ガス会社とともに活動している」の空所に適切な選択肢は(e)「彼らの計画の」である。

(8) (7)と同様，直前の名詞 the area「その海域」を修飾する可能性のある選択肢，前置詞句(a)・(e)と不定詞(h)の中から選ぶ。「そうすることによって，１年のそれぞれの時期の（　　）その海域の利用が理解できる」の空所に適切な選択肢は(a)「様々な動物による」である。

(9)コロンの後なので空所には直前の文の「洋上風力発電のさらなる利点」の具体的な内容が入る。直後の文「タービンの土台が，海洋生物がコロニーを形成することができる人工の固い土台を提供する」より，(d)「新しい生息地」が正解。

(10)文の主語 Thousands of turbines の直後なので文の動詞が入る。文の動詞となる選択肢は(j)「～が必要とされるだろう」のみ。

２．in place「準備されて，設置されて，施行されて」および with O C（前置詞句）「OがCの状態なので」より，with new US goals in place は「新しいアメリカの目標が設定されたので」という意味。establish「～を設置する，～(目標など）を決める」より(b)が正解。

３．in between は「間にはさまれた」という意味の熟語で migration routes を修飾している。その直前部分（feeding and mating … in the southeast）より，移動経路が「えさをとり，つがいになる場所のニューイングランドやカナダ沖の海域」と「繁殖地の南東の海域」の間にはさまれていることを表す。ゆえに(b)が正解。grounds「海域」

４．下線部「建設作業」は下線部直前の第２段第２文（Less than 400 …）に「開発対象の洋上風力発電用地」とあることから，(d)「風力発電所の建設」が最も近い。

５．この文での pick up ～ は「～(ラジオ，レーザーなどで信号など）を認める，～を発見する，～を傍受する」という意味。ゆえに(b) detect「見つける，気づく」が最も近い。

６．the risk of conflicts「軋轢の危険性」は第６段第２文（It's crucial to …）の「海洋生物に対する潜在的影響」と等しい。ゆえに「衝突」は(c)「海洋生物に損害を与えること」が正解。

❖講　評

2023年度も文法・語彙問題3題，読解問題3題の出題である。配点も文法・語彙問題全体で55点，読解問題全体で95点であり，2022年度と同じである。

Ⅰの空所補充問題では，文法8問，イディオム6問，語彙1問で，語彙問題が少なく，文法・イディオム中心の出題である。文法は，動名詞，主語と動詞の一致，時制，倒置，形式目的語，省略，関係代名詞what，仮定法，助動詞でほとんどが基本的な問題である。イディオムは15の名詞を問う問題が，なじみがなく難しかったと思われる。

Ⅱの誤り指摘問題では，2023年度も2022年度と同じく1から5までが連続した文章になっている。1が単数・複数，2・3が前置詞，4が不定詞，5が動名詞に関する問題で，標準的な問題ではあるが，誤りを見つけるのに文法力だけでなく文の意味を確認する問題が多い。

Ⅲの誤り指摘問題では，1が否定，2が時制・動詞の語法，3が名詞の形容詞的用法，4が形容詞の語法，5が受動態・過去分詞の問題であった。ほとんどが高校生が英作文でよくする誤りで，説明されればなるほどと思うが，誤りのない3つの文と並べられると紛らわしく見つけるのに時間がかかる問題である。

Ⅳの読解問題は約740語で，すべて空所補充問題。2022年の朝日新聞の記事の英語版。内容が日本に関するニュース記事なのでわかりやすいが，ほとんどが前後の内容から答えを導き出す問題なので，京友禅やインドの伝統衣装サリーに関する一般常識があると解きやすい。

Ⅴの読解問題は約670語。2021年のNational Geographic誌からの出題。食習慣を変えることが人の健康だけでなく地球の環境にもよいというテーマで専門的である。5問の空所補充は文脈から選ぶ問題だが，2・5・8はイディオムも関連している。5がやや難。9・10の内容真偽問題は「本文の内容と異なっているもの」を選ぶ問題なので，問題文を注意して読むことが必要。10がやや難。

Ⅵの読解問題は約620語。Scientific American誌からの出題。1は空所に適する選択肢を選ぶ問題で，10個の空所に対し選択肢も10個でありダミーはない。しかし，選択肢の中の3つの不定詞，2つの前置詞句をどこに入れるかが難しい。4つの名詞句および動詞句1つは文脈からわかりやすい。ダミーがないので消去法をうまく活用したい。2 は in place というなじみのない熟語の解釈が難しい。4 〜 6 の内容説明，同意表現問題は解きやすい問題である。

2023 年度は，Ⅲの誤り指摘問題が紛らわしいことやⅤ・Ⅵの英文が専門的であったので例年よりやや難しく感じたであろう。この問題を 80 分で解くには，やはりⅠ〜Ⅲの文法・語彙問題をできるだけ早く解くことにかかっている。中央大学特有の誤り指摘問題について，できるだけ多くの過去問を解き，前もってどこに気をつけるべきか意識することが必要だろう。

日本史

I **解答** 〔A〕問1．c　問2．e　問3．b　問4．e
問5．e　問6．d　問7．a　問8．e
〔B〕問9．c　問10．c

◀解　説▶

≪原始～近世の宗教≫

〔A〕問2．e．正文。6世紀の中ごろに百済の聖明王が欽明天皇に仏像・経論などを伝えた。

a．誤文。「天平文化」ではなく飛鳥文化である。

b．誤文。「受容派」が蘇我氏，「排斥派」が物部氏である。

c．誤文。鑑真が戒律を伝えた時代は奈良時代，天平文化の時代である。

d．誤文。「遣唐使」ではなく遣隋使である。

問3．法隆寺にある飛鳥時代の仏像彫刻は，ア．釈迦三尊像，ウ．百済観音像，エ．夢殿救世観音像の3つ。イ．毘盧遮那大仏像は東大寺や唐招提寺にあり，ともに国宝。ただし飛鳥時代のものではない。オ．個々の羅漢像は法隆寺の五重塔にもあるが，五百羅漢像は中世以降の禅宗寺院に多い。

問4．e．誤文。長安で学び2年後に帰国したのは「伝教大師」ではなく空海（弘法大師）である。

問5．イ．法然は関白九条兼実の求めに応じ，1198年に『選択本願念仏集』を著し専修念仏の教えを説いた。→ア．法然の教えは保守的な仏教諸派の反発を招いて朝廷を動かし，法然は土佐（讃岐）へ，弟子の親鸞は越後に追放された。→エ．親鸞は越後から常陸へ移って布教をすすめ，悪人正機を説いた。→ウ．法然・親鸞にやや遅れ，13世紀後半に一遍が各地の民衆に踊念仏を広めた。

問6．室町時代に整備された官寺の制である五山・十刹の制は，武家政権がd．臨済宗を保護して導入された。

問7．「大仏様」は鎌倉時代に中国より導入された寺院建築様式で，a．東大寺南大門が代表例である。b．円覚寺舎利殿とc．功山寺仏殿は禅宗様，d．三十三間堂は和様，e．観心寺金堂は折衷様である。

〔B〕問9．c が正しい。1600 年にリーフデ号が豊後沖に漂着し，徳川家康はイギリス人のウィリアム=アダムズ（三浦按針）とオランダ人のヤン=ヨーステン（耶揚子）を引見して彼らを登用した。

問 10．c．誤文。勘合貿易は，室町時代に明と室町幕府（のち大内氏ら守護大名）の間で行われた貿易である。

II 解答

〔A〕問1．a　問2．d　問3．a
〔B〕問4．c　問5．c　問6．e　問7．b
〔C〕問8．c　問9．a・b　問10．e

◀解　説▶

≪古代～近世の総合問題≫

〔A〕問1．ウ．誤文。開墾された田地は「不輸租田」ではなく輸租田であり，国衙の財源となった。

エ．誤文。九州南部一帯は隼人が居住し日向と呼ばれていたが，その一部を割いて 8 世紀初めにまず薩摩国が，ついで大隅国が置かれた。

問3．a．藤原道長は晩年法成寺に住み，後世「御堂関白」と称されたが，実際は関白には任ぜられていない。ただし一条天皇時代に関白に似た内覧の地位には就いている。また 1 年間ではあるが，後一条天皇の摂政をつとめた。

〔B〕問4．アは 1635 年，イは 1688 年，ウは 1637 年のこと。エは定高仕法のことで 1685 年。

問5．イ．誤文。「無断で琉球に出兵」とあるが，藩主島津家久は江戸幕府の許可を得て琉球に出兵している。

ウ．誤文。松前藩は当初「商場知行制」をとり，家臣にアイヌとの交易権を知行として与えたが，のちに「場所請負制」へと切り替え，内地の商人に交易や漁業生産を請け負わせて運上金を納めさせた。

問6．ア．誤文。明朝は「日本への渡航」を「認めていた」とあるが，大内氏が滅亡して日明の貿易・外交は断絶している。また清朝時代になって「中国船の来航は途絶えた」わけではなく，民間の商船は多く来航している。

ウ．誤文。出島は 1636 年に完成し，当初はポルトガル人が収容された。1639 年にポルトガル人の来航が禁止されたのち，オランダ商館がここに移転した。

問7．ア〜ウは貨幣の年号がヒントで，貨幣発行当時の将軍や為政者が想起できれば並べ替え可能。ア．5代将軍徳川綱吉時代の1695年→イ．8代将軍徳川吉宗時代の1736年→ウ．12代将軍徳川家慶時代の1837年となる。エは10代将軍徳川家治時代（老中田沼意次）の1772年。

〔C〕問8．史料は朝鮮の官僚宋希璟が，1419年に起きた応永の外寇の翌年，回礼使として来日した際に記した『老松堂日本行録』の一節で，摂津国尼崎の様子を語っている。

問9．宋希璟は京都の室町幕府と交渉するために来日した。朝鮮を発って京都に着くまでに立ち寄る場所であるから，九州までの中継点であるa．対馬と，九州の上陸地点であるb．博多があげられる。下田・鎌倉は方角·距離ともに不適切。東シナ海に面したe．坊津は，薩摩半島南西部の港で，明や琉球との貿易で栄えた。

III 解答

〔A〕問1．a　問2．c　問3．e　問4．c　問5．d

〔B〕問6．b　問7．c　問8．a　問9．d　問10．b

◀解　説▶

≪産業革命と社会労働運動≫

〔A〕問1．a．誤文。大阪紡績会社は渋沢栄一らにより設立された。「豊田佐吉」は設立者ではない。

問4．c．第一銀行の前身は第一国立銀行で，1873年に設立され，1896年に普通銀行となり第一銀行と改称した。特殊銀行ではなく普通銀行である。

問5．三井・三菱・住友は金融と産業の基幹部門を中心とする多角経営の総合財閥で，金融を中心とする安田を加え四大財閥と呼ばれる。d．古河は足尾銅山など鉱山経営が中心で，金融部門（古河銀行）の経営は成功しなかった。

〔B〕問6．b．誤文。「日清戦争と日露戦争の間」が誤り。『貧乏物語』の刊行は1917年で，第一次世界大戦期にあたる。

問7．c．誤文。田中正造は「貴族院」ではなく，第1回総選挙で選出された衆議院議員であった。

問8．1901年の社会民主党結成には，b～eの4人を含む6名が加わったが，a．高野房太郎は関わっていない。彼は1900年に労働運動から手を引いて中国に渡り，1904年に中国で客死している。

問9．ア．第1次日英同盟協約が1902年，イ．北清事変が1900年，ウ．ポーツマス条約締結が1905年，エ．日比谷焼打ち事件が1905年，オ．第1次日韓協約が1904年となる。ウとエはともに1905年9月だが，ウの結果エが引き起こされた。

問10．b．桂太郎は1908年より第2次内閣を組閣し，戊申詔書，地方改良運動，韓国併合，工場法制定，大逆事件などに対処した。

Ⅳ　解答

問1．c　問2．b　問3．a　問4．d　問5．a
問6．b　問7．d　問8．e　問9．e　問10．c

◀解　説▶

≪第一次世界大戦と政党内閣≫

問2．第一次世界大戦が勃発すると，チェコスロヴァキア人はオーストリア軍の一部として徴兵され参戦した。しかしシベリアで捕虜となり武装解除を命じられたが服せず，1918年に反乱を起こした。アメリカは彼らの救出を名目に日本にシベリアへの共同出兵を提唱した。

問3．1924年1月に貴族院中心の超然内閣を組閣したのは，a．清浦奎吾である。衆議院を解散し政友本党の支持のもとに総選挙に臨んだが，内閣打倒を唱える憲政会など護憲三派が圧勝し，内閣は総辞職した。

問4．d．誤文。イギリス外務省は「日本の参戦を強く望んでいた」とあるが，日本に軍事協力を求めたものの，日本の参戦には消極的であった。

問5．b．誤文。「福建省」ではなく山東省。

c．誤文。旅順と「撫順」ではなく旅順と大連である。

d．誤文。この項目は承認されず撤回された。

e．誤文。日中ではなく，日韓協約（第1次）の内容である。

問6．b．誤文。米騒動が起きたのは第一次世界大戦への「参戦直後」ではなく，1918年11月のドイツの降伏による第一次世界大戦終結の直前（1918年8月）である。

問8．e．誤文。20歳以上の男女による初めての衆議院選挙は1946年4月に実施された。新憲法の制定は1947年5月なので，新憲法の「制定後」

ではなく制定前になる。
問9．第2次護憲運動で協調した護憲三派とは，憲政会，立憲政友会，そしてe．革新倶楽部である。
問10．加藤高明内閣の時期は1924～26年である。cをのぞく選択肢はいずれも1925年の出来事。cが正解で，日本共産党の結成は1922年である。

V 解答

問1．e　問2．a・c　問3．b　問4．a
問5．e　問6．c　問7．c・d　問8．d
問9．b・d・e　問10．d

◀解　説▶

≪戦後の総合問題≫

問2．a・c．正文。ともに1956年鳩山一郎内閣時の出来事である。
b．誤文。日ソ間，日露間ともに平和条約は締結されていない。
d．誤文。公職追放の処分は受けたが，A級戦犯容疑者ではない。
e．誤文。日印平和条約の締結は1952年，吉田茂内閣の時である。
問3．a．日本のGATT 11条国への移行は1963年（加盟は1955年）。
b．小笠原諸島の返還は1968年。c．公害対策基本法の制定は1967年。
d．日本万国博覧会開催は1970年。e．OECD（経済協力開発機構）加盟は1964年。
問4．a．『坂の上の雲』は歴史小説家司馬遼太郎の代表作の一つ。日露戦争の英雄である伊予（愛媛県）出身の秋山好古・真之兄弟や正岡子規の青春群像を描いた。
問5．e．高橋和巳は1960年代に小説『悲の器』『邪宗門』『憂鬱なる党派』などの長編を発表。中国文学者として京大で教鞭をとり，大学紛争とも正面から向き合った。苦悩と虚無に侵される知識人の責任や倫理を誠実に追求したが，癌のため30代の若さで死去した。
問6．金融引締めは市中に出回る通貨供給量を減らす政策で，景気の過熱やインフレーション（物価の上昇）を抑制する効果がある。この政策によって金利は上昇し，設備投資や生産活動は抑制され，物価は下落（デフレーション）へと向かう。
問7．a．誤文。「高金利政策」をとると，企業は金融機関からの借り入れをしにくくなり，設備投資は低調となる。

b．誤文。2度の石油危機をへて国家財政は赤字となり，財政再建が叫ばれていた。

e．誤文。「生産性以上の賃金上昇」が続くと企業経営は悪化し，不況を招き経済は成長しない。

問8．d．正文。青函トンネルの開業は1988年である。

a．誤文。「円高」是正ではなくドル高是正である。

b．誤文。インターネットや携帯電話の普及は1990年代以降である。

c．誤文。自民党の下野と政権交代は1993年の出来事である。

e．誤文。1980年代の日本において財政黒字の「激増」はない。財政収支の黒字は1988年から4年続いたが，黒字幅は大きくても対GDP比2％前後で，激増にはあたらない。

問9．a．誤文。消費税の実施は1989年4月で竹下登内閣の時である。

b．正文。中曽根康弘内閣は新保守主義の世界的風潮の中，「戦後政治の総決算」を唱え行財政改革を推進した。

c．誤文。郵政三事業は2007年より福田康夫内閣のもとで民営化された（なお2005年に郵政民営化法を成立させたのは小泉純一郎内閣）。

d．正文。防衛費の増額をはかり，三木武夫内閣が防衛費をGNPの1％以内と決めた枠を撤廃した。

e．正文。1985年，日本電信電話公社を民営化し日本電信電話株式会社（NTT）とした。

問10．a．湾岸戦争の勃発は1991年。b．中距離核戦力（INF）全廃条約は1987年。c．昭和天皇崩御は1989年。d．東西ドイツ統一は1990年。e．カンボジアへの自衛隊の海外派遣開始は1992年。

❖講　評

2023年度は2022年度より大問が1つ増えて全5題となり，各大問の問題数は10問に揃えられた。配列法も5問出題された。近現代に重点を置いた出題傾向は変わらないが，Ⅴはすべて戦後史からの出題となった。

Ⅰ．原始〜近世の宗教

〔A〕古代〜中世の仏教史，〔B〕近世のキリスト教の2つをテーマに出題。ただし〔B〕で問われているのは外交である。問5の配列問題は親鸞に関連する選択肢アとエの前後関係を見分けることが正解へのポイントといえる。問10は教科書の記述に基づけば正誤の判定はできるが，設問の「すべて」選べ，という要求が，受験生を迷わせる。

Ⅱ．古代～近世の総合問題

〔A〕藤原北家の台頭，〔B〕鎖国体制，〔C〕室町時代の農業の3テーマを出題。〔C〕では日朝関係が問われ，史料にある「木麦」の意味もたずねられている。正文（2文）の正しい組み合わせを問う問題が3問，正しい時代順を問う配列法の問題が2問出題されたが，正文の組み合わせを選ぶ問題は共通テストの形式に近く，新傾向といっていい。

Ⅲ．産業革命と社会労働運動

〔A〕で明治時代の産業革命を，〔B〕で社会労働運動を問う。社会経済史関連の分野で，苦手とする受験生も少なくないだろう。問4について，政府の政策目的に沿った金融を行うのが特殊銀行で，その目的に沿う個別の特殊銀行名は教科書で調べておきたい。問9の配列問題では，イ．北清事変の結果ロシアが満州を占領し，その脅威に対抗してア．第1次日英同盟協約締結の順となる。

Ⅳ．第一次世界大戦と政党内閣

第一次世界大戦をめぐる日本の行動と，加藤高明護憲三派内閣成立にいたる過程をとりあげた問題。問8のaについて，「全人口の2％」とあり，1890年の選挙人割合が全人口の1.1％なので誤文と速断しそうだが，よく読むと「2％に満たなかった」とある。間違いではない文なので注意したい。

Ⅴ．戦後の総合問題

日本の戦後高度経済成長時代から1990年代までを扱い，政治・経済・文化の全般的分野を問う。正解数を特定せず「正しいものを全て選ぶ」問題が3問，出来事の年代特定が難しい配列法の問題が2問ある。問5の戦後文学の高橋和巳は受験生には馴染みのない問いで，全体的にやや難である。

世界史

I　**解答**　【設問1】問1．c　問2．d　問3．d　問4．a
問5．b　問6．d

【設問2】問1．a　問2．d　問3．d　問4．a　問5．b

【設問3】問1．d　問2．a　問3．c　問4．c　問5．b
問6．a

◀解　説▶

≪古代〜現代における地中海世界・西アジア≫

【設問2】問1．正解はa。トラヤヌス帝時代のローマ帝国はダキア（現ルーマニア）を併合して属州とし，パルティアを破って一時メソポタミアを征服するなど，領土は最大となった。

問2．正解はd。ローマ帝国の五賢帝時代（96〜180年）における中国の王朝は後漢（25〜220年）である。五賢帝最後のマルクス=アウレリウス=アントニヌス帝は『後漢書』で言及されている大秦王安敦といわれる。

問3．正解はd。ユリアヌス帝は宗教寛容令を発布して古代ギリシア・ローマの伝統的な多神教信仰を尊重し，キリスト教に対する優遇政策を廃止した（キリスト教信仰を禁止したわけではない）。そのためキリスト教会からは「背教者」と呼ばれた。

問4．b．誤文。ローマの都市国家時代は，ローマに住む自由民で，兵役義務を果たす者のみに市民権が認められていた。

c．誤文。古代ギリシアと同じくローマ帝国でも女性と奴隷は市民権適用から外されていた。

d．誤文。ローマ帝国は領土拡大とともに市民権の適用範囲も拡大するなど市民権拡大に寛容だったが，アテネ（ペリクレス時代に市民権審査を厳格化）やスパルタ（少数の市民が多数のヘイロータイやペリオイコイを支配した）などの古代ギリシアのポリスは市民権拡大に消極的だった。

問5．やや難。b．正文。「小プリニウス宛て（トラヤヌスの返答）」の書簡でキリスト教徒が「我々の神々に祈りを捧げて」（ローマ古来の多神教信仰を認めるということ）「悔い改め」るならば赦免を得ることができ，

「署名のない密告状」で人々を罪に問うべきではないと述べていることなどから，トラヤヌス帝がキリスト教徒を即座に厳しく処罰しているわけではないが，望ましくない存在とみて迫害していることがわかる。

a．誤文。「トラヤヌス宛て」の書簡で，キリスト教徒であることが処罰理由であると述べていること，「小プリニウス宛て（トラヤヌスの返答）」の書簡でトラヤヌス帝は自身をキリスト教徒と認めた者は有罪として罰するべきと返答していることから，キリスト教徒への迫害が行われていることがわかる。

c．誤文。同盟市戦争（前91～前88年）はトラヤヌス帝の治世よりも以前の出来事。

d．誤文。書簡からは読み取れない。

【設問3】問2．b．誤文。ルネサンスは，まずイタリアで始まり，15世紀以降西ヨーロッパ各地に広がった。

c．誤文。ルネサンスの保護者（パトロン）となったのは，ローマ教皇，地中海貿易や北海・バルト海貿易などの遠隔地貿易で富を蓄えた都市の商人，西ヨーロッパ各国の君主や貴族など多様だった。また，北イタリア諸都市の商人による地中海貿易では奴隷貿易も行われていたが，主な商品は香辛料や絹織物などの奢侈品だった。

d．誤文。「近代政治学の祖」とされたのは『君主論』を著して政治と宗教の分離などを主張したマキァヴェリ。

問3．c．誤文。メフメト2世はコンスタンティノープルを征服してビザンツ帝国を滅ぼした後，ハギア=ソフィア聖堂をモスクとした。

問4．a．誤文。聖像禁止令の発布は偶像崇拝を否定するイスラーム教の影響があるとされている。

b．誤文。ロムルス=アウグストゥルスは西ローマ帝国最後の皇帝。

d．誤文。聖像禁止令はイエス=キリストや聖母などの一切の聖像の制作と所持の厳禁および破壊を命じたものである。

問5．a．誤文。フランク族を統一してフランク王国を建国したメロヴィング家のクローヴィスは，ゲルマン人の多くがキリスト教異端のアリウス派を信仰していたなか，王妃のすすめもあってキリスト教正統派のアタナシウス派に改宗し，ローマ教会の支持を受けた。

c．誤文。メロヴィング朝の宮宰を世襲していたのはカロリング家。

d．誤文。フランク王国は534年にブルグンド王国を滅ぼしている。

問6．b．誤文。ナポレオン法典の内容は部分的に改定されながら現行のフランス民法典に継承されている。例えば，制定された当初は女性の権利は認められていなかったが，現在では男女平等である。

c．誤文。ナポレオン法典は日本・オランダ・スペインの民法典にも影響を与えている。

d．誤文。ナポレオン法典を制定したのはナポレオン（ナポレオン=ボナパルト）。

Ⅱ　解答

【設問1】問1．a　問2．c　問3．b　問4．d

【設問2】問1．a　問2．a　問3．a　問4．a　問5．b　問6．b　問7．a　問8．a

◀解　説▶

≪古代～近現代の中国国制史≫

【設問2】問2．正解はa。始皇帝によって発行された中国初の統一通貨は半両銭で，円形方孔の銅銭。

問5．⑴誤文。司馬睿は東晋の初代皇帝。旧法党の首領で後に宰相として新法を廃止したのは司馬光。

⑵誤文。保甲法は農閑期に農民に軍事訓練を施して民兵として活用する兵農一致の強兵策で，傭兵制にかわる政策として実施された。

問6．正解はb。フランス第三共和政は普仏戦争に敗北して第二帝政が崩壊した後に成立し，第二次世界大戦中に親ドイツのヴィシー政府が成立した1940年まで続いた。

問7．b．誤文。プロレタリア文化大革命の路線は1981年の中国共産党による歴史決議で否定されている。

c．誤文。農業・工業・国防・科学技術の近代化を目指す「四つの現代化」は周恩来が提起し，文化大革命後に鄧小平が中心となって行われた。

d．誤文。江青（毛沢東夫人）・王洪文・張春橋・姚文元の4名からなる文化大革命推進派を「四人組」といい，毛沢東死後もその路線を継承して権力を握ろうとしたが，失敗して逮捕された。

問8．a．誤文。改革・開放政策は経済的には自由企業を容認し，市場経済を導入する社会主義市場経済の体制をとったが，政治的には中国共産党独裁を堅持した。

III　解答

【設問1】問1．a　問2．b　問3．a　問4．d
問5．a　問6．d
【設問2】問1．c　問2．d　問3．a　問4．c　問5．d
問6．a

◀解　説▶

≪イスラーム世界の成立と拡大≫

【設問2】問1．(1)誤文。この説明は「ムハンマド」ではなく，『コーラン』についてで，『コーラン』は第3代正統カリフのウスマーンの時代に現在の形にまとめられたとされる。

(2)正文。

問2．難問。正解はd．1444年。イスラーム暦はヒジュラ（聖遷）が行われた西暦622年7月16日を紀元元年1月1日とする。これは閏月を設けない純粋な太陰暦であり，1年12カ月を354日とするため，現在の太陽暦である西暦（グレゴリウス暦）よりも1年がおおよそ11日早く，ずれが生じる。

問3．(1)・(2)正しい。唐の高祖（李淵）は618年に唐の初代皇帝として即位しており，ムハンマドと同時代の人物である。また，厩戸皇子（聖徳太子）の派遣した遣隋使の小野妹子が隋の煬帝に国書を提出しており，隋が煬帝の代に滅亡し，かわって唐が建国されていることから，唐の高祖と厩戸皇子は同時代の人物であると判断できる。

問5．正解はd。シーア派は現在ムスリム全体の約10％程度だが，イランではサファヴィー朝の時代からシーア派の十二イマーム派が国教とされ，現在も大きな勢力をもっている。

問6．正解はa。(3)のバルトロメウ=ディアスが喜望峰に到達したのが1488年，(2)のポルトガル・スペイン間でトルデシリャス条約が結ばれたのが1494年，(1)のヴァスコ=ダ=ガマのカリカット到着は1498年である。

IV　解答

【設問1】問1．c　問2．a
【設問2】問1．g　問2．a　問3．b　問4．a
問5．c　問6．a

◀解　説▶

≪20世紀の欧米≫

【設問2】問1．正解はg。文中の事件は1956年10月に起こったハンガリー反ソ暴動について説明している。暴動のなかで新首相となったナジ=イムレは共産党一党独裁を否定し，ワルシャワ条約機構からの脱却を表明したが，ソ連軍の介入により失敗し，ナジはソ連によって逮捕・処刑された。コミンフォルム（共産党情報局）は国際的な共産党の連絡組織で，ソ連と東欧諸国に加えフランスとイタリアの共産党も参加して1947年に結成されたが，独自路線をとるユーゴスラヴィアを除名するなど動揺した後，スターリン批判を行ったフルシチョフが1956年に解散した。

問2．やや難。a．誤文。ブレジネフ=ドクトリンは，1968年にソ連のブレジネフ書記長がチェコスロヴァキアの民主化運動とこれに対するソ連の軍事介入に際して発表した，社会主義各国の主権を社会主義圏全体の利益のために制限する「制限主権論」のこと。ソ連が1955年に結成したのは北大西洋条約機構（NATO）に対抗するためのソ連と東欧諸国の軍事同盟であるワルシャワ条約機構。

問4．a．誤文。世界恐慌時にソ連は計画経済を推進しており，社会主義体制であるため世界経済との結びつきも弱く，恐慌の影響はあまりなかった。

問6．b．誤文。ヨーロッパ統合はECSC（ヨーロッパ石炭鉄鋼共同体）の設立（1952年），EEC（ヨーロッパ経済共同体）の発足（1958年）など，経済統合の面から推し進められた。

c．誤文。イギリスは当初ヨーロッパ統合には加わらず，EEC（ヨーロッパ経済共同体）に対抗してEFTA（ヨーロッパ自由貿易連合）を結成した。イギリスがEC（ヨーロッパ共同体）に加盟してフランスと西ドイツを中心に進められていたヨーロッパ統合に参加するのは1973年から（拡大EC）。

d．誤文。EFTAを結成したのはイギリス。

❖講　評

Ⅰ　ローマ史を中心とする出題だが，ヨーロッパは中世と一部現代からも出題されたほか，中国や西アジアについても出題された。【設問2】の地図問題はトラヤヌス帝がダキアとメソポタミアを征服して領土を最大としたことを地理的知識として理解しているかどうかが問われた。問5は本格的な史料読解問題で読解力が必要であったため得点差が生じやすかったと思われる。

Ⅱ　古代から近現代までの中国の国制史に関する問題が出題された。全般的に基本事項を選択する問題が多く，確実に得点しておきたい。地図問題と視覚資料問題が出題されたが，いずれも教科書に掲載されている内容のため対応しやすかった。

Ⅲ　イスラーム世界の成立から拡大まで幅広く出題された。【設問1】【設問2】ともに基本事項を問う問題が多いため，確実に得点しておきたい。【設問2】の問2では2023年2月のイスラーム暦が問われた。簡単な計算と消去法で解答を選択できるが，受験生には難しかったと思われる。

Ⅳ　第二次世界大戦後の世界情勢についての出題が中心で，一部第一次世界大戦前後からも出題された。リード文はウクライナ問題という時事的なトピックスを扱っているが，出題は高校世界史の範囲内であるため，冷静に対処したい。問われている知識は教科書レベルだが，特に第二次世界大戦後は国際関係が複雑で学習も遅れがちであるため，2000年代の出来事までしっかりと理解しておく必要がある。

政治・経済

I　解答

問1．A―ア　B―オ　C―イ
問2．エ　問3．ア　問4．イ　問5．イ　問6．エ　問7．イ　問8．オ

◀解　説▶

≪国　家≫

問1．B．オの立憲主義が適切。憲法で制限される立憲主義における権力は，「檻の中のライオン」にたとえられる。

問3．ア．誤文。在日外国人は地方・国政とも参政権が認められていない。

問4．イ．適切。憲法は行政法とともに公法に分類される。日本国憲法の改正には法律の改正よりも厳格な手続きを必要とするため，硬性憲法に該当する。国民によって制定された日本国憲法は，民定憲法である。

問5．イ．適切。抵抗権という言葉から判断できる。

ア．不適。ホッブズの記述である。

ウ・エ．不適。ルソーの記述である。

オ．不適。モンテスキューの記述である。

問6．エ．誤文。混同されがちであるが，アメリカ大統領選挙は，州ごとに国民が大統領選挙人を選挙するという間接選挙の形をとっている。

問7．イ．誤文。中国では，中国共産党以外にも民主諸党派と呼ばれる8つの政党が存在している。これらはいずれも共産党の指導を受け入れているので，政権交代の可能性はなく，共産党による事実上の一党独裁といえる。

問8．オ．正文。日本は国際人権規約A・B両規約について，A規約に関しては，祝祭日の報酬，公務員の争議権，中等・高等教育の無償化の3点に留保をつけて（中等・高等教育の無償化については2012年に留保を撤回）1979年に批准したが，選択議定書については批准していない。

II 解答

問1．A―ア　B―ア　C―エ

問2．オ　問3．ウ　問4．ア　問5．ア　問6．エ
問7．イ　問8．エ

◀解　説▶

≪戦後日本経済史≫

問1．A．アの池田勇人が適切。「国民所得倍増計画」から判断する。

B．アのスタグフレーションが適切。不況下に物価が上昇することをいう。スタグネーション（Stagnation，景気停滞）とインフレーション（Inflation，物価上昇）を合成した言葉である。

問2．オ．適切。

ア．不適。シュンペーターの著作と概念の組み合わせである。

イ．不適。ケインズの著作とマルクスの概念の組み合わせである。

ウ．不適。ケインズの著作とアマルティア=センの概念の組み合わせである。

エ．不適。スミスの著作とリカードの概念の組み合わせである。

問3．ウ．誤文。経済安定9原則はインフレ抑制のため，均衡予算に関する内容が盛り込まれた。

問4．ア．適切。ウ．前川レポートの提出（1986年）→イ．ルーブル合意（1987年）→エ．日米構造協議（1989年）→ア．土地関連融資の総量規制（1990年）→オ．金融庁の発足（2000年）の順となる。

問6．エ．正文。ケインズは積極財政で知られ，財政政策により政府が積極的に経済過程に介入することを説いた。

ア．誤文。有効需要とは金銭的な裏付けを持つ需要のことをいう。

イ．不適。トマ=ピケティの理論である。

ウ．不適。リストの理論である。

オ．不適。ハイエクの理論である。

問7．イ．正文。2022年に発表された新しい資本主義実現本部「新しい資本主義のグランドデザイン及び実行計画」によれば，「新しい資本主義においては，市場だけでは解決できない，いわゆる外部性の大きい社会的課題について，『市場も国家も』，すなわち新たな官民連携によって，その解決を目指していく」と示されている。

問8．エ．適切。世界恐慌の時期にアメリカで実施された，それまでの自

由放任主義を修正して，国家が公共事業などにより積極的に経済に介入する政策である。

Ⅲ　解答

問1．A―オ　B―エ　C―イ

問2．オ　問3．エ　問4．ウ　問5．エ　問6．オ

問7．ウ　問8．ア

◀解　説▶

≪地方自治≫

問1．A．オのブライスが適切。「民主主義の学校」で判断する。

C．イの教育委員会が適切。

ア・ウ・エ．誤り。いずれも国の省庁の外局である。

オ．誤り。農林水産委員会は衆参の常任委員会の一つである。

問2．オ．正文。国地方係争処理委員会は2000年に設置された。

ア．不適。住民自治の記述である。

イ．誤文。条例の制定・改廃請求は首長が受理機関となる。

ウ．誤文。解職請求については議員・首長とも受理機関が選挙管理委員会となる。

エ．誤文。議会の解散請求は選挙管理委員会が受理機関であり，住民投票で過半数の同意があれば議会の解散が決まる。

問3．エ．誤文。地方債の起債には議会の議決が必要である。また，以前は総務大臣や知事の許可が必要であったが，現在は事前協議制となっている。

問4．ウ．適切。①・③・⑥はいずれも自治事務である。

問5．エ．適切。三位一体の改革は2002年にその方針が示された。

問7．ウ．誤文。首長は地方議会からの不信任決議に対し，解散権を行使できる。

問8．ア．誤文。意見公募手続きは2005年に改正された行政手続法に基づいて実施されている。

Ⅳ　解答

問1．A―オ　B―オ　C―ア

問2．エ　問3．ウ　問4．イ　問5．エ　問6．イ

問7．イ　問8．ウ

◀解　説▶

≪経済総合≫

問1．A．オのペティ・クラークの法則が適切。W.ペティとC.クラークという2人の学者の名前からつけられた法則名である。

B．オの有機水銀が適切。メチル水銀ともいう。

問3．ウ．誤文。アジア通貨危機はタイのバーツ暴落がきっかけであった。

問4．イ．誤文。1999年の中小企業基本法改正は，「多様で活力ある中小企業の成長発展」を政策理念としたものであった。

問5．エ．誤文。六次産業化とは，第一次産業が第二次産業・第三次産業の範囲まで業務を展開する経営形態のことをいう。

問6．イ．適切。ウ．食糧管理法制定（1942年）→ア．農業基本法制定（1961年）→オ．新食糧法制定（1994年）→イ．食料・農業・農村基本法制定（1999年）→エ．農地法改正（2009年）の順となる。

問7．イ．誤文。環境省の環境庁からの格上げは2001年，京都議定書の批准は2002年であり，両者に直接の関係はない。

問8．ウ．誤文。リデュース・リユース・リサイクルの順に優先順位が定められている。

❖講　評

Ⅰ　国家をめぐる諸問題について，各国の政治制度や外国人参政権などもあわせて出題された。いずれも標準的な難易度の問題であった。

Ⅱ　戦後日本経済史について，経済学説なども交えて出題された。近い時期の出来事を並べ替える問4などは詳細な知識を必要とする。

Ⅲ　地方自治について出題された。法定受託事務の具体例について問う問4はやや詳細な知識を必要とするが，ほかは標準的な問題である。

Ⅳ　経済分野の様々な問題が総合的に出題された。ローレンツ曲線について問う問2は正しい知識が必要となる。また，金融危機に関する問3などについても体系的な理解が必要である。

全体的に，やや難しい問題が出題されており，解答に時間がとられると考えられるが，その分，標準的な難易度の問題については着実に正解を重ねることが求められる。

数学

I 解答

(1)ア．1 イ．3

(2)ウ．3 エ．3

(3)オ．1 カ．5 キ．1 ク．5 ケ．2 コ．1 サ．5 シ．4

◀解 説▶

《正弦定理，$\cos\dfrac{\pi}{5}$ の値》

(1) $\angle C=\pi-3\theta$ より

$$0<\pi-3\theta<\pi$$

よって

$$0<\theta<\frac{1}{3}\pi \quad \cdots\cdots ア，イ$$

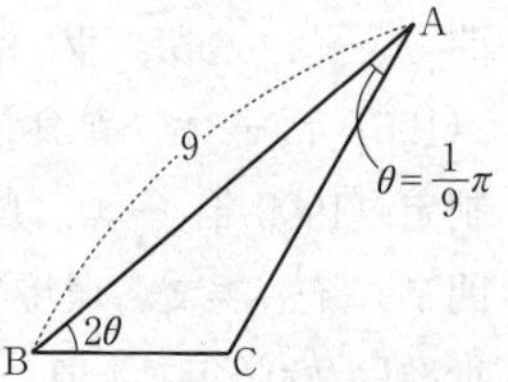

(2) $\angle C=\pi-3\cdot\dfrac{\pi}{9}=\dfrac{2}{3}\pi$ より，正弦定理を用いて△ABC の外接円の半径を R とすると

$$\frac{9}{\sin\frac{2}{3}\pi}=2R$$

$$\Longleftrightarrow R=3\sqrt{3} \quad \cdots\cdots ウ，エ$$

(3) $\theta>0$ より，$\theta\neq 2\theta$ であるから

$$\theta=\pi-3\theta \quad または \quad 2\theta=\pi-3\theta$$

つまり

$$\theta=\frac{1}{4}\pi \quad または \quad \theta=\frac{1}{5}\pi$$

最小の θ を α とするので

$$\alpha=\frac{1}{5}\pi \quad \cdots\cdots オ，カ$$

$\theta=\alpha$ のとき，△ABC と△CDB の相似比を $k:1$ $(k>1)$ とおくと

$$BC:DB=k:1,\ AB:BC=k:1=k^2:k$$

よって

$$\mathrm{AB}:\mathrm{BC}:\mathrm{DB}=k^2:k:1$$

ここで，AD＝DC であるから

$$k^2-1=k$$

$$\Longleftrightarrow k^2-k-1=0$$

$$\Longleftrightarrow k=\frac{1\pm\sqrt{5}}{2}$$

$k>1$ より　　$k=\dfrac{1+\sqrt{5}}{2}$

よって

$$\frac{\mathrm{AB}}{\mathrm{BC}}=k=\frac{1+\sqrt{5}}{2}\quad\cdots\cdots キ\sim ケ$$

次に，点Dから辺 AC に垂線 DH を下ろすと

$$\mathrm{CH}=\frac{1}{2}\mathrm{AC}=\frac{1}{2}\mathrm{AB}=\frac{k^2}{2}\mathrm{DB}$$

$$\mathrm{CD}=\mathrm{BC}=k\mathrm{DB}$$

であるから

$$\cos\alpha=\frac{\mathrm{CH}}{\mathrm{CD}}=\frac{\frac{k^2}{2}\mathrm{DB}}{k\mathrm{DB}}=\frac{k}{2}$$

$$=\frac{1+\sqrt{5}}{4}\quad\cdots\cdots コ\sim シ$$

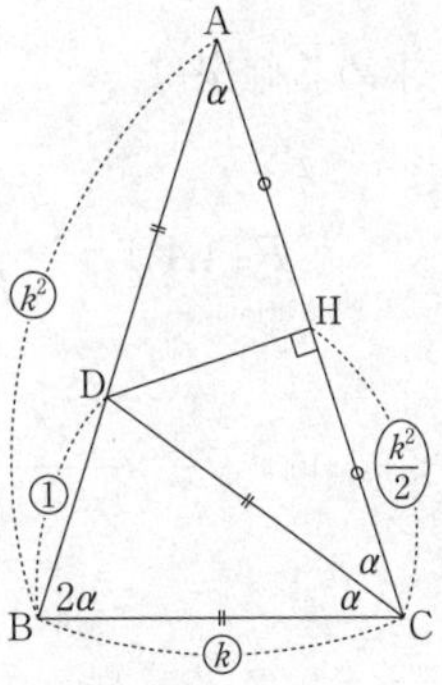

II　解答

(1)ア．1　イウ．10　エオ．21　カキ．50　ク．1
ケコ．14

(2)サ．5　シ．4　ス．2　セソ．55

◀解　説▶

≪袋から玉を取り出すときの確率，条件付き確率≫

(1)　(i)　$\dfrac{{}_2\mathrm{C}_2}{{}_5\mathrm{C}_2}=\dfrac{1}{10}$　……ア～ウ

(ii)　$(X,\ Y)=(2,\ 0)$，$(1,\ 1)$，$(0,\ 2)$ の場合があるので，求める確率は

$$\frac{{}_2\mathrm{C}_2\cdot{}_3\mathrm{C}_2}{{}_5\mathrm{C}_2\cdot{}_5\mathrm{C}_2}+\frac{{}_2\mathrm{C}_1\cdot{}_3\mathrm{C}_1\cdot{}_2\mathrm{C}_1\cdot{}_3\mathrm{C}_1}{{}_5\mathrm{C}_2\cdot{}_5\mathrm{C}_2}+\frac{{}_3\mathrm{C}_2\cdot{}_2\mathrm{C}_2}{{}_5\mathrm{C}_2\cdot{}_5\mathrm{C}_2}=\frac{3+36+3}{10\cdot10}$$

$$=\frac{21}{50}\quad \cdots\cdots \text{エ〜キ}$$

(iii)　次のように事象 A_1，A_2 を定める。

A_1：$X=2$ となる　　A_2：$X+Y=2$ となる

(i)より

$$P(A_1)=\frac{1}{10}$$

(ii)より

$$P(A_2)=\frac{21}{50}$$

$$P(A_1\cap A_2)=\frac{{}_2C_2\cdot{}_3C_2}{{}_5C_2\cdot{}_5C_2}=\frac{3}{100}$$

求める確率は

$$P_{A_2}(A_1)=\frac{P(A_1\cap A_2)}{P(A_2)}=\frac{\frac{3}{100}}{\frac{21}{50}}=\frac{1}{14}\quad \cdots\cdots \text{ク〜コ}$$

(2)　(i)　$$\frac{1}{6}\times\frac{{}_2C_2}{{}_{k+5}C_2}=\frac{1}{6}\times\frac{1}{\frac{(k+5)(k+4)}{2}}$$

$$=\frac{1}{6}\times\frac{2}{(k+5)(k+4)}\quad \cdots\cdots \text{サ，シ}$$

(ii)　(i)の結果より $k=1,\ 2,\ \cdots,\ 6$ の場合を考えると，求める確率は

$$\sum_{k=1}^{6}\frac{1}{6}\times\frac{2}{(k+5)(k+4)}$$

$$=\frac{1}{3}\sum_{k=1}^{6}\frac{1}{(k+5)(k+4)}$$

$$=\frac{1}{3}\sum_{k=1}^{6}\left(\frac{1}{k+4}-\frac{1}{k+5}\right)$$

$$=\frac{1}{3}\left\{\left(\frac{1}{5}-\frac{1}{6}\right)+\left(\frac{1}{6}-\frac{1}{7}\right)+\cdots+\left(\frac{1}{10}-\frac{1}{11}\right)\right\}$$

$$=\frac{1}{3}\left(\frac{1}{5}-\frac{1}{11}\right)$$

$$=\frac{2}{55}\quad \cdots\cdots \text{ス〜ソ}$$

III　解答　(1)ア．1　イ．6　ウ．3
(2)エ．1　オ．6　カ．3
(3)キ．6　ク．3　ケ．6　コ．1　サ．4
(4)シ．3　ス．4　セ．1　ソ．2　タ．3　チ．4

◀解　説▶

≪分点の位置ベクトル≫

$$\overrightarrow{OE}=\frac{1}{6}(-3\vec{a}+5\vec{b})=\frac{1}{3}\left(\frac{-3\vec{a}+5\vec{b}}{5-3}\right)$$

であるから，辺 AB を 5：3 の比に外分する点を F とすると，点 E は線分 OF を 1：2 に内分する点である。

(1)　$$\overrightarrow{OD}=\frac{2}{3}\overrightarrow{OC}=\frac{2}{3}\left(\frac{3\vec{a}+\vec{b}}{1+3}\right)=\frac{1}{6}(3\vec{a}+\vec{b})\quad\cdots\cdots ア〜ウ$$

(2)　内積の定義により

$$\vec{a}\cdot\vec{b}=|\vec{a}||\vec{b}|\cos 60^\circ=\frac{1}{2}|\vec{a}||\vec{b}|\quad\cdots\cdots①$$

同様に，$\angle DOE=90^\circ$ より，$\overrightarrow{OD}\cdot\overrightarrow{OE}=0$ であるから

$$\frac{1}{6}(3\vec{a}+\vec{b})\cdot\left(-\frac{1}{2}\vec{a}+\frac{5}{6}\vec{b}\right)=0$$

$$(3\vec{a}+\vec{b})\cdot(-3\vec{a}+5\vec{b})=0$$

$$-9|\vec{a}|^2+12\vec{a}\cdot\vec{b}+5|\vec{b}|^2=0\quad\cdots\cdots②$$

①，②より

$$-9|\vec{a}|^2+12\cdot\frac{1}{2}|\vec{a}||\vec{b}|+5|\vec{b}|^2=0$$

$$9|\vec{a}|^2-6|\vec{a}||\vec{b}|-5|\vec{b}|^2=0$$

両辺を $|\vec{b}|^2$（$\neq 0$）で割り，$k=\dfrac{|\vec{a}|}{|\vec{b}|}$ とおくと

$$9k^2-6k-5=0\qquad \therefore\quad k=\frac{1\pm\sqrt{6}}{3}$$

$k>0$ より　　$k=\dfrac{1+\sqrt{6}}{3}$

よって

$$\frac{OA}{OB}=\frac{|\vec{a}|}{|\vec{b}|}=\frac{1+\sqrt{6}}{3}\quad\cdots\cdots エ〜カ$$

(3)　$\overrightarrow{OP}=\overrightarrow{OD}+\overrightarrow{DP}$

$=\overrightarrow{OD}+t\overrightarrow{DE}$

$=\overrightarrow{OD}+t(\overrightarrow{OE}-\overrightarrow{OD})$

$=(1-t)\overrightarrow{OD}+t\overrightarrow{OE}$

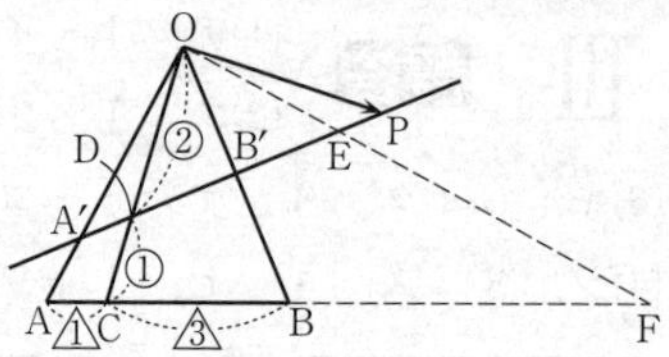

$=(1-t)\cdot\frac{1}{6}(3\vec{a}+\vec{b})$

$+t\left(-\frac{1}{2}\vec{a}+\frac{5}{6}\vec{b}\right)$

$=\frac{1}{6}\{3(1-t)\vec{a}+(1-t)\vec{b}-3t\vec{a}+5t\vec{b}\}$

$=\frac{1}{6}\{(3-6t)\vec{a}+(1+4t)\vec{b}\}$　……キ～サ

(4)　(3)より

$\overrightarrow{OP}=\frac{1}{6}\{(3-6t)\vec{a}+(1+4t)\vec{b}\}$

であるから，$1+4t=0$ つまり $t=-\frac{1}{4}$ のとき $P=A'$ となるので

$\overrightarrow{OA'}=\frac{1}{6}\left\{\left(3+\frac{3}{2}\right)\vec{a}\right\}=\frac{3}{4}\vec{a}$

よって

$\frac{OA'}{OA}=\frac{|\overrightarrow{OA'}|}{|\vec{a}|}=\frac{3}{4}$　……シ，ス

同様に，$3-6t=0$ つまり $t=\frac{1}{2}$ のとき $P=B'$ となるので

$\overrightarrow{OB'}=\frac{1}{6}\{(1+2)\vec{b}\}=\frac{1}{2}\vec{b}$

よって

$\frac{OB'}{OB}=\frac{|\overrightarrow{OB'}|}{|\vec{b}|}=\frac{1}{2}$　……セ，ソ

ここで

AC：CB＝1：3，AF：FB＝5：3

より

AC：CB：BF＝1：3：6

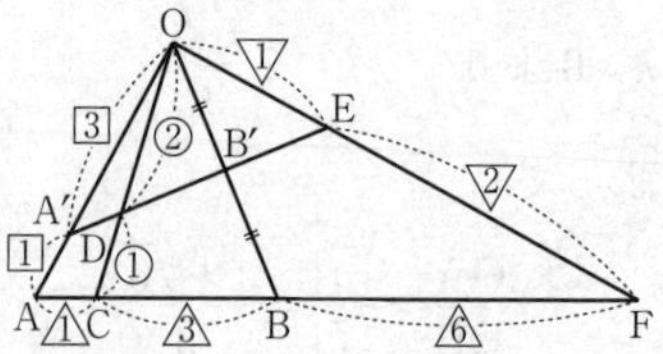

であるから

$$S_2=\frac{3}{4}\cdot\frac{1}{2}S_1=\frac{3}{8}S_1$$

$$S_3=\frac{2}{3}\cdot\frac{1}{3}\triangle\mathrm{OCF}=\frac{2}{9}\cdot\frac{9}{4}S_1=\frac{1}{2}S_1$$

よって

$$S_1:S_2:S_3=1:\frac{3}{8}:\frac{1}{2}$$

$$=8:3:4$$ ……タ，チ

Ⅳ　解答

(1)ア．0

(2)イウ．−4　エ．7　オカ．12　キ．7

(3)クケ．−3　コサシ．−27　ス．7

◀解　説▶

≪3次関数の極値，3次関数のグラフと接線で囲まれた部分の面積≫

(1)　$f'(x)=3x^2-3a^2=3(x+a)(x-a)$

(i) $a=0$ のとき

$$f'(x)=3x^2\geqq 0$$

よって，$f(x)$ は単調に増加するので極値は存在しない。

(ii) $a\neq 0$ のとき

$$f'(-a)=f(a)=0$$

であり，$x=\pm a$ の前後で $f'(x)$ の符号が変わるので極値をもつ。

(i)，(ii)より　　$a=0$　……ア

別解　$f'(x)=0$ が異なる2実数解をもつとき，$f(x)$ に極値が存在するから，$f(x)$ の判別式を D とすると

$$D=36a^2>0$$

$$\therefore\quad a\neq 0$$

よって，$f(x)$ に極値が存在しないのは $a=0$ のときである。

(2)　$f'(x)=0\Longleftrightarrow x=\pm a$

(i) $a<0$ のとき

$f(x)$ の増減表は右のようになるので，$x=a$ のとき極大となることから

x	…	a	…	$-a$	…
$f'(x)$	+	0	−	0	+
$f(x)$	↗	$-7a^3$	↘	$-3a^3$	↗

$$-7a^3=4$$

$$a^3=-\frac{4}{7} \quad (a<0\text{ を満たす})$$

(ii) $a>0$ のとき

$f(x)$ の増減表は右のようになるので，$x=-a$ のとき極大となることから

x	$\cdots$	$-a$	$\cdots$	a	$\cdots$
$f'(x)$	$+$	0	$-$	0	$+$
$f(x)$	↗	$-3a^3$	↘	$-7a^3$	↗

$$-3a^3=4$$

$$a^3=-\frac{4}{3}$$

これは $a>0$ を満たさないので不適。

(i)，(ii)より　　$a^3=-\dfrac{4}{7}$　……イ～エ

このとき，極小値は

$$f(-a)=-3a^3=-3\cdot\left(-\frac{4}{7}\right)=\frac{12}{7} \quad \cdots\cdots\text{オ～キ}$$

(3)　点Aの x 座標はBの x 座標より小さいものとする。

$f(x)$ は $x=a$ のとき極大値4をとることから，右図より，曲線 $y=f(x)$ と直線 $y=4$ は点A$(a,\ 4)$ で接し，点Bを共有する。

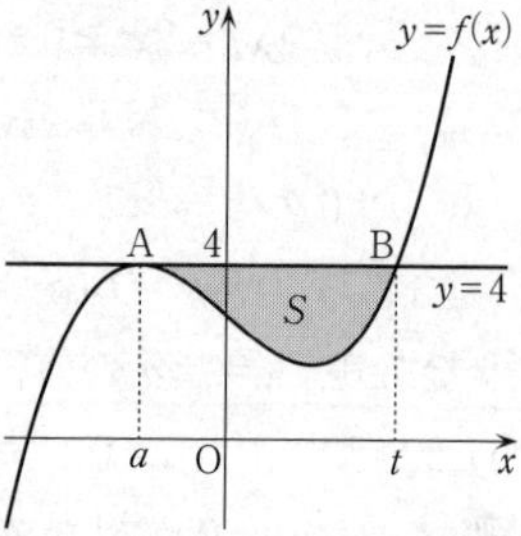

点Bの x 座標を t とすると，方程式 $f(x)=4$ の解が $x=a$（重解），t であるから，次のように因数分解できる。

$$x^3-3a^2x-5a^3-4=(x-a)^2(x-t) \quad \cdots\cdots①$$

ここで

$$(\text{①の右辺})=(x^2-2ax+a^2)(x-t)$$
$$=x^3-(t+2a)x^2+(2at+a^2)x-a^2t$$

①の左辺と係数を比べると

$$\begin{cases} t+2a=0 \\ 2at+a^2=-3a^2 \\ -a^2t=-5a^3-4 \end{cases} \iff \begin{cases} t=-2a \\ a^3=-\dfrac{4}{7} \end{cases}$$

よって

$$\frac{\mathrm{AB}}{a}=\frac{t-a}{a}=\frac{-3a}{a}=-3 \quad \cdots\cdots \text{クケ}$$

また

$$\begin{aligned}
S&=\int_a^t\{4-f(x)\}\,dx\\
&=-\int_a^t(x-a)^2(x-t)\,dx\\
&=-\int_a^t(x-a)^2\{(x-a)+a-t\}\,dx\\
&=-\int_a^t\{(x-a)^3+(a-t)(x-a)^2\}\,dx\\
&=-\left[\frac{1}{4}(x-a)^4+(a-t)\cdot\frac{1}{3}(x-a)^3\right]_a^t\\
&=-\frac{1}{4}(t-a)^4-(a-t)\cdot\frac{1}{3}(t-a)^3\\
&=-\frac{1}{4}(t-a)^4+\frac{1}{3}(t-a)^4\\
&=\frac{1}{12}(t-a)^4\\
&=\frac{1}{12}\cdot(-3a)^4\\
&=\frac{1}{12}\cdot 3^4\cdot a\cdot\left(-\frac{4}{7}\right)\\
&=-\frac{27}{7}a
\end{aligned}$$

よって　$\dfrac{S}{a}=-\dfrac{27}{7}$　……コ～ス

❖講　評

例年通りの出題内容・難易度であり，解答形式は2022年度と同じく全問マークシート法であった。

I　角度の条件や正弦定理を用いて外接円の半径を求めるなど，三角形に関する基本的な問題である。(3)の三角形の相似を利用して $\cos\dfrac{\pi}{5}$ の値を求める部分は頻出であるから慣れておきたい。

Ⅱ　条件を満たす X，Y の組に注意して場合を分けて考えればよい。(2)については，部分分数分解によって簡単に計算できる。

Ⅲ　分点の位置ベクトルに関する頻出問題である。式変形により点 E の位置を把握しておくとよい。

Ⅳ　3 次関数に関する標準的な問題である。極値の位置や，曲線と直線の上下関係など，図を描いて視覚的に状況を捉えることが大切である。

一の現代文は、鈴木博之『都市のかなしみ――建築百年のかたち』からの出題。設問としては、問四、問六がやや難しい。問八は、選択肢の構成要素はすべて本文中にある語が用いられており、その因果関係や対応関係を丁寧に本文と対照する必要がある。問一の漢字問題には同音異義語があるものも例年含まれているので、学習には時間をかけ、意味も含めて対策しておくことが望ましい。

二の現代文は、木村敏の評論『人と人との間――精神病理学的日本論』からの出題。日本と西洋の二項対立を意識して読めば、内容はつかみやすい。設問としても、問二を除けば本文と対照して解きやすいものになっている。問五は本文全体の主旨についてであり、例年、類似の問題が出題されている。過去問等で練習を重ねておきたい。

三の古文は、『とりかへばや物語』からの出題。性別を逆にして育てられた男君と女君が、自らの性別に戻る場面である。文学史等であらすじを知っていれば読みやすい場面ではあるが、知らなければリード文や注釈からの類推が重要になる。「尚侍」が女官、「大将」が男性の就く位という古典常識や、「御」（尊敬語）は天皇や神仏、関白以外は自分自身に使わないことなど、文法知識も含めて総合力が問われている。

現代文二題はどちらも読みごたえがあり、古文も難しかったため、制限時間内に解くためにはかなりの速度が要求される。主旨の読み取りが必要な設問が多いので、それを意識した対策をしておきたい。

問五　傍線⑿は父左大臣の「よし。この人を……たまはめ」という今後への提案を受けての、男君の発言である。「しばし」は〝しばらく〟、「かくて」は〝このように〟の意。「さぶらふ」は「あり」の丁寧語。文末の「じ」は打消推量または打消意志の助動詞で、〝〜ないだろう・〜するまい〟と訳す。これらより、Aが正解。B・Cは「しばし」が訳出されておらず、「かく」という近いものを指す指示語で遠い宇治にいる女君を指すのもおかしい。「かくてさぶらふ」は直訳すると〝このようにして過ごしています〟であり、DやEのように以前のことを指しているわけではない。

問六　「いつ」は名詞。「ばかり」は程度や範囲を表し〝〜ほど・〜ぐらい〟と訳す副助詞。「に」は格助詞。「か」は疑問の意である係助詞。こういった問題のポイントは副助詞である。副助詞はそれを省いても意味や文法的に矛盾しないので、試しに省いてみるとこの文も「いつにか」となる。副助詞の数は多くないので、まとめて覚えておいた方がいい。名詞につく「に」は〝〜である・〜であって〟と訳せる場合は断定の助動詞「なり」の連用形、〝〜に〟としか訳せない場合は格助詞「に」である。「に」には他に形容動詞の連用形や完了の助動詞「ぬ」の連用形、ナ変動詞の連用形などもあるので、識別できるように学習しておきたい。

問七　アは九行目「まさしかりける夢の告げかな」と合致する。イは本文中に女君が出家するという部分がない。七行目の「身を変へ」は上に「もとのやうに」とあるので、これは男性の官職である大将を務めていた女君が、女性の姿に戻ることを指している。ウは十行目以降の「年ごろさて籠もりゐはべりし身なれば……しはべらじ」と対応。不安があるからこそ〈そのような交際はしないでしょう〉と男君は述べている。エは三〜五行目の内容と合致。特に五行目の「これは……飽かぬところなくぞ見えたまふ」の部分には、左大臣の満足する様子が描かれている。

❖講　評

二〇二二年度と比べると、三で若干解答個数が増えたものの、問題構成に大きな変更はない。全問マークシート法による出題であった。

った意味がある。また、傍線⑴の後の「おぼす」や直前の「籠もりたまひてし人」からここは父の左大臣の心中表現であり、リード文から男君との再会直前であることを読み取って、Bの「見苦しく」が正解と判断する。

⑶「なまめける」と同じ語源の「なまめかし」は〝優美だ・奥ゆかしい〟の意。「気色」は〝様子・機嫌・きざし〟の意であるので、答えはD。

⑸「飽く」は〝満足する・程度が過ぎて嫌になる〟の意。ここは女君が男性にしては小さい方であったことに対する父左大臣の思いであるので、Aの「不満なところであったが」が正解となる。

⑺「ためらふ」には〝ぐずぐずする・心を静める・静養する〟の意味がある。ここは左大臣の「泣きたまふ」という動作の後であることからCの「気持ちを静めてから」が答えとなる。

問二　⑵「これ」、⑷「かれ」、⑹「これ」について、「これ」は近くのもの、「かれ」は遠くのものを指す。ここは父の左大臣が男君と再会し、目の前の男君とその場にいない女君を比べる場面であるので、目の前にいる⑵「これ」と⑹「これ」は男君、⑷「かれ」は女君であると判断できる。一方、⑽について、「この人を尚侍に」とあるが、「尚侍」とはリード文から男君が現在就いている官職であることがわかる。実は女官である。それにこれから就くのは女性の姿に戻った女君であり、今の女君（大将）の代わりをする⑾「そこ」は男君である。

問三　「しか」は副詞で〝そのように〟の意。「あり」はラ変動詞「あり」の連用形。「し」は過去の助動詞「き」の連体形。まとめると〝そのような以前のお姿〟となる。以前の姿に該当するのはAとD。また、ここの話者は男君であり、尊敬の接頭語「御」があるので、ここは男君自身のことではない。よって正解はD。

問四　傍線⑼の直前部で、男君は女君の髪が伸びるまでは人に見られまいという思いを伝え、その上で「御気色にしたがひてこそは」と述べている。「こそは」の後には「あらめ」が省略されており、まとめて〝～するとよいだろう〟と訳す。「気色」は〝様子・機嫌・意向〟などの意。Aの「天皇のご機嫌」やBの「北の方のお喜び」は本文中に描写がなく、Dは尊敬の接頭語「御」と矛盾する。Cは女君が出家を望んでいるというのが誤り。よって正解はE。

にも会わず引きこもりなさっていた人だと思うと、見苦しくいらっしゃるのだろう」と（左大臣は）お思いになるが、（男君が左大臣の）御前に参上しなさったので、（左大臣は）起き上がって、灯火をかかげて拝見なさると、ただ大将（＝女君）のお美しさや様子を重ねて写したようであって、こちら（＝男君）はもう少し背丈がすらっとしていて優美な雰囲気がまさっておられる。あちら（＝女君）は少し小柄で（男にしては）小さい方に寄っておられたのが不満なところであったが、まだ年が若かったとはいえ、こちら（＝男君）はもう少し重みがあって不満なところがないように見えなさる。（左大臣は男君を）じっとご覧になって、夢のようであるものの、（女君の）行方がわからなくなっていることをまず耐え難く思いだしなさって、声を惜しまずに泣きなさる。（左大臣は）気持ちを静めてから、「それで、（女君のことを）どのようにお聞きになっているのか」と問い申し上げなさる。「（女君は）そのようであったお姿（＝以前の男性の姿）ではない。女の姿になって、『やはりあまり世間並みではないことがつらかったので、元のように姿を変えてみようと思ってもうしばらく隠れている（つもりです）。髪などが伸びるまで人に見知られないようにするつもりだ』とおっしゃっていたが、（父上の）ご意向に従うのがよいだろう（と思っています）」と申し上げなさるのも、（左大臣は）「どうだろうか」と最後までもお聞きにならず、まさしく夢のお告げであったのだと、喜んでうれし泣きまでしなさって、「よろしい。この人（＝女君）を尚侍に（しましょう）と申し上げて、あなた（＝男君）が代わりをなさるのがよいだろう」とおっしゃると、（男君は）「長年そうして（女の姿で）籠っておりました身なので、そのような（宮中の）交際はしないつもりです。またあちら（＝女君）のご様子を聞き定めて（からにしましょう）。しばらくはこのようにしておりますと人にも見知られないでしょう。まずあちら（＝女君）をお迎えして、その後で」と言って、夜が明けたので（その場から）お出になった。（左大臣は）心残りなく心が晴れたうれしさで、起き上がっておかゆなどを少し召し上がる。（女君のいる）宇治には、「いつ頃お迎えに（参りましょうか）」とお便りをお送りなさった。

◀解　説▶

問一　(1)「かたくなしく」と同じ語源の「かたくななり」には、〝頑固だ・偏屈だ〟と〝みっともない・見苦しい〟といじめて一個の人格として認められる」が誤り。Eは「関係の構築は自己本位の推測」の部分が本文にない。

問五　Aの前半部分は第一段落と合致するが、「主体としての意思を貫くことよりも……円滑に保つことの方が優先」というのは本文中にない。Bの人称代名詞の豊富さは第一〜四段落で述べられているが、「言語表現の豊かさ」についての記述はないので不適。Cは第五段落と対応。「子供の言語習得過程」は西洋人にとって人称代名詞を用いることなく会話をすることは考えられないことの例であり、「問題と結んで考えるべきもの」ではない。Dは第七段落と対応しているが、「西洋人のアイデンティティーの複雑さ」については述べられていない。Eは第三段落と対応しており、「一般に敬語的に……意味するのである」の部分と一致するので、これが正解である。

三

出典　『とりかへばや物語』〈巻第三〉

解答

問一　(1)—B　(3)—D　(5)—A　(7)—C

問二　C

問三　D

問四　E

問五　A

問六　D

問七　ア—A　イ—B　ウ—A　エ—A

◆全　訳◆

人々は皆まだ寝ているので、（父左大臣が男君を）「こちらに（おいでなさい）」と言っても（＝お呼びになっても）、「幼かったときから（人と）交じらうのに慣れていらっしゃった大将（＝女君）は立派であったが、（男君は）か弱く人心理的距離の減少しない相手に対してはジーおよびヴが用いられる」と述べている。また、続いて「ジーとヴが『あなた』に相当する敬語的代名詞、……とする考え方は間違っている」と述べており、これらを満たす選択肢はA。Bは「時々の心理状態」が誤り。Dの「儀礼的感覚」は本文の該当箇所にない。Cの「身分の違い」、Eの「社会的地位」はどちらも敬語的なものであるので、傍線を含む「敬語的代名詞、……とする考え方は間違っている」の根拠として矛盾する。

問二　Bの「一人称代名詞」については第一段落に、「二人称代名詞」については第三・四段落に合致する。Cは迷うが、第六段落で西洋各国語において「自己が不変の自己同一的な自己であるということが、……前提されている」と述べられているものの、日本語について「自己同一性に対する無関心の表れ」があるとは述べられていない。Aは「アイデンティティーに……多様化」、Dは「用いることができない」、Eは「自己の主体性を……働いている」が、それぞれ本文中にない。

問三　まず、傍線(3)「コギトをコギトたらしめている」について、第七段落での説明をまとめると次のようになる。

主体的な「われあり」が前提としてある

↓コギト（われ思う）＝思考

↓スム（反省して客観視された「われあり」）

傍線(3)の「われあり」は思考以前のものであり、正解はD。Aの「後に」、Bの「思考後に」、Eの「反省的に」はすべて右の「スム」に当たる。また、Cのように「別個に存在している」といったものでもない。

問四　傍線(4)に含まれる「これ」は、第八段落の「その相手が自己の当面の相手であることのみが問題になっている」を指し、Bの「まさに……であって」と一致する。また、傍線(4)直後の「自分の前に現われる他者から、そのいっさいの個別性を奪って」は「どういう人物かは問題外だから」と一致するので、正解はB。Aは「一個の人格をもった存在として意識」が「個別性を奪って」と矛盾する。Cは「主観的判断によって評価」の部分が本文にない。Dは「はるために」の部分が誤り。「中国文化の……文化的伝統」と「イデオロギーとしての……並存」に因果関係はない。Bは「和風建築の屋根の変容」を西欧の文物を取り込んだものとしているのが誤り。Cは前半部「和風の……強まる」と後半部「西洋化の……強化された」の因果関係が逆である。Dの「西洋化の……イデオロギーの合体」については第十九段落で、「無自覚あるいは自然的なものであった」と述べられている。

二

出典　木村敏『人と人との間——精神病理学的日本論』〈第4章　日本語と日本人の人間性〉（弘文堂）

解答

問一　A　　問二　B

問三　D

問四　B

問五　E

◆要　旨◆

日本語は、一人称代名詞、二人称代名詞ともに数も多く、日常会話においては省略されることも多い。一方、西洋人にとっては、人称代名詞を用いることなしに会話をするということは考えられない。西洋人の人称代名詞と人格的アイデンティティーの関連を考えてみると、一人称代名詞においては、自己が不変の自己同一的な自己であるということが、いっさいの思考に先立つ既定の事実となっている。二人称代名詞においては、自己の前に現れる他者をすべて「汝」と扱うことで、そのいっさいの個別性を奪っている。これらは、実に徹底した自己中心主義である。

▲解　説▼

問一　筆者は、第二段落において「一応、自分との心理的距離が減少する方向にある相手に対してはドゥーおよびテュ、ザイン〉について述べられているが、筆者が注目しているのは第十段落「江戸時代以後の……がむしろ多い」以降、第十六段落までの部分である。よって正解はA。第八・九段落の内容であるBとDは不適。Eは第十五段落における「和風邸宅部分」の説明である「日常生活や……の場」を「洋館の邸宅」としているのが誤り。

問五　「功なり名を遂げる」は〝立派な仕事を成功させ、有名な人物になる〟という意味の成句であり、正解はD。「功成り名遂げて身退くは天の道なり」は『老子』の一節で、〝功名を立てて名誉を得たら、与えられた地位にとどまらず退く〟ことを説いている。

問六　やや難。「近代和風建築」については第十六段落（傍線(8)の二つ前の段落）で「近代化＝西洋化という図式にあてはまらない表現が近代和風建築なのだ」と述べられている。また、第十七段落では「近代化と伝統がバランスのとれたかたちで進行した国」として日本が挙げられている。これらから「語義矛盾」は〈近代＝西洋化〉と〈和風＝伝統〉の矛盾であると判断し、正解はE。Aは「近代和風建築」を「先進性を指示するもの」としているのが誤り。また、Bの抽象・具体やDにある孤立性・独自性の対立は本文に見られない。Cは「近代以前が……通念とは、相容れない発想」の部分が誤り。通念との矛盾ではなく、「近代和風建築」の中の語義矛盾が問われている。

問七　傍線(10)「日本の近代の哀しみ」は、続く箇所で「計り知れない近代のストレス」と言い換えられている。そのストレスが生まれた結果、「公的な部分……においては西欧化を突き進み、私的な部分……では和風の隆盛を支えた」（第十九段落）ことで「近代和風建築」が生まれた、というのが筆者の主張である。よって、それを説明しているCが正解。Aは中国文化の影響に置かれた歴史の結果を「不完全な形での西洋化」だとしているのが誤り。Bは「和風建築」を「強いられた」、Dは建築のあり方が「伝統的な趣味の領域に追いやられてしまった」としているが、そのような記述は本文中にない。Eは将来に向けての筆者の懸念であり、「日本の近代の哀しみ」そのものではない。

問八　問七で指摘した通り、筆者は「公的な部分……においては西欧化を突き進み、私的な部分……では和風の隆盛を支えた」（第十九段落）ことで「近代和風建築」が生まれた、と主張している。これと一致するのはE。Aは「決別す

▲解　説▼

問一　全体として、同音異義語に注意する。

(4)「定石」は〝物事を行う際に最上とされる方法や手順〟の意。

(5)「造作」は〝顔のつくり・家を建てること・細かい仕上げ〟の意。同じ漢字「造作」で「ぞうさ」と読むと〝手間・面倒・もてなし〟と別の意味になる。

(9)「喝破」は〝誤った説を退け、真理を解き明かすこと〟の意。

問二　空欄(1)の直前部「そうした『文化の従属性』と見られる解釈を嫌って、……特徴なのだと」に注目する。中国文化への従属性を嫌うために、「われわれの先輩」たちは日本文化が独自のものだと主張し、その独自性の根拠として日本の自然環境を挙げている。その様子を説明した空欄(1)に適するのはCの「ことさら」である。これは〝故意に・わざわざ〟の意であり、「われわれの先輩」たちは自説を補強するために日本の自然環境をわざわざ挙げているのである。なお、Dの「こころみ（に）」は〝ためしに〟、Eの「おもむろ（に）」は〝ゆっくりと〟の意味である。

問三　傍線(2)の直前部は「また……も、」となっており、この部分と問二で問われた空欄(1)の周辺部は、同じ「われわれの先輩」の精神的背景についてであると読み取れるため、第一〜三段落に注目する。その精神的背景となっているのは「『文化の従属性』と見られる解釈を嫌って」の部分であるので、正解はD。Aはその精神的背景によって、結果的に好んで使われた考え方。Bについて、第二段落にある「ナショナル・アイデンティティ」は中国のものだが、選択肢では日本のものと読み取れるので不適。Cは逆に「われわれの先輩」が嫌う対象となっている考え方である。Eは「自然環境を決定的要因とする説明を否定する」が誤りで、むしろ肯定されている。

問四　やや難。傍線(3)「そうした水平的な建築」とは、第七段落の「奥のほうにある重要な建物には、他とは異なる屋根を架ける」ものである。それが近代でどう変容したのかを読み取る。そのため第七段落で述べられているCは変容以前のものであり不適。続く第八段落では〈高さを誇る建築と正面性を誇る建築〉、第九段落では〈屋根を強調するデ

国語

一

出典 鈴木博之『都市のかなしみ――建築百年のかたち』＜6 日本のデザイン 和風衝動の遺産＞（中央公論新社）

解答

問一 (4)―B (5)―A (7)―D (9)―E
問二 C
問三 D
問四 A
問五 D
問六 E
問七 C
問八 E

◆要　旨◆

日本建築の特徴である大きな屋根は、奥にある重要な建物には他と異なる屋根を架け、その存在をほのめかすという水平的な展開を持つ建築表現である。近代化のプロセスの中、公的な部分での西欧化が進む一方で、そのストレスの反動として、私的な部分での和風への衝動は、無自覚ながら強まった。その結果、文明開化のシンボルである西洋館とともに、日本各地に質の高い和風建築が生み出され、そこには複雑に連なる部屋べやと、それをおおう複雑な屋根が作られた。こうした日本近代の基盤となった過去を見つめなおすためにも、近代和風建築に注目したい。

2022年度

問題と解答

■６学部共通選抜

問題編

▶試験科目・配点

学部		教科	科目	配点
法・国際経営	４教科型	外国語	コミュニケーション英語Ⅰ・Ⅱ・Ⅲ，英語表現Ⅰ・Ⅱ	150 点
		地歴・公民	日本史Ｂ，世界史Ｂ，政治・経済から１科目選択	100 点
		数学	数学Ⅰ・Ⅱ・Ａ・Ｂ	100 点
		国語	国語総合（漢文を除く）	100 点
	３教科型	外国語	コミュニケーション英語Ⅰ・Ⅱ・Ⅲ，英語表現Ⅰ・Ⅱ	150 点
		地歴・公民または数学	日本史Ｂ，世界史Ｂ，政治・経済，「数学Ⅰ・Ⅱ・Ａ・Ｂ」から１科目選択	100 点
		国語	国語総合（漢文を除く）	100 点
経済		選択	「コミュニケーション英語Ⅰ・Ⅱ・Ⅲ，英語表現Ⅰ・Ⅱ」，日本史Ｂ，世界史Ｂ，政治・経済，「数学Ⅰ・Ⅱ・Ａ・Ｂ」，「国語総合（漢文を除く）」から３教科３科目選択	各 100 点
商・文・総合政策		外国語	コミュニケーション英語Ⅰ・Ⅱ・Ⅲ，英語表現Ⅰ・Ⅱ	150 点
		地歴・公民または数学	日本史Ｂ，世界史Ｂ，政治・経済，「数学Ⅰ・Ⅱ・Ａ・Ｂ」から１科目選択	100 点
		国語	国語総合（漢文を除く）	100 点

▶備　考

- 「数学B」は「数列，ベクトル」から出題する。
- 法学部国際企業関係法学科・国際経営学部の「外国語」は150点を200点に換算する。
- 経済学部の「外国語」は150点を100点に換算する。
- 文学部日本史学専攻，心理学専攻，学びのパスポートプログラムの「外国語」は150点を100点に換算する。
- 文学部国文学専攻の「国語」は100点を150点に換算する。
- 法学部3教科型・商学部・文学部・総合政策学部・国際経営学部3教科型で，「地理歴史・公民」と「数学」の両方を受験した場合は，高得点の教科の得点を合否判定に使用する。
- 経済学部で4教科4科目受験した場合は，高得点の3教科3科目の合計得点で合否判定を行う。

英語

（80分）

（注）満点が150点となる配点表示になっていますが，法学部国際企業関係法学科および国際経営学部の満点は200点，経済学部各学科および文学部日本史学専攻，心理学専攻，学びのパスポートプログラムの満点は100点となります。

I　次の1～15の英文の空所に入れるのに最も適切な語句を，それぞれ(a)～(d)の中から1つ選び，その記号をマークしなさい。(30点)

1. If you have plenty of time to (　　), I recommend that you visit the British Museum for several days while staying in London.
(a) do　(b) hold　(c) leisure　(d) spare

2. You can't expect people (　　) you if you don't respect yourself.
(a) be respected　(b) of respecting
(c) respect　(d) to respect

3. I will tell you that this new project will (　　) close cooperation with all other departments in our company.
(a) ask　(b) reply　(c) require　(d) result

4. I'll wait for you here until you finish your work as I don't want to get (　　) the way.
(a) at　(b) by　(c) in　(d) on

5. My brother fell down the stairs yesterday, but he is all right. He (　　) hurt himself badly.

(a) could have　(b) ought　(c) was　(d) will have

6. It is said (　　) seems easy at first often turns out to be difficult.

(a) it　(b) that　(c) what　(d) which

7. I went to Hawaii last summer, (　　) wasn't as hot as I had imagined because it was rather dry.

(a) when there　(b) where it

(c) where though　(d) which it

8. I went back to my hometown recently for the first time (　　) twenty years.

(a) before　(b) for　(c) in　(d) of

9. All my life, I have devoted myself (　　) jazz music.

(a) along practicing　(b) in practicing

(c) practice　(d) to practicing

10. I'm halfway (　　) my mathematics assignment, so I plan to hand it in the day after tomorrow.

(a) across　(b) on　(c) over　(d) through

11. In my opinion, designer dresses are not always good just (　　) they are expensive.

(a) because　(b) for　(c) since　(d) though

12. You should not keep any pets (　　) you can take good care of them.

(a) after　(b) unless　(c) when　(d) which

13. I've never timed myself, but it takes me (　　) half an hour from the station to the library on foot.

(a) appreciatingly　(b) appropriately

(c) approvingly　(d) approximately

14. I found it difficult to tell the truth when talking to a friend on the phone, so I had to (　　　) a story.

(a) combine　(b) detect　(c) invent　(d) pretend

15. I am looking for new curtains to go (　　　) my room which has light blue walls.

(a) as　(b) for　(c) on　(d) with

Ⅱ　次の1～5の英文の(a)～(d)には，文法・語法・内容上の誤りを含むものが，それぞれ1つあります。その記号をマークしなさい。(10点)

1. Recent studies [have shown] (a) that in-store shopping decreased significantly [during] (b) the pandemic, as many shops closed [from the result] (c) of strict lockdowns [that occurred] (d) worldwide.

2. However, the money customers spent when [shopping online] (a) was still [much fewer] (b) than the average amount they spent when shopping in an actual store, [despite] (c) it being [far easier] (d) to buy items online with the click of a button.

3. This is because customers [can examine and test] (a) items before buying them [where they visit] (b) a store themselves, [whereas] (c) online shopping means relying on pictures and short [descriptions of the items.] (d)

4. It is also easier to return items [that are purchased] (a) in a store than ones purchased online. Returning online purchases usually means [filling out a form] (b) on the company's website, [making a trip] (c) to the post office to mail the item back, and then [wait to get] (d) your money back.

5. The effort [involves in] (a) going to a store also means that customers are [likely to] (b) buy more of the things they need or want [so that] (c) they do not have to go back again later. Online stores are always open, so there is [no pressure to buy] (d) while browsing through items.

Ⅲ　次の１～５の(a)～(d)の英文には，文法・語法・内容上の誤りを含むものが，それぞれ１つあります。その記号をマークしなさい。(15 点)

1．(a) After being asked to join her for lunch on several occasions, I finally accepted her invitation when she offered again yesterday.

(b) No matter how many times he watches that film, he always ends up crying when the hero dies at the end.

(c) One of our family trips were canceled over the summer, so I spent the time teaching myself to play the guitar instead.

(d) When walking along the road at night, it is important to wear brightly colored clothing so that drivers can see you.

2．(a) I almost forgot doing my homework last night, but thankfully a message from my friend reminded me about it.

(b) While it is good to save money for the future, it is also important to treat yourself to something nice sometimes.

(c) Why he waited until the age of 75 to retire from being a teacher, I will never understand.

(d) Without a single worry, he sped down the road in his car in search of adventure on the night of his birthday.

3．(a) He would always go fishing with his father whenever they took a trip to the countryside together.

(b) It is surprising that he even finds time to sleep considering how many times he spends looking at his smartphone.

(c) The price of the computer written on that sign does not include the 10% sales tax.

(d) What one person thinks is a masterpiece, another might find to be the ugliest painting he or she has ever seen.

4. (a) Her younger sister would not go anywhere unless she had her precious doll with her.

(b) Most people are applying for passports to go abroad now than at any other time in history.

(c) The café has been transformed from a place to try new types of coffee into an important meeting place in modern society.

(d) The negotiations broke down, with each side blaming the other for not compromising.

5. (a) He assured me that he was thinking the assignment seriously, but I hadn't seen him work on it even once.

(b) She had a long conversation with her mother about whether she should go abroad to study.

(c) The company president agreed to meet with the workers that were demanding an increase in salary.

(d) Venice is a beautiful city, but this postcard that I bought there just doesn't show its true beauty.

Ⅳ　次の英文を読み，1～10の空所に入れるのに最も適切な語句を，それぞれ(a)～(d)から1つ選び，その記号をマークしなさい。* の付いた語には注があります。

(30点)

The road (1) from New Delhi to nearby Meerut was built using a system developed by Rajagopalan Vasudevan, a professor of chemistry at the Thiagarajar College of Engineering in India, which replaces 10% of a road's asphalt with plastic waste. India has been leading the world in experimenting with plastic-tar* roads since the early 2000s. But a growing number of countries are beginning to follow India's lead. From Ghana to the Netherlands, building plastic into roads and pathways is helping to save carbon emissions, keep plastic from the oceans and landfills, and improve the life-expectancy of the average road.

By 2040, there is set to be 1.3 billion tons of plastic in the environment globally. India alone already (2) more than 3.3 million tons of plastic waste a year, which was one of the reasons behind Vasudevan's system for incorporating waste into roads. It has the benefit of being a very simple process, requiring little high-tech machinery. (3), the shredded plastic waste is scattered onto a mixture of crushed stones and sand before being heated to about 170℃ — hot enough to melt the waste. The melted plastics then coat the mixture in a thin layer. Then, heated asphalt is added on top, which helps to harden the mixture, making it complete. Many different types of plastics can be added to the mix: carrier bags, disposable cups, hard-to-recycle films and polypropylene* have all found their way into India's roads, and they don't have to be sorted or cleaned before shredding.

(4) ensuring these plastics don't go to a landfill, incinerator*, or the ocean, there is some evidence that the plastic also helps the road function better. Adding plastic to roads appears to slow their deterioration and minimize potholes*. The plastic content improves the surface's flexibility, and after 10 years, Vasudevan's earliest plastic roads showed (5) potholes. Yet, since many of these roads are still relatively young, their long-term strength remains to be tested.

By Vasudevan's calculations, incorporating the waste plastic instead of incinerating it also saves 3 tons of carbon dioxide for every kilometer of road. And there are (6) too, with the incorporation of plastic resulting in savings of roughly $670 per kilometer of road. In 2015, the Indian government made it a requirement to have plastic waste used in constructing roads near large cities of more than 500,000 people after Vasudevan gave his patent* for the system to the government for free. A single lane of ordinary road requires 10 tons of asphalt per kilometer, and with India (7) a year, the potential to put plastic waste to use quickly adds up. So far, 2,500 km of these plastic-tar roads have been built in the country. "Plastic-tar road can withstand both heavy load and heavy traffic," says Vasudevan. "It is not affected by rain or water."

Similar projects have emerged around the world. The chemicals firm Dow has started projects using polyethylene*-rich recycled plastics in the US and Asia Pacific. The first in the UK was built in Scotland in 2019 by the plastic road builder MacRebur, which has built plastic roads from Slovakia to South Africa. MacRebur has also found that incorporating plastic improves roads' flexibility, helping them (8) expansion and contraction due to temperature changes, leading to fewer potholes — and where potholes do happen, filling them in with waste plastic that would usually go to landfills is a quick fix. The UK government recently announced more than 2 million dollars for research on plastic roads to help fix and prevent potholes.

In the Netherlands, PlasticRoad built the world's first recycled-plastic cycle path in 2018 and recorded its millionth crossing in late May 2020. The company shredded, sorted, and cleaned plastic waste collected locally, before taking out polypropylene from the mix — the kind of plastic typically found in festival cups, cosmetics packaging, bottle caps, and plastic straws.

With India home to one of the world's largest road networks, growing at a rate of nearly 10,000 km of roads a year, the potential to put plastic waste to use is (9). Though this technology is relatively new for India, and indeed the rest of the world, Vasudevan is confident that plastic roads will continue to (10), not only for environmental reasons but for their potential to make longer-lasting roads.

*tar　タール　　*polypropylene　ポリプロピレン　　*incinerator　焼却炉
*pothole　(舗装道路面の)くぼみ　　*patent　特許　　*polyethylene　ポリエチレン

出典追記：Could plastic roads make for a smoother ride?, BBC Future on March 3, 2021 by Chermaine Lee

1. (a) driving (b) packing (c) stretching (d) walking

2. (a) consumes (b) generates (c) purchases (d) recycles

3. (a) At first hand (b) At first sight
(c) First (d) For the first time

4. (a) As well as (b) Because of (c) Despite (d) Instead of

5. (a) no signs of (b) numerous (c) quite a few (d) tendencies of

6. (a) agricultural advantages (b) economic benefits
(c) human errors (d) social costs

7. (a) constructed thousands of kilometers of roads
(b) constructing thousands of kilometers of roads
(c) thousands of kilometers of constructed roads
(d) thousands of kilometers of roads constructed

8. (a) become harder in (b) cope better with
(c) fall short of (d) shrink less for

9. (a) considerable (b) considerate
(c) consideration (d) considering

10. (a) disappear (b) gain popularity
(c) improve technology (d) increase waste

V　次の英文を読み，あとの設問に答えなさい。* の付いた語句には注があります。

(30点)

There is a simple step we can all take that could reduce our stress levels, our risk of heart disease and mental illness. It can prevent cognitive* decline in later life, help you live longer, earn more money, and be (1). While it is no substitute for a healthy diet and regular exercise, it costs nothing and can be done in seconds. All of this can be yours in exchange for three little words: "(2)."

It is remarkable to think that this simple phrase can have so much impact. And these are just the benefits to the forgiver — so consider the relieving of guilt on the part of the wrongdoer too. But an act of forgiveness doesn't have to follow an apology. Even if the person who offended you shows no regret, you can forgive them and receive the benefits. "I don't know (3) if there is a part of your life that will not be positively affected by being more forgiving," says Loren Toussaint, a psychologist who studies forgiveness at Luther College, Iowa, US. For Toussaint, there's no argument for holding back forgiveness.

If you think of our cultural influences too, forgiveness is (4). Is there a culture or religion on this planet that does not encourage making peace, whether with your God or fellow human? However, despite how apparently near-universal forgiveness is, not all acts are created equal. Our cultures and our personal psychologies affect how we choose to offer forgiveness, and the benefits that come with it.

"When you cross cultural borders, it becomes crucial to know that the approach towards forgiveness is culturally sensitive," says Toussaint. An act of forgiveness in one culture might mean something completely different in the other — it might actually make tensions worse. Western countries like the US or the UK tend to have more (5 a) cultures, which means Western people often put personal gain before helping the wider group (whether that is their family, friends, or colleagues). Other countries, like those in Asia and Africa, are more inclined to put the group first — these are called (5 b) cultures.

It is generally true that individualists use forgiveness to relieve a burden, clear their conscience, or to feel they have done the right thing. Collectivists, by comparison, use forgiveness to preserve social harmony. For the latter, forgiveness might be offered (　6　) that individual still feels anger towards their wrongdoer, because it is their duty to keep the group happy. These are general observations — some people from the West can have more collectivistic traits and vice versa*. "There is typically as much variety within a group as across groups," says Toussaint. "It really comes down more to each individual." But on average, cultures tend to differ from one another, and accordingly, there is diversity in the language and strategies we use for forgiving.

Some psychologists describe forgiveness as having two separate types. On one hand is (7) decisional forgiveness, which is colder, cognitive, and analytical. A collectivist might decide to forgive after weighing up whether it will keep the group happy. The choice to be made by a collectivist is: will drawing a line under this offense be the best thing for everyone else?

The other type is (8) emotional forgiveness — where making peace is offered to satisfy an emotional need in the person who was wronged and, as a result, is more common in individualistic people. This is sometimes used to explain the difference between collectivistic and individualistic approaches. But it might not always be that simple. Does putting the needs of the group first leave the forgiver dissatisfied? What about their emotional needs?

"The question is whether emotional forgiveness follows decisional forgiveness in collectivistic people," says Toussaint. "Something called cognitive dissonance* might interfere." In short, it's difficult for people to say one thing and believe another — we struggle to allow (9) two contradictory wishes to exist, and it creates additional stress. As a result, (10) if we say we believe something, that belief tends to materialize. "To decide you will forgive and then withhold it emotionally for most individuals would be very upsetting," says Toussaint. "Sometimes, especially when acts of forgiveness are made public, they draw us emotionally in line with those commitments."

*cognitive　認知的な　　*vice versa　逆もまた同様　　*dissonance　不一致

1．空所（　1　）に入れるのに最も適切なものを(a)～(d)から1つ選び，その記号

出典追記：What other cultures can teach us about forgiveness, BBC Future on November 10, 2020 by William Park

をマークしなさい。

(a) angrier　(b) cleverer　(c) happier　(d) sadder

2．空所（　2　）に入れるのに最も適切なものを(a)～(d)から1つ選び，その記号をマークしなさい。

(a) Anything will do　(b) I am sorry

(c) I forgive you　(d) Thanks a lot

3．下線部(3)の内容を最も適切に表すものを(a)～(d)から1つ選び，その記号をマークしなさい。

(a) 他者に対してより寛大になることが良い影響をもたらさないという場面が人生の中にあれば

(b) 他者に対してより寛大になることが良い影響をもたらさないような場面が人生においてあるかどうか

(c) 他者に対してより寛大になることが良い影響をもたらさなくなるような日々の生活ができるかどうか

(d) 他者に対してより寛大になることによって，良くない影響をもたらすということが日々の生活にあれば

4．空所（　4　）に入れるのに最も適切なものを(a)～(d)から1つ選び，その記号をマークしなさい。

(a) everywhere　(b) here　(c) nowhere　(d) there

5．空所（　5 a　）—（　5 b　）に入れるのに最も適切な語の組み合わせを(a)～(d)から1つ選び，その記号をマークしなさい。

(a) collectivistic — individualistic　(b) exclusive — inclusive

(c) inclusive — exclusive　(d) individualistic — collectivistic

6．空所（　6　）に入れるのに最も適切なものを(a)～(d)から1つ選び，その記号をマークしなさい。

(a) because　(b) even if　(c) since　(d) whenever

7．下線部(7)の decisional forgiveness について，本文の内容と一致するものを(a)～(d)から1つ選び，その記号をマークしなさい。

(a)　自分が所属するグループのために行われる

(b)　自分の気持ちを尊重したうえで行われる

(c)　自分の所属するグループ内で相談して行われる

(d)　冷静な判断や分析とは無関係で行われる

8．下線部(8)の emotional forgiveness について，本文の内容と一致するものを(a)～(d)から1つ選び，その記号をマークしなさい。

(a)　感情を出してお互いの違いを認め合うことが優先される

(b)　グループ全員の気持ちの平穏を保つことが優先される

(c)　グループの構成員との感情の共有が優先される

(d)　自分の感情的な要求を満たすことが優先される

9．本文の内容に照らし，下線部(9) two contradictory wishes の内容を最も適切に表すものを(a)～(d)から1つ選び，その記号をマークしなさい。

(a)　許さない方が相手のためだが，許してしまうこと

(b)　許す気持ちにはなっていないが，許すと決めたこと

(c)　許す気持ちはあるが，許してはいけないと思うこと

(d)　許すと言うかどうかを決めかねていること

10．下線部(10)の意味として最も適切なものを(a)～(d)から1つ選び，その記号をマークしなさい。

(a)　what we say we believe has often been said somewhere before

(b)　what we say we believe is often based on evidence

(c)　what we say we believe is usually what we think won't happen in reality

(d)　what we say we believe will usually be realized

VI　次の英文を読み，あとの設問に答えなさい。* の付いた語には注があります。

（35点）

If the history of creativity teaches us anything, it is that great ideas often come when we're least expecting them. Consider Wolfgang Amadeus Mozart, who described how new melodies (　1　) while he was eating in a restaurant, walking after a meal, or getting ready for sleep at night. It's not just Mozart who experienced this phenomenon(ア); the French mathematician Poincaré (　2　) while traveling on the bus or walking by the seaside, while Agatha Christie reported that ideas for her crime stories often came while washing up or having a bath. "Invention, in my opinion, arises directly from idleness, (　3　)," she wrote. Psychologists would seem to agree, with strong evidence that creative insights are much more likely to occur after a period of "incubation"(イ) — in which you focus on something entirely different from the job at hand, while your brain works away behind the scenes. This could include taking a walk, doing household tasks, or having a shower. Even our procrastination* at work — such as watching funny YouTube videos — may be helpful for our problem solving, as long as it is done in moderation(ウ).

There are many reasons why a period of incubation could lead to new and inventive insights. According to one of the leading theories, it depends on the power of the unconscious mind: when we leave our task, the brain continues to look for solutions below awareness, until a solution pops out. Just as importantly, a period of incubation allows us to gain some psychological distance from our task. When you (　4　) on one problem, you can become stuck on certain obvious solutions. Intriguingly, incubation may work best when your mind is distracted with an engaging but relatively easy task so that it is given just enough room to wander freely(エ).

In 2012, the psychologist Benjamin Baird and colleagues put this idea to the test with an ingenious experiment. The participants were first asked to tackle a test of creativity called the "Unusual Uses Task." The aim is (　5　) as possible for a common object such as a brick or a coat hanger. After a few minutes of brainstorming, it was time for a period of incubation. Some students were allowed to rest for 12 minutes. Others were given a rather undemanding test in which they were shown a series of numbers and had to say whether the number was even or odd. That's similar to doing a household task like (6) — it requires a bit of focus but still allows plenty of room for mind wandering. A third group was given a harder task, in which they had to keep the numbers in working memory (7) before giving their answers. In terms of the mental effort that's required, this activity is closer to the concentrated thinking we normally do at work; it (8) for mind wandering. After the 12-minute incubation period was over, all these participants then returned to the unusual uses test of creativity and were scored on the originality of their solutions.

The benefits of performing the undemanding task during the incubation were striking, with these participants showing a (9) for the questions they had previously considered. Importantly, there were no benefits for the participants who did nothing at all during the incubation, or those whose minds were more fully occupied(オ) with the working memory challenge. It may seem surprising that the pure rest period had not led to greater creativity, but Baird suspects that we need some distraction to allow our minds to wander productively. If we (10), our thoughts can become too logical, he says, as you may think through one particular subject in detail. For creativity, what you really need is looser, less focused thinking — and that seems to come with slight engagement in an undemanding task.

*procrastination　引き延ばすこと

1．空所(1)～(10)に入れるのに最も適切なものを，それぞれ(a)～(j)から1つ選び，その記号をマークしなさい。なお(a)～(j)は，文頭に位置するものも書き出しの文字は小文字にしてあります。

(a) 40% rise in the creativity of their ideas
(b) described how his breakthroughs occurred
(c) doesn't leave a lot of mental space
(d) for a short while
(e) have literally nothing to do
(f) possibly also from laziness
(g) spend a long time focusing

出典追記：Why procrastination can help fuel creativity, BBC Worklife on April 1, 2021 by Loizos Heracleous and David Robson

(h) to find as many surprising uses

(i) washing the dishes

(j) would arrive

2．下線部(ア) this phenomenon の示す内容に最も近いものを(a)～(d)から1つ選び，その記号をマークしなさい。

(a) coming up with new songs while dining out

(b) having new ideas come about late at night

(c) hitting upon new ideas without anticipating them

(d) inventing new things with the greatest effort

3．下線部(イ) incubation の意味に最も近いものを(a)～(d)から1つ選び，その記号をマークしなさい。

(a) activity　(b) development

(c) play　(d) sleep

4．下線部(ウ) in moderation の意味に最も近いものを(a)～(d)から1つ選び，その記号をマークしなさい。

(a) as much as possible　(b) to a reasonable degree

(c) very quickly and briefly　(d) without pausing or stopping

5．下線部(エ) to wander freely の意味に最も近いものを(a)～(d)から1つ選び，その記号をマークしなさい。

(a) to explore unfamiliar territory

(b) to operate without too many constraints

(c) to pursue all kinds of entertainment

(d) to take a walk in a public park

6．下線部(オ) fully occupied の意味に最も近いものを(a)～(d)から1つ選び，その記号をマークしなさい。

(a) busy　(b) confused　(c) free　(d) populated

日本史

（60分）

I　次の〔A〕〔B〕〔C〕の文章と〔D〕の史料について，下記の設問に答えなさい。なお，史料は読みやすくするために，一部改めた。(26点)

〔A〕

縄文時代という時代区分は，日本の歴史という一国史的観点から設定されたものであり，当然ながら日本にしか存在しない。これを世界史の区分と比較すると，おおよそ次のようになる。

世界史的には文字が使用されていない時代のうち，多くの道具を石でつくった石器時代は，大きく①旧石器時代と新石器時代に分けることができる。旧石器時代は石を打ち欠いてつくった打製石器を主に使用する時代で，新石器時代とは打製石器に加えて，石を磨いて刃部を作り出すなどした磨製石器を中心に使う時代のことである。

縄文時代では，矢につけて用いられた（　ア　）などの鋭い刃物類には打製石器を用いたが，石斧の他，（　イ　）などの呪術具に磨製石器を多く使用している。その意味では，縄文時代は新石器時代に含まれる。しかしながら，ヨーロッパやアジア大陸では，②新石器時代に農耕や牧畜が起こり，その後の社会も大きく発展したことから，これを「新石器革命」と呼んで，この時代を特別視することがある。その基準からすると，縄文時代には確実な農耕や牧畜の存在が確認されていないため，新石器時代にはあたらないことになってしまう。

（山田康弘『縄文時代の歴史』講談社現代新書，2019，pp.12～13，一部改）

問1　空欄（　ア　）・（　イ　）に当てはまる語句を正しく組み合わせたものを一つ選び，その記号をマークしなさい。

a　（　ア　）石匙　　（　イ　）石棒

b　（　ア　）石鏃　　（　イ　）石匙

c　（　ア　）石鏃　　（　イ　）石棒

d　（ア）石匙　　（イ）石鏃

e　（ア）石棒　　（イ）石鏃

問2　下線部①に関連する記述として正しいものを一つ選び，その記号をマークしなさい。

a　日本列島には，30万年前から40万年前までにさかのぼる人類が活動した確実な痕跡がある。

b　この時代の日本列島の人々は火を使っていたと考えられている。

c　この時代の終末には石器の一部分だけを磨いて用いる細石器が出土している。

d　出土した石皿などの石器から，木の実をつぶして食べていたと考えられている。

e　土を掘るための石器が発見されていることから，栽培がおこなわれていたとともに，この時代にはすでに定住が進んでいたと考えられる。

問3　下線部②に関連して，日本列島では，大陸から伝わった水稲農耕を基礎として，弥生文化が成立した。その弥生文化およびその時代に関する記述として正しいものを一つ選び，その記号をマークしなさい。

a　日本列島に水稲農耕が伝わるのとほぼ同時に銅と亜鉛の合金である青銅で造られた金属器が伝わった。

b　弥生時代の日本列島には，水稲農耕や金属器に加えて機織りの技術もすでに到来していた。

c　弥生時代の甕棺墓では，縄文時代と同様に屈葬にされた人骨が多い。

d　山陰地方にある楯築墳丘墓は，円形の墳丘の両側に突出部を持つ弥生時代に特徴的な墓制である。

e　弥生時代後期の日本列島では，灌漑設備を必要とする乾田に比べてより生産性の高い湿田が広く見られるようになった。

〔B〕

3世紀中頃から後半になると，定型化した前方後円墳③に代表される，より大規模な墳丘をもつ古墳がひろく造営されるようになる。

この時代を古墳時代といい，旧石器・縄文・弥生の各時代が遺物を中心とした名称

になるのに対して，大規模な墳墓の造営を画期とする特徴的な時代となる。(中略)

出現期の古墳で最も規模の大きいものが近畿地方を中心に造営されることから，これらの勢力を中心に広く政治的な連合が形成されたとして，ヤマト王権と呼ばれている。これらの古墳からは，長い木棺を竪穴式石室におさめた埋葬施設，鉄製の武器や農工具とともに多数の銅鏡や腕輪形石製品などの副葬品が出土し，画一的な内容をもっている。各地の勢力との共通意識のもとで古墳はつくられ，弥生時代以来各地域の墳丘墓で採用されていた特徴を取り入れたことが指摘されている。墳墓表面の葺石は（　ウ　）県や島根県，特殊器台や特殊壺形埴輪は（　ウ　）県，大量の銅鏡埋葬は福岡県などでみられていたものである。(中略)

5世紀中頃になると，我が国最大となる大阪府堺市大仙陵古墳をはじめ墳丘が長大化することになる。墳丘規模が大きい順から46番目までを前方後円墳が占め，47位に（　エ　），それ以下も前方後円墳が続くことから，前方後円墳を最重要な墳丘形式とすることができる。

(勝田政治，眞保昌弘ほか『日本史概説―知る・出会う・考える』北樹出版，2020，pp.19～20，一部改)

問4　下線部③に関連する記述として正しいものを一つ選び，その記号をマークしなさい。

a　前方後円墳は本州・四国・九州に広くみられるだけではなく，北海道南部の渡島半島でも確認されている。

b　初期の前方後円墳である箸墓古墳からは，発掘調査の結果33枚の三角縁神獣鏡が発見されている。この三角縁神獣鏡は近畿中央部の古墳からの出土量が多く，初期のヤマト政権の勢力圏を示唆する遺物である。

c　前方後円墳が造られていた時代，ヤマト政権の直轄民として「伴造」という集団が置かれ，それらの集団は大王の一族の名前を付けて「刑部」「穴穂部」などとよばれた。そして，彼らが耕作したヤマト政権の直轄地を屯倉という。

d　古墳時代の終末期まで，大王の墓は前方後円墳であった。

e　古墳時代後期になると，追葬が可能な横穴式石室が前方後円墳でも採用された。

問5　2か所の空欄（　ウ　）に当てはまる県名を一つ選び，その記号をマークしなさい。

a　兵庫

b　香川

c　徳島

d　岡山

e　鳥取

問6　空欄（　エ　）に当てはまる語句を一つ選び，その記号をマークしなさい。

a　方墳

b　円墳

c　八角墳

d　前方後方墳

e　上円下方墳

〔C〕

中世前期にいたる武士史の大雑把な時期区分を試みると，

1，④平安前期から11世紀後半まで

2，⑤白河院政開始から治承・寿永内乱開始まで

3，⑥鎌倉幕府成立以後

の3期を設定することができる。

第1・2期の武士は，天皇の安全と首都の平和の護り手であるという点で，基本的に共通している。違いは，第1期の武官系武士が，数の面でも社会勢力の面でも限られた存在であるのにたいし，第2期は，王権の引き立てをえて成長した中央の有力武士が，地方社会にも出現した武士や武に堪能な存在を，従者として組織するようになった時代だった。第3期は，武士勢力の拡大という点で第2期をさらに上回り，武士がほぼ在地領主層によって構成されるようになった時代，⑦武士の首長が王権の守護者だという建前は継承されているが，以前に比べ彼の王権からの自立度はずっと大きくなり，王権に脅威を与えるようにもなった時代である。これにたいし，王権の側からも，武家の首長を自分の側に取りこもうとする試みがなされた。

（髙橋昌明『武士の日本史』岩波新書，2018，pp.42～43，一部改）

問7　下線部④に関連する記述として正しいものを一つ選び，その記号をマークしな

さい。

a　10世紀半ばに関東で反乱をおこし，常陸・下野・上野の国府を攻め落とし，関東地方の大半を一時期占領した平将門は，桓武天皇の子孫で将門の祖父がはじめて平という姓を名のった。

b　伊予掾の任期が終わっても京都に帰らなかった藤原純友は瀬戸内海の海賊を率いて反乱をおこしたが，平貞盛や藤原秀郷によって平定された。

c　各地に出現した武士たちは，国ごとに常置されるようになった滝口の武者（武士）に登用されるようになった。

d　刀伊とよばれる集団が対馬・壱岐を犯し，北九州に来襲すると，対馬を支配していた宗氏がこれを撃退した。

e　平忠常の乱を平定した源頼信の子頼義と孫の義家は，清原氏の内紛からおこった後三年合戦を清原氏の一族である藤原清衡を助けて鎮圧した。

問8　下線部⑤について，この時期におこった武士の戦いとして平治の乱をあげることができる。平治の乱の展開について，次のア～エを正しく並びかえたものを，下から一つ選び，その記号をマークしなさい。

ア　藤原信頼と源義朝が挙兵した

イ　平清盛が挙兵した

ウ　藤原通憲（信西）が命を落とした

エ　源義朝が殺された

a　ア→イ→ウ→エ

b　ア→ウ→イ→エ

c　ア→エ→イ→ウ

d　イ→ア→ウ→エ

e　イ→ウ→ア→エ

問9　下線部⑥について，今日では，鎌倉幕府は段階を経て実質的に形成されたものであると考える研究者が多い。鎌倉幕府の成立過程に関する説明として誤っているものを一つ選び，その記号をマークしなさい。

a　1180年に，源頼朝が南関東を制圧し，鎌倉を根拠として侍所を置き，和田義盛をその長官とした。

b　1183年に，後白河法皇は東国の国衙領・荘園をもとの領主に返還させ，それに従わないものがいるときには頼朝に鎮圧させると宣言し，頼朝に東国の支配権を認めた。

c　1185年に，源頼朝に迫られた後白河法皇は，頼朝にたいして国ごとに守護（国地頭）を置く権利を認めたが，このときの守護（国地頭）の権限は小さく，兵粮米を徴収する権利や国衙の実権を握る在庁官人を指揮する権利は認められていなかった。

d　1190年に，上洛を果たした頼朝にたいして，後白河法皇は，天皇に近侍する武官の最高職の一つである右近衛大将に任命した。当時の日本では近衛府や近衛大将を指して「幕府」という語を使うことがあった。

e　1192年に，後白河法皇が亡くなると，朝廷は源頼朝を征夷大将軍に任じた。この役職は，本来蝦夷を討つための臨時の役職である。

問10　下線部⑦について，次の（ア）～（エ）のうち，この時期の「武士の首長が王権の守護者だという建前」に深く関係がある語句を正しく組み合わせたものを，下から一つ選び，その記号をマークしなさい。

（ア）北面の武士

（イ）京都守護職

（ウ）大番催促

（エ）平家没官領

a　（ア）・（イ）

b　（ア）・（ウ）

c　（ア）・（エ）

d　（イ）・（ウ）

e　（イ）・（エ）

〔D〕

自力作善の人は，ひとえに他力をたのむこゝろかけたるあいだ，弥陀の本願にあらず。しかれども，自力のこゝろをひるがえして，他力をたのみたてまつれば，真実報土の往生をとぐるなり。煩悩具足のわれらはいずれの行にても生死をは《(離)》なるゝことあるべからざるを哀たまいて，願をおこしたまう本意，悪人成仏のためなれば，他力をたのみたてまつる悪人，もとも《(最も)》往生の正因なり。よりて善人だにこそ往生すれ，まして悪人はと仰そうらいき。

（史料は『歎異抄』，山川『詳説日本史史料集』を現代仮名遣いに改めた）

問11　この史料を書いた人物はだれか。正しいものを一つ選び，その記号をマークしなさい。

a　明恵

b　貞慶

c　俊芿

d　叡尊

e　唯円

問12　この史料の教えを説いた人物は，1207年にその師ともども流罪に処せられた。そのときに彼らのいずれかの手になる書物が禁書となった。その書物を一つ選び，その記号をマークしなさい。

a　『選択本願念仏集』

b　『教行信証』

c　『摧邪輪』

d　『立正安国論』

e　『正法眼蔵』

問13　この史料に関する記述として誤っているものを一つ選び，その記号をマークしなさい。

a　自力作善とは，自分の力で仏像を造ったり，寺を建てたり，経典を写し読むなどの善行を積むという意味である。

b　自分で善行を積むことのできる人は，阿弥陀仏にすがろうとする心に欠けるとしている。

c　欲望や悩みを身につけている人は，それを捨てることで生死の苦しみから逃れられるとしている。

d　阿弥陀仏は自力で善行を積めない人を救い，極楽に往生せさようという願いをたてられたとしている。

e　極楽に往生することで，人は生と死を繰り返す苦しみから逃れることができるとしている。

Ⅱ　次の〔A〕〔B〕の文章を読んで，下記の設問に答えなさい。(24点)

〔A〕

戦国の争乱をおさめた信長・秀吉の時期①には，城郭建築②に代表される豪華・壮大な文化が生み出され，絵画③にもその特徴がみられる。この時代には，富裕な町衆を担い手とする新しい文化も生み出された。たとえば（　ア　）が創出した侘茶が千利休により完成され，豊臣秀吉や諸大名の保護を受けておおいに流行した。さらに，この時代の文化は，種々の外来文化④の影響を受けている点にもその特徴が見出される。

この時代は，庶民の娯楽や生活⑤の面でも，大きな変わり目になっている。

問1　下線部①に関連する記述として誤っているものを，次のａ～ｅから一つ選び，その記号をマークしなさい。

ａ　1568年信長は，足利義昭を立てて入京し，義昭を将軍職につけて，全国統一の第一歩を踏み出した。

ｂ　信長が武田勝頼の軍を破った長篠合戦では，鉄砲隊が威力を発揮した。

ｃ　信長は長く続いた一向一揆との激しい戦いにも決着をつけた。

ｄ　信長の後継者としての地位を確立した秀吉は，1590年に九州を平定し，全国を統一した。

ｅ　秀吉は，晩年になると伏見城を築いてそこに住んでいたが，のちにその城跡に桃が植えられたので，この地を桃山と呼ぶようになり，この時代の文化の呼び方の由来にもなった。

問2　下線部②に関連して，16世紀から17世紀初頭にかけて建てられた天守閣が現存しないものを，次のａ～ｅから一つ選んでその記号をマークしなさい。

ａ　松江城

ｂ　彦根城

ｃ　姫路城

ｄ　大坂城

ｅ　松本城

問 3　下線部③に関連する記述として誤っているものを，次の a ～ e から一つ選んでその記号をマークしなさい。

a　濃絵は金箔地に彩色をほどこす手法であり，城郭の内部を飾る障壁画にも用いられた。

b　狩野永徳は，豊かな色彩と力強い線描，雄大な構図をもつ新しい装飾画を大成し，『唐獅子図屛風』などを残した。

c　『松鷹図』などを残した狩野山楽は，狩野永徳の門人である。

d　長谷川等伯は，『松林図屛風』など水墨画にもすぐれた作品を残した。

e　この時期には，庶民の生活・風俗などを題材にした風俗画もさかんに描かれ，海北友松は有名な『花下遊楽図屛風』を残している。

問 4　空欄（　ア　）に当てはまる人物はだれか。次の a ～ e から一つ選んでその記号をマークしなさい。

a　村田珠光

b　今井宗久

c　津田宗及

d　武野紹鷗

e　小堀遠州

問 5　下線部④に関連する記述として誤っているものを，次の a ～ e から一つ選んでその記号をマークしなさい。

a　朝鮮出兵により伝わった活字印刷術を用いて作られた活字本に慶長勅版がある。

b　キリスト教宣教師たちも活字印刷機を伝え，『日葡辞書』もそれにより刊行された。

c　この時期に多数描かれた南蛮屛風は，異国への憧れから主にポルトガルの自然を題材にしていた。

d　キリスト教宣教師たちが伝えた学問に天文学・医学・地理学などがあり，地球儀・世界地図・望遠鏡など科学にもとづく文物ももたらされた。

e　この時期の影響は，カステラ・カッパ・コンペイトウ・パンなどの語にも残っている。

問6　下線部⑤に関連する記述として誤っているものを，次のa～eから一つ選んでその記号をマークしなさい。

a　隆達節が庶民に人気があり，盆踊りも各地でさかんであった。

b　三味線を伴奏に，操り人形を動かす人形浄瑠璃も広まった。

c　この時期，能楽は衰退した。

d　肩衣・袴は，この時代に男性の略礼服になった。

e　男女問わず，結髪をするようになった。

〔B〕

18世紀後半の時期には，17世紀末から18世紀初めの元禄時代の文化で生まれた国学⑥や洋学⑦などの諸学問がさかんになり，幕藩体制の動揺を反映して，古い体制を見直すような思想⑧も生まれた。さらに，文学⑨や美術⑩，および諸芸能⑪の発展もみられた。

問7　下線部⑥に関連して，日本の古典を研究・編纂した著作物と著者・編者の関係として誤っているものを，次のa～eから一つ選んでその記号をマークしなさい。

a　『万葉代匠記』―契沖

b　『源氏物語湖月抄』―北村季吟

c　『国意考』―荷田春満

d　『古事記伝』―本居宣長

e　『群書類従』―塙保己一

問8　下線部⑦に関連する記述として誤っているものを，次のa～eから一つ選んでその記号をマークしなさい。

a　日本における洋学はまず蘭学として発達し始め，実学としての医学においていち早く取り入れられた。

b　山脇東洋は『蔵志』を著し，西洋外科を紹介した。

c　宇田川玄随は西洋内科を紹介した。

d　『ハルマ和解』は，芝蘭堂をひらいた大槻玄沢の門人である稲村三伯が刊行した蘭日辞書である。

e　平賀源内は博学多才の人であり，不燃性の布（火浣布），摩擦発電器（エレキテル），寒暖計などを作ったほか，戯曲や滑稽本も書いた。

問9　下線部⑧に関連して，18世紀以降に生まれた思想の記述として誤っているものを，次のa～eから一つ選んでその記号をマークしなさい。

a　水戸学は水戸藩の『大日本史』の編纂事業を中心としておこった学派で，後期水戸学は幕末の尊王攘夷運動に大きな影響を与えた。

b　兵学者の山県大弐は尊王斥覇を説き，幕政を批判したため，死刑に処せられた。

c　石田梅岩は心学をおこし，商行為の正当性と日常道徳を説いた。

d　『自然真営道』を著した安藤昌益は，万人がみずから耕作する自然世を理想社会と構想した。

e　儒学の一派である古学派，折衷学派，考証学派は，18世紀後半には衰退した。

問10　下線部⑨に関連して，文学作品と作者・選者の関係として誤っているものを，次のa～eから一つ選んでその記号をマークしなさい。

a　『金々先生栄花夢』—恋川春町

b　『江戸生艶気樺焼』—山東京伝

c　『雨月物語』—上田秋成

d　『菅原伝授手習鑑』—近松半二

e　『誹風柳多留』—柄井川柳

問11　下線部⑩に関連する記述として誤っているものを，次のa～eから一つ選んでその記号をマークしなさい。

a　17世紀末に創始された浮世絵は，鈴木春信が18世紀半ばに大首絵の手法により完成させた。

b　喜多川歌麿は『当時全盛美人揃』など多くの美人画を描いた。

c　円山応挙は，西洋画の遠近法を取り入れ立体感のある写生画を描いた。

d　文人画で有名な『十便十宜図』は，池大雅と蕪村の合作である。

e　司馬江漢は油絵に取り組むとともに，18世紀後半には銅版画を創始した。

問12　下線部⑪に関連して，この時期に歌舞伎に圧倒された浄瑠璃からおこった唄浄瑠璃に当てはまらないものはどれか。次のa～eから一つ選んでその記号をマークしなさい。

a　一中節

b　義太夫節

c　清元節

d　新内節

e　常磐津節

Ⅲ　次の〔A〕〔B〕の文章を読んで，下記の設問に答えなさい。(24点)

〔A〕

欧米列強との不平等条約の改正に関する予備交渉をすることも目的に，1871年11月，①岩倉具視を特命全権大使とする使節団が出発した。岩倉使節団は欧米諸国を訪問し，政治・産業動向を視察した。同使節団が帰国するまでの間は，②三条実美を太政大臣とする留守政府が内政をおこなった。留守政府の参議であった西郷隆盛や板垣退助は，岩倉使節団の帰国後の征韓論争に敗れて辞任したが，政府はその後，朝鮮進出を進めた。

1875年の江華島事件の翌年，日朝修好条規が締結され，朝鮮の開国とともに日本の領事裁判権が認められた。③その後の朝鮮では壬午軍乱，甲申事変が相次いで起こり，これら政変の処理をめぐって，朝鮮の宗主国であった清国と日本との関係は悪化した。

さらに1894年3月，朝鮮で東学の乱が起こると日清両国が朝鮮に出兵した。その後，日本が日清共同での朝鮮の内政改革案を提案したが清国は拒否し，同年8月に日清戦争がはじまった。軍の組織改革・規律強化・武器の近代化を遂げていた日本軍は朝鮮から清国軍を一掃し，さらに清国領内に進攻した。1895年2月に日本軍は清国の北洋艦隊の根拠地であった（　ア　）を占領し，北洋艦隊は降伏した。④同年4月には下関条約が締結され，戦争は日本の勝利に終わり，清国の弱体化が露呈することとなった。

日本は，日清戦争によって植民地領有を果たし，列強の一員となった。⑤一方，清国が弱体化する中で，ロシアは中国東北部へと勢力を拡張させ，朝鮮への影響力も拡大させた。こうした朝鮮や中国東北部の支配をめぐる日露両国の対立が深まり，1904年の日露戦争へとつながっていった。

問1　空欄（　ア　）にあてはまる地名を，次のa～eから一つ選んでその記号をマークしなさい。

a　旅順
b　鎮遠
c　威海衛
d　大連
e　天津

問2　下線部①に関して，この使節団に参加していない人物を，次のa～eから一人選んでその記号をマークしなさい。

a　大久保利通
b　副島種臣
c　伊藤博文
d　木戸孝允
e　山口尚芳

問3　下線部②に関して，留守政府が実施した施策ではないものを，次のa～eから一つ選んでその記号をマークしなさい。

a　廃刀令の公布
b　徴兵令の公布
c　学制の公布
d　琉球藩の設置
e　地租改正条例の公布

問4　下線部③に関する説明として正しい文を，次のa～eから一つ選んでその記号をマークしなさい。

a　壬午軍乱は，朝鮮国王高宗の王妃閔妃らの政権に対して，日本公使館の後押しを受けた高宗の兄の大院君らが起こした反乱であったが，反乱軍は鎮圧された。
b　朝鮮の宗主国であった清国は壬午軍乱を鎮圧することができなかったため影響力が衰え，その後の朝鮮の政権は日本に接近をはかった。
c　甲申事変は，日本の勢力拡張に反発した金玉均らの独立党が起こしたクーデタであったが，クーデタは失敗し，後に金玉均は亡命先の上海で暗殺された。
d　1885年に日清両国間で締結された天津条約では，朝鮮に対する清国の宗主権が否認され，以後，両国のいずれかが朝鮮へ出兵する場合にはお互いに事前通告することが取り決められた。

e　甲申事変の翌年に『時事新報』に発表された福沢諭吉の論説「脱亜論」では，清国や朝鮮を「亜細亜東方の悪友」ととらえ，日本はむしろ欧米列強の一員としてアジア諸国に対するべきと主張された。

問5　下線部④に関する説明として誤りを含む文を，次のa～eから一つ選び，その記号をマークしなさい。

a　下関条約を締結した際の日本側全権は伊藤博文と陸奥宗光，清国側全権は李鴻章であった。

b　下関条約では台湾が日本に割譲されることが決定し，初代台湾総督に児玉源太郎が任命された。

c　下関条約で日本が領有権を得た遼東半島については，列国の反対を受けたことから清国に返還した。

d　下関条約で日本は清国から2億両の賠償金を獲得したが，この賠償金の過半はさらなる軍備拡張のために支出された。

e　下関条約締結の後，清国では義和団による排外運動が発生して清国政府は列国に宣戦布告したため，日本は欧米列強とともに連合軍に参加し，北京を占領した。

問6　下線部⑤に関する説明として誤りを含む文を，次のa～eから一つ選びその記号をマークしなさい。

a　日清戦争後の朝鮮では，閔妃らがロシアに接近して親日派を追放したが，日本公使の三浦梧楼らが王宮を占拠し，閔妃を殺害した。

b　1902年，ロシアの勢力拡張を警戒していたイギリスとの間に日英同盟協約が締結され，この同盟関係は第一次世界大戦後まで継続された。

c　1903年に貴族院議長の近衛篤麿を会長とする対露同志会が結成され，また同年には東京帝国大学などの七博士が対露強硬論を発表するなど，対露主戦論が民間にも広がっていった。

d　歌人の与謝野晶子，作家の黒岩涙香，キリスト教徒の内村鑑三，社会主義者の幸徳秋水らは，ロシアとの対立が深まる中でも非戦論・反戦論を唱えた。

e　伊藤博文は，ロシアとの「満韓交換」交渉を通じて韓国での権益を認めさせようとする日露協商論を主張した。

〔B〕

1936 年に発生した二・二六事件は，陸軍の政治的発言力が強まる要因となった。⑥陸軍内の派閥対立や農村の貧困などの社会不安を背景に，国家改造・軍事政権樹立をめざすクーデタによって政府・軍の要人が殺害された。反乱軍は鎮定されたが，事件後の広田弘毅内閣では軍部大臣現役武官制が復活するなど軍部の発言力は強まり，軍事予算が拡大した。

⑦この頃，中国では関東軍が華北へと勢力拡大をはかっていたが，中国側ではそれまで内戦を戦っていた国民党と共産党が提携し，1937 年 7 月の盧溝橋事件の直後には抗日民族統一戦線が成立した。日本軍は中国東部の主要な都市や鉄道線を支配したが，イギリス・アメリカなどの支援を得ながら，農村でのゲリラ戦も展開する中国側の抵抗も続いた。

中国での戦争が続く中，日本政府は国際情勢にも翻弄される。⑧1936 年に日本はドイツとの間で防共協定を締結し，日本とソ連との間には戦闘状態も生じていたが，1939 年 8 月に突如，ドイツがソ連と不可侵条約を締結した。1940 年 7 月に成立した第 2 次近衛内閣は日独伊三国同盟を締結し，フランス領インドシナへの進駐を開始した。

こうした日本軍の進出に対して，アメリカは経済制裁を加えた。これに対して日本軍は 1941 年 12 月，イギリス領マレー半島とハワイ真珠湾を奇襲攻撃し，太平洋戦争がはじまった。⑨太平洋戦争開戦後の約半年間，日本軍は東南アジアから西太平洋に占領地を拡大させたが，その後はアメリカ軍を中核とする連合軍の反攻作戦が本格化し，日本軍は各地で敗退を続けた。1945 年 8 月に日本はポツダム宣言の受諾を発表し，無条件降伏した。

その後，日本は連合国軍の占領統治を受けるが，1951 年に締結されたサンフランシスコ平和条約に基づいて翌年に独立を回復した。⑩なお，アジア諸国や旧社会主義国との国交の樹立はさらに遅れることとなった。

問 7　下線部⑥に関する説明として正しい文を，次の a 〜 e から一つ選びその記号をマークしなさい。

a　この頃の陸軍部内では，荒木貞夫や永田鉄山らを中心とする皇道派と，東条英機や真崎甚三郎らを中心とする統制派との対立が深まっていた。

b　クーデタを起こした反乱軍は，「高度国防国家」建設を志向する統制派に属する青年将校らによって指揮されていた。

c　二・二六事件で殺害された高橋是清蔵相は，昭和恐慌に際して金解禁政策を実施し，恐慌からの脱却と重化学工業の発展に寄与する成果をもたらした。

d　二・二六事件では，海軍出身で元朝鮮総督，五・一五事件後に首相を務めた経験のある斎藤実内大臣が殺害された。

e　『日本改造法案大綱』を著して反乱軍の青年将校たちに思想的影響を与えた大川周明は戦後，極東軍事裁判でA級戦犯に指名された。

問8　下線部⑦に関する説明として誤りを含む文を，次のa～eから一つ選びその記号をマークしなさい。

a　関東軍は万里の長城以南の華北地域の支配をめざし，1935年に冀東防共自治委員会という名の傀儡政権を設立させた。

b　国民党軍の攻勢によって根拠地の瑞金を追われた共産党軍は1934年から36年にかけて，新たな拠点である陝西省延安に移動する長征を行った。

c　共産党軍を攻撃していた国民党軍の張学良は1936年12月に西安で蔣介石を監禁し，内戦の停止と抗日を要求，翌年の第2次国共合作につながった。

d　盧溝橋事件の直後，現地では停戦が実現したが，軍部の要求に屈した近衛内閣は国民政府に対して宣戦を布告して派遣軍を増強し，日中全面戦争に至った。

e　1937年12月に国民政府の首都であった南京が陥落したが，その後も国民政府は漢口，そして重慶に所在地を移しつつ抗戦を続けた。

問9　下線部⑧に関する説明として誤りを含む文を，次のa～eから一つ選びその記号をマークしなさい。

a　ソ連と満州国との国境線をめぐる紛争であるノモンハン事件では，日本軍に約2万人の死傷者が出た。

b　独ソ不可侵条約の締結を受けて，平沼騏一郎内閣は総辞職した。

c　独ソ不可侵条約の締結から1年10か月後，ドイツ軍は同条約を破ってソ連への侵攻を開始した。

d　第2次近衛内閣の松岡洋右外相は日独伊三国同盟の締結を推進した後，ソ連との中立条約も締結した。

e　日本軍がフランス領インドシナに進駐した後，本国フランスのヴィシー政府はそれを承認した。

問10 下線部⑨に関して，以下の出来事ア～オを年代順に正しく配列したものを，次のａ～ｅから一つ選んでその記号をマークしなさい。

ア サイパン島の日本軍守備隊全滅

イ ミッドウェー海戦

ウ インパール作戦の開始

エ アッツ島の日本軍守備隊全滅

オ アメリカ軍のレイテ島上陸

ａ イ→オ→ウ→エ→ア

ｂ イ→ウ→ア→エ→オ

ｃ イ→エ→ウ→ア→オ

ｄ イ→ウ→エ→ア→オ

ｅ イ→エ→ウ→オ→ア

問11 下線部⑩に関して，中華人民共和国との間に国交を樹立した首相は誰か，次のａ～ｅから一つ選んでその記号をマークしなさい。

ａ 大平正芳

ｂ 佐藤栄作

ｃ 岸信介

ｄ 福田赳夫

ｅ 田中角栄

問12 下線部⑩に関する説明として正しい文を，次のａ～ｅから一つ選びその記号をマークしなさい。

ａ インドはサンフランシスコ講和会議に招待されたが，出席を拒否した。

ｂ ソ連はサンフランシスコ講和会議に招待されたが，出席を拒否した。

ｃ サンフランシスコ講和会議には中国代表として中華民国政府が招待されて平和条約に調印した。

ｄ ソ連との間では1956年に国交が回復したが，平和条約はソ連崩壊後にロシアとの間で締結された。

ｅ 北朝鮮との間には今日も国交はなく，これまで首脳会談が行われたこともない。

Ⅳ　次の文章を読んで，下記の設問に答えなさい。(26点)

徳川幕府の下では，いわゆる鎖国①の状態となったために，西洋の学術・知識の吸収は困難であった。さらに，徳川幕府の言論統制もあり②，西洋の政治，経済思想が日本に紹介されることは少なかった。一方，17世紀後半から商品作物③の生産が拡大し，貨幣経済が発達した。貨幣経済の発展は商人階級が拡大して豊かになったが，貧富の格差を拡大させて身分制度を不安定化させた。18世紀末から表面化した幕藩体制の動揺を直視し，政治や社会を批判的にみて，古い体制を改革する方法を具体的に模索する動きが現れた。例えば，(　ア　)は商売をいやしめる武士の偏見を批判して，藩財政の再建は商品経済の発展をもたらす殖産興業④によるべきだと主張した。

明治維新によって，日本は政治・経済制度を再編成する必要に直面した。近代的な産業経済を発展させるために，近代的な経済学や法学の知識を必要とした。そこで，政府は1877年に東京大学を設立し多くの外国人教師を招いた⑤。また，一橋大学の源流である私塾商法講習所は，初代文部大臣になる(　イ　)が設立のために尽力し，商学や経済学の研究の中心的役割を果たした。

1920年代から1930年代にかけて，ロシア革命の影響によって，日本ではマルクス主義による影響力⑥が強くなっていた。さらに，労働運動⑦においても共産主義の影響が増大した。しかし，1930年代から政府の左翼勢力に対する弾圧⑧が強まり，さらには，自由主義者まで迫害⑨されるようになった。

戦後，占領改革によって，思想や言論に対する国家の抑圧が取り除かれて，人文・社会科学の分野で新しい研究⑩が進んだ。さらに，新憲法の精神に基づいて，多くの法律の制定あるいは大幅な改正⑪が行われた。

問1　下線部①に関して，徳川幕府が行った政策やそれに関連する出来事を時系列順に並べたときに，古い順から4番目に当たるものを一つ選び，その記号をマークしなさい。

a　ポルトガル船の来航を禁止した。

b　中国船を除く外国船の寄港地を平戸と長崎に制限した。

c　スペイン船の来航を禁止した。

d　イギリスがオランダとの競争に敗れ，商館を閉鎖して引き揚げた。

e　日本人の海外渡航と在外日本人の帰国を禁止した。

問2　下線部②に関して，寛政期の言論統制に関連して，正しいものを全て選び，その記号をマークしなさい。

a　黄表紙作者の恋川春町や，出版元の蔦屋重三郎が弾圧された。

b　松平定信は寛政異学の禁を発して，国学を正学とした。

c　林子平が『海国兵談』で海岸防衛を説いたことを，幕政に対する批判として弾圧した。

d　熊沢蕃山は古代中国の道徳秩序をうのみにする儒学を批判したため，幕府によって下総古河に幽閉され，そこで病死した。

e　幕府の対外政策を批判した渡辺崋山や高野長英を厳しく処罰した。

問3　下線部③に関して，商品作物と代表的な生産地の組み合わせとして，正しいものを全て選び，その記号をマークしなさい。

a　黒砂糖―最上

b　茶―駿河

c　藺草―飛騨

d　奉書紙―越前

e　紅花―伏見

問4　空欄（　ア　）に当てはまる人物を一人選び，その記号をマークしなさい。

a　海保青陵

b　本多利明

c　佐藤信淵

d　太宰春台

e　横井小楠

問5　下線部④に関して，正しいものを一つ選び，その記号をマークしなさい。

a　幕府は田沼意次が中心になって，伊豆韮山に反射炉を築いた。

b　薩摩藩では下級武士から登用された調所広郷が黒砂糖の専売を強化して，莫大な借金の大部分を返済した。

c　佐賀藩の鍋島直正は紙・蠟の専売制を改革して，北前船の廻船を相手に，商品を購入して委託販売をすることで収益を上げた。

d　長州藩では村田清風が均田制を実施し，陶磁器の専売を進めて藩財政に余裕を生み出した。

e　水戸藩では藩主である徳川斉昭の努力にもかかわらず，藩内の保守派の反対などの抗争で改革が成功しなかった。

問6　下線部⑤に関して，東京大学で政治学や経済学を講義し，その後，日本の美術行政や文化財保護にも深く関わったアメリカ人学者として，正しい人物を一人選び，その記号をマークしなさい。

a　シュタイン

b　ヘボン

c　ナウマン

d　フェノロサ

e　キヨソネ

問7　空欄（　イ　）に関して，最も適切な人物を一人選び，その記号をマークしなさい。

a　森有礼

b　西周

c　津田真道

d　加藤弘之

e　中村正直

問8　下線部⑥に関して，戦間期のマルクス主義に関連して，正しいものを全て選び，その記号をマークしなさい。

a　河上肇は『貧乏物語』を著し，貧困問題の解決のために富裕層の奢侈の根絶を主張したが，その後，マルクス主義に傾倒した。

b　日本資本主義に対する評価と，革命の戦略をめぐって，山田盛太郎などの講座派と野呂栄太郎に代表される労農派に分かれて，激しい論争が繰り広げられた。

c　マルクス主義者の山本宣治は産児制限を批判し，社会主義によって人口問題は解決されると主張した。

d　山川菊栄は，日本共産党設立に参画した山川均の夫人であり，赤瀾会を結成して女性解放運動に活躍した。戦後は，初の労働省婦人少年局長になった。

e　1933年，佐野学が獄中声明を発表し，日本無産党を解体し，鍋山貞親とともに日本国家社会党を結成した。

問9　下線部⑦に関して，労働運動を指導して，日本農民組合を創設した人物が執筆した著作として，正しいものを一つ選び，その記号をマークしなさい。

a　『蟹工船』

b　『死線を越えて』

c　『カインの末裔』

d　『和解』

e　『恩讐の彼方に』

問10　下線部⑧に関して，人民戦線結成をはかったとして検挙された人物を一人選び，その記号をマークしなさい。

a　南原繁

b　河合栄治郎

c　有沢広巳

d　大河内一男

e　美濃部達吉

問11　下線部⑨に関して，自由主義的刑法学説を唱えていた滝川幸辰に対して休職処分の圧力をかけた文相として，正しい人物を一人選び，その記号をマークしなさい。

a　岸信介

b　鳩山一郎

c　賀屋興宣

d　荒木貞夫

e　鈴木喜三郎

問12　下線部⑩に関して，西欧近代との比較によって日本の後進性を批判した学者と専門分野の組み合わせとして，正しいものを全て選び，その記号をマークしなさい。

a　大塚久雄―経済史学

b　横田喜三郎―経済学

c　川島武宜―刑事訴訟法学

d　丸山眞男―政治学

e　安倍能成―憲法学

問13　下線部⑪に関して，この時期の法律改正に関連して正しいものを一つ選び，その記号をマークしなさい。

a　民法が改正されて，戸籍制度が封建制度に基づくものとされて廃止された。

b　民法が改正されて，家督相続制度にかえて，財産の均等相続が定められた。

c　民法が改正されたものの，戸主の家族員に対する支配権や親の子どもに対する扶養義務に関する規定は存続した。

d　刑法が一部改正されて，大逆罪・不敬罪が廃止され，妻の不倫のみを罰した姦通罪は男女ともに適用されることになった。

e　地方自治法が成立して，地方行政や警察に権力をふるってきた内務省が廃止されたが，1949年には規模を縮小したうえで総務省として復活した。

世界史

（60分）

I　次の文章を読んで，下記の設問に答えなさい。（26点）

前2世紀の朝鮮半島では，西北部に衛氏朝鮮が成立し，周辺の小国に侵攻して勢力を拡大したが，前108年に対外積極策を進める漢の武帝①によって滅ぼされた。武帝は朝鮮四郡を設置し，郡県制を朝鮮半島にも施行した。朝鮮四郡の一つである（　A　）は，313年に朝鮮半島北部の高句麗によって滅ぼされた。朝鮮半島南部では，4世紀半ばに百済，新羅，加羅が成立した。高句麗は広開土王（好太王）のときに最盛期を迎えて領域を拡大し，百済や新羅と勢力を争った。この頃，古代国家を形成した倭国（日本）②は朝鮮半島情勢に強い関心を示した。

隋が滅亡すると，唐が高句麗，百済，新羅の三国の抗争に介入した。新羅は唐に出兵を要請し，唐は高句麗に大軍を送った。高句麗は唐の侵攻を撃退したが，唐と結んで勢力を伸ばした新羅は百済，高句麗を滅ぼし，676年に新羅（統一新羅）を樹立した。統一新羅は，朝鮮半島における最初の統一国家であった。統一新羅は，唐の制度や文化を取り入れた律令制をしき，骨品制とよばれる身分制度によって王族・官僚貴族の身分を厳格に定めた。また，仏教を保護し，首都の（　B　）には仏国寺などの寺院が建立され，仏教文化が栄えた。一方，高句麗の流れをくむ人々は中国東北地方を中心に698年，渤海③を建てた。

中国では，581年に北周の軍人出身の楊堅（文帝）が都を大興城（長安）に定めて隋を建てた。隋は，589年に南朝の陳を倒し，南北に分裂していた中国を統一した。文帝は律令を制定し，北朝の均田制や府兵制を受け継ぎ，中央集権化を進めた。税制では（　C　）を取り入れて財政的基盤を強化し，学科試験による官吏登用法（科挙）を導入した。また，北方の突厥④を，その内紛に乗じて東西に分裂させた。第2代の煬帝は，江南と江北を結ぶ物資流通の大動脈の大運河を完成させ，3回にわたって高句麗に遠征した。しかし，土木事業の強行や遠征が民衆の反乱をまねいた。

隋末の混乱に乗じて挙兵した李淵（高祖）は，618年に隋を倒して唐を建て，長安を都とした。2代目の太宗（李世民）は中国を統一するとともに東突厥の大部分を服従させ，⑤チベットの吐蕃と和平を結び，中央ユーラシアにも勢力を伸ばした。太宗は後世，理想の君主とされ，その治世は「貞観の治」と讃えられた。第3代の高宗の時代には，百済・高句麗を破り，西突厥も服属させ，一時期ユーラシア東方のほとんどをおおう大帝国となった。

唐は，隋の制度を受け継ぎ，律や令などの法典（律令）を整備し，中央に三省（中書省・門下省・尚書省）と六部の官制を設けた。また，均田制を実施して農民に土地をわりあて，土地を与えた農民から兵士を出させる府兵制も整備した。その一方で，征服地には（　D　）を置き，実際の統治はその地の有力者に任せた。このような間接統治は羈《き》縻《び》政策とよばれた。

唐の時代には，華北で小麦の栽培が広まり，江南では米の生産が増加するなど農業生産が発展し，対外貿易が発達した。南海貿易もさかんになり，（　E　）には国家が貿易を管理する市舶司が初めて設置され，ムスリム商人の来航も多くなった。首都長安には，各国から商人・留学生などが集まり，⑥人口が100万人を超える国際都市として発展した。

また，経済の発展に支えられて文化も栄えた。唐代の文化は，華北と江南の文化が融合し，東西交易のさかんな交流を背景として国際色が豊かであった。文学では，李白や杜甫，白居易などがすぐれた唐詩をつくり，思想・宗教では，儒教，仏教，⑦道教の三教が独自の発展をみせるようになった。西方との交流がさかんになると，ゾロアスター教，⑧ネストリウス派キリスト教，イスラーム教なども伝来し，長安などにはそれらの寺院が建てられた。

日本は遣唐使を送って中国文化の輸入につとめ，律令制度を整えていった。国際的な唐の文化の影響を受けた天平文化が，平城京を中心に栄えた。「日本」という国号が正式に定められたのもこの時期であった。

【設問1】　上記の文章のA～Eについての問に答えなさい。

問1　（　A　）にあてはまる郡を一つ選びなさい。

a　玄菟郡

b　臨屯郡

c　真番郡

d　楽浪郡

問2　（　B　）にあてはまる都を一つ選びなさい。

a　平壌

b　慶州（金城）

c　漢城

d　揚州

問3　（　C　）にあてはまる制度を一つ選びなさい。

a　両税法

b　里甲制

c　租調庸制

d　一条鞭法

問4　（　D　）にあてはまる制度を一つ選びなさい。

a　都護府

b　節度使

c　三長制

d　理藩院

問5　（　E　）にあてはまる都市を一つ選びなさい。

a　広州

b　泉州

c　福州

d　杭州

【設問2】　上記の文章の下線部①～⑧について，以下の問に答えなさい。

問1　下線部①の対外積極策を進める漢の武帝の説明として，**間違っているものを**一つ選びなさい。

a　北方の匈奴を攻撃し，占領した土地に軍隊を配置した。

b　西北の甘粛地方を奪って敦煌郡などを置いた。

c　南方では，南越を滅ぼしてベトナム北部までを支配下に入れた。

d　華南に進出して南海（現在の広州）など3郡を置いた。

問2　下線部②の倭国（日本）の説明として，**間違っているもの**を一つ選びなさい。

a　倭国（日本）は，4世紀に入るとヤマト政権による統一が進んだ。

b　倭国（日本）は，5世紀から6世紀はじめに中国の南朝に朝貢した。

c　倭国（日本）は，中国や朝鮮の渡来人からの文化や技術の受容を進め，6世紀に仏教文化が栄えた。

d　倭国（日本）は，7世紀に起きた白村江の戦いで百済と高句麗の連合軍に敗れた。

問3　下線部③の渤海の説明として，**間違っているもの**を一つ選びなさい。

a　渤海は新羅と対立していたため，日本への接近をはかり，たびたび使者を送った。

b　渤海は唐の冊封を受けて中華文明を積極的に摂取した。

c　渤海は「海東の盛国」とよばれるほど栄えたが，10世紀に高麗に滅ぼされた。

d　渤海は唐の長安をモデルにした上京竜泉府を都に置いた。

問4　下線部④の突厥の説明として，**間違っているもの**を一つ選びなさい。

a　突厥は，6世紀中頃にモンゴル高原から中央アジアを支配したトルコ系の遊牧国家である。

b　突厥は，ササン朝ペルシア，東ローマ帝国とも外交関係をもった。

c　突厥が用いた文字（突厥文字）は北方遊牧民の最古の文字とされている。

d　突厥の君主は初めてカガン（可汗）と称し，のちにハンの称号にかわった。

問5　下線部⑤のチベットの吐蕃の説明として，**間違っているもの**を一つ選びなさい。

a　吐蕃は，7世紀前半にラサを都に成立した統一国家である。

b　吐蕃は，唐と争い，長安を一時陥れた。

c　吐蕃は，マニ教とよばれるチベット仏教を国教とした。

d　吐蕃は，インド系文字をもとにチベット文字をつくった。

問6　下線部⑥の，人口が100万人を超える国際都市となった長安のように，8～9世紀に同じような規模となった国際都市を一つ選びなさい。

a　バグダード

b　パリ

c　ヴェネツィア

d　コルドバ

問7　下線部⑦の道教の説明として，**間違っているもの**を一つ選びなさい。

a　道教は古くからの民間信仰と神仙思想に道家の説を取り入れて成立した。

b　北魏の寇謙之は信者を組織化し，勢力を伸ばした。

c　知行合一をとなえ実践を重んじたため，学者のみならず庶民のあいだにも広がった。

d　金の時代に道教の革新をとなえた全真教が華北で発展した。

問8　下線部⑧のネストリウス派キリスト教の説明として，**間違っているもの**を一つ選びなさい。

a　ネストリウス派キリスト教は，キリストの神性と人性を分離して考えた。

b　ネストリウス派キリスト教は，ニケーア公会議において異端として宣告された。

c　ネストリウス派キリスト教は，ササン朝ペルシアを経て唐代の中国に伝わった。

d　ネストリウス派キリスト教は，唐代の中国では，景教とよばれた。

Ⅱ　次の文章を読んで，下記の設問に答えなさい。(24点)

17世紀にヨーロッパ全体を巻き込んだ①三十年戦争は，1648年に（　A　）が締結されて終結した。それ以降，18世紀のヨーロッパでは，プロイセンとオーストリア，ロシアが台頭した。18世紀初めには，ベルリンを首都とするプロイセン王国が成立し，2代目のフリードリヒ=ヴィルヘルム1世は軍隊や官僚制を整え，絶対王政の基礎をつくりあげた。ついで1740年に即位したフリードリヒ2世（大王）は，絶対王政をさらに強化し，「君主は国家第一の下僕である」と称して商工業の育成や教育を奨励する改革を進め，啓蒙専制君主とよばれた。

オーストリアは，15世紀から神聖ローマ皇帝の地位をほぼ世襲してきたハプスブルク家が支配していた。オーストリアは，②オスマン帝国によって2回にわたって首都ウィーンが包囲されたが，その危機を乗り越えて強国となった。1740年にマリア=テレジアがハプスブルク家の家督を継ぐと，プロイセンはフランスとともにこれに反対し，オーストリア継承戦争が始まった。その結果，オーストリアは石炭と鉄の産地シュレジエンを失った。1756年，マリア=テレジアは長年敵対していたフランスと同盟し（外交革命），シュレジエンの奪回をはかったため，（　B　）が起こった。プロイセンのフリードリヒ2世（大王）は，イギリスの支援を受けて戦い，シュレジエンを確保し，プロイセンの強国化を実現した。

プロイセンに敗れたオーストリアでは，マリア=テレジアが国内改革を進め，その子ヨーゼフ2世も啓蒙専制君主として中央集権化を進め，非カトリック教徒への寛容政策や農奴解放などの改革をおこない，上からの近代化につとめた。しかし，特権を守ろうとする貴族や③マジャール人などの領内異民族の反乱によって，改革は挫折した。

ロシアでは，16世紀にモスクワ大公国のイヴァン4世（雷帝）が，大貴族をおさえて中央集権化を進め，農民の移動を禁じて農奴制の基礎を築いた。イヴァン4世（雷帝）は，絶対的な権力をもつ専制君主として，ツァーリの称号を用いた。やがて1613年にミハイル=ロマノフが④ロマノフ朝を開き，専制政治と農奴制を強化した。この農奴制の強化に対して（　C　）が起こったが，きびしく鎮圧され，1682年にピョートル1世（大帝）が即位した。

ピョートル1世（大帝）は，みずからオランダやイギリスなどを視察し，先進的な技術を導入して商工業を育成する西欧化政策をとり，徴兵制にもとづく常備軍を創設してロシア絶対王政を確立した。対外的には，清と（　D　）を結び，国境を画定した。さらにスウェーデンのカール12世と戦って勝利し，バルト海東岸地域を獲得した。ピョートル1世（大帝）はバルト海をのぞむ地にペテルブルク（サンクト=ペテルブルク）を建設し，モスクワからここに首都を移して西欧との結びつきを強めていった。

18世紀後半に即位した女帝エカチェリーナ2世は，⑤啓蒙思想家ヴォルテールらの助言によって学芸を保護し，啓蒙専制君主として名声を博した。エカチェリーナ2世は，オスマン帝国と戦ってクリミア半島やバルカン半島に進出し，ポーランドの分割に参加した。東方ではアラスカ・千島・オホーツク海方面に進出し，日本にも（　E　）を派遣して江戸幕府に通商を求めた。

ポーランドは，16世紀から西欧を中心とする経済関係に組み込まれ，西欧への食糧輸出国となった。その結果，貴族の力が強まり，都市と市民層の発達が抑えられ，農民は重い賦役に苦しめられた。16世紀後半にヤゲウォ朝が断絶すると，貴族が国王を選挙で選ぶ選挙王制に移行し，「貴族の共和国」とよばれた。しかし，貴族間の対立が起こると，隣接する大国の干渉を招いた。プロイセン，オーストリア，ロシアの3国は，1772年に第1回ポーランド分割をおこない，さらにフランス革命の混乱に乗じて，1793年，プロイセン，ロシアが第2回分割をおこなった。これに対して，⑥コシチューシコ（コシューシコ）が義勇軍をひきいて蜂起したが敗北し，1795年には第1回分割と同じ3国による第3回分割がおこなわれた。これによって，⑦ポーランドは地図上から消滅した。

【設問1】 上記の文章のA～Eについての問に答えなさい。

問1　（　A　）にあてはまる条約を一つ選びなさい。

a　ユトレヒト条約

b　ウェストファリア条約

c　カルロヴィッツ条約

d　アーヘン条約

問2　（　B　）にあてはまる戦争を一つ選びなさい。

a　北方戦争

b　普仏戦争

c　普墺戦争

d　七年戦争

問3　（　C　）にあてはまる反乱を一つ選びなさい。

a　ステンカ=ラージンの乱

b　プガチョフの乱

c　デカブリストの乱

d　ナロードニキ運動

問4　（　D　）にあてはまる条約を一つ選びなさい。

a　キャフタ条約

b　アイグン条約

c　ネルチンスク条約

d　イリ条約

問5　（　E　）にあてはまる人物を一人選びなさい。

a　イェルマーク

b　ラクスマン

c　ベーリング

d　ムラヴィヨフ

【設問2】　上記の文章の下線部①～⑦について，以下の問に答えなさい。

問1　下線部①の三十年戦争の説明として，**間違っているもの**を一つ選びなさい。

a　三十年戦争のきっかけは，ベーメン（ボヘミア）のプロテスタントが，ハプスブルク家のカトリック政策に反抗したことにあった。

b　カトリック国のフランスは，プロテスタント国のスウェーデン国王グスタフ=アドルフと戦った。

c　カトリック側は，傭兵隊長ヴァレンシュタインを司令官とする神聖ローマ皇帝軍が主力であった。

d　傭兵隊が軍隊の中心を占めていたため，略奪が横行し，長く戦場となったドイツは荒廃した。

問2 下線部②の2回にわたるオスマン帝国のウィーン包囲のうち，第1回（1529年）のときの，オスマン帝国のスルタンを一人選びなさい。

a バヤジット1世

b メフメト2世

c スレイマン1世

d セリム1世

問3 下線部③のマジャール人の説明として，**間違っているもの**を一つ選びなさい。

a マジャール人は，ウラル語系に属する人々である。

b マジャール人は，9～10世紀にかけて西ヨーロッパに侵入を繰り返した。

c マジャール人は，ハンガリー王国を建国してローマ=カトリックを受け入れた。

d マジャール人は，ドニエプル川流域に進出してノヴゴロド国を建設した。

問4 下線部④のロシアのロマノフ朝が滅亡した出来事を一つ選びなさい。

a 露土戦争（ロシア=トルコ戦争）

b 日露戦争

c 血の日曜日事件

d ロシア二月革命（三月革命）

問5 下線部⑤の啓蒙思想家ヴォルテールの著作を一つ選びなさい。

a 『法の精神』

b 『哲学書簡』（『イギリス便り』）

c 『社会契約論』

d 『方法序説』

問6 下線部⑥のコシチューシコ（コシューシコ）が義勇軍をひきいて蜂起した以前に参加した戦争を一つ選びなさい。

a スペイン継承戦争

b 第2次英仏植民地戦争

c アメリカ独立戦争

d フレンチ=インディアン戦争

問7　下線部⑦のポーランドが地図上から消滅した後，ポーランドは再度独立することになるが，そのことの説明として，**正しいもの**を一つ選びなさい。

a　ポーランドが独立を達成するのは，ナポレオンがアウステルリッツの戦いに勝利したときである。

b　ポーランドが独立を達成するのは，1848年の三月革命のときである。

c　ポーランドが独立を達成するのは，第一次世界大戦後のことである。

d　ポーランドが独立を達成するのは，第二次世界大戦後のことである。

Ⅲ　次の文章を読んで，下記の設問に答えなさい。(24点)

18世紀半ば頃，オスマン帝国の影響下にあった（　A　）で，イブン=アブドゥル=ワッハーブがイスラーム教の改革をとなえる運動を始めた。ワッハーブは，イスラーム社会の逸脱と堕落を批判し，預言者ムハンマド①の教えに帰れと説いた。ワッハーブを支持するアラブ人たちは，豪族サウード家と連携してワッハーブ運動を起こし，ワッハーブ王国を建設した。ワッハーブの教えは，オスマン帝国支配と列強の進出に反抗するアラブ民衆のあいだに受け入れられ，アラブの民族意識を高めるものとなった。

オスマン帝国の属州であったエジプトでは，18世紀にはマムルーク②が実権を握っていた。1798年，ナポレオンが率いるフランス軍がエジプトに侵攻し，マムルークをやぶって，カイロを占領した。ナポレオンは1799年に本国へ帰国するが，フランス軍はそのままエジプトの占領を続けた。まもなくフランス軍は（　B　）とオスマン帝国の連合軍に敗れ，オスマン帝国の主権が回復した。

しかしこの混乱の中で，エジプトではムハンマド=アリーが実権を把握し，1805年にエジプト総督に就任し，近代化に乗り出した。ムハンマド=アリーは，旧勢力のマムルークを一掃し，近代的な陸海軍の創設，造船所・官営工場の建設などの改革をおこない，富国強兵策を進めた。対外的には，オスマン帝国の要請を受けてギリシア独立運動③を鎮圧するために出兵し，その見返りにシリアを要求した。オスマン帝国がそれを拒否すると，2度にわたってオスマン帝国と戦い（エジプト=トルコ戦争），シリアを支配下においた。しかし，エジプトが強国になることを恐れたイギリス，ロシアなどが干渉し，④1840年のロンドン会議で，ムハンマド=アリーのエジプト総督の世襲が認められたが，エジプトはシリアを失い，軍備を縮小させられた。

地中海と紅海を結ぶスエズ運河は（　C　）人のレセップスの指導で建設が着工されたが，1869年に運河が開通する頃には，工事の経費のためにエジプトの国家財政は破綻した。外国債務に苦しむエジプトは，スエズ運河株をイギリスに売却した。イギリス，フランスによる内政干渉が強まり，民衆のあいだに立憲政の確立と議会の開設を求める運動が広がると，軍人のウラービー（オラービー）が決起し，1882年に政権を獲得して，憲法を制定した。しかし，イギリスは単独でエジプトを軍事占領し，事実上の保護国とした。ウラービーは，⑤アフガーニーの思想の影響を受け，「エジプト人のためのエジプト」のスローガンを掲げた。このウラービー運動は，その後のエジプトの民族運動の原点となった。

スーダンでは，19世紀に入ってからエジプトの支配が及んでいたが，1881年にマフディー（救世主）を名乗る指導者が蜂起し，独立国家をつくった。しかし，1898年にイギリス・エジプト連合軍に滅ぼされた。この戦いに，イギリスの軍人ゴードンが参加し戦死した。ゴードンはスーダンに派遣される前に，中国での（　D　）の鎮圧に参加していた。

19世紀，ヨーロッパ諸国はオスマン帝国内の民族や宗教の紛争を「東方問題」と呼び，キリスト教徒の保護などを口実に介入した。オスマン帝国は多民族国家としての統一を維持するために本格的な改革を開始した。1839年に即位したアブデュルメジト1世は⑥トプカプ宮殿に各国の使節を招いてギュルハネ勅令を発布し，ムスリム（イスラム教徒）と非イスラム教徒とを問わず全臣民は平等であるとうたった。これ以降の政治・軍事・社会改革は，タンジマートとよばれている。1876年には，大宰相ミドハト=パシャによってミドハト憲法が発布された。しかし，1877年に（　E　）が始まると，それを口実にアブデュルハミト2世は憲法を停止し，専制政治を復活させた。戦争に敗れたオスマン帝国は，⑦1878年のベルリン会議でセルビアやルーマニアなどを失うことになった。

【設問1】　上記の文章のA～Eについての問に答えなさい。

問1　（　A　）にあてはまる地域を一つ選びなさい。

a　北アフリカ

b　アラビア半島

c　イラン

d　バルカン半島

問2　（　B　）にあてはまる国を一つ選びなさい。

a　スペイン

b　イギリス

c　ロシア

d　ギリシア

問3　（　C　）にあてはまる国を一つ選びなさい。

a　フランス

b　イギリス

c　ロシア

d　ギリシア

問4　（　D　）にあてはまる出来事を一つ選びなさい。

a　アヘン戦争

b　清仏戦争

c　太平天国の乱

d　白蓮教徒の乱

問5　（　E　）にあてはまる戦争を一つ選びなさい。

a　ギリシア=トルコ戦争

b　露土戦争（ロシア=トルコ戦争）

c　クリミア戦争

d　イタリア=トルコ戦争

【設問2】　上記の文章の下線部①～⑦について，以下の問に答えなさい。

問1　下線部①の預言者ムハンマドの説明として，**間違っているもの**を一つ選びなさい。

a　ムハンマドは，メッカに生まれたクライシュ族の商人だった。

b ムハンマドは，唯一神アラーへの信仰を説いた。

c ムハンマドは，多神教の偶像崇拝を批判した。

d ムハンマドは，メディナに移住し，その地に永住した。

問2 下線部②のマムルークの説明として，**間違っているもの**を一つ選びなさい。

a マムルークは，トルコ人などによる奴隷軍人のことである。

b マムルークは，アッバース朝のカリフの親衛隊として利用された。

c マムルーク軍団は，エジプト・シリアにマムルーク朝を成立させた。

d マムルーク朝の首都アレクサンドリアは，商業と学術の中心として栄えた。

問3 下線部③のギリシア独立運動のときの「キオス島の虐殺」を描いた画家を一人選びなさい。

a ドラクロワ

b ドーミエ

c ゴッホ

d ダヴィド

問4 下線部④の1840年のロンドン会議に参加しなかった国を一つ選びなさい。

a ロシア

b イタリア

c プロイセン

d オーストリア

問5 下線部⑤のアフガーニーの説明として，**間違っているもの**を一つ選びなさい。

a アフガーニーはイラン出身だが，アフガーニー（アフガン人）を自称した。

b アフガーニーは，西欧列強による帝国主義に対抗するパン=イスラーム主義を提唱した。

c アフガーニーは，青年トルコ革命を成功させ，立憲政を復活させた。

d アフガーニーがパリで刊行した雑誌『固き絆』はイスラーム世界に大きな影響を与えた。

問6　下線部⑥のトプカプ宮殿のある都市を一つ選びなさい。

a　アンカラ

b　バグダード

c　ダマスクス

d　イスタンブル

問7　下線部⑦の1878年のベルリン会議の説明として，**間違っているもの**を一つ選びなさい。

a　1878年のベルリン会議において，オーストリアはボスニア・ヘルツェゴヴィナの統治権を獲得した。

b　1878年のベルリン会議において，イギリスはキプロス島の統治権を獲得した。

c　1878年のベルリン会議において，地中海方面へのロシアの南下政策が阻まれた。

d　1878年のベルリン会議において，アフリカ分割の原則が定められた。

Ⅳ　次の文章を読んで，下記の設問に答えなさい。(26点)

第二次世界大戦が終わると，アジアの国々は独立にむかって進み始めた。インドネシアでは，戦争終結の直後に独立を宣言したが，独立を認めない（　A　）との4年間にわたる独立戦争を経て，1949年にインドネシア共和国の独立を達成した。

ベトナムでは，1945年にホー=チ=ミンがベトナム民主共和国の独立を宣言したが，フランスがこれを認めず，インドシナ戦争となった。1949年，フランスは<u>阮朝</u>①の最後の王バオダイを元首にしてフランス連合内の一員としてベトナム国を樹立させたが，ベトナム民主共和国との交戦を続けた。1954年，ディエンビエンフーで敗北したフランスは，②<u>ジュネーブ会議</u>で休戦協定を締結してインドシナから撤退した。この結果，北側にホー=チ=ミンを国家主席とするベトナム民主共和国が，南側にゴ=ディン=ジエムを大統領とするベトナム共和国が成立し，ベトナムは南北に分裂した。

ビルマ（現ミャンマー）は，1948年に共和国としてイギリス連邦から独立したが，その後内乱が続き政情が不安定となり，1962年のクーデタでネ=ウィンの軍事政権が成立した。同じくイギリス領であったマレー半島は，1957年にマラヤ連邦として独立し，1963年に北ボルネオ，シンガポールが加わり，マレーシアが形成された。しかしシンガポールは，マレーシアのマレー人優先政策に反発してマレーシアから離脱した。フィリピンは1934年に（　B　）とのあいだで独立が約束されており，その約束にしたがって共和国として独立した。

インドでは，③ガンディー，ネルーを中心とする国民会議派が大戦中から独立を要求していた。一方，ジンナーが率いる全インド=ムスリム連盟はパキスタンの分離・独立を主張して，国民会議派と対立した。④1947年，イギリス政府はインド独立法を制定し，イギリス連邦内の自治領としてインドとパキスタンの分離・独立を認めたが，ヒンドゥー教徒とムスリム（イスラム教徒）の対立は激しくなり，両教徒の融和を求め続けたガンディーは急進的ヒンドゥー教徒に暗殺された。1947年にイギリス連邦内の自治領として独立したインドは，⑤初代首相にネルーが就任し，1950年にインド共和国となった。

セイロンは，1948年にイギリス連邦内の自治領として独立し，1972年の憲法制定によってスリランカ共和国となった。スリランカは非同盟中立の立場を堅持し，インドやインドネシアとともに，1954年4月のアジア諸国の首脳によるコロンボ会議の開催に重要な役割を果たした。

1954年6月にはネルーと（　C　）が会談し，領土保全と主権の尊重，相互不可侵，内政不干渉，平等互恵，平和共存の平和五原則を発表した。翌55年には（　D　）においてアジア・アフリカ会議が開催され，アジア・アフリカ諸国の反植民地主義と平和共存・民族独立をもとめる民族運動に大きな影響を与えた。このように⑥ヨーロッパでは冷戦が形成され軍事的緊張が高まったが，アジア・アフリカ諸国では東西対立とは異なる第三勢力の形成をめざした国もあった。

こうしたアジア・アフリカ諸国の連帯の動きは世界に広がり，ラテンアメリカでは，1959年に⑦キューバ革命が起き，社会主義政権が成立して周辺諸国に影響を与えた。1961年には，（　E　）において⑧第1回非同盟諸国首脳会議が開催され，これに参加した25カ国が東西対立と距離を置いて共同歩調をとることを誓った。この会議はその後も開催され，第三勢力の結集の場となった。

【設問1】 上記の文章のA～Eについての問に答えなさい。

問1 （　A　）にあてはまる国を一つ選びなさい。

a　イギリス

b　フランス

c　オランダ

d　アメリカ

問2　（　B　）にあてはまる国を一つ選びなさい。

a　イギリス

b　フランス

c　オランダ

d　アメリカ

問3　（　C　）にあてはまる人物を一人選びなさい。

a　周恩来

b　ホー=チ=ミン

c　カストロ

d　スカルノ

問4　（　D　）にあてはまる国を一つ選びなさい。

a　インド

b　インドネシア

c　フィリピン

d　マレーシア

問5　（　E　）にあてはまる都市を一つ選びなさい。

a　ブダペスト

b　ブカレスト

c　ベオグラード

d　プラハ

【設問2】　上記の文章の下線部①～⑧について，以下の問に答えなさい。

問1　下線部①の阮朝の説明として，**間違っているもの**を一つ選びなさい。

a　19世紀初めに成立した阮朝はユエ（フエ）を都にし，国号を大越と定めた。

b　19世紀初めに成立した阮朝は清の冊封を受け，中国をモデルとする統治制度をしいた。

c　19世紀中頃，阮朝はフランスのナポレオン3世のときに侵略を受けた。

d　19世紀後半，阮朝のベトナムはフランスの支配下に入った。

問2　下線部②のジュネーブ会議の説明として，**間違っているもの**を一つ選びなさい。

a　ジュネーブ会議に参加したアメリカは休戦協定の調印を拒否した。

b　ジュネーブ会議で2年後に南北統一選挙が予定され，実施された。

c　ジュネーブ会議で，ラオスとカンボジアの独立が正式に承認された。

d　ジュネーブ会議で，北緯17度線が暫定軍事境界線となった。

問3　下線部③のガンディーの説明として，**間違っているもの**を一つ選びなさい。

a　ガンディーは，南アフリカでのインド人移民への差別撤廃闘争に参加した。

b　ガンディーは，ヒンドゥー教の思想に立って非暴力・不服従運動を展開した。

c　ガンディーは，塩の専売制に反対し，海岸まで行進して無許可で塩をつくった。

d　ガンディーは，インドのムスリムが進めていたトルコのカリフ制を擁護する反英運動と対立した。

問4　下線部④の1947年のインド独立法を出したイギリス首相を一人選びなさい。

a　チェンバレン

b　アトリー

c　チャーチル

d　イーデン

問5　下線部⑤の初代首相ネルーのときに起きた出来事の説明として，**間違っているもの**を一つ選びなさい。

a　カーストによる差別を禁止するなど，社会の近代化をめざす憲法を制定した。

b　経済的な停滞と貧困の克服をめざして，社会主義的な計画経済を取り入れた。

c　チベットのダライ=ラマ14世がインドに亡命し，中印国境紛争が起きた。

d　第3次印パ戦争が起き，東パキスタンはバングラデシュとして独立した。

問6　下線部⑥のヨーロッパの冷戦の形成についての説明として，**間違っているもの**を一つ選びなさい。

a　イギリスの前首相チャーチルが「鉄のカーテン」演説をおこなった。

b　ソ連が東ベルリンへの通行を禁止するベルリン封鎖をおこなった。

c　アメリカの大統領が「封じ込め政策」を掲げてソ連との対決姿勢を示した。

d　ソ連が経済相互援助会議（コメコン）を結成して東側諸国の結束をはかった。

問7　下線部⑦の1959年のキューバ革命の前にラテンアメリカで起こった出来事を一つ選びなさい。

a　グアテマラで左翼政権が成立し，土地改革がおこなわれた。

b　核戦争の危機がせまったキューバ危機が起こった。

c　チリでアジェンデを首班とする左翼政権が成立した。

d　アルゼンチンはフォークランド諸島の領有をめぐる戦争でイギリスに敗れた。

問8　下線部⑧の第1回非同盟諸国首脳会議に参加したエジプトの説明として，**間違っているもの**を一つ選びなさい。

a　1952年にナセルが指導する自由将校団が王政を倒し，共和国を樹立した。

b　大統領となったナセルは，経済開発のためにアスワン=ハイダムの建設に着手した。

c　ナセルは，ダム建設の資金を確保するためにスエズ運河の国有化を宣言した。

d　スエズ運河の国有化に反発したイギリスとアメリカがエジプトに軍事行動を起こした。

政治・経済

（60分）

Ⅰ　次の文章を読み，問1から問8の各問に答えなさい。（25点）

2021年に入って国家公務員の規律の乱れが社会問題となり，行政に対する国民の信頼が大きくゆらいだ。同年2月には総務省の職員11人，農林水産省の幹部6人が利害関係者から高額接待を受けたとして処分された。いずれも国家公務員倫理規程(1)に違反したためである。国家公務員倫理規程は，1999年に制定された国家公務員倫理法に基づく政令で，「利害関係者」の定義やそれにあたる人とのつきあい方について，国家公務員が守るべきルールを定めている。

行政と民間との癒着（官民癒着）はいまに始まったことではない。第二次世界大戦後，日本では民主主義の確立と福祉の充実をめざし，社会のあらゆる問題に行政がかかわることとなった。日本国憲法では内閣が行政権をもち，内閣総理大臣は行政各部を指揮監督する権限をもつと定めているが(2)，行政事務の遂行には膨大な数の公務員からなる行政機構を必要とする。

また，憲法第41条には「国会は，［　A　］であって，国の唯一の立法機関である」と明記されているが，委任立法(3)が多くなるにつれて政策決定の実権が議会から行政部に移っていった。このようにして，行政機構の機能が拡大する［　B　］化が進行した結果，職務がピラミッド型に序列された階統制を特徴とする［　C　］が成立した。その弊害の一つが官民癒着であり，癒着の温床にもなってきた官僚の「天下り」に対する国民の批判が高まった。

行政機関は，国民生活や国政にかかわる重要な情報を数多く所有している。こうした情報を国民が知りえなければ，国民による政府のコントロールもままならない。そこで，国民には行政機関などに対して情報公開を求める権利，すなわち知る権利(4)があると主張されるようになった。それを受け，多くの地方公共団体が情報公開条例を制定し，国も1999年に情報公開法を制定した。情報公開法では，情報公開請求者（以下「請求者」）が行政機関に行政文書の開示を求めると，行政機関は当該文書の開示・

不開示を決定して請求者に通知する。この決定・通知に不満がある請求者は不服申立て(5)ができるが，情報公開には一定の制約があり，不開示の基準が曖昧《あいまい》であるなどの指摘もあって論議を呼んでいる。また，2013年に制定された［ D ］に関しては，情報公開や知る権利の拡充に逆行するものだという批判がある。

知る権利とともに重視されてきたのがプライバシーの権利である。この権利は憲法第13条（個人の尊重・幸福追求権）を根拠とする「私生活をみだりに公開されない権利」として，日本では［ E ］（1964年）を通じて認められた。さらに近年では高度情報化社会の進展とともに「自らについての情報が勝手に利用されないようにそれをコントロールする権利」を含むものとして考えられるようになってきた。1988年には行政機関が保有する個人情報を保護するための個人情報保護法が制定され，2003年に全面改訂され，個人情報を保有する民間企業も対象に加えた個人情報保護関連五法が制定された。一方で，2016年1月から運用が始まったマイナンバー制度(6)に対しては，個人情報の流出やマイナンバー（個人番号）の不正使用など，プライバシーの侵害につながるとする懸念や批判がある。

2021年5月には，デジタル庁(7)の創設を定めたデジタル庁設置法や個人情報保護法改正などを柱とするデジタル改革関連法が制定され，国や地方公共団体などで異なっていた個人情報保護のルールが一元化されることとなった。しかし，この法律に対しては国家による個人の監視・統制の強化を危惧する声もあがっており，政府には個人情報の取り扱いの厳格化と情報公開や行政の透明化を，これまで以上に積極的に推し進めていくことが求められている。

問1　文中の空欄A～Eにあてはまる正しいものを，次の選択肢ア～オの中からそれぞれ1つ選び，その記号を解答欄にマークしなさい。

A　ア　三権の最高機関　　イ　国家の最高機関　　ウ　国権の最高機関
　　エ　三権の最高権力　　オ　国家の最高権力

B　ア　行政国家　　イ　夜警国家　　ウ　消極国家
　　エ　法治国家　　オ　専制国家

C　ア　ポピュリズム　　イ　セクショナリズム　　ウ　ビューロクラシー
　　エ　テクノクラート　　オ　ディレギュレーション

D　ア　通信傍受法　　イ　治安警察法　　ウ　特定秘密保護法
　　エ　治安維持法　　オ　行政手続法

E　ア　三菱樹脂訴訟　　イ　堀木訴訟　　ウ　朝日訴訟
　　エ　『宴のあと』事件　　オ　『石に泳ぐ魚』事件

問2　下線部(1)に関して，正しいものを，次の選択肢ア～オの中から1つ選び，その記号を解答欄にマークしなさい。

ア　国会の議決を経て制定された成文法であり，国家公務員倫理法の一部を改正した法律として位置付けられている。

イ　国会の議決を経ずに成立した慣習法であり，国家公務員倫理法を補完する法規範としての役割を果たしている。

ウ　国家公務員倫理法の範囲内で行政機関が通達した行政指導で，禁止事項や罰則規定は省庁によって異なっている。

エ　国家公務員倫理法の範囲内で内閣が制定した成文法で，国会での議決は必要ないが閣議での決定を要する。

オ　国家公務員倫理法の運用にあたって行政機関が定めた命令で，内閣の承認と国会での議決を必要とする。

問3　下線部(2)に関して，日本国憲法で定められている内閣総理大臣の職務や権限として**誤っているもの**を，次の選択肢ア～オの中から1つ選び，その記号を解答欄にマークしなさい。

ア　内閣総理大臣は，内閣の首長として国務大臣を任命する。

イ　内閣総理大臣は，一般国務及び外交関係について国会に報告する。

ウ　内閣総理大臣は，大赦，特赦，減刑，刑の執行の免除を決定する。

エ　内閣総理大臣は，任意に国務大臣を罷免することができる。

オ　内閣総理大臣は，内閣を代表して議案を国会に提出する。

問4　下線部(3)に関して，委任立法の意味として正しいものを，次の選択肢ア～オの中から1つ選び，その記号を解答欄にマークしなさい。

ア　法律を具体化するために行政機関に命令や規則の制定が委ねられること。

イ　行政機関が作成した法案を内閣に委ねて議会での法案成立を図ること。

ウ　議会で制定された法律の実際の運用を行政機関にすべて委ねること。

エ　議会の委任を受けた行政機関が法案を作成して内閣に提出すること。

オ　内閣の委任を受けた行政機関が法案を作成して議会に提出すること。

問5　下線部(4)に関して，正しいものを，次の選択肢ア～オの中から1つ選び，その記号を解答欄にマークしなさい。

ア　知る権利は「表現の自由」（憲法第21条）を具体的に裏付ける権利と考えられているが，情報公開法には明記されていない。

イ　知る権利は「表現の自由」（憲法第21条）を具体的に裏付ける権利と考えられており，情報公開法で初めて明記された。

ウ　知る権利は「請願権」（憲法第16条）から派生する権利と考えられているが，情報公開法には明記されていない。

エ　知る権利は「請願権」（憲法第16条）から派生する権利と考えられており，情報公開法で初めて明記された。

オ　知る権利は「請願権」（憲法第16条）から派生する権利と考えられ，外務省公電漏洩《ろうえい》事件における最高裁決定（1978年）で初めて認められた。

問6　下線部(5)に関して，**誤っているもの**を，次の選択肢ア～オの中から1つ選び，その記号を解答欄にマークしなさい。

ア　請求者から不服申立てがあった行政機関は，原則として情報公開・個人情報保護審査会に諮問し，その答申を受けて結論を出す。

イ　請求者は情報公開の請求先の行政機関ではなく，情報公開・個人情報保護審査会に対して直接不服申立てを行うことができる。

ウ　請求者からの不服申立てに対し，行政機関は外交・防衛に関する国家機密や個人のプライバシー保護などを理由に申立てを棄却できる。

エ　不服申立てが認められなかった請求者は裁判所に提訴でき，国家機密を理由とする行政機関の不開示決定を審査した裁判所は，その決定を取り消すことがある。

オ　請求者は不開示の決定・通知を行った行政機関に対して不服申立てをせず，直接，地方裁判所に情報開示を求めて提訴することができる。

問7　下線部(6)に関連して，マイナンバー制度に関する説明として，**誤っているもの**を，次の選択肢ア～オの中から1つ選び，その記号を解答欄にマークしなさい。

ア　12桁《けた》のマイナンバーにより，所得や資産を把握して社会保障や税に関する個人情報を照会できるようにする制度である。

イ　制度の対象者は日本国籍を有する日本人のみで，住民票を有する定住外国人や中長期在留の外国人は対象外である。

ウ　2013年に成立したマイナンバー法に基づいた制度であり，その運用に向けて個人情報保護法が2015年に改正されている。

エ　2015年のマイナンバー法改正によって，マイナンバーの医療・金融分野などへの利用の道がひらかれる制度となっている。

オ　交付されるマイナンバーカードのおもて面には，本人の顔写真と氏名・住所・生年月日・性別などが記載されている。

問8　下線部(7)に関して，**誤っているもの**を，次の選択肢ア～オの中から1つ選び，その記号を解答欄にマークしなさい。

ア　内閣総理大臣を長とし，大臣，副大臣，大臣政務官が置かれる。

イ　デジタル大臣を補佐するデジタル監という特別職が置かれる。

ウ　500人規模の職員数のうち，民間人採用が約6割を占める。

エ　マイナンバー制度全般の政策（企画立案）や業務を一元化して担う。

オ「縦割り行政」を打破し，行政サービスを抜本的に向上させる役割を担う。

Ⅱ　次の文章を読み，問1から問11の各問に答えなさい。(25点)

経済活動を営むグループや単位を経済主体といい，家計，企業，政府（地方公共団体を含む）などがある。この三つの経済主体の関係は次のようになっている。

《家計》家計は労働力，資本，[　A　] などの生産要素を企業や政府に提供し，その対価として賃金，利子，[　B　] などの所得を得る。このうちの可処分所得で家族の暮らしを向上させるために消費支出を行っている。

《企業》企業は家計などから資本を調達して，設備投資や労働者の雇用を行い，財・サービスを生産する活動を行う。一定期間における企業の売上高（総収入）から，その期間に発生した原材料費などのさまざまな費用を差し引いた残額が利潤となる。

《政府》政府は家計や企業から租税や公債，社会保険料などの形で資金を調達し，社会資本の整備や各種行政サービス，社会保険給付などの財政活動を行っている。

日本の家計消費支出はGDP（国内総生産）の50%以上を占めており，2018年における家計消費支出は約 [　C　] 兆円で，支出の内訳（二人以上の世帯のうち勤労者世帯の1カ月あたりの家計収支）では食費が24.1%と最も多く，次いで [　D　] が16.3%となっている。

会社企業には，株式会社，合資会社，合名会社，合同会社など(1)がある。現在では多くの企業が株式会社の形態をとっている。企業は決算期に，損益計算書(2)，貸借対照表(3)（バランスシート），株主資本等変動計算書，キャッシュフロー計算書などの財務諸表を会計基準というルールに従って作成し，株主や関連企業などステークホルダー（利害関係者）に向けて経営状態や財務状況の情報開示（ディスクロージャー）を行っている。また，最近では企業活動の広がりとともに，企業の社会的責任（CSR）の一環としての取り組み(4)を行う企業が増えている。

市場経済において，いくらの価格でどれだけの量の財やサービスが売買されるかは，原則的に市場における需要と供給の関係によって決まる。たとえば，競争的な市場において，ある財の需要が供給を上回ると，価格は需要と供給が一致するまで上昇する。逆に，ある財の供給が需要を上回ると，価格は需要と供給が一致するまで低下する。需要と供給が一致したときの価格を均衡価格といい，均衡価格で取引される需要量（供給量）を均衡数量という。また，需要を表すのが需要曲線，供給を表すのが供給曲線である。次の図はある財の需要曲線，供給曲線を表している。

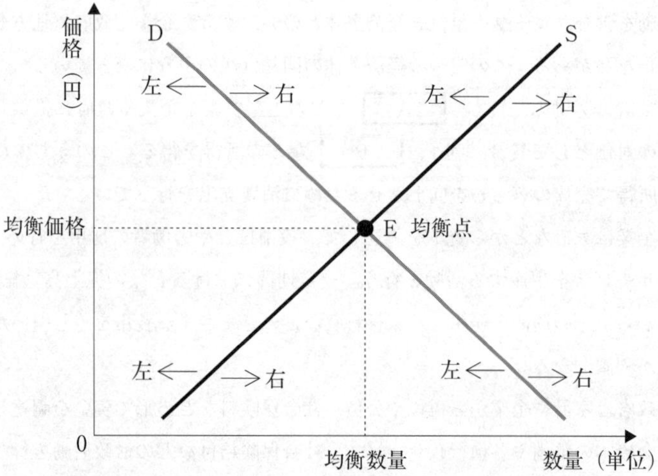

Dが需要曲線，Sが供給曲線を表し，2つの交点Eを均衡点という。いま，市場における財の需要曲線，供給曲線がそれぞれ次の数式で与えられているとする。ただし，Pは価格（円），Dは需要量，Sは供給量を表す。

需要曲線：$D = 150 - P$

供給曲線：$S = P - 10$

このとき，均衡点において需要量Dと供給量Sが一致することから，この財の均衡価格は [E] 円，均衡数量は [F] 単位となる。また，(5)需要曲線や供給曲線は，需要や供給を変化させる状況が生じると，上の図の矢印（左または右）の方向に移動する。

このように，競争的な市場では価格の自動調節機能（価格機構）によって需要と供給が調整され，限られた資源の効率活用が図られる。しかし，価格機構には限界もあり，時として(6)市場の失敗が起きる。また，市場の寡占や独占は消費者の利益を阻害しかねないため，その弊害を防ぐ機関として(7)公正取引委員会が設置されている。

問1　文中の空欄A，Bにあてはまる語句の組み合わせとして，正しいものを，次の選択肢ア～オの中から1つ選び，その記号を解答欄にマークしなさい。

ア　A―財，　B―サービス

イ　A―財，　B―配当

ウ　A―財，　B―社会資本

エ　A―土地，B―財

オ　A―土地，B―地代

問2　文中の空欄Cにあてはまる数字として，**最も近いもの**を，次の選択肢ア～オの中から1つ選び，その記号を解答欄にマークしなさい。

ア　5　　イ　10　　ウ　300　　エ　700　　オ　1000

問3　文中の空欄Dにあてはまる語句として，正しいものを，次の選択肢ア～オの中から1つ選び，その記号を解答欄にマークしなさい。

ア　交通・通信費

イ　教養娯楽費

ウ　保健医療費

エ　光熱・水道費

オ　教育費

問4　文中の空欄E，Fにあてはまる数字の組み合わせとして，正しいものを，次の選択肢ア～オの中から1つ選び，その記号を解答欄にマークしなさい。

ア　E―70，　F―80

イ　E―80，　F―70

ウ　E―80，　F―80

エ　E―140，　F―160

オ　E―160，　F―140

問5　下線部(1)に関して，**誤っているもの**を，次の選択肢ア～オの中から1つ選び，その記号を解答欄にマークしなさい。

ア　株式会社では，会社の負債に対する株主の責任は出資額を限度とする有限責任である。

イ　会社法の制定により最低資本金規制が撤廃されたため，現在，法律上は資本金が1円でも株式会社を設立できるようになった。

ウ　合資会社は，有限責任社員と無限責任社員によって構成され，小規模経営の会社に多い。

エ　合名会社は会社法（2006年施行）で新たに規定された会社で，一人以上の無限責任の社員によって構成され，家族・親族経営の会社に多い。

オ　合同会社は，有限責任と出資額によらずに利益配分などを自由に決められる定款《ていかん》自治が特徴である。

問6　下線部(2)に関して，一般的に損益計算書の項目に**含まれないもの**を，次の選択肢ア～オの中から1つ選び，その記号を解答欄にマークしなさい。

ア　給与手当　　イ　株主への配当　　ウ　広告宣伝費

エ　減価償却費　　オ　利息の支払い

問7　下線部(3)に関して，次の文章を読み，文中の空欄G～Iにあてはまる正しい語句や数字の組み合わせを，あとの選択肢ア～オの中から1つ選び，その記号を解答欄にマークしなさい。

貸借対照表の右側には，負債や純資産を記載して「資金をどのように集めたか」の状況がわかるようになっている。表の左側には土地などの資産を記載して「集めた資金をどのように運用したか」の状況がわかるようになっており，以下に示す貸借対照表の左側の空欄は，土地以外の資産を表すものとする。貸借対照表において，たとえば企業の内部留保は表の［　G　］側に記載する。また，保有する現金・預金は，表の［　H　］側に記載する。そして，以下の貸借対照表からは，自己資本比率が［　I　］％であるとわかる。

資産		負債・純資産	
《資産》		《負債》	
□	6億円	銀行借入	15億円
土地	4億円	社債	7億円
□	10億円	《純資産》	
□	5億円	資本金	3億円
合計	25億円	合計	25億円

ア　G―右，H―左，I―12

イ　G―右，H―右，I―12

ウ　G―左，H―左，I―13.6

エ　G―右，H―左，I―13.6

オ　G―左，H―右，I―13.6

問8　下線部(4)に関して，**誤っているもの**を，次の選択肢ア～オの中から1つ選び，その記号を解答欄にマークしなさい。

ア　地域社会におけるフィランソロピーや本業と直接関係のない文化・芸術活動への支援などは企業の社会的責任の一つである。

イ　企業で働く従業員とその家族もステークホルダーであり，福利厚生を拡充させることは企業の社会的責任でもある。

ウ　企業の社会的責任として，国際標準化機構（ISO）による14000シリーズの認証取得をめざす企業もある。

エ　法令遵守《じゅんしゅ》（コンプライアンス）は，企業に義務づけられている法的責任であって，企業の社会的責任とは無関係である。

オ　公害問題における無過失責任の原則や汚染者負担の原則（PPP）は，企業の社会的責任の一例である。

問9　下線部(5)に関する以下の文(a)～(c)の正誤の組み合わせとして，正しいものを，次の選択肢ア～クの中から1つ選び，その記号を解答欄にマークしなさい。

(a)　原材料費の低下が起こると，供給曲線は左に移動する。

(b)　新しい機能が増えて商品の人気が高まると，需要曲線は右に移動する。

(c)　生産者の生産物に課税されると，供給曲線は右に移動する。

ア　(a)―正，(b)―正，(c)―正

イ　(a)―正，(b)―正，(c)―誤

ウ　(a)―正，(b)―誤，(c)―正

エ　(a)―誤，(b)―正，(c)―正

オ　(a)―正，(b)―誤，(c)―誤

カ　(a)―誤，(b)―正，(c)―誤

キ　(a)―誤，(b)―誤，(c)―正

ク　(a)―誤，(b)―誤，(c)―誤

問10　下線部(6)に関して，市場の失敗の説明として，**誤っているもの**を，次の選択肢ア～オの中から1つ選び，その記号を解答欄にマークしなさい。

ア　電気やガスなどの規模の経済がはたらく産業では独占が発生しやすく，価格機構が機能しなくなる。

イ　道路や公園，灯台などは，非排除性と非競合性をもち，フリーライダーの存在によって価格機構が機能しない。

ウ　費用逓減産業の一つである携帯通信事業では，近年，数社の間で価格競争が激化し，消費者はどの業者のどのプランに乗り換えるかで迷っている。

エ　郊外に大規模商業施設ができ，近隣道路の混雑や無断駐車の増加によって近隣住民が迷惑をこうむる。

オ　中古車の売り手は商品の品質を十分に知っているが，買い手がそれを知らないために適切な価格で取引されない。

問11　下線部(7)に関して，公正取引委員会の特色や活動などの説明について，**誤っているもの**を，次の選択肢ア～オの中から1つ選び，その記号を解答欄にマークしなさい。

ア　1947年に制定された独占禁止法の目的を達成するために設けられた，内閣直属の機関である。

イ　大企業の合併を審査したり価格協定を破棄する命令を出したりして，独占的企業の行動を規制する機関である。

ウ　独占禁止法に違反した事業者に対して，違反行為の差し止め命令や課徴金の納付命令をすることができる。

エ　一般の行政機関からある程度独立した合議制の行政委員会であり，規則の制定など準立法的機能を有している。

オ　2020年のリニア中央新幹線の建設工事をめぐる談合事件で，公正取引委員会は大手ゼネコン4社に独占禁止法違反を認定し，排除措置命令を出した。

Ⅲ　次の文章を読み，問1から問10の各問に答えなさい。(25点)

1994年に発効し，日本は1996年に批准した海洋法に関する国際連合条約（国連海洋法条約）は，海洋に関する法的な秩序の形成を目的とした条約である。この条約では，領土と海洋の境になる基線（干潮時の海岸線など）から［　A　］海里（1海里は1852m）までを沿岸国の主権がおよぶ「領海」，基線から［　B　］海里までの領海を除いた海域を「接続水域」，基線から［　C　］海里までの領海を除いた海域を「排他的経済水域（EEZ）」としてそれぞれ定め，この水域を超える海洋を「公海」と規定する。つまり，領土に近い順から領海，接続水域，排他的経済水域，公海(1)と呼ばれる海域が広がっており，領土の拡大はこれらの海域の拡大を伴うことになるため，国際社会では領土問題（解決すべき領有権の問題）が後を絶たない。

2021年に入り，沖縄県・尖閣諸島周辺では中国海警局の船舶を含む中国公船による日本の領海内への侵入が活発化した。2021年2月に施行された中国の海警法（中華人民共和国海警法）では，海警局の船舶に武器使用や外国船の強制検査権限が明記されていることから，尖閣諸島をめぐる日中間の緊張が高まった。中国は尖閣諸島の領有権を主張しているが，これに対する日本政府の主張は一貫している(2)。

日本の領土をめぐっては，四島からなる北方領土(3)の帰属問題や竹島の領有権をめぐる問題もある。北方領土は1956年の日ソ共同宣言以来の懸案(4)であり，いまだに双方の主張の隔たりが大きい。竹島は1905年1月の閣議決定で［　D　］に編入し，領有意思を再確認し，国際法上も日本領であることが認められてきた。しかし，サンフランシスコ平和条約(5)が発効する前後の1950年代から，竹島の領有権をめぐる問題が日韓の間で表面化し，現在まで解決には至っていない(6)。

中国は1970年代後半の改革開放政策によってめざましい経済発展を遂げ，2010年には名目GDPで日本を抜いてアメリカに次ぐ世界第二位の経済大国となった。それとともに国際社会での政治的・経済的影響力を高め，急速に軍備を拡張してアメリカとならぶ超大国の地位に迫っている。こうした中国の動向に対して，国際社会，とりわけ周辺諸国は警戒感を強めている。たとえば，中国の積極的な海洋進出がその一つである。中国は南シナ海において，［　E　］という独自の境界線を設定して領有権を主張しており，それがベトナムやフィリピンなど周辺諸国との軍事的緊張を高めている。2016年，国連海洋法条約に基づくオランダ・ハーグの仲裁裁判所は，中国の主張には国際法上の根拠がないとする判断を下したが，中国はこれを受け入れないと表明し，その後もこの海域での人工島造成や島の軍事拠点化を進めている。

2020年10月には，通称Quad（クアッド）(7)と呼ばれる国際連携の枠組みを構成する4カ国の外相が東京で2回目の会合を開き，「自由で開かれたインド太平洋」の実現に向けて互いの連携を強化し，多くの国々へ連携を広げていくことの重要性を確認した。これは中国の海洋進出を念頭に置いたものであり，中国を牽制するねらいがあると見られている。

問1　文中の空欄A～Cにあてはまる数字の組み合わせとして，正しいものを，次の選択肢ア～オの中から1つ選び，その記号を解答欄にマークしなさい。

ア　A―3,　B―12,　C―120

イ　A―12,　B―20,　C―200

ウ　A―12,　B―24,　C―200

エ　A―20,　B―24,　C―240

オ　A―20,　B―30,　C―240

問2　文中の空欄Dにあてはまる県名として，正しいものを，次の選択肢ア～オの中から1つ選び，その記号を解答欄にマークしなさい。

ア　福岡県　　イ　山口県　　ウ　島根県

エ　鳥取県　　オ　福井県

問3　文中の空欄Eにあてはまる語句として，正しいものを，次の選択肢ア～オの中から1つ選び，その記号を解答欄にマークしなさい。

ア　三段線　　イ　五段線　　ウ　七段線

エ　九段線　　オ　十一段線

問4　下線部(1)に関して，**誤っているもの**を，次の選択肢ア～オの中から1つ選び，その記号を解答欄にマークしなさい。

ア　領海では他国の船舶が沿岸国に害を与えないように通過する無害通航権が認められており，領土と領海の上空の大気圏内が領空である。

イ　領海に接している接続水域では，沿岸国は自国の領土または領海における出入国管理などに関して一定の規制を行うことができる。

ウ　排他的経済水域とその範囲の大陸棚では，漁業・鉱物資源などへの権利や海洋調査などに関する管轄権が認められている。

エ　排他的経済水域の外に大陸棚が続いている場合，沿岸国は一定の範囲内で漁業・鉱物資源などへの権利が認められる。

オ　公海では，すべての国に航行の自由・漁獲の自由・海洋調査の自由などの公海の自由が認められるが，上空飛行の自由は認められていない。

問5　下線部(2)に関して，正しいものを，次の選択肢ア～オの中から1つ選び，その記号を解答欄にマークしなさい。

ア　日本政府は一貫して「話し合いによる解決」を主張している。

イ　日本政府は一貫して「領土問題の一時棚上げ」を主張している。

ウ　日本政府は一貫して「領土問題は存在しない」と主張している。

エ　日本政府は一貫して「日中両国による共同統治」を主張している。

オ　日本政府は一貫して「国際司法裁判所に付託する」と主張している。

問6　下線部(3)に関して，以下の北方領土の地図の(a)と(b)の島の名称の組み合わせとして，正しいものを，次の選択肢ア～オの中から1つ選び，その記号を解答欄にマークしなさい。

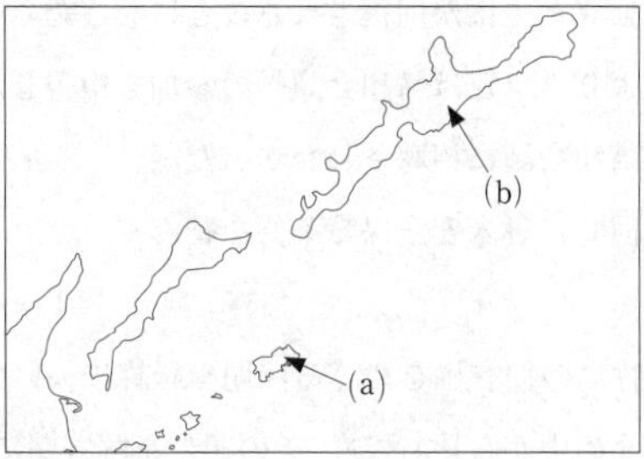

ア　a―色丹島，b―国後島

イ　a―択捉島，b―国後島

ウ　a―色丹島，b―択捉島

エ　a―国後島，b―択捉島

オ　a―国後島，b―色丹島

問7　下線部(4)に関して，北方領土をめぐる日本とソ連および日本とロシアとの交渉経緯について，**誤っているもの**を，選択肢ア～オの中から1つ選び，その記号を解答欄にマークしなさい。

ア　日ソ共同宣言では，平和条約締結後の二島返還の合意がなされたが，日本側は「四島一括返還」を主張し，その後，平和条約締結交渉は難航を続けた。

イ　1991 年，ソ連のゴルバチョフ大統領が来日し，日ソ共同声明でソ連側が四島の名前を具体的に列挙し，領土画定の問題の存在を初めて文書で認めた。

ウ　1993 年の東京宣言では，北方四島の帰属に関する問題を歴史的・法的事実に基づいて解決し，平和条約の早期締結に向けた交渉の継続を確認した。

エ　2001 年，小渕恵三首相とプーチン大統領との首脳会談で，東京宣言に基づいて北方四島の帰属問題を解決し，平和条約を締結するとの認識を再確認した。

オ　2018 年，安倍晋三首相とプーチン大統領とのシンガポールでの首脳会談で，日ソ共同宣言を基礎として平和条約交渉を加速することで合意した。

問8　下線部(5)に関して，サンフランシスコ平和条約をめぐる国際情勢の説明として，**誤っているもの**を，次の選択肢ア～オの中から1つ選び，その記号を解答欄にマークしなさい。

ア　日本と連合国側の 48 カ国との間で結ばれた講和条約である。

イ　この条約で日本の独立と主権が回復されることになった。

ウ　冷戦構造の確立により，ソ連は講和会議への参加を拒否した。

エ　中華人民共和国は講和会議に招聘《しょうへい》されなかった。

オ　日本は条約締結と同時に日米安全保障条約を結んだ。

問9　下線部(6)に関して，竹島の領有権をめぐる問題や経緯について，**誤っているもの**を，次の選択肢ア～オの中から1つ選び，その記号を解答欄にマークしなさい。

ア　サンフランシスコ平和条約の発効直前に，韓国が「李承晩ライン」と呼ばれる海洋主権宣言を一方的に発し，竹島をそのライン内に取り込んだ。

イ　韓国では竹島を「独島」(トクト」または「ドクト」) と表記し，1950 年代から韓国が一方的に島に駐留し，占拠している状態が現在まで続いている。

ウ　日本は，竹島をサンフランシスコ平和条約において領有を放棄していない「我が国固有の領土である」とする立場を堅持している。

エ　日本は竹島の領有権を主張して国際司法裁判所に提訴したが，二国間で解決すべき問題として却下され現在に至っている。

オ　2012年，韓国の李《イ》明《ミョン》博《バク》大統領が歴代大統領で初めて竹島に上陸したことを受け，日本政府は駐韓国大使を一時帰国させる措置を取って抗議した。

問10　下線部(7)に関して，2020年の第2回外相会合に参加した国として，正しいものを，次の選択肢ア～オの中から1つ選び，その記号を解答欄にマークしなさい。

ア　アメリカ・日本・カナダ・インド

イ　アメリカ・日本・イギリス・インド

ウ　アメリカ・日本・オーストラリア・インド

エ　アメリカ・日本・オーストラリア・インドネシア

オ　アメリカ・日本・ニュージーランド・インドネシア

Ⅳ　次の文章を読み，問1から問11の各問に答えなさい。(25点)

2020年のノーベル平和賞に，世界食糧計画（WFP）が選ばれた。WFPは貧困や飢餓で苦しむ世界の人々に食料を届ける活動をしている国連の機関である。WFPやFAO（国連食糧農業機関）などによると，2020年には世界で7億2000万人から8億1100万人が飢餓に直面していると推定されている[注1]。

WFPの活動は，2015年の国連持続可能な開発サミットで採択されたSDGs（持続可能な開発目標）の「目標2」および「目標17」の達成をめざすものである（右図参照）。「目標17」に関していえば，発展途上国に対する支援が柱となっている。その背景には，第二次世界大戦後に生じた先進国と発展途上国との間の不平等，すなわち経済的格差がある。これは南北問題(1)と呼ばれ，格差是正のために国連や先進諸国はさまざまな取り組みを行ってきた。1964年に開催された国連貿易開発会議（UNCTAD）では，プレビッシュ報告に基づいて，特恵関税制度(2)の導入，先進国の途上国に対する経済援助，発展途上国が輸出する一次産品の価格安定化などの目標が立てられた。OECD（経済協力開発機構）の下部機関である［ A ］は，先進国による発展途上国への経済援助の支出目標額を，対GNI（国民総所得）比［ B ］%として加盟国に割り当てることを政策目標としている。2018年における日本の政府開発援助の贈与相当額(注2)が約141.6億ドル，GNIが約5兆1354.7億ドルであることから，贈与相当額の対GNI比は［ C ］となる。この比率は［ A ］のメンバー29カ国中16位であった。

日本は戦中・戦後の食糧難の時期を除き，国民全体が飢餓で苦しむようなことはなかった。しかし，日本は食料の多くを海外からの輸入に頼っている。2010年以降では，食料自給率（カロリーベース）は［ D ］%に届かず，穀物自給率は［ E ］%を下回り，先進国の中で最低の水準にある。日本の農業は比較優位(3)がないため，工業やサービス業に特化すべきという意見がある一方で，食料安全保障の観点から食料自給率を高めるべきであるとの意見もある。戦後から1990年代初頭までの日本は農業の保護政策(4)を続けてきたが，1995年に施行された新食糧法では，米の流通や価格について大幅な自由化が図られた。また，1999年度からは米の関税化(5)が実施されている。現在，日本の農業政策では，生産性を高めて国際競争力をつける対応策がとられているが，一方では耕作放棄地の増加や農家の後継者不足などの問題を抱えている。

国連によると，今後の世界人口は2019年の77億人から2050年には97億人に達すると推計されている。それに見合う食料の供給体制を整備することが国際社会の課題でもある。それには，化石燃料の大量消費(6)による地球温暖化とそれに伴う気候変動，自然破壊による土壌流失，世界的な水不足など，地球環境問題の解決にも同時に取り組んでいく必要がある。地球温暖化を防ぐための気候変動枠組条約では，COP3の京都議定書（2005年発効）やCOP21のパリ協定(7)（2016年発効）により，世界各国が温室効果ガス[注3]の削減に向けた取り組みを続けている。2021年4月に開催された気候変動に関する首脳会議（気候サミット）では，欧米先進国が相次いで温室効果ガスの新たな削減目標を表明した。この席で日本の菅義偉首相（当時）は2030年までに13年度比で温室効果ガスを46%削減すると表明した。そのためには，電力供給における再生可能エネルギーの比率を高める施策(8)をさらに推し進めていかなければならない。

（注1）FAO・WFP等『2021年の世界の食料安全保障と栄養の現状』
（注2）贈与相当額――有償資金協力について，贈与に相当する額を計上したもの。
（注3）温室効果ガス――二酸化炭素やメタン，フロンなど。

問1　文中の空欄A，Bにあてはまる機関名の欧文略称と数字の組み合わせとして，正しいものを，次の選択肢ア～オの中から1つ選び，その記号を解答欄にマークしなさい。

ア　A―IDA，B―0.5
イ　A―IDA，B―0.7
ウ　A―DAC，B―0.5
エ　A―DAC，B―0.7
オ　A―DAC，B―1.0

問2　文中の空欄Cにあてはまる比率として，**最も近いもの**を，次の選択肢ア～オの中から1つ選び，その記号を解答欄にマークしなさい。

ア　0.16%
イ　0.28%
ウ　0.36%
エ　2.8%
オ　3.6%

問3　文中の空欄D，Eにあてはまる数字の組み合わせとして，正しいものを，次の選択肢ア～オの中から1つ選び，その記号を解答欄にマークしなさい。

ア　D―20，E―30

イ　D―30，E―20

ウ　D―30，E―40

エ　D―40，E―30

オ　D―40，E―20

問4　下線部(1)に関して，南北問題が生じた背景として，**誤っているもの**を，次の選択肢ア～オの中から1つ選び，その記号を解答欄にマークしなさい。

ア　多くの発展途上国が，モノカルチャー経済から脱却できなかった。

イ　多くの発展途上国が開発独裁をしき，海外資本を国内から締め出した。

ウ　発展途上国に不利な交易条件が生じ，一次産品の価格が低迷した。

エ　IMF・GATT体制は，主に先進国が恩恵を受けるシステムであった。

オ　代替原料の開発が進み，先進国の一次産品の輸入依存度が下がった。

問5　下線部(2)に関して，正しいものを，次の選択肢ア～オの中から1つ選び，その記号を解答欄にマークしなさい。

ア　先進国から輸入する工業製品に対して，発展途上国が高い関税率をかけて輸入量を減らせる特別な制度で，発展途上国の工業化を促すねらいがある。

イ　先進国から輸入する工業製品に対して，発展途上国が自由に関税率を決められる特別な制度で，発展途上国の産業を保護するねらいがある。

ウ　発展途上国からの輸入品に対して関税率を低くする制度で，発展途上国の輸出拡大や経済発展を促すねらいがある。

エ　先進国がこれまで一次産品にかけてきた関税を撤廃したうえで輸入量を2倍以上に設定する制度で，発展途上国の外資獲得を促すねらいがある。

オ　発展途上国からの輸入品の関税率を下げて輸入量を拡大し，余剰が出たら先進国同士で売買する制度で，発展途上国の生産効率を上げるねらいがある。

問6　下線部(3)に関して，次の文章を読み，文中の空欄Fにあてはまる正しい数字を，あとの選択肢ア～オの中から1つ選び，その記号を解答欄にマークしなさい。

経済学者のリカードは比較生産費説を唱えて国際分業の利点を主張したが，これについて検証してみよう。世界にはＰ国とＱ国のみが存在し，両国ではマスクと乾電池の二つの商品のみを生産しているとする。以下の表は，Ｐ国とＱ国で，マスクと乾電池をそれぞれ1単位生産するのに必要な労働者の人数を表し，総労働者数はＰ国が240人，Ｑ国が40人である。現在はＰ国，Ｑ国ともにマスクと乾電池を1単位ずつ生産し，全体では合計4単位の商品が生産されている。これらの商品生産には労働しか用いられないとし，労働時間や労働者の能力，生産物の品質はすべて同じであるとする。

	Ｐ国	Ｑ国	生産量
マスク	80	30	2単位
乾電池	160	10	2単位

ここで，Ｐ国，Ｑ国ともに比較優位のある商品の生産に特化し，国内のすべての労働者をその商品の生産のみに投入する生産体制に変えたとする。結果は，世界全体のマスクと乾電池の生産量が特化前に比べてそれぞれ増え，生産量の合計が［　Ｆ　］単位になる。つまり，比較優位のある商品に特化した生産体制で国際分業を行えば，各国が得られる利益を最大化できるというのがリカードの比較生産費説である。

ア　5

イ　6

ウ　7

エ　8

オ　9

問7　下線部(4)に関して，**誤っているもの**を，次の選択肢ア～オの中から1つ選び，その記号を解答欄にマークしなさい。

ア　米を含む主要な農産物に輸入制限をかけた。

イ　食糧管理制度に基づき政府が米を高値で買い入れた。

ウ　政府の減反政策に協力した農家に補助金を交付した。

エ　農地法によって農地の転用規制や権利移動を定めた。

オ　農業協同組合を組織し，他業種からの農業参入を排除した。

問8　下線部(5)の結果に関して，正しいものを，次の選択肢ア～オの中から1つ選び，その記号を解答欄にマークしなさい。

ア　安価な米が大量に輸入され，国内産の米の価格が下落した。

イ　米の輸入制限が撤廃されたため，稲作農家が大きな打撃を受けた。

ウ　ミニマムアクセスが維持されているため，米の輸入量は増えなかった。

エ　セーフガードが発動され，米の輸出量が増えた。

オ　極めて高い関税率が設定され，米の輸入量が抑えられた。

問9　下線部(6)に関して，以下の表は，2018年における二酸化炭素排出量の多い上位7カ国の排出量と人口を表したものである。この表からわかることとして，**誤っているもの**を，次の選択肢ア～オの中から1つ選び，その記号を解答欄にマークしなさい。

排出量順位	国名	2018年の排出量（注）（単位：100万トン）	2018年の人口（単位：100万人）
1	中国	9,528.2	1,427.6
2	アメリカ	4,921.1	327.1
3	インド	2,307.8	1,352.6
4	ロシア	1,587.0	145.7
5	日本	1,080.7	127.2
6	ドイツ	696.1	83.1
7	韓国	605.8	51.2

出典：International Energy Agency（IEA）-CO_2 Emissions from Fuel Combustion Highlights（2020 Edition）／2018年の人口は国連統計による（単位を100万人にした概算値）

（注）エネルギー起源CO_2（各種エネルギーの利用時に発生したCO_2）の排出量

ア　人口が多い国ほど，二酸化炭素の排出量が多いというわけではない。

イ　中国の一人当たりの二酸化炭素排出量は，7カ国中第6位である。

ウ　日本の一人当たりの二酸化炭素排出量は，韓国のそれよりも少ない。

エ　7カ国中，一人当たりの二酸化炭素排出量が最も多い国はロシアである。

オ　一人当たりの二酸化炭素排出量が10トンを上回るのは7カ国中3カ国である。

問10　下線部(7)に関して，**誤っているもの**を，次の選択肢ア～オの中から1つ選び，その記号を解答欄にマークしなさい。

ア　京都議定書の対象国地域は一部の先進国にとどまったが，パリ協定の対象国地域は発展途上国を含むすべての締約国に広がった。

イ　世界の平均気温上昇を，産業革命以前に比べて2度未満（できれば1.5度未満）に抑える努力を追求することを目的とした。

ウ　各国が立てた削減目標には達成義務があり，目標を達成できなかった国に対する罰則規定が設けられた。

エ　世界全体の気候変動対策がどの程度進んでいるかを継続的に検証していくこととし，その最初の評価を2023年に行う。

オ　すべての参加国が削減目標を立て，5年ごとに見直しをして国連に報告することを義務づけた。

問11　下線部(8)に関して，2012年に導入された施策として，正しいものを，次の選択肢ア～オの中から1つ選び，その記号を解答欄にマークしなさい。

ア　固定価格買取制度

イ　スマートグリッド

ウ　家電リサイクル法

エ　グリーン購入法

オ　プルサーマル計画

数学

（60分）

解答上の注意

1．問題の文中の $\boxed{\text{ア}}$，$\boxed{\text{イウ}}$ などには，数字（0〜9）または符号（＋，−）が入ります。ア，イ，ウ，…の一つ一つは，これらのいずれか一つに対応します。それらを解答用紙のア，イ，ウ，…で示された解答欄にマークしてください。例えば，$\boxed{\text{アイウ}}$ に −83 と答えたいときは，

ア	⓪	①	②	③	④	⑤	⑥	⑦	⑧	⑨	⊕	●
イ	⓪	①	②	③	④	⑤	⑥	⑦	●	⑨	⊕	⊖
ウ	⓪	①	②	●	④	⑤	⑥	⑦	⑧	⑨	⊕	⊖

としてください。

2．分数形で解答する場合，分数の符号は分子につけ，分母にはつけないでください。

例えば，$\dfrac{\boxed{\text{エオ}}}{\boxed{\text{カ}}}$ に $-\dfrac{4}{5}$ と答えたいときは，$\dfrac{-4}{5}$ としてください。

また，**それ以上約分できない形で答えてください**。例えば，$\dfrac{3}{4}$ と答えるところを，$\dfrac{6}{8}$ のように答えた場合は**不正解**とします。

3．小数の形で解答する場合，指定された桁数の一つ下の桁を四捨五入して答えてください。また，必要に応じて，**指定された桁まで⓪にマークしてください**。例えば，$\boxed{\text{キ}}$．$\boxed{\text{クケ}}$ に 2.50 と答えるところを，2.5 のように答えた場合は**不正解**とします。

4．根号を含む形で解答する場合，**根号の中に現れる自然数が最小となる形で答えて**

ください。例えば，$\boxed{\text{コ}}\sqrt{\boxed{\text{サ}}}$ に $4\sqrt{2}$ と答えるところを，$2\sqrt{8}$ のように答えた場合は**不正解**とします。

5．根号を含む分数形で解答する場合，例えば，$\dfrac{\boxed{\text{シ}}+\boxed{\text{ス}}\sqrt{\boxed{\text{セ}}}}{\boxed{\text{ソ}}}$ に $\dfrac{3+2\sqrt{2}}{2}$ と答えるところを，$\dfrac{6+4\sqrt{2}}{4}$ や $\dfrac{6+2\sqrt{8}}{4}$ のように答えた場合は**不正解**とします。

I

三角形ABCがあり

$$AB=4,\ BC=5,\ \angle B=60^\circ$$

である。この三角形の外接円を K とする。(15点)

(1)　$AC=\sqrt{\boxed{\text{アイ}}}$ である。また，K の半径は $\sqrt{\boxed{\text{ウ}}}$ である。

(2)　三角形ABCの重心をGとすると

$$(\text{三角形ABGの面積})=\frac{\boxed{\text{エ}}\sqrt{\boxed{\text{オ}}}}{\boxed{\text{カ}}}$$

である。

(3)　さらに，直線AGと直線BCの交点をDとし，直線AGと円 K の交点のうちAではないものをEとすると

$$AD=\frac{\boxed{\text{キ}}}{\boxed{\text{ク}}},\ AE=\frac{\boxed{\text{ケコ}}}{\boxed{\text{サ}}}$$

である。

II　袋が 1 つあり，その中に

数字 1 が書かれた玉が 2 個，
数字 2 が書かれた玉が 2 個，
数字 3 が書かれた玉が 2 個

入っている。この袋から無作為に玉を 1 個取り出して書かれた数字を記録することを 3 回行う。ただし，取り出した玉は袋に戻さない。

k 回目 $(k=1, 2, 3)$ の記録を X_k とする。(25 点)

(1)　(i)　$X_1 < X_2 < X_3$ である確率は $\dfrac{\boxed{\text{ア}}}{\boxed{\text{イウ}}}$ である。

(ii)　$X_1 = X_2$ である確率は $\dfrac{\boxed{\text{エ}}}{\boxed{\text{オ}}}$ である。また，$X_1 = X_2 < X_3$ である確率は $\dfrac{\boxed{\text{カ}}}{\boxed{\text{キク}}}$ である。

(iii)　$X_1 \leqq X_2 \leqq X_3$ である確率は $\dfrac{\boxed{\text{ケ}}}{\boxed{\text{コサ}}}$ である。

(2)　(i)　X_1，X_2，X_3 の最大値が 3 である確率は $\dfrac{\boxed{\text{シ}}}{\boxed{\text{ス}}}$ である。

(ii)　X_1，X_2，X_3 の最大値が 3 であるとき，X_1，X_2 の最大値が 2 である条件付き確率は $\dfrac{\boxed{\text{セ}}}{\boxed{\text{ソタ}}}$ である。

III　等差数列 $\{a_n\}$ $(n=1, 2, 3, \cdots)$ があり

$$a_3 = 11,\ \ a_9 = 35$$

である。(30点)

(1)　数列 $\{a_n\}$ の

初項は［ア］，公差は［イ］

である。また

$$\sum_{k=1}^{10} a_k = \boxed{ウエオ}$$

$$\sum_{k=1}^{10} \frac{1}{(1+k)(1+a_k)} = \frac{\boxed{カ}}{\boxed{キク}}$$

である。

(2)　数列 $\{b_n\}$ $(n=1, 2, 3, \cdots)$ を

$$b_n = \frac{10000}{a_n} - a_n$$

と定め，$S_n = \sum_{k=1}^{n} b_k$ とする。S_n が最大となる n の値は

$$n = \boxed{ケコ}$$

である。

(3)　等式

$$2a_n = 3a_l + 9$$

を満たす正の整数の組 (n, l) を考える。n の値が10番目に小さい組は

$$(n, l) = (\boxed{サシ},\ \boxed{スセ})$$

である。また，$l^2 - 12n$ の最小値は

$$\boxed{ソタチ}$$

である。

IV　xy 平面上に放物線 C：$y=f(x)$ と直線 ℓ：$y=g(x)$ があり

$$f(x)=x^2+px+q \quad (p,\ q \text{は実数の定数})$$
$$g(x)=3x-4$$

である。C と ℓ は異なる 2 点 A，B で交わり，線分 AB の中点は $(1,-1)$ である。(30 点)

(1)　A，B の x 座標をそれぞれ a，b とすると

$$b=\boxed{\text{ア}}-a$$

である。また，$f(x)-g(x)=(x-a)(x-b)$ であるから

$$p=\boxed{\text{イ}}$$

である。

(2)　(1)において $0<a<1$ とする。C と ℓ で囲まれる図形の面積を S_1 とすると

$$S_1=\frac{\boxed{\text{ウ}}}{\boxed{\text{エ}}}\left(\boxed{\text{オ}}-a\right)^{\boxed{\text{カ}}}$$

であり，C の $0 \leqq x \leqq a$ の部分と ℓ と y 軸で囲まれる図形の面積を S_2 とすると

$$S_2=\frac{\boxed{\text{キク}}}{\boxed{\text{ケ}}}a^3+a^2$$

である。

(3)　(2)において $T=S_1+S_2$ とする。$0<a<1$ において T が最小となるのは

$$a=\frac{\boxed{\text{コ}}}{\boxed{\text{サ}}}$$

のときであり

$$(T \text{の最小値})=\frac{\boxed{\text{シ}}}{\boxed{\text{スセ}}}$$

である。

〔問六〕 筆者は「かひやが下」の意味として何が正しいと考えているか。もっとも適当なものを左の中から選び、符号で答えなさい。

A 蚊遣火をたく小屋の下
B 魚を集めて捕る小屋の下
C 蛙を飼うための小屋の下
D 蚕を飼うための小屋の下
E 穀物を収める小屋の下

〔問三〕　傍線(8)「人の髪なにかを取り入れて」とあるが、その理由は何か。もっとも適当なものを左の中から選び、符号で答えなさい。

A　人の気配を感じて蚊などが寄って来るから。
B　人の気配を嗅ぎ鹿や猪が寄って来ないから。
C　火を消えにくくする効果が期待できるから。
D　人の気配を感じて鹿や猪が寄って来るから。
E　煙がくすぶっていつまでも消えないから。

〔問四〕　空欄(11)には漢字一字が入る。もっとも適当なものを左の中から選び、符号で答えなさい。

A　田　　B　朝　　C　虫　　D　霞　　E　恋

〔問五〕　傍線(12)「さらば蝦を飼ふにぞあるべき」とあるが、その批判理由としてもっとも適当なものを左の中から選び、符号で答えなさい。

A　魚と同じ方法で蛙を集めるのは難しいから。
B　蛙が魚の近くに集まって鳴くことはないから。
C　魚と同じように蛙を飼うとは考えられないから。
D　蛙を飼うことは不吉で避けるべきことだから。
E　蚕の蚕室に蛙が集まってしまうと困るから。

(4)「あやしの者」

A 身分の卑しい者
B 田舎暮らしの者
C 不審な感じの者
D 風流を解さない者

(6)「寄せじ料に」

A 寄せない代わりに
B 近寄らせるために
C 寄せない費用として
D 近寄らせないために

(13)「無下に見苦しかるべき義」

A 無下にするのは忍びない解釈
B 実に苦しいこじつけがされた解釈
C とても品がないように思われる解釈
D こちらが苦しくなるほど素晴らしい解釈

〔問二〕 傍線(2)の「なる」と意味用法が同じものを、本文中の傍線(3)(5)(7)(9)(10)の中から一つ選び、符号で答えなさい。

A (3)　B (5)　C (7)　D (9)　E (10)

むの由によそへたるなり。

これをまた、「河の淀《よど》みなどに『ふしつけ』などいふことのやうにして、魚《いを》を集めて捕らむとて、屋を作り、覆ひて魚を飼へば『飼屋《かひや》』といふぞ」と申すなるべし。それにまた蝦も集まりて鳴くにや。(12)さらば蝦を飼ふにぞあるべき。

また、かの同じ御百首の歌合に、顕昭法師が、「蚕の蚕室に、蛙《かへる》の集まり来るなり」とさへ申したりき。(13)無下に見苦しかるべき義なり。

（『古来風体抄』による）

注　層……建物の階層。床下を二重にした状態を指す。　この集……万葉集。　ふしつけ……柴《しば》を束ねて水中に漬けておき、魚を捕る仕掛け。　御百首の歌合……六百番歌合のこと。　顕昭法師……平安末期から鎌倉初期にかけての歌人、歌学者。藤原顕輔《あきすけ》の養子となり、義兄清輔とともに六条家歌学を大成した。

〔問一〕　傍線(1)(4)(6)(13)の解釈として、もっとも適当なものを左の各群の中から選び、それぞれ符号で答えなさい。

(1)　「我が恋ひむやは」

A　私の思いは届くだろうか
B　私の恋は終わるだろうか
C　私は恋しく思うだろうか
D　私を恋しく思うだろうか

E　学問と研究を引き合いに出しながら、批評が生活的教養に属するものだと述べる終盤は、説明不足の分かりにくい文章だが、かえって筆者の強い思い入れを感じさせるものである。

三　次の文章は『万葉集』の歌の解釈についての論説である。これを読んで、後の問に答えなさい。（30点）

蝦《かはづ》に寄する

朝霞《あさがすみ》かひやが下に鳴く蝦声だに聞かば(1)我が恋ひむやは

この「かひやが下」の歌、またもとより様々に人申すことなり。これは、山里・田舎《ゐなか》などに山田作る(2)なる者は、夏田植ゑつる後より秋に(3)なるまでは、庵《いほり》を作りて、(4)あやしの者の子どもなどを据ゑ置きて守らせ侍《はべ》るなり。また、早苗《さなへ》などいひて、若葉(5)なる時より、鹿・猪《ゐのしし》など申すもののまうで来て、踏み損じて、食ひなどするを(6)寄せじ料に守らする(7)なり。それに、夜はまた、蚊などの人気につきて集ふことなれば、蚊遣火《かやりび》のために、その火に香ある物ども、(8)人の髪なにかを取り入れて、ふすぼらせて煙を絶やさねば、鹿・猪なども人気を嗅ぎてまうで来ざ(9)なれば、その火を常に消たざらむために、ゐたる庵の下にまた層《こし》を重ねて、その煙を雨なども消たじがために、庵の下に蚊火《かひ》を立て置きて侍るなるに、また田のあたりなれば、蝦の集まりて、猪なども怖《お》ぢて、人気につけて常に鳴くにこそ侍るなれ。「朝霞」とは、秋も夏も、まして絶やさぬ煙なども、山際に霞み渡る(10)なるべし。

この歌は、上は同じ事にて、末は少し変はりて、この集には二所入りて侍るなり。いま一首が末の句は、「しのひつつありと告げむ児《こ》もがも」といへり。これもかれも［　(11)　］に寄せたるなり。かく山の中に里を離れて庵に据ゑたる者を、各宿をこふらだが、それに徹すれば論戦の形式から偶然に批評的作品が生まれることはある。

D　論戦に誘い込まれるのは、純粋な批評精神にはほど遠い態度だが、そうした批評家たちも、思い切って主張を断念することによって、批評的作品と批評的生産が可能になることは承知している。

E　非難は非生産的でも主張は生産的だという考えは批評家の独断に過ぎず、純粋の批評精神の対極にあるものなので、あらゆる主張をあえて断念すればおのずから批評的作品は生まれ、批評的生産が行われる。

〔問四〕空欄(4)に入れるのにもっとも適当な語句を左の中から選び、符号で答えなさい。

A　生半可　　B　秀抜　　C　荒唐無稽　　D　系統的　　E　該博

〔問五〕本文の特徴や内容の説明として適当でないものを左の中から一つ選び、符号で答えなさい。

A　率直な物言いと、読み手の意表を突く言説を組み合わせて読者を引き付ける文体が特徴であり、一見意味が通りにくい文脈にも、筆者の思考におのずと寄り添わせる効果がある。

B　批評とは何かを考えたことがないというのんきな書き出しは、理屈でなく経験と資質だけを頼りに批評を書いて来たという強い自負心の裏返しで、以後自己の体験に引き付けた語りが展開されている。

C　自己の経験から得たもののみを信じ、それを拠り所にして主張を展開する、主観第一主義というべき個性が発揮された文章であり、カントへの言及さえ我田引水ぎみになっている。

D　この文章の主意は批評とは相手をほめる技術だという逆説的主張にあり、序破急の文章構成によって批評を悪口と結びつけがちな一般のイメージを改めさせることをねらっている。

C　書きたいことを書いて世間に認められるためには、どうすればいいかということに心を砕いていたということ。
D　批評とは何かを考えてみることもせず、書きたいものを書くことだけに注力して余念がなかったということ。
E　批評というものが書きたくて始めた仕事でないため、じょうずに書く努力を日々重ねる必要があったということ。

〔問二〕　傍線(2)「近代的クリチックの大道」の説明としてもっとも適当なものを左の中から選び、符号で答えなさい。

A　分析と限定を手段として対象の特質にせまること。
B　独断的態度や懐疑的態度をできるかぎり避けること。
C　対象の性質の在るがままを積極的に肯定すること。
D　批評家に不可欠な人をほめる技術を身につけること。
E　厳格かつ公平に対象を扱い適切な評価を下すこと。

〔問三〕　傍線(3)「でも、そこに、批評的作品が現れ、批評的生産が行われるのは、主張の断念という果敢な精神の活動によるのである」の文意の説明として、もっとも適当なものを左の中から選び、符号で答えなさい。

A　純粋な批評精神は、人をほめるためにあらゆる主張を抑制するものなので、主張することにこだわる批評家たちも、抑制的な批評の態度を心がければ優れた批評的作品を生むことができる。
B　およそあらゆる主張を抑制する純粋な批評精神は、理論上のものにとどまるにしても、もし批評家が思い切って自己主張を抑制し、自分の自然な感情に従っていれば、おのずと優れた批評的作品が生まれる。
C　批評家は何かを主張するためにあえて論戦し人を非難するので、それは純粋な批評精神の抑制的な態度に反するもの然科学なり人文科学なりが供給する学問的諸知識に無関心で、批評活動なぞもうだれにも出来はしない。この多岐にわたった知識は当然［(4)］な知識になるであろうし、またこれに文句を付けられる人もあるまい。だが、いずれにしても学問的知識の援用によって、今日の批評的表現が、複雑多様になっているのに間違いないなら、これは、批評的精神の強さ、豊かさの証《あかし》とはなるまい。

批評は、非難でも主張でもないが、また決して学問でも研究でもないだろう。それはむしろ生活的教養に属するものだ。学問の援用を必要とはしているが、悪く援用すればたちまち死んでしまう、そのような生きた教養に属するものだ。従って、それは、いつも、人間の現に生きている個性的な印をつかみ、これとの直接な取引に関する一種の発言を基盤としている。そういう風に、批評そのものと呼んでいいような、批評の純粋な形式というものを、心に描いてみるのは大事な事である。これは観念論ではない。批評家各自が、自分のうちに、批評の具体的な動機を捜し求め、これを明瞭化しようと努力するという、その事にほかならないからだ。今日の批評的表現が、その多様豊富な外観の下に隠している不毛性を教えてくれるのも、そういう反省だけであろう。

注　カント……ドイツの哲学者（一七二四～一八〇四）。著書に『純粋理性批判』等がある。

〔問一〕傍線(1)「批評を書くという事は、私には、いつも実際問題だった」とあるが、どういうことか。その説明としてもっとも適当なものを左の中から選び、符号で答えなさい。

A　世間からの評価を気にすることなく、どうしたら優れた批評を書けるかを実践的に追求してきたということ。

B　どうしたら批評文を自分の書きたいように書けるかという切迫した思いに、常に駆られ続けていたということ。

てなければならない、すててみれば、そこにおのずから批判的態度というべきものが現れる、そういう姿をしている、と言ってもいいだろう。

ある対象を批判するとは、それを正しく評価する事であり、正しく評価するとは、その在るがままの性質を、積極的に肯定する事であり、そのためには、対象の他のものとは違う特質を明瞭化しなければならず、また、そのためには、分析あるいは限定という手段は必至のものだ。カントの批判は、そういう働きをしている。彼の開いたのは、(2)近代的クリチックの大道であり、これをあと戻りする理由は、どこにもない。批評、批判が、クリチックの誤訳であろうとなかろうと。

批評文を書いた経験のある人たちならだれでも、悪口を言う退屈を、非難否定の働きの非生産性を、よく承知しているはずなのだ。承知していながら、一向やめないのは、自分の主張というものがあるからだろう。主張するためには、非難もやむを得ない、というわけだろう。文学界でも、論戦は相変らず盛んだが、大体において、非難的主張あるいは主張的非難の形をとっているのが普通である。そういうものが、みな無意味だと言うのではないが、論戦の盛行は、必ずしも批判精神の旺盛を証するものではない。むしろ、その混乱を証する、という点に注意したいまでだ。

論戦に誘いこまれる批評家は、非難は非生産的な働きだろうが、主張する事は生産することだという独断に知らず識らずのうちに誘われているものだ。しかし、もし批評精神を、純粋な形で考えるなら、それは、自己主張はおろか、どんな立場からの主張も、極度に抑制する精神であるはずである。(3)でも、そこに、批評的作品が現れ、批評的生産が行われるのは、主張の断念という果敢な精神の活動によるのである。これは、頭で考えず、実行してみれば、だれにも合点のいくきわめて自然な批評道である。論戦は、批評的表現のほんの一形式に過ぎず、しかも、批評的生産に関しては、ほとんど偶然を頼むほかないほど困難な形式である。

批評的表現は、いよいよ多様になる。文芸批評家が、美的な印象批評をしている時期は、もはや過ぎ去った。日に発達する自という問題は消えないだろう。

回顧すると、と言うが、この回顧するという一種の技術は、私にはまことに苦手なのであるが、実は、ごく最近、ある人が来て、批評家として立ちたいが、これについて具体的な忠言を熱心に求められ、自分の仕事を回顧して、当惑してしまった。人が批評家たる条件なぞ、上の空で数え上げてみたところで、無意味である。空言を吐くまいとして、自分の仕事のささえとなった具体的な確実な条件を求めて行くと、自分の批評家的気質と生活経験のほかには、何も見つかりはしない。しかも、両方とも明言し難い条件である。

私は、自分の批評家気質なり、また、そこからきわめて自然に生れてきた批評的方法なりの性質を明言する術をもたないが、実際の仕事をする上で、じょうずに書こうとする努力は払って来たわけで、努力を重ねるにつれて、私は、自分の批評精神なり批評方法なりを、意識的にも無意識的にも育成し、明瞭化してきたはずである。そこで、自分の仕事の具体例を顧みると、批評文としてよく書かれているものは、皆他人への賛辞であって、他人への悪口で文を成したものはない事に、はっきりと気づく。そこから率直に発言してみると、批評とは人をほめる特殊の技術だ、と言えそうだ。人をけなすのは批評家の持つ一技術ですらなく、批評精神に全く反する精神態度である、と言えそうだ。

そう言うと、あるいは逆説的言辞と取られるかも知れない。批評家と言えば、悪口にたけた人と一般に考えられているから。また、そう考えるのが、全く間違っているとも言えない。試みに「大言海」で、批評という言葉を引いてみると、「非ヲ摘ミテ評スルコト」とある。批評、批判の批という言葉の本来の義は、「手ヲ反《かえ》シテ撃ツ」という事だそうである。してみると、クリチックという外来語に、批評、批判の字を当てたのは、ちとまずかったという事にもなろうか。クリチックという言葉には、非を難ずるという意味はあるまい。カントのような厳格な思想家は、クリチックという言葉を厳格に使ったと考えてよさそうだが、普通「批判哲学」と言われている彼の仕事は、人間理性の在るがままの形をつかむには、独断的態度はもちろん懐疑的態度もす原点とみなされている。

C　ヘーゲルは相互承認によって発動する権利としての所有を、譲渡可能性の視点に立って否定し、ひとは所有物を放棄することでしか所有できないという矛盾を論じた。

D　ひとは自分の所有している物が他人によって奪われることを嫌うあまり、ついには絶対的な所有か、あるいは絶対的な非所有を夢見ることになる。

E　自由と所有が結びつき、所有がその対象をかぎりなく拡大してきたために、所有の主体と所有された対象の関係は絶えず反転し続けることになった。

二　次の文章は小林秀雄が一九六四年に「批評」と題して発表した随筆の全文である。これを読んで、後の問に答えなさい。（20点）

私は、長年、批評文を書いて来たが、批評とは何かということについて、あまり頭脳を労した事はないように思う。これは、小説家が小説を、詩人が詩を定義する必要を別段感じていないのと一般であろう。

文学者というものは、皆、やりたい仕事を、まず実地にやるのである。私も、批評というものが書きたくて書き始めたのではない。書きたいものを書きたいように書いたら、それが、世間で普通批評と呼ばれるものになった。それをあきもせず繰り返して来た。(1)批評を書くという事は、私には、いつも実際問題だったから、私としては、それで充分、という次第であった。しかし、書きたいように書くと、批評文が出来上がってしまって、それは、詩とか小説とかの形を、どうしても取ってくれない。という事は、私自身に、批評家気質と呼ぶべきものがあったという事であり、この私の基本的な心的態度とは、どういう性質のものか

D　各自が自らの意志にもとづいた契約を結んで、自由に職業を選択することが可能になった。

E　物や身体のみならず、所有の主体である自分までも所有対象とみなす考えが普通になった。

〔問六〕空欄⑻に入るべき語として、もっとも適当なものを左の中から選び、符号で答えなさい。

A　自認　B　習慣　C　記憶　D　直感　E　自律

〔問七〕傍線⑼「存在はますます、耐エガタイホド軽クなり」とあるが、なぜそうなるのか。その説明としてもっとも適当なものを左の中から選び、符号で答えなさい。

A　生得的な国籍や性が生涯変わらないのに対し、新たに所有したそれらは捨て去ることもできるから。

B　何かを所有するということは選択することであり、別の何かの所有を決定的に諦めることだから。

C　我々の存在は所有するものによって逆に所有されるが、所有されることで拘束からは解放されるから。

D　物を所有することで自分の存在意義を確認していくと、自己の統一感がなくなってしまうから。

E　自分自身を所有対象とみることで、自己存在の持続的なありようへのこだわりが薄れるから。

〔問八〕本文の内容に合致するものを左の中から一つ選び、符号で答えなさい。

A　人間としての誇りを蹂躙されるような場面に際して、ひとは他人の意のままにならない自分を放棄することで、ぎりぎりのところで自己を保とうとする。

B　身体の自己所有という考えにもとづいたジョン・ロックの労働所有論は、私有財産を自由に処分できる権利の歴史的

〔問四〕　傍線(5)「二つの意味」は何を指しているのか。その説明としてもっとも適当なものを左の中から選び、符号で答えなさい。

A　ヨーロッパの近代社会の歴史的基盤として労働所有論が認められていることと、それが資本主義的経済の下で賃労働という労働形態を正当化する論理にも、マルクス主義による批判の論理にも使われるということ。

B　資本主義の擁護者も批判者も、身体の本来的な所有権が各人に帰属していることを前提としているということと、所有は単に所有物と所有者個人の問題ではなく、人々の間の相互承認によって発効する権利関係だということ。

C　個人が特定の事物の排他的な所有権の主張を止める用意があることが「所有」を可能にしているということと、自分にとって自己自身が対象的存在であることによって所有権を主張することができるということ。

D　所有が、個人（所有主体）と物的な事物（所有客体）との相互的な関係において成り立っているということと、個人と個人の間の事物をめぐる強固な関係として承認されているということ。

E　労働力は各人のものであり、その使用権を譲渡・賃貸する権限も各人に属するということと、賃労働においては生産労働が生産手段を保有する資本家に売り渡されて、労働は必然的に「疎外」されるということ。

〔問五〕　傍線(7)「いったい何が起こったのか」とあるが、左の中から起こったこととして適当でないものを一つ選び、符号で答えなさい。

A　生まれたときの状態とは無関係に、新しいアイデンティティを得られるようになった。

B　自分の身体の一部または全部を、自発的な意志によって他者に提供できるようになった。

C　契約を交わすことで、一時的であっても個人が別の個人の人格と代われるようになった。

B　市民社会における「自由」は、他人への隷属から「自己」を解き放つ権利の承認と不可分である。

C　近代社会における「自由」は、自分の存在を「自己」の所有物とみなすことと不可分である。

D　近代的な「自由」は、他者の自由を「自己」の延長として認めることと不可分である。

E　「自由」という言葉は、その語源にさかのぼると「自己」という言葉と不可分である。

〔問三〕　傍線(3)「近代社会では、《所有》という観念は個人の自由をもっとも基礎的な部分で保証するものとして機能してきた」とはどういうことか。その説明としてもっとも適当なものを左の中から選び、符号で答えなさい。

A　個人と個人が自由で対等な関係を保つために、富を一定の規則によって公平に分配して貧富の差をなくしていくことが市民社会に不可欠の条件となった。

B　自分の主人は自分であり、アイデンティティも含めた自らの所有について誰からも侵されないということは、時代や国家の違いを超えた普遍的権利であった。

C　近代社会において各個人は金銭や土地、家族などさまざまなものを私的に所有しており、それらの富によって自由な生活を営むことが可能であった。

D　自分の思うままに行動できる自由の前提として、自分自身も含めた自分の所有物が他から勝手に侵されることがないという約束事が存在した。

E　自らの所有物は自由意志に基づく労働の成果であり、他者によって奪われたとしても、それが自分の生産物であったという事実が消え去ることはなかった。

〔問一〕　傍線⑵⑷⑹⑽のカタカナを漢字に改める場合、それに使用する漢字を含むものを、それぞれ左の中から一つずつ選び、符号で答えなさい。

⑵　ヨギ

A　江戸の奉行とヨリキ　　B　ギアンを提出する　　C　ギシキを執り行う

D　ヨチ能力がある　　E　検査をギシに依頼する

⑷　トウチ

A　ケイケンチが高い　　B　言文イッチを目指す　　C　チアンが乱れる

D　トウザしのぎ　　E　野菜にトウキュウをつける

⑹　キハン

A　剣術のシハン　　B　手先がキヨウだ　　C　ハンダンに迷う提案

D　学校にキフをする　　E　ヒャッパンの事情に通じる

⑽　シュセン

A　シュリョウ民族　　B　平安セント　　C　人々のセンボウの的となる

D　カンシュの巡回時間だ　　E　一騎トウセンの勇者

〔問二〕　傍線⑴「『自由』の概念は『自己』の概念とも深く結びついている」の説明として、もっとも適当なものを左の中から選び、符号で答えなさい。

A　「自由」は、他人に迷惑がかからないように強制や拘束から「自己」を解放する行為と不可分である。

ともできる。(9)存在はますます、耐エガタイホド軽クなり、〈在る〉はますます〈持つ〉によって浸食されている」、と。

だが、このようにわたしたちの「存在」が「所有」に深く浸蝕《しんしょく》されているからといって、ここでいきなり所有という制度の批判もしくは否定を言いだすのは、所有を軽く見すぎている。

所有できないものしか所有できないという先のパラドックスとともに、所有にはもう一つ、異様なパラドックスがある。それは、所有するものと所有されるものとの関係がたえず反転するということである。これもヘーゲルが指摘していることであるが、所有するものは、その意志を物件のなかに反映するちょうどそれと同じだけ、所有物そのものの構造によって規定される、そのかぎりで所有物に所有され返すということである。貨幣の自由な所有（たとえば貯蓄への努力）が(10)シュセン奴として貨幣に縛られることへと容易に反転するのは、さしてめずらしい光景ではない。あるいは、ある異性をわがものにしようとすればするほど、その異性のふるまいや言葉、表情の一つ一つの変化に振り回されることになるのも、多くのひとが経験していることだろう。嫉妬はおそらくはその典型である。ひとは自分のものでないものを占有しようとして、逆にそれに占有されてしまうのである。そこでひとは、所有物によって逆規定されることを拒絶しようとして、もはや所有関係の反転が起こらないような所有関係、つまりは絶対的な所有を夢見る。あるいは逆に、反転を必然的にともなう所有への憎しみから、所有関係からすっかり脱落すること、つまりは絶対的な非所有を夢見るのだ。暴君のすさまじい濫費から、アッシジのフランチェスコや世捨て人まで、歴史をたどってもそういう夢が何度も何度も回帰する。ひとは自由への夢を所有による自由へと振り替え、そうすることで逆に自分をもっと不自由にしてしまうのである。

（鷲田清一『わかりやすいはわかりにくい？』による）

所有について語られるとき、たいていの場合、物件の所有がモデルにされている。けれども、所有がより強い意味で問題となってくるのは、他の人格を所有する、あるいはその身体をわがものとして使用・拘束するような局面ではないだろうか。奴隷制から資本主義的な雇用関係まで、あるいは家族制度や婚姻関係から売春行為まで、個人が別の個人の存在を（一時的であれ）所有するという局面に、所有という問題はよく鮮明に現われる。雇用権や親権なども、他者の所有という視点を抜きには考えられないのではないだろうか。

いや、もっと問題を遡《さかのぼ》って、〈わたし〉自身の身体的な存在そのものについても、ひとは「所有」というカテゴリーをひそかに差し込んで理解しているのではないだろうか。たとえば臓器移植。そこでは、人格の「存在」は人格による身体の「所有」という水準に転移されて理解されているのではないか。さらには献体や臓器売買や買春行為に共通に内在している、身体を「譲渡する」あるいは「買う」という観念、これが前提としているのも、やはり身体は所有の対象でありうるという考え方ではないか。

さらに言えば、その身体的存在だけではなくて、「所有主体」である〈わたし〉そのものの存在にもまた、所有というまなざしは向けられてきた。じっさい、自分が昨日も今日も明日も同じ自分でありつづけるというアイデンティティの根拠は、西欧近代の哲学史においては、たいていの場合、わたしの意識が時間の経過のなかで、過ぎ去った不在の自分自身の意識を「所有」しつづけているという、そういう意識の自己所有（　(8)　）のうちに求められてきたのであった。自分の存在の根拠を自分の意識のうちに求めること、ここにも、ひとは最終的に自分が生産した事物のみならず、自分自身の存在をも所有するのだという考え方が浸透していることがわかる。

このような所有のまなざしの果てしなき拡張をめぐって、小林康夫は「ブリコラージュ的自由」と題した論考のなかで、次のように言っている。――「われわれは存在の絶対的な拘束性を逃れ、それを所有の自由によって補償しようという欲望をもっている。われわれは、場合によっては、所有によって出自を補い、国籍を買い、自然があたえたものとは異なる性すら取得するこ合意（コンヴェンション）にもとづくいわば(6)キハン的な観念であり、だれかの所有物とは「その恒常的な所持が社会の法によって確立された事物」（デイヴィッド・ヒューム）のことにほかならないことになる。所有は、一定の事物をめぐってひとびとのあいだで成立する相互承認を待ってはじめて発効する権利なのだ。

それを譲渡可能性という視点から論じたのがヘーゲルである。所有をいつでも放棄する用意があること、つまり交換可能性をめぐる契約によって所有権は成立すると考えるのである。ヘーゲルは言う。所有権が成立するのは、「わたしが他者と同一のある意志のうちで、所有者であることを止《や》めるかぎりにおいて、わたしは、他者の意志を締めだしつつ対自的に存在する所有者であり、またそうした所有者でありつづけるという矛盾がそのなかでみずからを呈示し、媒介するようなプロセス」としてである（『法の哲学』）と。むずかしい文章だが、ここで言われている「矛盾」とはいったい何と何との矛盾なのか、少しほぐして考えてみる。

事物の所有をめぐる一定の社会的合意のなかで、個人が特定の事物についていつでも排他的な所有権の主張を止める用意があることが、そもそも「所有」ということを可能にしているという事態が、まず一方にある。しかし他方で、自分にとって自己自身が対象的なものとしてあるということ、そうした自己への関係が〈わたし〉の存在であり、そのことによって「これはわたしのものだ」というふうに自己による排他的な所有権を主張することが可能になっているという事態がある。要するに、排他的な私的所有は、自己とその所有物との閉じた関係としてではなく、交換という事実のなかで、権利として相互的に承認されることによってはじめて可能になるという矛盾である。とどのつまり、ひとは事物を、その所有を放棄することもありうるというかぎりでしか所有できないというわけだ。

私的所有はこのように近代の市民的自由の前提条件であった。が、自由な存在であることへの願いが、所有する自由、つまり、事物を、そして自己自身を、意のままに処理する自由の希求に取って代わられることで、(7)いったい何が起こったのか。

立とともに不可欠な条件としてあったのである。

ところで、ひとが自由というものを、所有の問題、すなわち何ものかを意のままにできること（自由処分の可能性）と強く連結させてきたことには、ある歴史的な経緯がある。「所有」を「自由処分可能性」と(4)トウチする思想の原型になっているのは、一般に労働所有論と呼ばれてきた考え方である。ジョン・ロックが十七世紀末に提唱したこの考え方は、近代所有論の原型として、思想史的には位置づけられる。所有権について、ロックはこう説明する。ある事物がだれに帰属するかは、それをだれが作りだしたかによって決まる。つまり事物はそれを作りだした者のものである。なぜなら、それを作りだした労働が労働する者自身のものだからである。そしてその根拠は、労働を生みだす身体が労働する各人のものであるという点にある、と。つまりそこでは、身体の自己所有（self-ownership）ということが所有権の最終的な根拠とされたのである。

この議論は、ヨーロッパの近代社会を考えるとき、注目すべき(5)二つの意味を孕《はら》んでいる。一つは、これが、資本主義を擁護するひとも、批判するひとも、ともにそれぞれが論拠としてもちだす議論だということである。それは、資本主義経済の下で賃労働という労働形態を正当化する論理としても、マルクス主義からするその批判の論理としてもはたらく。つまり前者は、労働力は各人のものであるから、その使用権を譲渡・賃貸する権限も各人に属すると主張し、後者は、賃労働においては生産労働が生産手段を保有する資本家に売り渡され、労働者自身の本質を対象化したものとしての労働生産物がかれ自身に所属しないので、労働は必然的に「疎外」されざるをえないと主張する。いずれの場合も、身体は本来各人がその所有権をもつものであるという考え方が根底にある。その意味で、労働所有論は近代所有論の原型とみなすことができる。

所有はしかし、たんに物を所持しているという事実を表わすものではなく、「これはわたしのものである」と主張する権利の問題である。言いかえると所有は、たんなる個人（所有主体）と物的な事物（所有客体）との自然的な関係ではなく、個人と個人のあいだで承認された、事物をめぐる権利関係であり、それ自体が社会的な関係である。その意味で所有（権）は、社会的なだから、人間がその誇りを蹂躙《じゅうりん》され、踏みにじられるような場面にまで追いつめられたとき、たとえば拷問を受けるときには、ひとは最後の最後、「好きなようにせい」「したいようにさせてやる」と拷問者に吐き棄てることで、つまりそれは自分が決めたことだと思いさだめることで、かろうじて「自己」の矜持《きょうじ》を守ろうとする。わたしが相手にしたいようにさせたと宣言することで、他者の意のままにならない「自己」の最後の誇りを失うまいとするのである。こうして、自分の存在を自分の所有の対象とすることで、蹂躙されるのは主体としてのこのわたしではなく、わたしが所有している対象としてのわたしにすぎない、それによってわたしは無傷であると思いなすのである。

わたしが意のままにできるわたし、つまりわたしが所有しているわたし、わたしが自由に処分することのできる対象としてのわたし、それをわたしの意思で相手に供することでわたしは自由を確保できる……。この論理を、拷問にさらされるときも、身を「売る」ことを(2)ヨギなくされるときも、ひとはぎりぎりのところで身を保つために用いる。

しかし、はたして自由とは、自分の存在が自分のものであるということなのだろうか。

私的所有・私有財産（private property）という、わたしたちの社会ではほとんどだれも疑わない価値をもった概念がある。わたしの金、わたしの土地、わたしの家、わたしの店、わたしの机、わたしの服、あるいはわたしたちの会社、そしてわたしの家族、わたしの身体。これらはわたしの持ち物であると同時に、わたしのアイデンティティ（自己同一性）の一部でもある。そしてこの private property の保全、つまり自分の所有物は自分で自由に処理する権利があるのであって、それを他人に、あるいは共同体や国家に、意に反してみだりに奪われたり処分されたりすることは認められてはならないということは、市民社会において「個人の自由」の前提要件となることがらでもある。つまり(3)近代社会では、《所有》という観念は個人の自由をもっとも基礎的な部分で保証するものとして機能してきた。みずからが作りだした財については、同意なしにはだれからも収奪されたり搾取されたりすることのない、そういう《近代市民社会》の成立にとって、まずは私的所有の制度化が、公平な分配の規則の確

国語

（六〇分）

（注）満点が一〇〇点となる配点表示になっていますが、文学部国文学専攻の満点は一五〇点となります。

一　次の文章を読んで、後の問に答えなさい。（50点）

自由になるとは、何かにつながれて意のままに動けない状態、つまりは何かへの隷属から解き放たれて、みずからの意志で動けるようになることだと、とりあえず言うことができる。籠の鳥が外へと放たれるように。ここには隷属が不当な事態であるという思いがある。だから「自由」は「権利」という考えとすぐに結びつく。

自由は「自らに由《よ》る」と書く。自分の思いどおりにふるまい、おこなうことができるということである。ここで、強制や拘束からの自由から一歩踏み込んで、「他人に迷惑をかけない」かぎりにおいて——それは他人の自由を制限したり否定したりすることにつながるから——、ひとはしたいと思う何をしてもよいという、近代社会の「自由」の概念が出てくる。つまり(1)「自由」の概念は「自己」の概念とも深く結びついている。行動が自分の思いどおりにできるということ、これは「わたしがわたしの主人である」ということであり、「わたしがわたしの生の主宰者である」ということなのである。ここにひとの誇りはかかっている。

解答編

英語

I **解答** 1—(d)　2—(d)　3—(c)　4—(c)　5—(a)　6—(c)
7—(b)　8—(c)　9—(d)　10—(d)　11—(a)　12—(b)
13—(d)　14—(c)　15—(d)

◀解　説▶

1.「もしたっぷり時間のゆとりがあるなら，ロンドン滞在時に数日間大英博物館を訪れることを勧めます」(d) spare「(時間を) さく」より time to spare は「さくための時間，時間の余裕」という意味。

2.「自分で自分を尊重しなければ，人に尊重してもらうことを期待することはできない」 expect *A* to *do*「*A* が〜することを期待する」

3.「この新しいプロジェクトには，当社のその他すべての部署の緊密な協力が必要だと言っておきます」「協力を（　　）」の空所に適切な動詞は require「〜を必要とする」のみ。(a) ask は他動詞では「〜を尋ねる」となり，「〜を求める」は ask for 〜 とする。(b) reply「〜と答える」(d) result「結果として生じる」 result は自動詞で文法的に不可。

4.「じゃまをしたくないので，あなたの仕事が終わるまでここで待っています」 get in the way「(人の) じゃまをする」

5.「私の弟は昨日階段から落ちたが，大丈夫だ。大けがをしていたかもしれないのに」 could have *done*「〜だったかもしれない」は過去に対する現在の推量。可能性はあったが実際には起こらなかったことを示す。

6.「最初は簡単に思えることが，あとで難しいとわかることがしばしばある，と言われている」 It is said (that) S+V「〜と言われている」より(b) that を入れると S+V の S が成立しない。関係代名詞 what「〜すること」を入れることにより，what seems easy at first が that 節の S となる。at first「最初は」 turn out to be 〜「〜であるとわかる」

7.「私は昨年の夏ハワイへ行ったが，そこは湿度がかなり低かったので思ったほど暑くはなかった」「暑くはなかった」は，主語がitで，it was not hotとなる。ゆえに(b)か(d)だが，(d) which it was…では主語がwhichとitの2つになり不可。(b) where itはand there it（wasn't hot…）と同じ意味。

8.「私は最近20年ぶりに私の故郷に帰った」 for the first time in ～ years「～年ぶりに」

9.「私は生涯，ジャズの練習に身を捧げてきた」 devote *oneself* to *doing*「～することに身を捧げる，専念する」

10. やや難。「数学の宿題はまだ半分しか終わっていない。それで明後日提出するつもりだ」 前置詞throughには「～を終えて」という意味がある。halfwayは副詞で「半分だけ」という意味である。(c) overも「終わって」という意味があるが，前置詞ではなく副詞のため，次に名詞はこない。

11.「私の考えでは，ブランド物のドレスは高いからといって必ずしも良いわけではない」 not ～ just because…「…だからといって～ない」 notはbecause以下を否定する。

12.「十分な世話ができないのなら，ペットは飼うべきではない」 unless「もし～でないなら，～でない限り」

13.「自分で計ったことはないが，駅から図書館まで歩いておよそ30分かかる」「30分」という時間の前なので，(d) approximately「およそ」が最も適切。(a) appreciatingly「上昇中」(b) appropriately「適切に」(c) approvingly「賛成して」

14.「電話で友達と話しているとき，本当のことを言うのが難しかったので，話をでっちあげなければならなかった」 invent a story「話をでっちあげる」

15.「壁がライトブルーの私の部屋に合う新しいカーテンを探している」 go with ～「～と調和する，つり合う」

II　解答　1―(c)　2―(b)　3―(b)　4―(d)　5―(a)

◀解　説▶

1.「最近の調査によると，パンデミックの間，店舗でのショッピングは著しく減少した。世界中で起きた厳しいロックダウンの結果，多くの店が休業したからだ」「～の結果として」は as a result of ～ となる。

2．「しかしながら，オンラインショッピングで顧客が使うお金は，実際の店舗でのショッピングで使う平均の金額よりずっと少ない。オンラインではボタンをクリックして商品を買うので，ずっと簡単であるにもかかわらずだ」 下線部(b)を含む文の主語 the money は不可算名詞なので，much less を用いる。fewer は可算名詞に使う。

3．「これは，顧客が実際に店を訪れるときは，買う前に商品を調べて試すことができるが，一方，オンラインショッピングは商品の写真や短い説明に依存するからだ」 where の接続詞の意味は「～するところで」である。次に続く they visit a store themselves は，a store という場所をすでに含んでいるので，when「～するときに」が正しい。

4．「またオンラインで買った商品よりも，店で買った商品のほうが返品が簡単である。オンラインで買った商品を返品するには，通常，その会社のホームページにあるフォームに入力し，郵便局まで行ってその商品を送り返し，お金が戻ってくるのを待たなければいけないからだ」 (d) wait to get は下線部(d)を含む文の動詞 means の目的語なので，waiting to get になる。means の目的語は filling out … website，making a trip … back，(and) then waiting to get … back の 3 つである。

5．「また，実際に店に行くことに含まれる労力は，あとでもう一度行かなくて済むように，顧客が必要とする，または望む以上にものを買いやすいことを意味する。オンラインストアはいつも開いており，商品を閲覧している間に買わなければいけないというプレッシャーはない」 下線部(a)を含む文の動詞は means。よって，主語は involves in … a store が The effort を修飾する形にしなければならない。(The effort) involved in going to a store「店に行くことに含まれる（労力）」が正しい。

III　**解答**　1 —(c)　2 —(a)　3 —(b)　4 —(b)　5 —(a)

◀解　説▶

1．主語が one of our family trips で単数なので，were ではなく was が正しい。

2．(a)の前半の文は「もう少しで宿題をするのを忘れるところだった」という意味。「(これから)～するのを忘れる」は forget to *do* なので，I almost forgot to do my homework が正しい。forget *doing* は「(過去に)～したことを忘れている」

3．(b) time は「時間」という意味では不可算名詞。ゆえに how much time he spends looking at his smartphone とすれば，「スマートフォンを見るのにどれほどの時間を費やしているか」という意味になり，適切となる。how many times は「何回（～するか）」という意味。

4．(b)は「現在は歴史上のいかなるときよりも，外国に行くためにパスポートを申請している人が多い」という意味。文中に than があることからも Most people は More people と表すのが正しい。

5．(a)の前半の文は「彼は，その研究課題について真剣に考えていると私を安心させた」という意味。「～について考える」の think は自動詞で think of ～，think about ～ のように前置詞が必要。ゆえに … he was thinking of the assignment seriously … と表す。

Ⅳ　**解答**

1―(c)　2―(b)　3―(c)　4―(a)　5―(a)　6―(b)
7―(b)　8―(b)　9―(a)　10―(b)

◆全　訳◆

≪プラスチック廃棄物を使って道路を造る≫

ニューデリーから近くのメーラトまで延びる道路は，インドのチアガラハル工科大学の化学教授，ラジャゴパラン=ヴァスデヴァンによって開発されたシステムを使って建設されたのだが，この道路のアスファルトの10パーセントをプラスチック廃棄物に置き替えている。2000年代初頭より，インドはプラスチックタールを使った道路の実験で世界をリードしてきた。しかしインドのリードに続き出す国はますます増えている。ガーナやオランダなど様々な国において，道路や歩道にプラスチックを混ぜ込むことは炭素排出を減らし，プラスチックが海や埋め立て地に入るのを防ぎ，平均的な道路の寿命を延ばすのに役立っている。

2040年までに，地球全体では自然環境の中に13億トンのプラスチックが捨てられるだろう。インドだけでもすでに1年に330万トン以上ものプラスチック廃棄物を出しており，それが廃棄物を道路に混ぜ込むというヴァスデヴァンのシステムの背後にある理由の一つである。そのシステムにはプロセスが非常に単純だという利点がある。ハイテクの機械をほとんど必要としないのだ。まず，破砕した石と砂の混合物の上に裁断したプラスチック廃棄物を撒き，廃棄物が溶ける約170度に熱する。すると，この溶けたプラスチックが薄い層になって混合物を覆う。次に，熱したアスファルトをその上に加え，混合物をより固くするのを促進して完成させる。この混合物には多くの異なる種類のプラスチックを加えることができる。たとえば，買い物袋，使い捨てのコップ，リサイクルが難しいフィルムやポリプロピレンはすべてインドの道路に混ぜ込むことができ，しかも破砕する前に分類や洗浄をする必要がない。

こうしたプラスチックが埋め立て地や焼却炉や海に行かないことを保証するだけでなく，プラスチックが道路の機能を改善するのに役立つという証拠もある。プラスチックを道路に加えることで劣化を遅らせ，舗装道路面のくぼみを最小限にするようなのだ。加えられたプラスチックは道路の表面の柔軟性を改善するので，ヴァスデヴァンの初期のプラスチック道路は10年経ってもくぼみの兆候がなかった。しかし，これらの道路の多くはまだ比較的新しいので，長期的強度は今後調べる必要がある。

ヴァスデヴァンの計算によると，プラスチック廃棄物を焼却する代わりに道路に混ぜ込むことで，二酸化炭素排出量を道路1キロメートル当たり3トン減らすこともできる。経済的利点もあり，プラスチックを混ぜ込むことで道路1キロメートルにつき約670ドル節約できる結果になる。ヴァスデヴァンがこのシステムの特許を政府に無償で譲った後，インド政府は2015年に，人口50万以上の大都市の近くに道路を建設する際には，プラスチック廃棄物を使うことを必要条件にした。一本の通常の道路を建設するのに1キロメートル当たり10トンのアスファルトが必要であり，インドは1年に何千キロメートルという道路を建設しているので，プラスチック廃棄物を使う可能性が急速に高まっている。これまでに2500キロメートルのプラスチックタール道路がインドで建設された。「プラスチックタール道路は重量物や交通量の多さにも耐えられる」とヴァスデヴァンは言う。「雨や水にも影響されない」

同様の計画が世界中で出現している。化学薬品メーカーのダウは，アメリカ合衆国やアジア太平洋地域で，ポリエチレンが豊富なリサイクルプラスチックを使う計画を始めた。イギリス初のプラスチック道路は，プラスチック道路建設会社マックリバーによって2019年にスコットランドで建設され，この会社はこれまでにスロバキアや南アフリカなどでもプラスチック道路を建設している。マックリバー社はまた，プラスチックを混ぜ込むことで道路の柔軟性が改善され，気温の変化による膨張や収縮にもよりうまく対処するのに役立ち，くぼみが減ることにつながるということも発見した。そしてくぼみが実際にできても，通常なら埋め立て地に捨てられるプラスチック廃棄物で埋めることにより，すばやく修繕できる。イギリス政府は最近，くぼみの修繕と防止に役立てるため，プラスチック道路の研究費に200万ドル以上を出すと発表した。

オランダでは，2018年にプラスチックロード社がリサイクルプラスチックを使用した世界初の自転車専用道路を建設し，2020年5月末には，100万カ所目の交差点を記録した。この会社は，地域で集めたプラスチック廃棄物を分類・洗浄・裁断し，その後，寄せ集めたそれらの中からポリプロピレンを取り出した。ポリプロピレンはイベント用のコップや化粧品のパッケージ，ボトルキャップ，プラスチックストローなどによく使われるプラスチックである。

世界最大級の道路網の一つがあるインドでは，1年に約1万キロメートルずつ道路が延びているので，プラスチック廃棄物を使う可能性はかなり高い。このテクノロジーはインドにとって，それどころか世界の他の国にとっても，比較的新しいものだが，プラスチック道路は環境上の理由だけでなく長持ちする可能性もあるので好評を博し続けるだろう，とヴァスデヴァンは確信している。

◀解　説▶

1．選択肢がすべて現在分詞なので，(　1　) from New Delhi to nearby Meerut が The road を修飾していることがわかる。「ニューデリーから近くのメーラトまで（　　）道は」の空所は，(c) stretching「延びている」が適切。(a)「運転している」，(b)「荷造りしている」，(d)「歩いている」は文脈に合わない。

2．空所直前の文「2040年までに，地球全体では自然環境の中に13億トンのプラスチックが捨てられるだろう」より「インドだけでもすでに1年につき330万トン以上ものプラスチック廃棄物を（　　）」の空所に適切な動詞は，(b)「生み出す」。

3．「プラスチック廃棄物を道路に混ぜ込むシステム」の説明であるので「(　　　) 破砕した石と砂の混合物の上に裁断したプラスチック廃棄物を撒く」の空所に適切な語句は，(c) First「まず」が適切。(a) At first hand「直接に，じかに」(b) At first sight「一目で」(d) For the first time「初めて」

4．空所直後の「プラスチックが道路の機能を改善するのに役立つ」と追加・並列の関係にあるので，「こうしたプラスチックが埋め立て地や焼却炉や海に行かないことを保証する（　　　）」の空所には，(a) As well as「～だけでなく」が適切。(b) Because of「～が原因で」(c) Despite「～にもかかわらず」(d) Instead of「～の代わりに」

5．空所を含む文の直前の文（Adding plastic …）「プラスチックを道路に加えることで…くぼみを最小限にする」より，「ヴァスデヴァンの初期のプラスチック道路は10年経っても（　　　）くぼみを見せる」の空所に適切な選択肢は，(a)「(くぼみ）の兆候（を見せ）ない」が正解。(b)「多数の」，(c)「かなり多くの」，(d)「～の傾向」は，くぼみが多いという意味になる。

6．空所直後に「プラスチックを混ぜ込むことで道路1キロメートルにつき約670ドル節約できる結果になる」とあることから，「そして（　　　）もある」の空所には(b)「経済的利点」が適切。(a)「農業上の利点」(c)「人為的ミス」(d)「社会的費用」

7．「インドは1年に（　　　）」の空所に適切な選択肢は，with *A doing*「*A* が～しているので」より，(b)「何千キロメートルという道路を建設しているので」が正解。

8．空所直前の「道路の柔軟性を改善する」や直後の「くぼみが減ることにつながる」より，「プラスチックを混ぜ込むこと」の利点が述べられているので，「気温変化による膨張や収縮に（　　　）役立つ」に適切な選択肢は(b)「よりうまく対処する」が正解。(a)「より難しくなる」(c)「不足する」(d)「減少が少なくなる」

9．空所直前の文に「世界最大級の道路網の一つがあるインドでは，1年に約1万キロメートルずつ道路が延びているので」とあることから，「プラスチック廃棄物を使う可能性は（　　　）」の空所に適切な語は(a) considerable「かなり大きい」。(b) considerate「思いやりのある」(c) consideration「考慮」(d) considering「～を考慮すると」

10. 空所直後の文に「環境上の理由だけでなく長持ちする可能性もあるので」とあることから，「プラスチック道路は（　　）続けるだろう」の空所には(b)「好評を博す」が正解。(a)「消える」(c)「テクノロジーを改善する」(d)「廃棄物を増やす」

V 解答

1―(c)　2―(c)　3―(b)　4―(a)　5―(d)　6―(b)
7―(a)　8―(d)　9―(b)　10―(d)

◆全　訳◆

≪文化による「許し」の違い≫

ストレスレベル，心臓病のリスク，心の病気を減らすのに私たちの誰もができる簡単な手段がある。それは後の人生において認知能力の低下を防ぎ，長生きし，より多くお金を稼ぎ，より幸せになるのに役立つ。それは健康食や規則的な運動の代わりにはならないが，お金はまったくかからないし数秒でできる。「I forgive you（あなたを許します）」というたった3語と交換に，このすべてがあなたのものになるのだ。

この簡単な言葉がそれほど多くの影響を与えると考えることはすばらしい。そしてこれらは許す人にとってのまさに恩恵だ。だから，加害者側の罪の意識を和らげることも考慮してみよう。しかし謝罪の後に許しの行動が続く必要はない。たとえ，あなたの心を傷つけた人が後悔のそぶりを見せなくても，あなたはその人を許せるし恩恵を受けることもできる。「他者に対してより寛大になることが良い影響をもたらさないような場面が人生においてあるかどうかはわからない」と，アメリカ・アイオワ州のルーサー大学で許しについて研究している心理学者ローレン=トゥサンは言う。トゥサンにとって許しを抑制することについて議論の余地はない。

文化の影響も考慮すると，許しはどこにでもある。この地球上に，神とであろうが，仲間の人間とであろうが，和解することを奨励しない文化や宗教があるだろうか。しかしながら，見たところでは許しはほぼ普遍的なようだが，すべての行動が同じように行われるわけではない。文化や個人の心理状態が，どのようにして許しを与えると決めるかや，許しに伴う恩恵に影響を与える。

「文化の境界を越えるとき，許しに対するアプローチは文化的な影響を受けると知っておくことが重要になる」とトゥサンは言う。ある文化における許しの行動は別の文化ではまったく異なるものを意味する場合がある。実際，緊張関係をさらに悪化させるかもしれない。アメリカやイギリスのような西洋諸国には，より個人主義的な文化の傾向があり，それは西洋の人々が，（それが家族であれ，友人であれ，同僚であれ）より大きなグループを助けるよりも個人的利益を優先することを意味する。アジアやアフリカの国々のような他の国では，集団を優先する傾向が強い。これらは集団主義的文化と呼ばれる。

個人主義者は，精神的負担を和らげ，自分の良心をすっきりさせ，正しいことをしたと感じるために許しを用いる，というのは一般に真実である。それとは対照的に，集団主義者は社会の調和を維持するために許しを用いる。集団主義者の場合，たとえその個人が依然として加害者に怒りを感じていても，その集団を幸せに保つのが義務であるがゆえに許しを与えるかもしれない。これらは一般的な観察によるものであり，西洋にもより集団主義的な特徴を持っている人もいれば，逆もまた同様である。「一般的に，グループ間と同じくらいグループ内に多様性がある」とトゥサンは言う。「実際，結局は個人の問題ということになる」 しかし概して，文化はお互いに異なる傾向があり，したがって許しのために使う言葉や方法にも多様性がある。

許しには2つの異なる種類があると述べる心理学者もいる。一方は解決的許しであり，それはより冷静で，認知的で，分析的である。集団主義者は，その許しが集団を幸せにするかどうかを検討した後で，許すことを決めるだろう。集団主義者による選択は，この罪を水に流すことが他のみんなにとって最良のことになるだろうか，である。

もう一つの種類は感情的許しである。そこでは不当に扱われた人の感情的必要性を満たすために和解が提供され，その結果，個人主義者の間で見られることが多い。これは，集団主義的アプローチと個人主義的アプローチの違いを説明するのに用いられることがある。しかし必ずしもそれほど単純というわけではない。集団の必要性を優先することは，許す人に不満を残すことになるのではないか。その人の感情的必要性はどうだろう。

「問題は，集団主義的な人々の中で，解決的許しの後に感情的許しが続くかどうかである」とトゥサンは言う。「認知的不一致と呼ばれるものがじゃまをするかもしれない」 要するに，人はあることを言って，それと異なることを信じるのは難しいということだ。人は2つの矛盾する願いが存在するのを許そうと努力する。するとそれは余計なストレスを生む。その結果，人がもし何かを信じると言うと，その思いが実行される傾向がある。「ほとんどの人は，人を許すと決めて，その許しを感情的に保留にすると，とても落ち着かない気持ちになるだろう」とトゥサンは言う。「特に許しの行動が公表されたときは，それ（許しの行動）が人を，許すという約束に感情的に従わせることがある」

◀解　説▶

1．空所直前に「認知能力の低下を防ぐ」「長生きする」「より多くお金を稼ぐ」があるので，「(　　) になる」の空所には「その簡単な手段」の利点が述べられているはず。ゆえに(b) cleverer か(c) happier のどちらかだが，直前の文に「ストレスレベルを下げ…心の病気を減らす」とあることから，(c)「より幸せに」が適切。

2．第2段第2文（And these are …）より，空所には「人を許す」ために用いる言葉が入る。ゆえに(c)「あなたを許します」が正解。

3．know の直後なので if 節は名詞節で，if の意味は「～かどうか」になる。ゆえに(b)か(c)のどちらかが正解。there is a part of your life は「あなたの人生に（～な）部分がある」か「あなたの生活に（～な）部分がある」という意味なので「…ような場面が人生においてある」という訳の(b)が正解。

4．空所直後の文「この地球上に…和解することを奨励しない文化や宗教があるだろうか」より，「文化の影響も考慮すると，許しは（　　）にある」の空所には(a)「どこにでも（ある)」が適切。

5．(　5a　) の直後の「集団を助けるよりも個人的利益を優先する」より，「アメリカやイギリスのような西洋諸国には，より（　5a　）文化の傾向がある」の空所には individualistic「個人的な」が適切。(　5b　) の直前の「アジアやアフリカの国々のような他の国では，集団を優先する傾向が強い」より，「これらは（　　）文化と呼ばれる」の空所には collectivistic「集団的な」が適切。また，第5段第1文（It is generally …）の individualists「個人主義者」や第5段第2文（Collectivists, by comparison …）の collectivists「集団主義者」もヒントとなっている。

6．空所直前の「許しが与えられるかもしれない」と空所直後の「その個人が加害者に怒りを感じている」は逆接の関係にあるので，逆接の接続詞(b) even if「たとえ～でも」が入る。

7．下線部直後の文に「集団主義者は，その許しが集団を幸せにするかどうかを検討した後で，許すことを決める」とあることから，(a)「自分が所属するグループのために行われる」が一致する。

8．下線部直後に「感情的許しでは，不当に扱われた人の感情的必要性を満たすために和解が提供される」とあることから，(d)「自分の感情的な要求を満たすことが優先される」が一致する。

9．第8段第1文（“The question is …）に「問題は，集団主義的な人々の中で，解決的許しの後に感情的許しが続くかどうかである」とあることから，「2つの矛盾する願い」とは「集団の必要性を優先して許すと決めたこと」と「個人としては許せない感情がある」ということである。ゆえに(b)「許す気持ちにはなっていないが，許すと決めたこと」が適切。

10．下線部は「人がもし何かを信じると言うと，その思いが実行される傾向がある」という意味。ゆえに(d)「信じていると自分が口にしたことは，たいてい現実になる」が適切。

Ⅵ　**解答**

1．(1)―(j)　(2)―(b)　(3)―(f)　(4)―(g)　(5)―(h)
(6)―(i)　(7)―(d)　(8)―(c)　(9)―(a)　(10)―(e)

2―(c)　3―(b)　4―(b)　5―(b)　6―(a)

◆全　訳◆

≪創造的思考を生み出す「あたため」の期間≫

もし創造力の歴史が私たちに何かを教えるとしたら，すばらしい考えは私たちが最もそれを期待していないときによく思いつく，ということだ。ヴォルフガング=アマデウス=モーツァルトを例に考えてみよう。彼はレストランで食事をしたり，食後に散歩したり，夜に眠る準備をしたりしているときに，どのように新しいメロディーがやってくるかを述べている。この現象を経験しているのはモーツァルトだけではない。フランスの数学者ポアンカレは，バスで旅行しているときや海辺を散歩しているときに，どのようにして彼の大発見が頭に浮かんだかを述べている。一方，アガサ=

クリスティは，食器洗いをしているときや入浴しているときに，犯罪小説のアイデアをよく思いついたと報告している。「私の考えでは，作品はまさに怠惰から，おそらくは不精からも生まれるのだ」と彼女は書いている。創造的洞察力は「あたため」という期間の後，生じる傾向がずっと高いという強力な証拠があるので，心理学者たちはその意見に賛成しているようだ。その「あたため」の間に，あなたは手元にある仕事とまったく異なる何かに集中しているのだが，その一方で頭脳はその場面の陰でせっせと働き続けているのだ。これには散歩や家事やシャワーを浴びることが含まれるだろう。ユーチューブの笑える動画を見るといった，ぐずぐずと仕事を引き延ばすようなことでさえも，ほどほどでありさえすれば，問題解決に役立つかもしれない。

あたための期間が新しい独創的な洞察力につながる理由はたくさんある。その主な理論の一つによると，それは潜在意識の力によるものであるということだ。私たちが課題から離れても，脳は解決策をぱっと思いつくまで無意識に探し続ける。同様に大切なことだが，あたための期間のおかげで私たちは課題から心理的距離を保つことができる。一つの問題に集中して長時間を費やすと，疑問の余地がない一目瞭然の解答がわからずに行き詰まってしまうことがある。興味深いことに，心が自由にさまようのに適当な余地が与えられるよう，魅力的だが比較的簡単な課題に気を取られているときに，あたためは最もうまくいく。

2012年，心理学者ベンジャミン=ベアードと彼の同僚たちは，独創的な実験でこの考えをテストした。実験の参加者たちはまず，「独自の使用法発想課題」と呼ばれる，創造力のテストに取り組むよう頼まれた。その目的は，レンガやハンガーのようなありふれた物の驚くべき使い方をできるだけ多く見つけることだ。数分間のブレインストーミングの後，あたための時間となった。ある学生たちは12分の間，休憩を許された。一連の数字を見せられ，その数が偶数か奇数かを言う，たいして労力を要しないテストが与えられた学生たちもいた。それは食器洗いのような家事をすることに似ている。つまり，集中力は少し必要だが，心がさまよう余地はまだたくさんある。第3のグループにはより難しい課題が与えられており，その課題では数字を少しの間，作業記憶に留めた後，答えなければならなかった。必要とされる知的努力という観点から見ると，この活動は私たちが仕事中に通常行っている集中思考に近い。つまり，心がさまようための余地はあまり多く残されていない。この12分間のあたための時間が終わった後，すべての参加者は創造力のテストである「独自の使用法発想テスト」に戻り，それぞれの解答の斬新さについて点数がつけられた。

あたための間，努力を要しない課題をすることのメリットは際立っていた。このグループにいた参加者たちは，前に考えた問題に対し，アイデアの創造性において40パーセントの上昇を示した。重要なのは，あたための間まったく何もしなかったグループの参加者や，頭が作業記憶の課題に十分忙しかったグループの参加者には，何のメリットもなかったことだ。純粋な休憩時間がより素晴らしい創造力につながらなかったということは，意外に思えるかもしれない。しかし，心を生産的にさまよわせるには，何か気をそらすものが必要なのではないか，とベアードは考えている。「もし文字通り何もすることがなければ，私たちの思考は論理的になりすぎる可能性がある。一つの特定のテーマについて細部までとことん考えてしまうからだ」と彼は言う。創造力にとって本当に必要なのは，より自由な，より集中していない思考であり，そしてそれは，労力を要しない課題にほんの少し従事しているときに現れるように思える。

◀解　説▶

1．(1)文の主語 new melodies の直後なので，動詞・助動詞で始まる選択肢(b)(c)(e)(g)(j)から選ぶ。「レストランで食事をしたり…夜に眠る準備をしたりしているときに，どのように新しいメロディーが（　　）かを述べている」の空所に適切な選択肢は(j) would arrive「やってきたものだった」となる。would は過去の習慣「よく～したものだった」を表す。

(2)文の主語 the French mathematician Poincaré の直後なので動詞・助動詞で始まる選択肢(b)(c)(e)(g)(j)から選ぶ。「フランスの数学者ポアンカレは，バスで旅行しているときや海辺を散歩しているときに，（　　）」の空所なので適切な選択肢は(b)「どのようにして大発見が頭に浮かんだかを述べた」となる。

(3) arise from ～「～から起こる」より「作品はまさに怠惰から，（　　）生まれるのだ」の空所には from idleness と並列の関係の(f) possibly also from laziness「おそらくは不精からも」が適切。from がヒントとなっている。

(4)空所は when 節の主語 you の直後なので，動詞・助動詞で始まる選択肢(b)(c)(e)(g)(j)から選ぶ。「一つの問題に（　　）とき，疑問の余地がない一目瞭然の解答がわからずに行き詰まることがある」の空所なので適切な選択肢は(g)「集中するのに長時間を費やす」である。spend＋時間＋*doing*「…するのに～を費やす」 focus on ～「～に集中する」

(5) The aim is の直後なので，補語になる名詞句(a)(h)(i)から選ぶ。「創造力テストの目的」を表す語句が入るので，(h)「驚くべき使い方を（できるだけ）多く見つけること」が適切。

(6)「これは（　　）のような家事をすることに似ている」の空所には家事の具体例が入るので，(i)「食器を洗うこと」が適切。

(7)「その課題では数字を（　　）作業記憶に留めた後，答えなければならなかった」の空所には「数字を作業記憶に留める」を修飾する副詞句が入る。ゆえに(d)「少しの間」が適切。

(8)空所は文の主語 it の直後なので動詞・助動詞で始まる選択肢(b)(c)(e)(g)(j)から選ぶ。直前の文に「この活動は私たちが仕事中に通常行っている集中思考に近い」とあり，「仕事中の集中思考」の説明がされているので，「つまりそれは心がさまようための（　　）」の空所には，(c)「心の余地はあまり多く残されていない」が適切。

(9)… showing a（　　）の空所には，冠詞に続く名詞（句）が入る。選択肢でその条件にあうのは(a)のみ。また文脈的にも「参加者たちは，前に考えた問題に対し，（　　）を示した」の空所には(a)「アイデアの創造性において40パーセントの上昇」が適切。

(10)空所は文の主語 we の直後なので，動詞・助動詞で始まる選択肢(b)(c)(e)(g)(j)から選ぶ。「もし私たちが（　　），私たちの思考は論理的になりすぎる可能性がある」の空所なので(e)「文字通り何もすることがなければ」が適切。

2．下線部の「この現象」は第1段第2文（Consider Wolfgang Amadeus …）の「食事をしたり，散歩したり，眠る準備をしたりしているときに，新しいメロディーが生まれる」を指しているので，(c)「予期せず新しいアイデアを思いつく」が最も近い。hit upon ～「～を思いつく」

3．難問。incubation は「抱卵，孵化」という意味だが，この文章では下線部直後の incubation の説明「あなたは手元にある仕事とまったく異なる何かに集中しているのだが，その一方で頭脳はその場面の陰でせっせと働き続けている」より，(b) development「発展，進展，成長」が最も近い（なお，全訳では incubation に関する文献より，「あたため」と訳している）。

4．in moderation「適度に，ほどほどに」より，(b) to a reasonable degree「妥当な程度まで」が最も近い。to a ～ degree「～な程度まで」

5．この文では freely「自由に，制約なく」，wander「(心が) さまよう，横道にそれる」という意味なので，(b)「あまり制約なしに活動する」が最も近い。(a)「見知らぬ領域を探究する」 (c)「あらゆる種類の娯楽を追求する」 (d)「公共の公園を散歩する」

6. fully「完全に，十分に」，occupied (with ～)「(～で) 忙しい，手がふさがっている」より，(a) busy が最も近い。

❖講　評

2022年度も文法・語彙問題3題，読解問題3題の出題である。2021年度と若干配点は異なるが，文法・語彙問題全体で55点，読解問題全体で95点であることに変わりはない。

Ⅰの空所補充問題では，語彙5問，イディオム3問，文法5問，動詞の語法2問とバランスのとれた出題。文法は助動詞1問，関係詞2問，接続詞2問が出題された。2021年度のような難問は少なくほとんど標準的な問題だが，10の前置詞を問う問題はやや難しい。

Ⅱの誤り指摘問題では，2022年度は1から5までが連続した文章になっている。1がイディオム，2が不可算名詞，3が接続詞，4が動名詞，5が分詞に関する問題で，難問はなくすべて標準的な問題がある。

Ⅲの誤り指摘問題では，1が主語と動詞の一致，2が動名詞と不定詞，3が不可算名詞，4が比較，5が他動詞・自動詞の問題であった。Ⅱと同じく，難問はなく標準的な問題。

Ⅳの読解問題は語数が約730語で，すべて空所補充問題。2022年度もほとんどが前後の内容から答えを導き出す問題だが，3がイディオム，9が語彙の問題になっている。「プラスチック廃棄物で道路を造る」というなじみのない話題だが，具体例が多くわかりやすい。

Ⅴの読解問題は約700語。「文化による許しの違い」を述べた論説文で文化論のため抽象的で難しい。ただ問題自体は標準的である。1，2，4，5，6が空所補充問題。すべて前後の内容から答えを導き出す問題で紛らわしい選択肢はない。3，7，8，9が本文の内容を適切に表すか，本文の内容と一致する日本語の選択肢を選び，10のみ英語の選択肢を選ぶ。標準的な問題だが，9のみ(b)か(c)のどちらが正解か紛らわしい。

Ⅵの読解問題は約660語。incubationという単語は難しいが，文章は具体例も多く読みやすい。1は空所に適する選択肢を選ぶ問題で，10の空所に対し選択肢も10でありダミーはない。また動詞・助動詞で始まる選択肢は5つしかなく，主語の次の空所はそこから選べばよいことから，この問題は完全正解を目指したい。2は下線部の示す内容に最も近い選択肢を，3～6は下線部の意味に最も近い選択肢を選ぶ問題で，ほとんど標準的な問題だが，3のincubationの意味のみ難しい。前後の内容から類推する必要があるだろう。

2022年度は，難問は少なくほとんどが標準的な問題であったが，この問題を80分で解くにはⅠ～Ⅲの語彙・文法問題をできるだけ速く解くことにかかっている。中央大学特有の誤り指摘問題について，できるだけ多くの過去問を解き，前もってどこに気をつけるべきか意識しながら解くことが必要だろう。

日本史

I 解答

〔A〕問1．c　問2．b　問3．b
〔B〕問4．e　問5．d　問6．d
〔C〕問7．a　問8．b　問9．c　問10．b
〔D〕問11．e　問12．a　問13．c

◀解　説▶

≪原始～中世の総合問題≫

〔A〕問1．アは「矢につけて用いられた」「鋭い刃物類」とあるので，矢先にある刺突用の石鏃を，イは「呪術具」とあるので，石棒を選ぼう。

問2．b．正文。各地で肉などを蒸し焼きにしたと考えられる礫群が見つかっている。a．誤文。日本の旧石器遺跡のほとんどは約3万5千年前までのもので，それ以前の30万年前から40万年前までさかのぼるような痕跡はない。c．誤文。細石器は小さな石刃で打製石器である。d・e．ともに誤文。新石器（縄文）時代の説明になっている。

問3．b．正文。弥生時代の日本列島には水稲農耕や金属器（鉄器・青銅器）に加えて機織り具を用いて布を織る技術も伝わっていた。a．誤文。青銅は銅と「亜鉛」ではなく，錫との合金である。c．縄文時代晩期からの小児甕棺墓にその源流をもち，弥生時代に盛んになった甕棺墓では，被葬者を屈葬にした例が多くみられる。ただし，弥生時代のものと縄文時代のものとがまったく同様だとは断定しきれないため，誤文。d．誤文。楯築墳丘墓は山陽地方の岡山県にある。e．誤文。乾田のほうが生産性が高い。

〔B〕問4．e．正文。a．誤文。前方後円墳の分布の北限は岩手県あたりで，北海道には見られない。b．誤文。箸墓古墳は未調査である。なお1997年，三角縁神獣鏡33面が奈良県黒塚古墳から出土した。c．誤文。刑部や穴穂部は「伴造」ではなく，名代・子代として大王家に仕える部民である。d．誤文。古墳時代の終末期になると，大王の墓は八角墳となった。

問5．d．楯築遺跡に代表される吉備地方，つまり岡山県の墳丘墓では，葺石や特殊器台，特殊壺などが出土している。

問6．d．墳丘規模の大きさでは，46位までを前方後円墳が占め，47位にやっと前方後方墳が入る。

〔C〕問7．a．正文。b．誤文。平貞盛や藤原秀郷によって平定されたのは，藤原純友ではなく平将門である。c．誤文。滝口の武者は宮中の警備のために用いられた武士で，国ごとに常置されるようになったのは追捕使や押領使である。d．誤文。刀伊が来襲すると，大宰権帥藤原隆家の指揮のもとで九州の武士たちが撃退した。e．誤文。後三年合戦を鎮圧したのは源義家で，その父頼義はこの合戦時にはすでに他界している。

問8．b．正解。1159年12月，ア．藤原信頼と源義朝が挙兵→ウ．藤原通憲が落命→イ．平清盛が挙兵→1160年1月，エ．源義朝が滅ぶ，という順序となる。

問9．c．誤文。守護（国地頭）には国ごとの兵粮米徴収や国衙在庁の支配権が認められた。

問10．まず設問文に「この時期の」とあるので，幕末期の(イ)京都守護職は除外できる。(ア)北面の武士は院（上皇）の御所の北面を警備する武士，(ウ)大番催促は内裏の警備にあたるよう守護が御家人に催促すること，(エ)平家没官領は滅びた平氏から朝廷が没収した荘園で，(ア)と(ウ)の二つが，武士の首長が王権の守護者であることを示す語句である。

〔D〕問11．e．『歎異抄』は，親鸞の弟子唯円が著した，親鸞の言行録である。

問12．a．1207年法然一門は弾圧をうけ，法然，親鸞らは流罪となった。このとき禁書となった書に，法然の著書であるa．『選択本願念仏集』がある。

問13．c．誤文。選択肢の後半部分「それを捨てることで生死の苦しみから逃れられる」とあるが，史料文2文目「他力（阿弥陀仏）をたのみたてまつれば，真実報土の往生をとぐる」，また3文目「いずれの行にても生死（の苦しみ）をはなるゝことあるべからざるを（阿弥陀仏が）哀たまいて」悪人成仏の願を起こされた，という文脈には合わない。「捨てること」を強調したのは親鸞ではなく捨聖と呼ばれた一遍である。

Ⅱ 解答

〔A〕問1．d　問2．d　問3．e　問4．a
問5．c　問6．c

〔B〕問7．c　問8．b　問9．e　問10．d　問11．a　問12．b

◀解　説▶

≪近世の文化≫

〔A〕問1．d．誤文。豊臣秀吉の九州平定は 1587 年のこと。秀吉は 1590 年に小田原を攻略して関東の北条氏を滅ぼし，東北の伊達政宗を帰順させ，全国統一を成し遂げた。

問2．d．大坂城は豊臣時代のものも，江戸幕府の建立によるものも現存しない。現在の大阪城は豊臣時代の城を模して昭和 6 年に再建されたもの。

問3．e．誤文。『花下遊楽図屏風』は狩野長信（永徳の弟）の作品である。

問4．a．佗茶を創始したのは奈良出身の村田珠光である。

問5．c．誤文。ポルトガルの自然が題材とあるが，題材は日本への南蛮船の入港と宣教師や南蛮人の生活・風俗が中心である。

問6．c．誤文。この時期の能楽は，権力者である豊臣秀吉の保護を得るなどして発展した。

〔B〕問7．c が誤り。『国意考』は賀茂真淵の著作である。

問8．b．誤文。西洋外科ではなく，漢方医学の一つである古医方を紹介した。

問9．e．誤文。18 世紀後半の儒学は徂徠学派（古学派の一つ）や折衷学派が主流となり朱子学が衰退したため，寛政改革で朱子学を重視する異学の禁が発令された。

問10．d が誤り。『菅原伝授手習鑑』は竹田出雲ら 4 名による合作で，その中に近松半二はいない。なお，近松半二も浄瑠璃作者で，竹本座の復興に尽くした。

問11．a．誤文。浮世絵では 18 世紀半ばに鈴木春信が多色刷の錦絵の創始に中心的役割を果たした。大首絵は寛政期（18 世紀後半）の喜多川歌麿や東洲斎写楽が完成させた。

問12．b の義太夫節は唄浄瑠璃ではなく，三味線の伴奏により人形浄瑠璃芝居の物語を語る大坂発祥の語り物である。

Ⅲ 解答

〔A〕問1．c　問2．b　問3．a　問4．e
問5．b　問6．d

〔B〕問7．d　問8．d　問9．a　問10．c　問11．e　問12．a

◀解　説▶

≪近代の対外関係≫

〔A〕問1．日清戦争の際，日本軍が占領した清国北洋艦隊の基地はc．威海衛である。

問2．b．副島種臣は使節団に参加せず，留守政府の参議・外務卿として活躍した。

問3．a．廃刀令の公布は1876年のことで留守政府時代の施策ではない。

問4．e．正文。a．誤文。大院君は「高宗の兄」ではなく父である。b．誤文。清国は壬午軍乱を鎮圧し，朝鮮の閔妃政権は清国に接近した。c．誤文。金玉均らは日本に「反発した」のではなく，呼応した。d．清国の宗主権が否認されたのは，1895年の下関条約においてである。

問5．b．誤文。初代台湾総督は児玉源太郎ではなく，樺山資紀である。

問6．d．誤文。『万朝報』の創刊者である黒岩涙香は，はじめ非戦論・反戦論の立場であったが，ロシアとの対立が深まると開戦の是認へと転じた。

〔B〕問7．d．正文。a．誤文。永田鉄山は統制派，真崎甚三郎は皇道派である。b．誤文。反乱軍を指揮した青年将校は，皇道派に属していた。c．誤文。「金解禁政策」ではなく，金輸出再禁止政策を実施した。e．誤文。『日本改造法案大綱』を著したのは大川周明ではなく北一輝で，二・二六事件後処刑された。

問8．d．誤文。「宣戦を布告して」とあるのが誤り。日中戦争は宣戦布告なき戦争で，当時は日支事変，支那事変などと呼ばれた。

問9．a．誤文。ノモンハン事件は「ソ連と満州国」ではなくモンゴルと満州国の国境線をめぐる紛争である。

問10．やや難。年代順に整理すると，ミッドウェー海戦（1942年）→アッツ島全滅（1943年）→インパール作戦開始（1944年3月）→サイパン島陥落（1944年7月）→米軍レイテ島上陸（1944年10月），となる。

問11．1972年9月，e．田中角栄首相とa．大平正芳外相が訪中し日中間の外交関係の樹立が約された。

問12. a．正文。b．誤文。ソ連は会議に出席したが条約に調印しなかった。c．誤文。中国代表は，中華人民共和国も中華民国も招待されなかった。d．誤文。平和条約はロシアとなった現在も結ばれていない。e．誤文。2002年に小泉純一郎・金正日の間で会談が行われ，日朝平壌宣言が発せられた。

Ⅳ　解答

問1．e　問2．a・c　問3．b・d　問4．a
問5．e　問6．d　問7．a　問8．a・d
問9．b　問10．c　問11．b　問12．a・d　問13．b

◀解　説▶

≪近世～近代の総合問題≫

問1．a．ポルトガル船の来航禁止が1639年，b．外国船の寄港地を平戸と長崎に制限が1616年，c．スペイン船の来航禁止が1624年，d．イギリスの商館閉鎖・引き揚げは1623年，e．日本人の海外渡航・帰国の禁止が1635年となる。よって，eが正解。

問2．aとcが正文。b．誤文。「国学」ではなく朱子学を正学とした。d．誤文。熊沢蕃山の死は元禄年間の1691年で，「寛政期」の約1世紀前の出来事である。e．誤文。蛮社の獄の説明で，「寛政期」より約半世紀後の天保年間に起きた。

問3．bとdが正しい。a．黒砂糖は甘蔗栽培が盛んな薩摩や琉球，c．藺草（畳表）は備後，e．紅花は最上地方が，それぞれ特産地であった。

問4．aが正解。宮津藩に生まれた海保青陵は経世家として活躍，主著『稽古談』において当時の武士による商業蔑視の傾向を批判，藩単位の商業振興と営利追求の正当性を説いた。

問5．e．正文。1844年，藩内保守派の策動で徳川斉昭は江戸幕府から隠居謹慎を命ぜられ，改革は成功しなかった。a．誤文。田沼意次ではなく江川英龍である。b．誤文。莫大な借金の大部分は「返済した」のではなく，250年賦償還を断行して実質踏みたおした。c．誤文。佐賀藩の鍋島直正ではなく，長州藩の村田清風である。d．誤文。長州藩の村田清風ではなく，佐賀藩の鍋島直正である。

問6．d．フェノロサはアメリカの哲学者で美術研究家。岡倉天心と協力して東京美術学校の設立に努め，橋本雅邦や狩野芳崖ら日本画家を見いだした。

問7．aが正解。最初の内閣である第1次伊藤博文内閣で初代の文部大臣となったのは，薩摩出身の森有礼である。明治6年に明六社を立ち上げたことで知られる。

問8．a・d．正文。b．誤文。山田盛太郎と並び，野呂栄太郎も講座派に属する。c．誤文。山本宣治はアメリカのサンガー夫人の産児制限運動に賛同し，これを推進した。e．誤文。共産党の最高幹部であった佐野学，鍋山貞親は，獄中で転向声明を発し，天皇制下の一国社会主義を提唱した。

問9．問われている人物は賀川豊彦で，1920年に出版した自伝的小説『死線を越えて』はベストセラーとなった。

問10．cが正解。有沢広巳は1938年人民戦線事件で検挙された。戦後には経済復興のための傾斜生産方式を立案した。

問11．bが正解。1933年のいわゆる滝川事件当時の文部大臣は鳩山一郎である。鳩山は戦後公職追放となったが，政界復帰後は内閣を組閣した。

問12．aとdが正解。b．横田喜三郎は国際法学者。最高裁判所長官を務めた。c．川島武宜は民法および法社会学者として，戦後の民法改正に影響を与えた。e．安倍能成は夏目漱石門下の哲学者。戦後全面講和論を唱えた。

問13．b．正文。a．誤文。戸籍制度は廃止されず，現在も存続している。c．誤文。戸主の家族員に対する支配権，いわゆる戸主権は廃止された。d．誤文。姦通罪も廃止された。e．誤文。総務省は総務庁・自治省・郵政省を再編・統合して2001年に発足した。

❖講　評

全問マークシート法の選択問題。2022年度も2021年度と同様に大問4題構成である。近現代に重点をおいた出題傾向は大きくは変わらない。

Ⅰ　原始～中世の総合問題

問われる時代は原始～古墳時代と中世前期武士の歴史の2部からなる。正（誤）文の選択問題が6問。問5は楯築墳丘墓の知識が正解へのヒント。配列を問う問8では平治の乱のごく短期間の出来事の前後関係が問われる。教科書の丹念な学習による対応が求められている。

Ⅱ　近世の文化

問われているのは桃山文化と宝暦・天明期文化の二期の文化である。正（誤）文選択問題は7問で，それぞれ「一つ選べ」と限定されるので取り組みやすいだろう。問3の桃山絵画，問6の庶民芸能・衣装髪型など細かい知識に関する問いも随所に見られる。

Ⅲ　近代の対外関係

正（誤）文選択問題が全7問で，選択肢の文章量が多く，特に問4・問7・問12については正文が一つなので，受験生は誤文をきちんと選別しつつ読み進めていくことが求められる。太平洋戦争の戦局をめぐる問10の配列問題は，1944年に3つの出来事が集まり，その順序を整理するのがやや難となる。

Ⅳ　近世～近代の総合問題

近世から近代（戦後まで）にかけての歴史諸分野が問われる。Ⅳの特徴は「正しいものを全て」を選ぶよう求める問いが4問あることで，受験生は正解の絞り込みに迷うであろう。問1では標準的な難易の配列問題も出題されている。正（誤）文選択問題は4問で，文章量は他の大問より少なめである。問5．eは徳川斉昭の改革が何をもって「成功しなかった」とするのか，受験生には判断が難しい。

世界史

I 解答

【設問1】問1．d　問2．b　問3．c　問4．a
問5．a

【設問2】問1．cまたはd　問2．d　問3．c　問4．d　問5．c
問6．a　問7．c　問8．b

◀解　説▶

≪朝鮮半島と隋・唐≫

【設問1】問5．正解はa．広州。唐では，8世紀の玄宗の時代，広州に市舶司が初めて設置された。

【設問2】問1．c．誤文。漢の武帝は南越を滅ぼし日南郡など9郡を置き，その領域をベトナム中部まで広げた。d．誤文。南海郡，桂林郡や象郡の3郡を置いたのは秦の始皇帝である。

問2．d．誤文。白村江の戦いでは，百済を支援した日本軍が，唐と新羅の連合軍に敗北した。

問3．c．誤文。渤海は，10世紀前半に契丹（遼）の耶律阿保機によって滅ぼされた。

問4．d．誤文。カガン（可汗）の称号は，突厥より前に鮮卑や柔然の頃から用いられていた称号である。

問5．c．誤文。チベット仏教は，マニ教ではなくラマ教と呼ばれる。

問7．c．誤文。知行合一とは，明代に広がった陽明学の代表的概念の一つである。

問8．b．誤文。ネストリウス派キリスト教は，431年のエフェソス公会議で異端と宣告された。ニケーア公会議で異端とされたのはアリウス派キリスト教である。

II 解答

【設問1】問1．b　問2．d　問3．a　問4．c
問5．b

【設問2】問1．b　問2．c　問3．d　問4．d　問5．b
問6．c　問7．c

◀解　説▶

≪近世東ヨーロッパ史≫

【設問1】問3．正解はａ．ステンカ=ラージンの乱。ステンカ=ラージンはコサック出身で，17世紀後半に農民反乱を指導した。

ｂ．プガチョフの乱は，エカチェリーナ2世治世の18世紀後半に，農奴解放を掲げておこった農民反乱。

問5．正解はｂ．ラクスマン。ラクスマンはロシアの軍人で，18世紀末に日本人漂流民だった大黒屋光太夫らを伴い，エカチェリーナ2世の親書をもって北海道の根室に来航した。日本との通交を求めたが，失敗した。

ａ．イェルマークはコサックの首領で，シベリアを征服してイヴァン4世に献上した。

ｃ．ベーリングはデンマーク出身の探検家で，ピョートル1世の命でアジアとアメリカ大陸間を探検して海峡（ベーリング海峡）を確認した。

ｄ．ムラヴィヨフは，19世紀に東シベリア総督として東方でのロシア領拡大を進めた人物である。

【設問2】問1．ｂ．誤文。三十年戦争中，フランスはカトリック国でありながら，反ハプスブルク政策からプロテスタント国のスウェーデンを支援した。

問3．ｄ．誤文。ノヴゴロド国は，リューリク率いるノルマン人の一派ルーシが建国した。

問7．ｃ．正文。ポーランドは，1795年の第3回ポーランド分割で消滅した後，1815年にウィーン議定書で旧ワルシャワ大公国を中心にポーランド王国が形成されたが，ロシア皇帝が国王を兼任することとなり，事実上のロシア領とされた。その後，第一次世界大戦後に独立を宣言し，1919年のパリ講和会議で独立が承認された。

Ⅲ　解答

【設問1】問1．ｂ　問2．ｂ　問3．ａ　問4．ｃ
問5．ｂ

【設問2】問1．ｄ　問2．ｄ　問3．ａ　問4．ｂ　問5．ｃ
問6．ｄ　問7．ｄ

◀解　説▶

≪西アジア・アフリカの民族運動≫

【設問1】問1．正解はb．アラビア半島。ワッハーブ派は，イブン=アブドゥル=ワッハーブによって始められ，イスラーム教の原点回帰を目指した。18世紀半ばにアラビア半島でおこった。

問2．正解はb．イギリス。イギリス軍はインドとの通商路を確保するため，オスマン帝国軍とともにフランス軍を撃退した。

【設問2】問1．d．誤文。ムハンマドはメディナへ移住後，630年にはメッカを征服し，その後アラビア半島の大部分を統一して没したため，永住はしていない。

問2．d．誤文。マムルーク朝の首都はカイロである。

問4．b．1840年のロンドン会議には，イギリス・ロシア・プロイセン・オーストリア・フランスの代表が出席した。

問5．c．誤文。青年トルコ革命（1908年）は，エンヴェルなどの青年将校が成功させた。また，アフガーニーは1897年に死去しているので，青年トルコ革命には関係していない。

問7．d．誤文。1878年のベルリン会議は，ロシア=トルコ戦争の結果に不満を持つイギリスやオーストリアの意向を受け，ビスマルクが開催した。アフリカ分割の原則が定められたのは，1884～85年のベルリン会議である。

Ⅳ 解答

【設問1】問1．c　問2．d　問3．a　問4．b
問5．c

【設問2】問1．a　問2．b　問3．d　問4．b　問5．d
問6．b　問7．a　問8．d

◀解　説▶

≪第二次世界大戦後のアジア≫

【設問1】問2．正解はd．アメリカ。アメリカ大統領フランクリン=ローズヴェルトは，1934年にフィリピンの10年後の独立を約束していた。

問4．正解はb．インドネシア。アジア=アフリカ会議は，インドネシアのバンドンで開催された。

問5．正解はc．ベオグラード。第1回非同盟諸国首脳会議は，ユーゴスラヴィアのティトーらの呼びかけで，ユーゴスラヴィアの首都ベオグラードで開催された。

【設問2】問1．a．誤文。阮朝は，国号を越南国と定めた。大越は，それ以前のベトナムの王朝の国号である。

問2．b．誤文。ジュネーブ会議では，ベトナムについて北緯17度線を暫定の軍事境界線とすることと，2年後の南北統一選挙の実施が決められたが，アメリカがこれに調印せず，選挙も実施されなかった。

問3．d．誤文。第一次世界大戦後，インドのムスリムらがオスマン帝国のカリフ制を擁護する運動を起こすと，ガンディーら国民会議派もこれに加わり，ムスリム民衆の支持を得た。

問5．d．誤文。第3次印パ戦争時のインドの首相はインディラ=ガンディーである。

問6．b．誤文。ベルリン封鎖では，ソ連が西ベルリンへの交通を遮断した。

問7．a．正文。グアテマラに左翼政権が誕生したのは1951年の出来事である。

b．誤文。キューバ危機は1962年の出来事である。

c．誤文。チリでアジェンデが大統領となったのは1970年である。

d．誤文。フォークランド戦争がおこったのは1982年のことである。

問8．d．誤文。ナセル大統領がスエズ運河の国有化を宣言すると，イギリス・フランス・イスラエルがエジプトに侵攻し，スエズ戦争（第2次中東戦争）が勃発した。

❖講　評

Ⅰ　朝鮮半島の古代史と，隋・唐時代の制度や社会・文化，また，その周辺諸国に関する問題が出題された。【設問1】は基本的な事項を問う問題であったが，【設問2】では周辺諸国に関する出題が中心で，幅広い学習ができているかが問われるものだった。

Ⅱ　17世紀から18世紀にかけてのドイツとロシアに関して，オーストリア・プロイセン・ロシアの絶対王政期の君主を中心に，様々な出来事について出題された。【設問1】【設問2】ともに基本的な事項を問うものがほとんどで，確実に得点しておきたい問題である。

Ⅲ　近代の西アジアやアフリカの民族運動を中心に，ロシアの東方問題ともからめて，現代史まで幅広く出題された。教科書レベルの基本的な内容を問う問題がほとんどで，取りこぼしのないようにしたい。

Ⅳ　第二次世界大戦後のアジアの国々の動きを中心に，幅広く戦後に関する問題が出題された。【設問１】は基本的な出来事を問うものが中心であったが，【設問２】では戦後史を含む20世紀以降の出題が中心となった。特に，戦後の南アジアや東南アジア，ラテンアメリカの歴史は盲点になることも多く，歴史的な用語を覚えるだけではなく，その内容まで説明できるようにしておきたい。

全体的には，基本的な出来事や内容を問う問題がほとんどであり，高得点を狙うことも可能である。しかし，正文・誤文選択問題に関しては，用語だけではなく，その中身についてしっかりと確認しておく必要があるだろう。

政治・経済

I　解答

問1．A―ウ　B―ア　C―ウ　D―ウ　E―エ
問2．エ　問3．ウ　問4．ア　問5．ア　問6．イ
問7．イ　問8．ウ

◀解　説▶

≪行政国家，新しい人権≫

問1．C．ウが適切。官僚制と訳される。エのテクノクラートは技術官僚のことを指し，官僚制全体について説明する本文と合わない。

D．ウが適切。制定された年から判断できる。

問2．エが適切。ここでいう「成文法」の「法」とは，法律だけでなく，法令全体を指すことに注意する。国家公務員倫理規程は内閣で制定されるので，閣議決定を経る必要がある。

問3．ウが誤り。大赦等の決定は内閣総理大臣ではなく内閣の権限である。

問5．アが適切。知る権利はマスメディアによる表現の自由，すなわち報道の自由によって満たされることが多かったため，表現の自由を裏付けると考えられている。

問6．イが誤り。請求者が不服申立てを行うのは請求先の行政機関であり，情報公開・個人情報保護審査会に対して直接不服申立てを行うことはできない。

問7．イが誤り。中長期在留の外国人なども，住民票があればマイナンバー制度の対象者となる。

問8．ウが誤り。当初，500人のうち200人を民間から採用する計画であったが，実際は発足時の職員が600人でその3分の1の200人が民間から採用された。

II　解答

問1．オ　問2．ウ　問3．ア　問4．イ　問5．エ
問6．イ　問7．ア　問8．エ　問9．カ　問10．ウ
問11．ア

◀解　説▶

≪市場機構，企業の経済活動≫

問2．ウが適切。日本のGDPが500兆円台という理解があれば，その「50％以上を占めて」いる家計消費支出はウの300兆円しかあてはまらないと判断できる。

問4．イが適切。2つの式から需要と供給の交点Eの均衡価格が80円とわかり，式に代入すると均衡数量が70単位とわかる。

問5．エが誤り。合名会社は会社法制定以前からある。

問6．イが誤り。難しいが損益計算の結果，株主への配当が決まるのだから，損益計算書に株主への配当が含まれるはずがない。

問7．アが適切。

G．難しいが内部留保は利益剰余金として右側に記載する。

Ⅰ．自己資本比率は純資産を総資産で割り，100をかけて求められる。この場合，$\frac{3}{25}\times 100=12$〔％〕となる。

問9．カが適切。

(a)誤文。原材料費が低下すると，供給曲線は右に移動する。

(c)誤文。生産物に課税されると，供給曲線は左に移動する。

問10．ウが誤り。市場機構が機能しているので，市場の失敗ではない。

問11．アが誤り。公正取引委員会は内閣府の外局である。

Ⅲ　解答

問1．ウ　問2．ウ　問3．エ　問4．オ　問5．ウ　問6．ウ　問7．アまたはエ　問8．ウ　問9．エ　問10．ウ

◀解　説▶

≪国際社会，日本の領土問題≫

問1．ウが適切。

B．接続水域は24海里である。近年，日本の接続水域を外国潜水艦が潜航していることが確認されたとの報道が度々なされている。

問3．エが適切。九段線のほか，U字線などとも呼ばれる。

問4．オが誤り。公海自由の原則に上空飛行の自由が含まれる。

問5．ウが適切。政府見解では尖閣諸島が他国に支配されたことはないた

め，尖閣諸島における領土問題は存在しない。

問6．ウが適切。(a)・(b)の島の名前が確実でなくとも，(b)の左の島が国後島とわかれば，選択肢からウが正解であると導き出せる。

問7．ア．誤り。宣言で「四島一括返還」を主張したわけではない。

エ．誤り。2001年に日露首脳会談を行った首相は森喜朗である。

問8．ウが誤り。ソ連は講和会議には出席したが，サンフランシスコ平和条約に署名はしなかった。

問9．エが誤り。国際司法裁判所への提訴は両国間の同意が必要であるが，韓国側が同意していないため，提訴できない状態が続いている。

問10．ウが適切。Quadは日米豪印戦略対話（四カ国戦略対話）の通称である。安倍晋三首相の提唱により2007年に設立された。

Ⅳ　解答

問1．エ　問2．イ　問3．エ　問4．イ　問5．ウ
問6．ウ　問7．オ　問8．オ　問9．エ　問10．ウ
問11．ア

◀解　説▶

≪国際経済，環境問題，エネルギー問題≫

問1．エが適切。

A．DAC（開発援助委員会）が適切。IDA（国際開発協会）は世界銀行グループの一員である国連の専門機関である。

問2．イが適切。計算で求められる。近年のDAC加盟国の平均および日本の比率はともに0.3％程度となっている。

問4．イが誤り。開発独裁の下では，経済発展のために海外資本の導入が積極的に図られた。

問5．ウが適切。特恵関税とは，先進国が発展途上国に対し関税を無税または低率にし，発展途上国の輸出を促進する制度である。

問6．ウが適切。P国がマスクの生産に特化すると3単位，Q国が乾電池の生産に特化すると4単位生産され，合計7単位となる。

問7．オが誤り。これまで農業協同組合がその地位を利用して業者の新規参入を妨げたりする行為が見られたが，政府が政策として行ったものではないので，農業の保護政策とは言えない。

問8．オが適切。米1キロあたり341円の関税が課された。

問9．エが誤り。一人当たりの二酸化炭素排出量が最も多いのはアメリカである。

問10．ウが誤り。パリ協定には罰則規定がない。

❖講　評

Ⅰ　行政国家や新しい人権などについて出題された。標準的な難易度の問題が出題される中で，国家公務員倫理規程について問う問2や情報公開法の制度について問う問6など，やや詳細な知識を必要とする問題も出題されている。

Ⅱ　市場機構・企業の経済活動について出題された。損益計算書や貸借対照表について問う問6・問7は教科書にもあまり記載がない内容であり，家計消費支出の内訳を問う問3も資料が出されておらず，戸惑った受験生も多かったであろう。その他はほぼ標準的な学習で解答が可能である。

Ⅲ　国際社会・日本の領土問題について出題された。九段線を聞く問3や，Quadの構成国を問う問10などは，時事問題に興味を持って取り組んだかどうかが問われる。領土問題については体系的な理解が必要とされた。

Ⅳ　国際経済・環境問題・エネルギー問題について出題された。比較生産費説の計算が求められる問6や，資料の読み取りが必要となる問9など，様々な問題が出題されているが，いずれも教科書レベルの内容が理解できていれば解答は可能である。

全体的に，やや難しい問題が出題されており，解答には時間が取られると考えられるが，その分，標準的な難易度の問題について着実に正解を重ねることが求められる。

数学

I 解答

(1)アイ．21　ウ．7

(2)エ．5　オ．3　カ．3

(3)キ．7　ク．2　ケコ．37　サ．7

◀解　説▶

≪三角形の外接円，正弦定理・余弦定理≫

(1)　△ABC において，余弦定理により

$$AC^2=4^2+5^2-2\cdot4\cdot5\cos60^\circ$$
$$=21$$

AC＞0 より　　$AC=\sqrt{21}$　……アイ

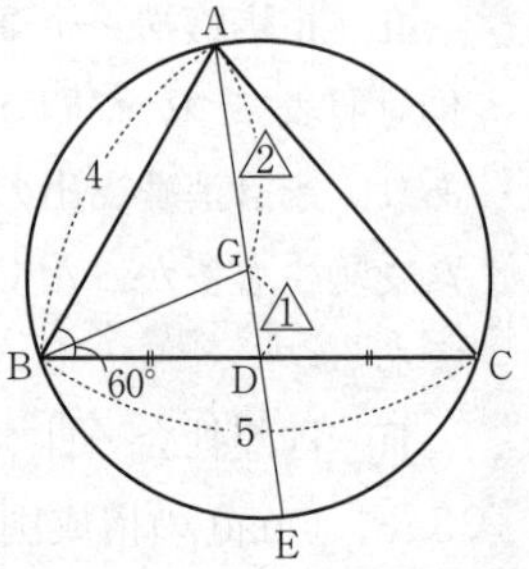

さらに，K の半径を R とすると，正弦定理により

$$\frac{\sqrt{21}}{\sin60^\circ}=2R$$

∴　$R=\sqrt{7}$　……ウ

(2)　直線 AG と直線 BC の交点 D は辺 BC の中点であり，AG：GD＝2：1 であるから

$$\triangle ABG=\frac{2}{3}\triangle ABD$$
$$=\frac{2}{3}\cdot\frac{1}{2}\cdot4\cdot\frac{5}{2}\sin60^\circ$$
$$=\frac{5\sqrt{3}}{3}\quad\text{……エ〜カ}$$

(3)　△ABD において，余弦定理により

$$AD^2=4^2+\left(\frac{5}{2}\right)^2-2\cdot4\cdot\frac{5}{2}\cos60^\circ$$
$$=\frac{49}{4}$$

AD＞0 より　　$AD=\frac{7}{2}$　……キ，ク

方べきの定理により

$$DA\cdot DE=DB\cdot DC$$

$$\frac{7}{2}\cdot DE=\frac{5}{2}\cdot\frac{5}{2}$$

$$DE=\frac{25}{14}$$

よって

$$AE=AD+DE=\frac{37}{7}\quad\cdots\cdots ケ〜サ$$

II 解答

(1)(i)ア．1　イウ．15　(ii)エ．1　オ．5
カ．1　キク．10　(iii)ケ．4　コサ．15
(2)(i)シ．4　ス．5　(ii)セ．5　ソタ．24

◀解　説▶

≪袋から玉を取り出すときの確率≫

(1)(i)　$(X_1,\ X_2,\ X_3)=(1,\ 2,\ 3)$ であればよいので

$$\frac{2}{6}\cdot\frac{2}{5}\cdot\frac{2}{4}=\frac{1}{15}\quad\cdots\cdots ア〜ウ$$

(ii)　$X_1=X_2$ であるためには $(X_1,\ X_2)=(1,\ 1),\ (2,\ 2),\ (3,\ 3)$ となればよいので

$$\frac{2}{6}\cdot\frac{1}{5}\cdot 3=\frac{1}{5}\quad\cdots\cdots エ，オ$$

次に，$X_1=X_2<X_3$ であるためには $(X_1,\ X_2,\ X_3)=(1,\ 1,\ 2)$，$(1,\ 1,\ 3)$，$(2,\ 2,\ 3)$ となればよいので

$$\frac{2}{6}\cdot\frac{1}{5}\cdot\frac{2}{4}\cdot 3=\frac{1}{10}\quad\cdots\cdots カ〜ク$$

(iii)　玉は2つずつしかないので

$$X_1\leqq X_2\leqq X_3$$

$$\Longleftrightarrow X_1<X_2<X_3 \text{ または } X_1=X_2<X_3 \text{ または } X_1<X_2=X_3$$

(i)より，$X_1<X_2<X_3$ である確率は　$\frac{1}{15}$

(ii)より，$X_1=X_2<X_3$ である確率は　$\frac{1}{10}$

$X_1 < X_2 = X_3$ であるためには，$(X_1,\ X_2,\ X_3) = (1,\ 2,\ 2)$，$(1,\ 3,\ 3)$，$(2,\ 3,\ 3)$ となればよいので，$X_1 < X_2 = X_3$ である確率は

$$\frac{2}{6}\cdot\frac{2}{5}\cdot\frac{1}{4}\cdot 3 = \frac{1}{10}$$

よって，$X_1 \leqq X_2 \leqq X_3$ である確率は

$$\frac{1}{15} + \frac{1}{10} + \frac{1}{10} = \frac{4}{15}$$ ……ケ～サ

(2) 次のように事象を定める。

A：$X_1,\ X_2,\ X_3$ の最大値が3　　B：$X_1,\ X_2$ の最大値が2

(i) $\overline{A}$ が起こるためには　$(X_1,\ X_2,\ X_3) = (1,\ 1,\ 2)$，$(1,\ 2,\ 1)$，$(2,\ 1,\ 1)$，$(1,\ 2,\ 2)$，$(2,\ 1,\ 2)$，$(2,\ 2,\ 1)$

$$P(\overline{A}) = \frac{2}{6}\cdot\frac{1}{5}\cdot\frac{2}{4}\cdot 2 + \frac{2}{6}\cdot\frac{2}{5}\cdot\frac{1}{4}\cdot 4 = \frac{1}{5}$$

よって

$$P(A) = 1 - P(\overline{A}) = \frac{4}{5}$$ ……シ，ス

(ii) 求める確率は　$P_A(B) = \dfrac{P(A \cap B)}{P(A)}$

事象 $A \cap B$ が起こるためには，$(X_1,\ X_2,\ X_3) = (1,\ 2,\ 3)$，$(2,\ 1,\ 3)$，$(2,\ 2,\ 3)$ であればよいので

$$P(A \cap B) = \frac{2}{6}\cdot\frac{2}{5}\cdot\frac{2}{4}\cdot 2 + \frac{2}{6}\cdot\frac{1}{5}\cdot\frac{2}{4} = \frac{1}{6}$$

(i)より，$P(A) = \dfrac{4}{5}$ であるから，求める確率は

$$P_A(B) = \frac{P(A \cap B)}{P(A)} = \frac{5}{4}\cdot\frac{1}{6} = \frac{5}{24}$$ ……セ～タ

III 解答

(1)ア．3　イ．4　ウエオ．210　カ．5　キク．22

(2)ケコ．25　(3)サシ．31　スセ．20　ソタチ．−92

◀解　説▶

≪等差数列により定められる数列≫

(1)　数列 $\{a_n\}$ の初項を a，公差を d とおく。

$a_3=11$，$a_9=35$ より

$$\begin{cases} a+2d=11 \\ a+8d=35 \end{cases} \iff \begin{cases} a=3 & \cdots\cdots ア \\ d=4 & \cdots\cdots イ \end{cases}$$

よって　　$a_n=3+(n-1)\cdot 4=4n-1$

したがって

$$\sum_{k=1}^{10} a_k=\frac{10\{2\cdot 3+(10-1)\cdot 4\}}{2}=210 \quad \cdots\cdots ウ\sim オ$$

次に

$$\begin{aligned}\sum_{k=1}^{10}\frac{1}{(1+k)(1+a_k)}&=\sum_{k=1}^{10}\frac{1}{(1+k)\cdot 4k}\\&=\frac{1}{4}\sum_{k=1}^{10}\frac{1}{k(k+1)}\\&=\frac{1}{4}\sum_{k=1}^{10}\left(\frac{1}{k}-\frac{1}{k+1}\right)\\&=\frac{1}{4}\left\{\left(\frac{1}{1}-\frac{1}{2}\right)+\left(\frac{1}{2}-\frac{1}{3}\right)+\cdots+\left(\frac{1}{10}-\frac{1}{11}\right)\right\}\\&=\frac{1}{4}\left(1-\frac{1}{11}\right)\\&=\frac{5}{22} \quad \cdots\cdots カ\sim ク\end{aligned}$$

(2)　$$\begin{aligned}b_n\geqq 0 &\iff \frac{10000}{a_n}-a_n\geqq 0\\&\iff a_n{}^2\leqq 10000 \quad \cdots\cdots ①\end{aligned}$$

(1)より $a_n=4n-1>0$ であるから，①より

$$4n-1\leqq 100$$

$$n\leqq\frac{101}{4}$$

よって，$n\leqq 25$ のとき $b_n>0$，$n>25$ のとき $b_n<0$ であるから，初項から

第 25 項までの和が最大となるので　　$n=25$　……ケコ

(3)　　$2a_n=3a_l+9$　……②

(1)より $a_n=4n-1$ であるから，②より

$$2(4n-1)=3(4l-1)+9$$

$$n=\frac{3}{2}l+1 \quad \cdots\cdots ③$$

③を満たす l は偶数であるから $l=2l'$ ($l'=1,\ 2,\ 3,\ \cdots$) と表せるので，
$l'=10$ のとき，n は 10 番目に小さくなる。このとき

$$l=2\cdot 10=20$$

$$n=\frac{3}{2}\cdot 20+1=31$$

求める組は　　$(n,\ l)=(31,\ 20)$　……サ～セ

次に，l^2-12n の最小値を求めると，③より

$$l^2-12n=l^2-12\cdot\left(\frac{3}{2}l+1\right)$$

$$=l^2-18l-12$$

$$=(l-9)^2-93$$

$l=2,\ 4,\ 6,\ \cdots$ より，$l=8,\ 10$ のとき l^2-12n は最小値 -92 をとる。

……ソ～チ

Ⅳ　解答

(1)ア．2　イ．1

(2)ウ．4　エ．3　オ．1　カ．3　キク．-2
ケ．3

(3)コ．2　サ．3　シ．8　スセ．27

◀解　説▶

≪放物線と直線で囲まれた部分の面積の最小値≫

(1)　線分 AB の中点の x 座標が 1 であるから

$$\frac{a+b}{2}=1 \Longleftrightarrow b=2-a \quad \cdots\cdots ア$$

$f(x)-g(x)=(x-a)(x-b)$ より

$$x^2+(p-3)x+q+4=x^2-(a+b)x+ab$$

係数比較により

$$p-3=-(a+b)$$

$$p=1 \quad \cdots\cdots イ$$

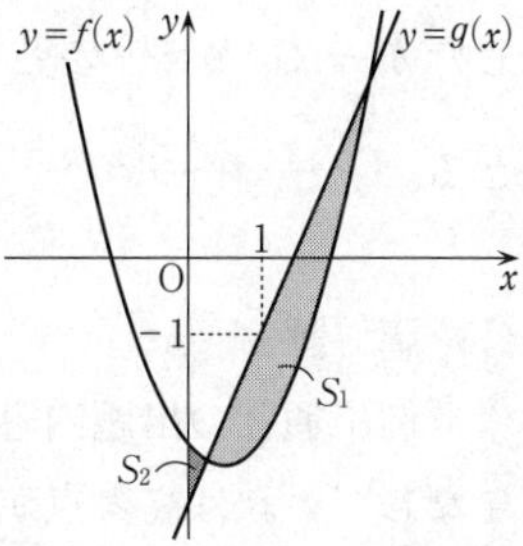

(2)　$$S_1=\int_a^b \{g(x)-f(x)\}\,dx$$

$$=-\int_a^b (x-a)(x-b)\,dx$$

$$=-\left\{-\frac{1}{6}(b-a)^3\right\}$$

$$=\frac{1}{6}(2-a-a)^3$$

$$=\frac{4}{3}(1-a)^3 \quad \cdots\cdots ウ\sim カ$$

$$S_2=\int_0^a \{f(x)-g(x)\}\,dx$$

$$=\int_0^a \{x^2-(a+b)x+ab\}\,dx$$

$$=\int_0^a \left\{x^2-2x+a(2-a)\right\}dx$$

$$=\left[\frac{1}{3}x^3-x^2+a(2-a)x\right]_0^a$$

$$=\frac{1}{3}a^3-a^2+2a^2-a^3$$

$$=-\frac{2}{3}a^3+a^2 \quad \cdots\cdots キ\sim ケ$$

(3)　$$T=S_1+S_2$$

$$=\frac{4}{3}(1-a)^3-\frac{2}{3}a^3+a^2$$

$$=-2a^3+5a^2-4a+\frac{4}{3}$$

よって

$$\frac{dT}{da}=-6a^2+10a-4$$

$$=-2(3a-2)(a-1)$$

$0<a<1$ における T の増減は右のようになる。

a	0	$\cdots$	$\frac{2}{3}$	$\cdots$	1
$\frac{dT}{da}$		$-$	0	$+$	
T		↘	$\frac{8}{27}$	↗	

したがって，$a=\frac{2}{3}$ のとき T は最小値 $\frac{8}{27}$ をとる。　……コ～セ

❖講　評

例年通りの出題内容・難易度であり，標準的な問題集・過去問集をこなしていれば高得点が期待できる。ただし，例年とは異なり全問マークシート法による解答となった。

Ⅰは三角形の外接円が絡む頻出問題である。正弦定理・余弦定理等をはじめとして，数学A「図形の性質」分野で学んだ定理（方べきの定理等）を活用すること。

Ⅱは玉の個数に注意して場合を分けて考えればよい。

Ⅲは等差数列の絡む頻出問題である。部分分数分解，等差数列の和が最大となる条件等，基本的な内容を理解していれば難なく正答に至るであろう。

Ⅳは「6分の1公式」を活用して求積すれば無駄な計算を省くことができる。

分けされているので、〈俊成の自説の部分〉と〈他者の説を批判する部分〉を分けて読むことはできても、特に一文が長い箇所などは因果関係を理解するのが難しい。選択肢も問一、問三、問五など、根拠をとるのに時間がかかるものが多かった。

現代文二題はどちらも読みごたえがあり、古文が大きく難化しているため、試験時間内に解くためにはかなりの速度が要求される。主題の読み取りが必要な設問が多いので、それを意識した対策をしておきたい。

指摘している。つまり「かひや」が魚を飼う〈飼屋〉であり、そこにさらに蛙が集まって鳴くというのなら、「蛙を飼う」と言ってしまった方がよい、というのである。そうしないのは、Cの「魚と同じように蛙を飼うとは考えられないから」である。よって、正解はC。Aの「魚と同じ方法で蛙を集める」というのは本文にない描写。Bは〈蛙が魚の近くで鳴くことはない〉と断言できないので不適。Dの「蛙を飼うことは不吉で避けるべき」というのは本文中にない。E「蚕の蚕室」は次に批判される別の説の内容である。

問六　Bの「魚を集めて捕る小屋」、Cの「蛙を飼うための小屋」は二段落目、Dの「蚕を飼うための小屋」は三段落目で、それぞれ作者が否定している説。Eの「穀物を収める小屋」というのは本文中にない。正解はAの「蚊遣火をたく小屋の下」である。

❖講　評

二〇二一年度と比べると、二〇二二年度は二、三で若干解答個数が増えたものの、問題構成に大きな変更はない。全問マークシート法による出題であった。

一の現代文は、鷲田清一『わかりやすいはわかりにくい？』からの出題。「所有」の観念を軸に、近代社会における「自由」と「自己」の関係や、われわれの「存在」にまで論が及んでいる。設問としては、問四、問五、問八がやや難しい。本文の趣旨を文章全体のなかで把握し、選択肢を検討する必要がある点は二〇二一年度と同様である。

二の現代文は、小林秀雄の随筆「批評」からの出題。一の鷲田清一とともに、大学入試においては頻出の著者である。批評家としての自分を顧みつつ、「批評」の本質について迫った随想であり、特に注目すべき設問は問二と問四、問五。問四は語句の意味理解は前提であり、そこから文脈に沿ったものを選ぶのが難しい。問五は本文全体を通じた筆者の態度を問う問題である。

三の古文は、歌論である『古来風体抄』（藤原俊成）からの出題。「かひやが下」についての解釈を論じている。段落

問二　「なる」の識別問題。問われやすいのは以下の四つである。

①形容詞連用形「〜く」、その音便「〜う」、または格助詞「に」に接続→動詞「なる」

②終止形（ラ変型は連体形、「る」は撥音便や無表記も）に接続→伝聞推定の助動詞「なり」

③体言または連体形に接続→断定の助動詞「なり」

④それを含む箇所が状態を示す＝形容動詞ナリ活用の一部

傍線⑵の「なる」は〝田を作るのである者〟ではおかしいので、〝田を作るという者〟と訳す伝聞推定の助動詞。⑶は「に」に接続しているので動詞。⑸は体言、⑺は連体形にそれぞれ接続しているので、どちらも断定の助動詞。⑼の直前「ざ」は助動詞「ず」の補助活用連体形「ざる」が撥音便化し、「ん」を表記しない形。よって、このＤが伝聞推定の助動詞で正解となる。⑽は推量「べし」に接続しているので断定の助動詞。

問三　〈已然形＋接続助詞「ば」〉は順接確定条件で〝〜ので〟と訳す。これが続けて用いられている。〈蚊が人の気配で集まる〉ので〈蚊遣火を燃やす〉、そのために〈火に人の髪などを入れて煙を絶やさない〉ので〈鹿や猪なども人の気配をかいでやって来なくなる〉ので〈火を消さないように〉……となっている。「ので」の前が理由であるためにＡの「人の気配を感じて蚊などが寄って来るから」が一見正解に見えるが、〈人の髪を火にくべる〉理由としてはおかしい。理由としてふさわしいのは、〈鹿・猪なども人の気配を嗅いでやって来なくなる〉である。よって、正解はＢ。理由を問う問題は、選択肢「……から」のあとに問題部分をあてはめ、矛盾がないものを選ばなければならない。

問四　問一⑴で見たとおり、元の歌は恋の歌である。もう一首の下の句を訳すと、〝侘びながら過ごしています、と告げるような人がいればいいなあ〟であり、どちらも恋にまつわる歌である。よって、正解はＥ。なお、この空欄⑾は二首の歌の相違点である末（下の句）が話題となっている部分であり、他の選択肢はいずれも二首に共通する上の句に関わる内容なので不適。

問五　問一⒀でも確認したように、筆者は「かひや」について自説の〈蚊火屋〉の根拠を述べ、次に〈飼屋〉説の矛盾をも恋に因んでいる歌である。このように山の中に里を離れて庵に留まっている者を、それぞれ我が家を恋しく思っているのだろうという趣旨にこと寄せたのである。

これをまた（他の者は）、「河の淀みなどに『ふしつけ（＝魚を捕る仕掛け）』などということのようにして、魚を集めて捕ろうといって、屋根をつくり、それを覆って魚を飼うので『飼屋《かひや》』というのだ」と申すようである。それ（＝飼屋）にまた蛙まで集まって鳴くのだろうか。それならば（魚を飼うというのではなく）蛙を飼うという方がよいのではないのか。

また（他の者の説としては）、あの同じ御百首の歌合において、顕昭法師が、「蚕の蚕室に、蛙が集まって来るのである」とまで申し上げた。ひどく見苦しい（＝納得できない）解釈である。

▲解　説▼

問一　(1)は直前の「だに」が〝せめて～だけでも、～さえ〟、未然形＋「ば」が〝もし～ならば〟、「やは」が反語を示すことに着目する。直前部は〝せめて声だけでも聞いたならば〟であるので、反語訳が〝いや、私は恋しく思わないだろう〟となるCを選ぶ。声を聞くことで恋しさが慰められるという趣旨である。

(4)「あやし」は〝みすぼらしい、不思議だ、身分が低い〟といった意味。ここでは庵の留守の番をさせる対象なのでAが正解。

(6)「料《れう》」には〝用に当てるため、あらかじめ用意する物、費用、ため〟といった意味がある。ここでは直前に〈鹿や猪が早苗を踏み荒らしたり食べたりする〉とあるので、それを〝寄せまいとするために〟とするのがふさわしい。正解はD。

(13)「無下に」は〝むやみに、ひどく〟の意。筆者は「かひや」について自説の〈蚊火屋〉の根拠を述べ、次に〈飼屋〉説の矛盾を指摘する。そのうえで〈蚕室〉説を「無下に見苦しかるべき義」と述べている。Cがやや迷うが、上品、下品を論じているわけではないので、正解はB。

問五　C

問六　A

◆全　訳◆

蛙に因《ちな》んだ（歌）

朝霞の中、蚊火屋《かひや》（＝鹿・猪などが農作物を荒らすのを防ぐために、夜通し〈蚊火〉をたきいぶして警戒する番人の小屋）の下で鳴く蛙（の声）のように、せめてあなたの声だけでも聞いたならば、私は（あなたをこれほど）恋しいと思うだろうか。（いや、思わないだろう＝今は声を聞くことができないので、あなたを恋しく思われることだよ）

この「かひやが下」の歌も、また以前からさまざまに人が（解釈を）申し上げることである。これは、山里・田舎などに山田（＝山間の田）を作るという者は、夏に田を植えた後から秋になるまでは、庵を作って、身分の低い者の子どもなどをそこに留まらせておいて守らせるのです。また、早苗《さなえ》などといって、若葉であるときから、鹿・猪などと申し上げるものが参ってきて（＝やって来て）、（その早苗を）踏み傷つけて、食べたりするのを近寄らせまいがために（その子どもなどに）守らせるのである。それに加え、夜はまた、蚊などが人の気配について集まることであるので、蚊遣火《かやりび》（＝蚊を追い払うためにいぶす火や煙）のために、その火に匂いのあるものなど、（たとえば）人の髪やなにかを（火に）入れて、くすぶらせて煙を絶やさないと、鹿・猪なども人の気配を嗅いで参ってこない（＝やって来ない）ということであるので、その火を常に消さないでいようとするために、座っている庵の床下にまた階層を重ねて、その煙を雨などでも消すまいとするために、庵の下に蚊火をつけて置いておりますときに、また田の周りであるので、蛙が（そこに）集まって、猪なども怖気づいて、人の気配によって常に（蛙が）鳴くのでございます。「朝霞」とは、秋も夏も（霞みわたり）、いわんや絶やさない煙なども（一緒になって）、山ぎわに霞みわたるのであるだろう。この歌は、上の句は同じ詞であって、下の句は少し変わって、この歌集（＝万葉集）には二カ所に入っているのでございます。もう一首の下の句は、「しのびつつありと告げむ児もがも（＝偲びながら過ごしています、と告げるような人がいればいいなあ）」といっている。これもあれ問四　Aの「生半可」は〝十分でなく中途半端であること〟。Bの「秀抜」は〝他より抜きんでて秀でている様子〟。Cの「荒唐無稽」は〝でたらめであること〟。Dの「系統的」は〝順序正しく、筋道を立てて組み立てられているさま〟。Eの「該博」は〝学識の広い様子〟。この空欄(4)を含む第九段落において、筆者は文芸批評家の〈印象批評〉の時代は終わり、日々発達する〈自然科学〉〈人文科学〉の知識に関心がなければ批評活動はできないと述べている。しかしその必要な学問は多岐にわたるため、[(4)]な知識になる。よって、正解はA。生半可な知識であっても、それは読み手も同じであるので「文句を付けられる人」もおらず、この状況は「豊かさの証」とはならないのである。

問五　説明として「適当でないもの」を選ぶ問題は、明らかな間違いの部分を探す。Dは「文章の主意は批評とは相手をほめる技術だ」が不適。確かに第四段落に「批評とは人をほめる特殊の技術だ、と言えそうだ」とあるが、「ほめる」ことについてはこの前後にしか出てこず、「文章の主意」とは言えない。Aの「率直な物言い」は〈である〉など言い切りの多い文体の説明。Bの「理屈でなく経験と資質だけを頼りに批評を書いて来た」は第三段落で述べられている。Cは筆者の主張が述べられた、第三段落の「自分の批評家的気質と生活経験のほかには、何も見つかりはしない」、最終段落の「批評家各自が、自分のうちに……その事にほかならない」に合致する。Eは同段落で述べられている。具体例などがない点を、選択肢では「説明不足」と表現している。

三

出典　藤原俊成『古来風体抄』〈上〉

解答

問一　(1)―C　(4)―A　(6)―D　(13)―B

問二　D

問三　B

問四　E

というものが書きたくて書き始めたのではない。書きたいものを書きたいように書いたら、それが、世間で普通批評と呼ばれるものになった」と述べており、DとEが合致する。Eの後半についても第四段落に記述があり、傍線部の「実際問題だった」の説明と考えられる。Aの「どうしたら優れた批評を書けるか」、Bの「どうしたら批評文を……書けるか」、Cの「世間に認められるためには」は、それぞれ本文中にない内容。

問二　「大道」とは〝正しい道〟のこと。第五・六段落における小林秀雄のクリチックの説明は次のようにまとめられる。

第五段落　クリチックとは人間理性の在るがままの形をつかむことだ

→（そのために）

　独断的態度、懐疑的態度も捨てなければならない

第六段落　ある対象を批判する＝それを正しく評価すること＝在るがままの性質を、積極的に肯定すること

→（そのために）

　対象の特質を明瞭化

→（そのために）

　分析あるいは限定という手段は必至

こうして見ると、AやBはCを実現する手段であることがわかる。また、DやEは本文中にない。よって、正解はC。

問三　傍線(3)の「そこ」は直前の「どんな立場からの主張も、極度に抑制する精神」である。筆者は、批評精神とは〈正しく評価すること〉であり、そのためには〈独断的態度〉をすてなければならないとしている。第八段落にあるように、批評家の「主張する事は生産することだ」という独断はまさにこの〈独断的態度〉であり、それをあえて捨てることが批評的生産を導く。これを正確にまとめているのはE。Aは「批評家たちも、……生むことができる」、Bは「理論上のものにとどまる」が本文中になく、誤り。Cは「それに徹すれば」が本文と矛盾。筆者は論戦を肯定していない。Dは「批評家たちも……承知している」が間違い。批評家たちが自覚的だという記述は本文にない。

ての所有を譲渡可能性の視点に立って論じているだけで「否定」していないので不適。Dは最終段落にあるが、人が絶対的な所有や非所有を夢見るのは、「逆規定されることを拒絶」しようとするからであり、「他人によって奪われる」からではない。Eも同段落にあるように、所有の主体と対象は容易に反転するが、「絶えず反転し続ける」わけではない。

二

出典 小林秀雄「批評」（『小林秀雄全集第十三巻――人間の建設』新潮社）

解答

問一 DまたはE

問二 C

問三 E

問四 A

問五 D

◆要　旨◆

私は長年批評文を書いて来たが、その仕事をささえてきたのは自分の批評家気質と生活経験だけである。ある対象を批判しようとするならば、独断的、懐疑的な態度はすてなければならない。そして対象の在るがままの性質を明らかにして積極的に肯定することが、正しく評価することにつながる。今後、批評的表現は多岐にわたる学問知識の援用によって複雑化するだろうが、それは豊かさの証となるわけではない。批評はむしろ生活的教養に属するものであり、その具体的な動機を求め、それを明瞭化しようという努力こそ、批評そのものだと言える。

▲解　説▼

問一 筆者は、第一・二段落において「批評とは何かということについて、あまり頭脳を労した事はない」「私も、批評部の〈労働所有論〉の部分が、傍線部を含む「この議論は、ヨーロッパの近代社会を考えるとき、注目すべき二つの意味を孕んでいる」にある「この議論」そのものであり、その「意味」には当たらない。

問五　まず傍線(7)にある「起こった」ことの前提が直前の「事物を、そして自己自身を、意のままに処理する自由の希求」であることを確認する。Aは第十六段落の「所有によって……自然があたえたものとは異なる性すら取得することもできる」と対応。Bは第十四段落の臓器移植や買春の例と合致する。Cは第十三段落の〈雇用関係や家族制度〉など「個人が別の個人の存在を（一時的であれ）所有する」という部分と対照しても、選択肢の「別の個人の人格と代われる」の部分は読み取れない。一方、Dは同じ第十三段落の雇用についての記述から、〈職業選択〉も可能だと読み取れる。Eは第十五段落にある「自分自身の存在をも所有するのだ」と一致。よって、正解はC。

問六　空欄(8)は、直前の「わたしの意識が時間の経過のなかで、過ぎ去った不在の自分自身の意識を『所有』しつづけているという、そういう意識の自己所有」の言い換えである。〈過去の意識の所有〉に該当する選択肢はCの「記憶」である。

問七　傍線(9)の直前にある「われわれは、場合によっては、……自然があたえたものとは異なる性すら取得することもできる」と対照する。Aは「生得的な国籍や性が生涯変わらない」が誤り。生得的な国籍や性も変えることができるから、存在が軽くなるのである。Bは「別の何かの所有を決定的に諦める」の部分が誤り。所有は拡張しており、〈諦める〉といった要素はない。Cは「所有されることで拘束からは解放される」が不適。自らが新たな国籍などを所有することが、拘束からの解放につながっている。Dは所有を存在意義の〈確認〉としているのが誤り。次から次へと所有することで新たな自己の存在を得る結果、自己存在が軽くなるというEが正解となる。

問八　Aは第三・四段落に書かれている。「ひとは他人の意のままにならない自分」を「放棄」するのではなく「自分の所有の対象」とすることで自己を保つので誤り。Bは第七段落にあり、「自由処分可能性」の根拠として「身体の自己所有」が挙げられ、一致している。よって、正解はB。Cについては第十・十一段落で確認。ヘーゲルは権利とし

▲解　説▼

問一 (2)「余儀なくされる」は〝他に方法がなく、そうせざるを得ない〟の意。(4)「等置する」は〝複数のものを等しいものとする〟ということ。

問二 傍線(1)の直後には、接続詞がなく「行動が……こと、これは……『わたしがわたしの生の主宰者である』ということなのである」とあり、傍線(1)の言い換え、説明となっている。「生の主宰者」は、さらに第三段落で「自分の存在を自分の所有の対象とすること」と言い換えられており、正解はそれと同じ内容であるＣ。Ａは「他人に迷惑がかからない」と「強制や拘束から『自己』を解放する」の間に、本文中で因果関係は見られない。Ｂは「隷属」の対象が「他人」と限定されている部分が誤り。Ｄは「他者の自由……認める」の箇所が文中にない。Ｅは本文中では「」なしで表されている一般的な「自由」の説明であり、傍線部の「自由」は直前にある「近代社会の『自由』」のことである。

問三 傍線(3)の直前に「つまり」とあるので、傍線部は直前にある「自分の所有物は自分で自由に処理する権利があるのであって、……市民社会において『個人の自由』の前提要件となる」の説明である。また、第七段落からは「ところで」と話題が転換されているので、第六段落で対照する。Ｄは前半部が本文「市民社会において『個人の自由』の前提要件」、後半部が「自分の所有物は……認められてはならない」の部分とそれぞれ対応しており、正解。Ａは前半部、後半部とも該当箇所にない。Ｂは「普遍的権利」が本文の「近代社会」と矛盾する。Ｃは後半部が該当箇所にない。Ｅは「他者によって奪われたとしても」が〈みだりに他者から奪われない〉という本文と矛盾する。

問四 傍線(5)「二つの意味」のうち一つ目は、傍線部直後の「資本主義を擁護するひとも、批判するひとも、ともにそれぞれが論拠としてもちだす議論だ」以降で説明されている。この部分がないＣ、Ｄ、Ｅは不適。もう一つの意味についてはやや見つけにくいが、続く第九段落の「所有は、一定の事物をめぐってひとびとのあいだで成立する相互承認を待ってはじめて発効する権利なのだ」という指摘がそれに当たる。これらと適切に対応した選択肢はＢ。Ａは前半

国語

一

出典　鷲田清一『わかりやすいはわかりにくい？――臨床哲学講座』〈第8章　所有できないものしか所有できない？――自由について〉（ちくま新書）

解答

問一　(2)―C　(4)―E　(6)―A　(10)―D

問二　C

問三　D

問四　B

問五　C

問六　C

問七　E

問八　B

◆要　旨◆

近代社会において、行動が自分の思いどおりにできる「自由」の概念は、「わたしがわたしの主人である」という「自己」の概念と深く結びついている。つまり、自己を自身の所有物と見なす考え方である。この「所有」の観念は、個人の自由をもっとも基礎的な部分で保証するものとして機能しており、私的所有の制度化は近代市民社会の成立に不可欠なものであった。一方、この所有のまなざしが拡張することにより、国籍や性といったわれわれが「存在」と認識していたものは軽くなる。また、われわれは所有物から逆に所有され、不自由になることさえあるのである。

////////////////////// ・memo・ //////////////////////

//////////////////// · memo · ////////////////////

////////////////////// · memo · //////////////////////

////////////////////// · memo · //////////////////////

· memo ·

教学社 刊行一覧

2025年版 大学赤本シリーズ

国公立大学(都道府県順)

374大学556点
全都道府県を網羅

全国の書店で取り扱っています。店頭にない場合は，お取り寄せができます。

1 北海道大学(文系−前期日程)
2 北海道大学(理系−前期日程) 医
3 北海道大学(後期日程)
4 旭川医科大学(医学部〈医学科〉) 医
5 小樽商科大学
6 帯広畜産大学
7 北海道教育大学
8 室蘭工業大学／北見工業大学
9 釧路公立大学
10 公立千歳科学技術大学
11 公立はこだて未来大学 総推
12 札幌医科大学(医学部) 医
13 弘前大学 医
14 岩手大学
15 岩手県立大学・盛岡短期大学部・宮古短期大学部
16 東北大学(文系−前期日程)
17 東北大学(理系−前期日程) 医
18 東北大学(後期日程)
19 宮城教育大学
20 宮城大学
21 秋田大学 医
22 秋田県立大学
23 国際教養大学 総推
24 山形大学 医
25 福島大学
26 会津大学
27 福島県立医科大学(医・保健科学部) 医
28 茨城大学(文系)
29 茨城大学(理系)
30 筑波大学(推薦入試) 医 総推
31 筑波大学(文系−前期日程)
32 筑波大学(理系−前期日程) 医
33 筑波大学(後期日程)
34 宇都宮大学
35 群馬大学 医
36 群馬県立女子大学
37 高崎経済大学
38 前橋工科大学
39 埼玉大学(文系)
40 埼玉大学(理系)
41 千葉大学(文系−前期日程)
42 千葉大学(理系−前期日程) 医
43 千葉大学(後期日程) 医
44 東京大学(文科) DL
45 東京大学(理科) DL 医
46 お茶の水女子大学
47 電気通信大学
48 東京外国語大学 DL
49 東京海洋大学
50 東京科学大学(旧 東京工業大学)
51 東京科学大学(旧 東京医科歯科大学) 医
52 東京学芸大学
53 東京藝術大学
54 東京農工大学
55 一橋大学(前期日程)
56 一橋大学(後期日程)
57 東京都立大学(文系)
58 東京都立大学(理系)
59 横浜国立大学(文系)
60 横浜国立大学(理系)
61 横浜市立大学(国際教養・国際商・理・データサイエンス・医〈看護〉学部)
62 横浜市立大学(医学部〈医学科〉) 医
63 新潟大学(人文・教育〈文系〉・法・経済科・医〈看護〉・創生学部)
64 新潟大学(教育〈理系〉・理・医〈看護を除く〉・歯・工・農学部) 医
65 新潟県立大学
66 富山大学(文系)
67 富山大学(理系) 医
68 富山県立大学
69 金沢大学(文系)
70 金沢大学(理系) 医
71 福井大学(教育・医〈看護〉・工・国際地域学部)
72 福井大学(医学部〈医学科〉) 医
73 福井県立大学
74 山梨大学(教育・医〈看護〉・工・生命環境学部)
75 山梨大学(医学部〈医学科〉) 医
76 都留文科大学
77 信州大学(文系−前期日程)
78 信州大学(理系−前期日程) 医
79 信州大学(後期日程)
80 公立諏訪東京理科大学 総推
81 岐阜大学(前期日程) 医
82 岐阜大学(後期日程)
83 岐阜薬科大学
84 静岡大学(前期日程)
85 静岡大学(後期日程)
86 浜松医科大学(医学部〈医学科〉) 医
87 静岡県立大学
88 静岡文化芸術大学
89 名古屋大学(文系)
90 名古屋大学(理系) 医
91 愛知教育大学
92 名古屋工業大学
93 愛知県立大学
94 名古屋市立大学(経済・人文社会・芸術工・看護・総合生命理・データサイエンス学部)
95 名古屋市立大学(医学部〈医学科〉) 医
96 名古屋市立大学(薬学部)
97 三重大学(人文・教育・医〈看護〉学部)
98 三重大学(医〈医〉・工・生物資源学部) 医
99 滋賀大学
100 滋賀医科大学(医学部〈医学科〉) 医
101 滋賀県立大学
102 京都大学(文系)
103 京都大学(理系) 医
104 京都教育大学
105 京都工芸繊維大学
106 京都府立大学
107 京都府立医科大学(医学部〈医学科〉) 医
108 大阪大学(文系) DL
109 大阪大学(理系) 医
110 大阪教育大学
111 大阪公立大学(現代システム科学域〈文系〉・文・法・経済・商・看護・生活科〈居住環境・人間福祉〉学部−前期日程)
112 大阪公立大学(現代システム科学域〈理系〉・理・工・農・獣医・医・生活科〈食栄養〉学部−前期日程) 医
113 大阪公立大学(中期日程)
114 大阪公立大学(後期日程)
115 神戸大学(文系−前期日程)
116 神戸大学(理系−前期日程) 医
117 神戸大学(後期日程)
118 神戸市外国語大学 DL
119 兵庫県立大学(国際商経・社会情報科・看護学部)
120 兵庫県立大学(工・理・環境人間学部)
121 奈良教育大学／奈良県立大学
122 奈良女子大学
123 奈良県立医科大学(医学部〈医学科〉) 医
124 和歌山大学
125 和歌山県立医科大学(医・薬学部) 医
126 鳥取大学 医
127 公立鳥取環境大学
128 島根大学 医
129 岡山大学(文系)
130 岡山大学(理系) 医
131 岡山県立大学
132 広島大学(文系−前期日程)
133 広島大学(理系−前期日程) 医
134 広島大学(後期日程)
135 尾道市立大学 総推
136 県立広島大学
137 広島市立大学
138 福山市立大学 総推
139 山口大学(人文・教育〈文系〉・経済・医〈看護〉・国際総合科学部)
140 山口大学(教育〈理系〉・理・医〈看護を除く〉・工・農・共同獣医学部) 医
141 山陽小野田市立山口東京理科大学 総推
142 下関市立大学／山口県立大学
143 周南公立大学 新 総推
144 徳島大学 医
145 香川大学 医
146 愛媛大学 医
147 高知大学 医
148 高知工科大学
149 九州大学(文系−前期日程)
150 九州大学(理系−前期日程) 医
151 九州大学(後期日程)
152 九州工業大学
153 福岡教育大学
154 北九州市立大学
155 九州歯科大学
156 福岡県立大学／福岡女子大学
157 佐賀大学 医
158 長崎大学(多文化社会・教育〈文系〉・経済・医〈保健〉・環境科〈文系〉学部)
159 長崎大学(教育〈理系〉・医〈医〉・歯・薬・情報データ科・工・環境科〈理系〉・水産学部) 医
160 長崎県立大学 総推
161 熊本大学(文・教育・法・医〈看護〉学部・情報融合学環〈文系型〉)
162 熊本大学(理・医〈看護を除く〉・薬・工学部・情報融合学環〈理系型〉) 医
163 熊本県立大学
164 大分大学(教育・経済・医〈看護〉・理工・福祉健康科学部)
165 大分大学(医学部〈医・先進医療科学科〉) 医
166 宮崎大学(教育・医〈看護〉・工・農・地域資源創成学部)
167 宮崎大学(医学部〈医学科〉) 医
168 鹿児島大学(文系)
169 鹿児島大学(理系) 医
170 琉球大学 医

2025年版　大学赤本シリーズ

国公立大学 その他

171 〔国公立大〕医学部医学科 総合型選抜・学校推薦型選抜※ 医 総推
172 看護・医療系大学〈国公立 東日本〉※
173 看護・医療系大学〈国公立 中日本〉※
174 看護・医療系大学〈国公立 西日本〉※
175 海上保安大学校／気象大学校
176 航空保安大学校
177 国立看護大学校
178 防衛大学校 総推
179 防衛医科大学校(医学科) 医
180 防衛医科大学校(看護学科)

※No.171～174の収載大学は赤本ウェブサイト(http://akahon.net/)でご確認ください。

私立大学①

北海道の大学(50音順)

201 札幌大学
202 札幌学院大学
203 北星学園大学
204 北海学園大学
205 北海道医療大学
206 北海道科学大学
207 北海道武蔵女子大学・短期大学
208 酪農学園大学(獣医学群〈獣医学類〉)

東北の大学(50音順)

209 岩手医科大学(医・歯・薬学部) 医
210 仙台大学 総推
211 東北医科薬科大学(医・薬学部) 医
212 東北学院大学
213 東北工業大学
214 東北福祉大学
215 宮城学院女子大学 総推

関東の大学(50音順)

あ行(関東の大学)

216 青山学院大学(法・国際政治経済学部－個別学部日程)
217 青山学院大学(経済学部－個別学部日程)
218 青山学院大学(経営学部－個別学部日程)
219 青山学院大学(文・教育人間科学部－個別学部日程)
220 青山学院大学(総合文化政策・社会情報・地球社会共生・コミュニティ人間科学部－個別学部日程)
221 青山学院大学(理工学部－個別学部日程)
222 青山学院大学(全学部日程)
223 麻布大学(獣医、生命・環境科学部)
224 亜細亜大学
226 桜美林大学
227 大妻女子大学・短期大学部

か行(関東の大学)

228 学習院大学(法学部－コア試験)
229 学習院大学(経済学部－コア試験)
230 学習院大学(文学部－コア試験)
231 学習院大学(国際社会科学部－コア試験)
232 学習院大学(理学部－コア試験)
233 学習院女子大学
234 神奈川大学(給費生試験)
235 神奈川大学(一般入試)
236 神奈川工科大学
237 鎌倉女子大学・短期大学部
238 川村学園女子大学
239 神田外語大学
240 関東学院大学
241 北里大学(理学部)
242 北里大学(医学部) 医
243 北里大学(薬学部)
244 北里大学(看護・医療衛生学部)
245 北里大学(未来工・獣医・海洋生命科学部)
246 共立女子大学・短期大学
247 杏林大学(医学部) 医
248 杏林大学(保健学部)
249 群馬医療福祉大学・短期大学部
250 群馬パース大学 総推
251 慶應義塾大学(法学部)
252 慶應義塾大学(経済学部)
253 慶應義塾大学(商学部)
254 慶應義塾大学(文学部) 総推
255 慶應義塾大学(総合政策学部)
256 慶應義塾大学(環境情報学部)
257 慶應義塾大学(理工学部)
258 慶應義塾大学(医学部) 医
259 慶應義塾大学(薬学部)
260 慶應義塾大学(看護医療学部)
261 工学院大学
262 國學院大學
263 国際医療福祉大学 医
264 国際基督教大学
265 国士舘大学
266 駒澤大学(一般選抜T方式・S方式)
267 駒澤大学(全学部統一日程選抜)

さ行(関東の大学)

268 埼玉医科大学(医学部) 医
269 相模女子大学・短期大学部
270 産業能率大学
271 自治医科大学(医学部) 医
272 自治医科大学(看護学部)／東京慈恵会医科大学(医学部〈看護学科〉)
273 実践女子大学 総推
274 芝浦工業大学(前期日程)
275 芝浦工業大学(全学統一日程・後期日程)
276 十文字学園女子大学
277 淑徳大学
278 順天堂大学(医学部) 医
279 順天堂大学(スポーツ健康科・医療看護・保健看護・国際教養・保健医療・医療科・健康データサイエンス・薬学部) 総推
280 上智大学(神・文・総合人間科学部)
281 上智大学(法・経済学部)
282 上智大学(外国語・総合グローバル学部)
283 上智大学(理工学部)
284 上智大学(TEAPスコア利用方式)
285 湘南工科大学
286 昭和大学(医学部) 医
287 昭和大学(歯・薬・保健医療学部)
288 昭和女子大学
289 昭和薬科大学
290 女子栄養大学・短期大学部 総推
291 白百合女子大学
292 成蹊大学(法学部－A方式)
293 成蹊大学(経済・経営学部－A方式)
294 成蹊大学(文学部－A方式)
295 成蹊大学(理工学部－A方式)
296 成蹊大学(E方式・G方式・P方式)
297 成城大学(経済・社会イノベーション学部－A方式)
298 成城大学(文芸・法学部－A方式)
299 成城大学(S方式〈全学部統一選抜〉)
300 聖心女子大学
301 清泉女子大学
303 聖マリアンナ医科大学 医
304 聖路加国際大学(看護学部)
305 専修大学(スカラシップ・全国入試)
306 専修大学(前期入試〈学部個別入試〉)
307 専修大学(前期入試〈全学部入試・スカラシップ入試〉)

た行(関東の大学)

308 大正大学
309 大東文化大学
310 高崎健康福祉大学
311 拓殖大学
312 玉川大学
313 多摩美術大学
314 千葉工業大学
315 中央大学(法学部－学部別選抜)
316 中央大学(経済学部－学部別選抜)
317 中央大学(商学部－学部別選抜)
318 中央大学(文学部－学部別選抜)
319 中央大学(総合政策学部－学部別選抜)
320 中央大学(国際経営・国際情報学部－学部別選抜)
321 中央大学(理工学部－学部別選抜)
322 中央大学(5学部共通選抜)
323 中央学院大学
324 津田塾大学
325 帝京大学(薬・経済・法・文・外国語・教育・理工・医療技術・福岡医療技術学部)
326 帝京大学(医学部) 医
327 帝京科学大学 総推
328 帝京平成大学 総推
329 東海大学(医〈医〉学部を除く－一般選抜)
330 東海大学(文系・理系学部統一選抜)
331 東海大学(医学部〈医学科〉) 医
332 東京医科大学(医学部〈医学科〉) 医
333 東京家政大学・短期大学部 総推
334 東京経済大学
335 東京工科大学
336 東京工芸大学
337 東京国際大学
338 東京歯科大学
339 東京慈恵会医科大学(医学部〈医学科〉) 医
340 東京情報大学
341 東京女子大学
342 東京女子医科大学(医学部) 医
343 東京電機大学
344 東京都市大学
345 東京農業大学
346 東京薬科大学(薬学部) 総推
347 東京薬科大学(生命科学部) 総推
348 東京理科大学(理学部〈第一部〉－B方式)
349 東京理科大学(創域理工学部－B方式・S方式)
350 東京理科大学(工学部－B方式)
351 東京理科大学(先進工学部－B方式)
352 東京理科大学(薬学部－B方式)
353 東京理科大学(経営学部－B方式)
354 東京理科大学(C方式、グローバル方式、理学部〈第二部〉－B方式)
355 東邦大学(医学部) 医
356 東邦大学(薬学部)

2025年版　大学赤本シリーズ

私立大学②

357 東邦大学（理・看護・健康科学部）
358 東洋大学（文・経済・経営・法・社会・国際・国際観光学部）
359 東洋大学（情報連携・福祉社会デザイン・健康スポーツ科・理工・総合情報・生命科・食環境科学部）
360 東洋大学（英語〈3日程×3カ年〉）
361 東洋大学（国語〈3日程×3カ年〉）
362 東洋大学（日本史・世界史〈2日程×3カ年〉）
363 東洋英和女学院大学
364 常磐大学・短期大学 総推
365 獨協大学
366 獨協医科大学（医学部） 医

な行（関東の大学）

367 二松学舎大学
368 日本大学（法学部）
369 日本大学（経済学部）
370 日本大学（商学部）
371 日本大学（文理学部〈文系〉）
372 日本大学（文理学部〈理系〉）
373 日本大学（芸術学部〈専門試験併用型〉）
374 日本大学（国際関係学部）
375 日本大学（危機管理・スポーツ科学部）
376 日本大学（理工学部）
377 日本大学（生産工・工学部）
378 日本大学（生物資源科学部）
379 日本大学（医学部） 医
380 日本大学（歯・松戸歯学部）
381 日本大学（薬学部）
382 日本大学（N全学統一方式−医・芸術〈専門試験併用型〉学部を除く）
383 日本医科大学 医
384 日本工業大学
385 日本歯科大学
386 日本社会事業大学 総推
387 日本獣医生命科学大学
388 日本女子大学
389 日本体育大学

は行（関東の大学）

390 白鷗大学（学業特待選抜・一般選抜）
391 フェリス女学院大学
392 文教大学
393 法政大学（法〈Ⅰ日程〉・文〈Ⅱ日程〉・経営〈Ⅱ日程〉学部−A方式）
394 法政大学（法〈Ⅱ日程〉・国際文化・キャリアデザイン学部−A方式）
395 法政大学（文〈Ⅰ日程〉・経営〈Ⅰ日程〉・人間環境・グローバル教養学部−A方式）
396 法政大学（経済〈Ⅰ日程〉・社会〈Ⅰ日程〉・現代福祉学部−A方式）
397 法政大学（経済〈Ⅱ日程〉・社会〈Ⅱ日程〉・スポーツ健康学部−A方式）
398 法政大学（情報科・デザイン工・理工・生命科学部−A方式）
399 法政大学（T日程〈統一日程〉・英語外部試験利用入試）
400 星薬科大学 総推

ま行（関東の大学）

401 武蔵大学
402 武蔵野大学
403 武蔵野美術大学
404 明海大学
405 明治大学（法学部−学部別入試）
406 明治大学（政治経済学部−学部別入試）
407 明治大学（商学部−学部別入試）
408 明治大学（経営学部−学部別入試）
409 明治大学（文学部−学部別入試）
410 明治大学（国際日本学部−学部別入試）
411 明治大学（情報コミュニケーション学部−学部別入試）
412 明治大学（理工学部−学部別入試）
413 明治大学（総合数理学部−学部別入試）
414 明治大学（農学部−学部別入試）
415 明治大学（全学部統一入試）
416 明治学院大学（A日程）
417 明治学院大学（全学部日程）
418 明治薬科大学 総推
419 明星大学
420 目白大学・短期大学部

ら・わ行（関東の大学）

421 立教大学（文系学部−一般入試〈大学独自の英語を課さない日程〉）
422 立教大学（国語〈3日程×3カ年〉）
423 立教大学（日本史・世界史〈2日程×3カ年〉）
424 立教大学（文学部−一般入試〈大学独自の英語を課す日程〉）
425 立教大学（理学部−一般入試）
426 立正大学
427 早稲田大学（法学部）
428 早稲田大学（政治経済学部）
429 早稲田大学（商学部）
430 早稲田大学（社会科学部）
431 早稲田大学（文学部）
432 早稲田大学（文化構想学部）
433 早稲田大学（教育学部〈文科系〉）
434 早稲田大学（教育学部〈理科系〉）
435 早稲田大学（人間科・スポーツ科学部）
436 早稲田大学（国際教養学部）
437 早稲田大学（基幹理工・創造理工・先進理工学部）
438 和洋女子大学 総推

中部の大学（50音順）

439 愛知大学
440 愛知医科大学（医学部） 医
441 愛知学院大学・短期大学部
442 愛知工業大学 総推
443 愛知淑徳大学
444 朝日大学 総推
445 金沢医科大学（医学部） 医
446 金沢工業大学
447 岐阜聖徳学園大学 総推
448 金城学院大学
449 至学館大学 総推
450 静岡理工科大学
451 椙山女学園大学
452 大同大学
453 中京大学
454 中部大学
455 名古屋外国語大学 総推
456 名古屋学院大学 総推
457 名古屋学芸大学 総推
458 名古屋女子大学 総推
459 南山大学（外国語〈英米〉・法・総合政策・国際教養学部）
460 南山大学（人文・外国語〈英米を除く〉・経済・経営・理工学部）
461 新潟国際情報大学
462 日本福祉大学
463 福井工業大学
464 藤田医科大学（医学部） 医
465 藤田医科大学（医療科・保健衛生学部）
466 名城大学（法・経営・経済・外国語・人間・都市情報学部）
467 名城大学（情報工・理工・農・薬学部）
468 山梨学院大学

近畿の大学（50音順）

469 追手門学院大学 総推
470 大阪医科薬科大学（医学部） 医
471 大阪医科薬科大学（薬学部） 総推
472 大阪学院大学 総推
473 大阪経済大学 総推
474 大阪経済法科大学 総推
475 大阪工業大学 総推
476 大阪国際大学・短期大学部 総推
477 大阪産業大学 総推
478 大阪歯科大学（歯学部）
479 大阪商業大学 総推
480 大阪成蹊大学・短期大学 総推
481 大谷大学 総推
482 大手前大学・短期大学 総推
483 関西大学（文系）
484 関西大学（理系）
485 関西大学（英語〈3日程×3カ年〉）
486 関西大学（国語〈3日程×3カ年〉）
487 関西大学（日本史・世界史・文系数学〈3日程×3カ年〉）
488 関西医科大学（医学部） 医
489 関西医療大学 総推
490 関西外国語大学・短期大学部 総推
491 関西学院大学（文・法・商・人間福祉・総合政策学部−学部個別日程）
492 関西学院大学（神・社会・経済・国際・教育学部−学部個別日程）
493 関西学院大学（全学部日程〈文系型〉）
494 関西学院大学（全学部日程〈理系型〉）
495 関西学院大学（共通テスト併用日程〈数学〉・英数日程）
496 関西学院大学（英語〈3日程×3カ年〉） 新
497 関西学院大学（国語〈3日程×3カ年〉） 新
498 関西学院大学（日本史・世界史・文系数学〈3日程×3カ年〉） 新
499 畿央大学 総推
500 京都外国語大学・短期大学 総推
502 京都産業大学（公募推薦入試） 総推
503 京都産業大学（一般選抜入試〈前期日程〉）
504 京都女子大学 総推
505 京都先端科学大学 総推
506 京都橘大学 総推
507 京都ノートルダム女子大学 総推
508 京都薬科大学 総推
509 近畿大学・短期大学部（医学部を除く−推薦入試） 総推
510 近畿大学・短期大学部（医学部を除く−一般入試前期）
511 近畿大学（英語〈医学部を除く3日程×3カ年〉）
512 近畿大学（理系数学〈医学部を除く3日程×3カ年〉）
513 近畿大学（国語〈医学部を除く3日程×3カ年〉）
514 近畿大学（医学部−推薦入試・一般入試前期） 医 総推
515 近畿大学・短期大学部（一般入試後期） 医
516 皇學館大学 総推
517 甲南大学 総推
518 甲南女子大学（学校推薦型選抜） 新 総推
519 神戸学院大学 総推
520 神戸国際大学 総推
521 神戸女学院大学 総推
522 神戸女子大学・短期大学 総推
523 神戸薬科大学 総推
524 四天王寺大学・短期大学部 総推
525 摂南大学（公募制推薦入試） 総推
526 摂南大学（一般選抜前期日程）
527 帝塚山学院大学 総推
528 同志社大学（法、グローバル・コミュニケーション学部−学部個別日程）

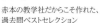

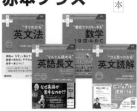

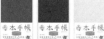

2025 年版　大学赤本シリーズ　No. 322
中央大学（5 学部共通選抜）

2024 年 7 月 10 日　第 1 刷発行
ISBN978-4-325-26381-4
定価は裏表紙に表示しています

編　集　教学社編集部
発行者　上原 寿明
発行所　教学社
〒606-0031
京都市左京区岩倉南桑原町56
電話　075-721-6500
振替　01020-1-15695
印　刷　太洋社